牛年運程

麥玲玲

目錄

牛年
世界大勢總論

辛丑年立春八字

時柱	日柱	月柱	年柱
正印	日	偏印	正印
辛（金）	壬（水）	庚（金）	辛（金）
亥（水）	午（火）	寅（木）	丑（土）
比肩 壬（水）	正財 丁（火）	食神 甲（木）	劫 癸（水）
食神 甲（木）	正官 己（土）	偏財 丙（火）	印 辛（金）
		七剎 戊（土）	官 己（土）

農曆	月柱	西曆
農曆正月	庚寅	（西曆二〇二一年二月三日至三月四日）
農曆二月	辛卯	（西曆二〇二一年三月五日至四月三日）
農曆三月	壬辰	（西曆二〇二一年四月四日至五月四日）
農曆四月	癸巳	（西曆二〇二一年五月五日至六月四日）
農曆五月	甲午	（西曆二〇二一年六月五日至七月六日）
農曆六月	乙未	（西曆二〇二一年七月七日至八月六日）
農曆七月	丙申	（西曆二〇二一年八月七日至九月六日）
農曆八月	丁酉	（西曆二〇二一年九月七日至十月七日）
農曆九月	戊戌	（西曆二〇二一年十月八日至十一月六日）
農曆十月	己亥	（西曆二〇二一年十一月七日至十二月六日）
農曆十一月	庚子	（西曆二〇二一年十二月七日至二〇二二年一月四日）
農曆十二月	辛丑	（西曆二〇二二年一月五日至二月三日）

辛丑年九宮飛星圖

五	一 （南）	三
四 （東）	六 （中宮）	八 （西）
九	二 （北）	七

西曆二月三日辛丑牛年伊始

踏入二〇二一年立春之日，即二月三日二十二時五十九分，便是辛丑年之伊始，也即民間所稱呼的牛年。

二〇二一年的正月初一是西曆的二月十二日，很多人以為正月初一來臨便是生肖轉換之日，其實辛丑牛年早在西曆二月三日已開始，而庚子鼠年已成過去。因為傳統的中國玄學一向與節氣息息相關，而「立春」是廿四節氣之首，所以長久而來「立春」在術數界中皆被視作新一年開始，各方位的吉凶亦會隨之轉移，新生嬰孩的所屬生肖也是從立春日起才與往年不同。

不單如此，玄學中各個月份的劃分，也是以節氣來界定；立春為一月之始，而二月由驚蟄開始，三月則是清明……依此類推，所以本書中提到的農曆月份，均以不同的節氣之日為界線，並非筆誤，敬請各位讀者注意。

至於傳統的農曆正月初一，只是十二個農曆月份中的第一天，雖然家家戶戶都大事慶祝，但新一年的風水術數計算仍是以「立春」作分水嶺。

正月初一「轉生肖」之謬誤

每年的「立春」大多是西曆的二月四日或前後一天，而正月初一通常是在西曆一月下旬至二月中旬不等，所以有時會出現「過了年才立春」或「先立春後過年」的情況。而今年則是立春先到（二月三日），九天之後才到正月初一（二月十二日）。換言之，二〇二一年二月三日二十二時五十九分（立春）後出生的嬰孩，其生肖已屬牛了。

若不弄清這一點，二〇二一年二月三日至二月十二日之間出生的嬰孩，便很容易錯認為生肖仍屬鼠，事實上其生肖屬牛。長大後翻看運程書，不但會將錯就錯，覺得與事實不符，對於自己是否犯太歲一事也會糊裏糊塗。

正正因為很多人都誤解了正月初一就等於「轉生肖」，甚至每年傳媒大事報道的「牛年第一位搶閘BB」等皆以大年初一作分水嶺，以致這謬誤牢不可破。

所以，在立春日前後（即西曆二月初）出生的朋友，有必要重新翻查一次自己出生年的立春與正月初一之日子，以作出正確生肖判斷。（若要翻查可用萬年曆，一般書局有售，亦可上網查找相關網站）

辛丑牛年大勢總述

計算一個人的運勢需要準確出生資料，要推算世界各地的來年大勢也等同算命一樣，應該拿該年立春日的轉換時刻作基本八字推算，再配合各方位的吉凶，從而得知來年各項發展。

如前頁所示，本年的立春八字是「辛丑年、庚寅月、壬午日、辛亥時」。立春當日為「歲破」，有云「日值歲破，大事不宜」，踏進辛丑牛年便遇上「歲破」之日，實不理想，帶有一種刻苦耐勞的意味。

除了看立春當日，新一年的局勢也會兼看另外兩個日子的基本吉凶屬性，包括元旦一月一日及正月初一。本年元旦日為「收日」，代表收藏、收成；正月初一則為「除日」，象徵去舊迎新。兩者綜合來看也達至「中吉」，再加上立春日的屬性，拉上補下而言，辛丑牛年的開局也不至於破敗，仍有生機再現的況味。只是「丑牛」的基本特性為默默耕耘，屬於辛勤勞動、不求回報一族，所以辛丑牛年的整體氛圍以自強不息為主，努力付出才有望走出困局。

印重身輕　扶持為主

若論經濟大勢，先回看庚子鼠年的分析。去年曾在書中指出鼠年為紛爭不斷與突破傳統之年，必須破舊立新、大反傳統，以嶄新思維才可突圍而出。至於談及立春八字，則言：「鼠年立春八字以土當旺，土重金弱，水、火又不足，只能靠木去生旺一點火，代表雖有政策上的扶助，但整體經商發展仍有不少困難。」

言猶在耳，二〇二〇庚子鼠年的世界大勢確實艱辛反覆，甚至顛覆了整個世界的秩序，全球人類的日常生活都起了莫大變化，無論是否願意，也必須接受「新日常」，重新建立標準與法則。

之前的鼠年立春八字土重無水，全盤局勢難以流動，然而踏進二〇二一辛丑牛年，大局走勢也起了新的變化。牛年的立春八字屬水，更有金水相生之象，五行也頗均衡。另一特點則是牛年立春八字的天干透出正印、偏印，印星甚重；印星在八字命理中代表母親，也象徵祖業與福蔭，所以凡是印星透出的命格，一般與長輩緣份較佳，也容易得到長輩的支持。

雖然辛丑牛年的立春八字被印星包圍，可是「印重身輕」，恍如有眾多母親在身邊團團轉，子女備受呵護照顧，難以自立生存，甚至帶有一點「母慈子敗」的味道。由是推之，牛年的世界大勢必然由國家的扶助政策主導，各國皆會用不同方法來刺激經濟，包括鼓勵民眾消費及推出各種稅務優惠，部分政策甚至會傾斜發展，特別大力關顧個別行業。

正因為牛年出現眾多扶助經濟民生的政策，整體金融經濟也有一定起色。加上立春八字本屬「自坐財星」，個別行業在政府提供各種協助及補貼下，更可有不少實際進帳。至於一些不太受惠於政策的行業，憑着奮戰不懈、謹守崗位的精神，牛年亦尚有生存空間。

然而印星太重也有隱憂，就像子女一生只靠長輩照顧，難以健康成長及克服挑戰。因此即使能在國家政策扶助下無風無浪過日子，也必須積極裝備自己，再配合牛年全力以赴的氛圍，長遠才可自立門戶，穩打穩紮繼續發展下去。

辛丑牛年雖然不屬於大興土木之年，但也適合偏鋒一點的構思，因為立春八字的印星之中包含「偏印」，象徵特殊才能及超凡脫俗，因此牛年不妨大膽創新，從未面世的東西也有機會一炮而紅。

紛爭緩和　炒風再起

社會民生方面，去年形容鼠年的國際關係會劍拔弩張，局勢難以明朗，社會大眾也經常出現口舌之爭。踏入牛年則較為和氣一點，因為立春八字以印星為主，而印星象徵思想及內斂，凡事也較包容，不喜動刀動槍。換言之，牛年在國際關係及社會大眾層面，氣氛會比往年有所緩和，雖然仍有很多問題尚未解決，但彼此也維持在觀望態度，以靜觀其變為主。

另一必須仔細留意之處，乃每年九宮飛星的分佈，特別是飛臨中宮的吉凶星屬性。辛丑牛年為六白星入中宮，六白又名武曲星，象徵偏財、權貴及驛馬，文職以外的工作，尤其紀律部隊及技術性行業也以六白星作代表。

凡是進入中宮的飛星，其特性既容易成為全年的焦點，也會同時出現「入囚」現象，代表其力量同時受到壓制。因為六白星代表偏財，所以牛年也有不少賺快錢的機會，眼光準繩者更容易短線獲利，社會亦呈現炒賣之風。

惟受六白星「入囚」影響，社會大眾必須慎防集資騙局、金融機構或大型基金倒閉的危機，投資要更加謹慎，切勿道聽塗說，貪一時之快而胡亂入市。理財上也以務實為佳，宜重新檢視自己的投資或各類儲蓄，以免因疏忽而蒙受損失。

西方國家　短暫復甦

地運方面，全年力量最強的八白財星飛臨正西，以英、美為首的西方國家也會受惠，湧現不少商機。然而此優勢也暗藏外強中乾之象，只屬短暫復甦，經濟及社會積存的各種問題仍會帶來不少困擾。

正西亦為兌宮，代表「以口得財」的行業及演藝界，也象徵幼女。既有財星入主，牛年的娛樂圈大有可為，年輕藝人也獨佔鰲頭，可帶動整個演藝界的財運。

九紫喜慶星亦為另一顆吉星，此星代表喜氣，而牛年的九紫星飛臨東北，南北韓的局勢也會較為平穩。四綠文昌星在牛年則飛臨正東，文昌星主名氣及地位，因此日本、上海、台灣等有更上一層樓之象，也容易成為談論的焦點。

正東亦為震宮，以長男作代表，牛年喜獲四綠星飛臨，對傳統大家族的長子嫡孫特別有利，不但有助權力交接，由長子來管理的家族事業更有聲有色，容易得到社會大眾認同。

一白桃花星在牛年則飛臨正南，此星象徵人緣及桃花，故此正南一帶的地區，如澳洲會更具魅力，前往升學或旅遊的人士亦有所增長。

至於凶星方面，每年首要提防五黃凶星及二黑病星。牛年的五黃凶星飛臨東南，此為巽宮，東南亞等地如菲律賓、泰國等，務必提防嚴重的天災人禍，尤其是風災。東南亞一帶也容易出現大規模的疾病爆發或人為禍害，各國政府宜做好預防及應變措施，有助減少人命傷亡。

力量較五黃凶星稍弱的二黑病星，同樣代表疾病及天災。牛年的二黑星飛臨正北，此為坎宮，二黑星入主特別容易引發水災，北方之地如俄羅斯與烏克蘭等，必須做好防洪工作，慎防山洪爆發甚或決堤。另外也要加緊提防食水污染及海事災難，宜加強風險評估。

其餘的凶星還包括七赤破軍星及三碧是非星，牛年分別飛臨西北及西南。七赤星象徵盜賊與打鬥，也屬退氣之星；牛年入主西北的乾宮，反映父輩一族容易失勢，國際級的領導人物或商界翹楚在牛年特別多困擾，要慎防醜聞爆發，甚至有官非或下台之象。

乾宮以父親作代表，坤宮則以母親為象徵，牛年同樣有另一顆三碧是非星入主。三碧星代表是非口舌，牛年入主西南的坤宮，較年長的媽媽一輩或以母親形象作主導的公眾人物要慎防口舌招尤，宜保持低調，否則名聲容易受損，甚或惹上官非訴訟。

投資錦囊及行業走勢

如前所述，辛丑牛年以國家的扶助政策為主導，對整體經濟有不少實際幫助。立春八字因屬於「自坐財星」，投資經商也較有優勢，比打工一族更為有利。此外，立春八字的地支出現「寅」及「亥」，此為驛馬星，代表有利走動，加上立春八字水旺，全年驛馬運更重，屬於水的行業有機會收復失地，值得看高一線。

從流月走勢來分析，正月（西曆二一年二月三日至三月四日）及農曆二月（西曆二一年三月五日至四月三日）呈現金木相剋之象，容易有山泥傾瀉或樹木倒塌的嚴重意外，屬木的行業也要加倍提防衝擊。投資方面，因金在此兩月得到扶助，所以市場出現炒賣氣氛，眼明手快者在股票上易有進帳。

農曆三月（西曆二一年四月四日至五月四日）國際關係特別緊張，引致市場也出現困局，投資者因前景未明而不敢輕舉妄動，所以投資炒賣活動也顯得有點呆滯不前。

農曆四月（西曆二一年五月五日至六月四日）局面仍未明朗，市場傳出各種消息，有點煩擾之象；幸好本月同時略有偏財運，投資者亦可伺機而動，但必須注意起落甚大，不可忽視風險。

農曆五月（西曆二一年六月五日至七月六日）全球各地有不少困阻，或是隱憂逐步浮現，環球的投資亦受壓。踏進農曆六月（西曆二一年七月七日至八月六日）則是全年最沖的月份，營商或投資都更艱辛，市場也呈現悲觀氣氛。其實此兩月也暗藏「撈底尋寶」的機會，若有心儀的股票或投資項目不妨把握機會「低吸」，但「高追」則萬萬不宜。

農曆七月（西曆二一年八月七日至九月六日）及農曆八月（西曆二一年九月七日至十月七日）皆為金旺，有否極泰來之象，市場傳來利好消息，對整體經濟也有幫助，環球的投資炒賣活動也會再度活躍。

農曆九月（西曆二一年十月八日至十一月六日）出現「丑戌刑」，本月屬表面風光，實際回報卻有限，尤其投資者對後市不太樂觀，市場也因此有回吐壓力。

農曆十月（西曆二一年十一月七日至十二月六日）及農曆十一月（西曆二一年十二月七日至二二年一月四日）的投資氣氛不俗，市況理想，加上有熱錢流入，帶動了整體走勢。

惟踏進農曆十二月（西曆二二年一月五日至二月三日），營商環境再受衝擊，市場也傳出負面消息，投資者宜審慎行事，短炒投機可免則免。

【金】牛年的立春八字天干金強，整體金融走勢比往年有起色，金價仍有更上一層樓的機會，市場也有不少短炒投機活動。但僅屬表面風光，牛年市況隨時逆轉，慎防大型金融機構出現嚴重虧損或接二連三的金融騙案。

【木】木的力量中規中矩，教育、環保、建築及創作等行業仍有發展空間，但難免要辛苦經營，亦有汰弱留強之象。

【水】立春八字以水最旺，旅遊、運輸、酒店及物流等行業有東山再起的機會，演藝界及網絡節目等也大有可為，加上得到政策扶持，賺錢機會不缺。

【火】火在牛年有木去生扶，全年走勢理想，醫療、化工燃料及科技產品等行業有不少實質回報，當中尤以藥業最為暢旺。

【土】牛年雖不缺土，但也並非特別利好之年，整體屬於循序漸進，基建項目及地產界只能一步步發展。

肖牛大解說

肖牛大解說

丑牛：十二年一遇

二〇二一年立春交節之後，庚子年已完結，並正式踏入辛丑年。「辛」為天干，「丑」為地支，而不同的地支亦以不同的生肖作代表，例如「丑」的象徵生肖為牛，故又有「丑牛」之稱。

天干有十種，地支有十二種，而地支的轉換等同生肖的交替，所以每隔十二年，相同屬性的生肖才會重複出現。以「丑牛」為例，每逢地支屬「丑」之流年，即為牛年；換言之，凡是肖牛者，其出生年的地支必為「丑」，而且要等十二年才會再出現「丑牛」之流年。

要注意的是，即使出生地支皆為「丑」，生肖同屬牛，但天干卻未必相同。因為天干有十種，與十二地支相配，便可得出合共六十個天干、地支的不同「年柱」，其中每一生肖各有五個天干、地支的組合。由是推之，即使生肖相同，具體計算運程時亦各有差異。例如肖牛的出生者，可以組合出五個皆屬牛的年柱，包括：癸丑（一九一三、一九七三）、乙丑（一九二五、一九八五）、丁丑（一九三七、一九九七）、己丑（一九四九、二〇〇九）及辛丑（一九六一、二〇二一），各以六十年作一循環。

二〇二一為辛丑牛年，「丑牛」的影響力也貫穿全年；本篇章除了略述牛的文化意義，下文也會為大家分析肖牛者的性格特質、改名宜忌及二〇二一辛丑牛年出生的嬰孩運勢概述。

牛之文化象徵

自古以來，牛在中國社會中一直佔着不可被取替的位置。中國乃以農立國，農耕之成敗影響着國計民生；農作物有所收成，不但可令老百姓三餐溫飽，軍隊也倚靠糧餉之補充來維持精力，而牛在耕種之中，正正是人們的最重要伙伴。

除了協助耕種，牛也是中國古代祭祀儀式中的頂級祭品。古代祭典中，牛、羊、豬被視為三大祭祀常用的牲畜，如只具備羊和豬稱為「少牢」；若牛、羊、豬三牲齊備，則稱作「太牢」，乃最高之禮節。據《禮記》所載，當時明確規定天子祭祀必用純色之牛，諸侯則用肥牛，由此可見牛之地位何其崇高。

牛在運輸、農耕、食用和祭祀等不同層面皆有實質貢獻，加上刻苦耐勞的特性，不難理解何以在十二生肖中能排名第二，並發展出種種與牛相關的傳說及習俗了。

提到牛，不少人也會想起家喻戶曉的「春牛圖」。春牛圖原為年畫，後來才收錄於曆書（即現今之《通勝》）之中。春牛圖的內容預示了新一年的天氣、雨量、干支、五行、農作物得失等等。對農民有重大示警之用，所以從前每家每戶對春牛圖也十分看重。

春牛圖並非一成不變，相反是按着每一年的特點而有不同之細節變化，實乃傳統文化與智慧之結晶。例如在春牛圖中，總見一牧童出現在春牛之附近，其實該牧童稱為「芒神」；「芒神」前稱「句芒」，原為古代掌管樹木及種植之官吏，後來才被用作神祇之名。芒神高三尺六寸五分，代表一年有三百六十五日；其手執之柳枝長兩尺四寸，象徵一年有二十四個節氣。

芒神之面貌也有不同含意。面如童子，代表流年地支為丑（牛）、辰（龍）、未（羊）或戌（狗）；面如少年，代表流年地支為子（鼠）、卯（兔）、午（馬）或酉（雞）；面如老翁，代表流年地支為寅（虎）、巳（蛇）、申（猴）或亥（豬）。

至於春牛，身高四尺代表四季，身長八尺代表八節（四立兩分兩至），尾長一尺二寸，代表十二個月及十二個時辰。牛口張開及牛尾向左，皆代表陽年；牛口閉合及牛尾向右，則代表陰年。

芒神之衣飾打扮及動作雖有不同變化，但全按古代欽天監所制定之規則而轉換，只反映流年立春之納音五行及時辰地支，與坊間流傳之天氣預測無關。若要得知該年何處有災患及雨水之多寡，則要參看春牛圖附近之詩文及摘要。

肖牛者之性格分析

・基本特質：刻苦耐勞　思前想後

談到肖牛者給人的基本印象，如果必須用最簡潔的詞彙來形容，就是「刻苦耐勞」。也許在現今的社會，很多人覺得勤力已不足以讓一個人走上成功之路，但對肖牛者來說，他們的滿足感來自於盡自己最大的努力去把目標逐步實踐，多於事情最後是否一定要成功。當然，肖牛者也追求成功，但如果成功來自僥倖，而沒有經過認真的付出，肖牛者始終會深感不安。

此外，正如牛反芻之習性，食物要經反覆咀嚼才能完全消化一樣，肖牛者對很多事情都思考得很深入，尤其遇上重要的事情，必須全盤理解後才會下決定。因為這種特性，肖牛者在還沒有考慮清楚前，絕少會給予肯定之答覆，會表現得有點拖拉；但一旦下定決心去做某事，便絕少會再改變決定了。

・優點：信守承諾　持之以恆

肖牛者生性勤奮，毅力頑強，不論是自己之目標或別人給予之任務，肖牛者都會一步一步付諸實行，絕少違背承諾。因為責任心強，在團體中很容易得到別人的信賴，與他們共事會有很大的安全感，絕不會留下一個爛攤子不顧而去。

當遇上逆境之時，肖牛者這種堅毅不屈的個性最能發揮效用，他們會咬緊牙關，付出最大的氣力去克服所有困難，可以大大鼓舞其他人的士氣。肖牛者步伐雖慢，但每一步都走得相當穩重及謹慎，若要打持久戰的話，肖牛者的成功比率往往較其他人高。

雖然肖牛者有時顯得相當固執，不容易被勸服，但只要他們發現自己真的有不足之處，乃有過必改之人。此外，肖牛者很尊重傳統，對家人及朋友也十分愛護，加上原則性強，絕不會為了自身的益處而出賣別人，乃非常忠誠的伙伴。

・缺點：過於固執　處事欠靈活

肖牛者凡事也三思而後行，但也因此而步伐緩慢，與他人之節奏難以協調。如果從事的工作突然發生變化，肖牛者更會感到難以適應，壓力特別大。

肖牛者是按本子辦事之人，他們的應變力較為不足，如果迫不得已要接受改變，他們只好付出更大的努力去重新適應。但在許可的情況下，肖牛者喜歡採用舊有的方法去處理事情，所以容易給人一成不變的感覺。如果身為團體中的領袖，往往表現得相當保守，開創性不足。

另外，肖牛者也特別固執，對別人之忠告像充耳不聞。其實他們奉行少說話、多做事，遇有問題希望能獨自解決，不習慣打開心扉和別人溝通，令人難以理解，所以難免會顯得過於獨斷獨行。

要注意的是，肖牛者平日很少與人發生衝突，但一旦發起脾氣來，卻相當誇張。部分性格較極端的肖牛者，更會真的有如一頭蠻牛，表現得完全不講道理，令人難以接近。

．建議：學習協商之道

肖牛者因為生性耿直，不愛裝瘋賣傻，所以做事也是直來直往。擇善固執當然值得讚賞，但有時太過於堅持己見，不但令人覺得沒有商量的餘地，更會十分容易碰釘。

所以，肖牛者尤其需要學懂和他人協商，並放開懷抱，不妨嘗試接納其他方案，不要太執著於自己的舊有模式，否則長久下來只會變得十分死板，真正鑽進牛角尖了。

肖牛者之改名宜忌

[有利名字]

．牛的地支為「丑」，改名宜用其他有利之生肖作配對。牛之六合生肖為鼠（子），三合生肖為蛇（巳）及雞（酉），所以名字上宜配相關之字根。

子鼠之字例：享、孝、承、孟、學、孺……等

巳蛇之字例：苑、虹、強、廷、進、超……等

酉雞之字例：醒、鳳、鳴、雄、雅、翰……等

・牛最喜歡吃草，五穀雜糧亦合其胃口，所以凡含有「草叢」及「五穀」等字根特別有利，代表衣食豐足。

草叢之字例：菁、蓉、莉、萬、苑、芬……等

五穀之字例：禾、秀、秋、積、凱、豐……等

・牛終日站立及勞動，晚上才會稍作休息，所以凡含有「夜間」及「蹺腳」之字根皆可取，代表能安享生活。

夜間之字例：夕、名、多、外、銘、夢……等

蹺腳之字例：玄、宏、弘、弦、參、雄……等

[忌諱名字]

・丑牛與未羊相沖，與戌狗相刑，與辰龍相破，與午馬相害，故取名宜避開相關字根為佳。

未羊之字例：幸、珠、美、祥、儀、羚……等

戌狗之字例：成、威、茂、武、狄、伏……等

辰龍之字例：晨、震、龐、麗、龔、瓏……等

午馬之字例：許、瑪、馳、駒、駿、騰……等

・上山多費力，牛本身已十分勞碌，所以若選取與「山」相關之字形，更會有苦上加苦之象。

山形之字例：岑、岳、峻、峰、嵐、嶺……等

・古代祭天最常使用牛作供品，雖有榮耀，但始終成為刀下亡魂，故「刀」及「君王」等字根不宜採用，以免有無辜犧牲之象。

刀形之字例：召、勞、照、剛、劍、別……等

君王之字例：玫、環、琪、瑛、瓏、璇……等

二〇二一牛年出生之嬰孩運勢

從本年立春之日（二〇二一年二月三日二十二時五十九分）至翌年立春（二〇二二年二月四日四時五十二分）止，其間出生的嬰孩生肖皆屬牛，出生年柱為「辛丑」，「辛」為天干，「丑」為地支。

十二生肖反映了出生年的地支，而各生肖之間也因地支屬性不同，而令生肖相遇時各有不同影響，有些生肖會互為抗拒，有些生肖能夠相輔相承。正因家庭成員之間的生肖組合不盡相同，父母與子女的基礎關係也不會人人一樣，相處上需要避重就輕，配合不同人的個性與特質來培育，家庭關係才能更融洽愉快。

以下除了列出辛丑年肖牛嬰孩的出生月份命格要點，也提供肖牛子女與不同生肖父母的親子關係一覽。

家長與肖牛子女的親子關係

- 父母肖鼠：彼此風格及處事手法不同，幸好牛往往視鼠為偶像，願意聽取意見。
- 父母肖牛：雙方皆十分固執，難免易生磨擦，不妨聚少離多，感情關係反而更佳。
- 父母肖虎：內心愛護對方，只是虎個性較急躁，牛也有脾氣，所以易有口角。
- 父母肖兔：兔處處關心，令牛有點吃不消，甚至有點煩厭，倒不如讓牛自力更生。
- 父母肖龍：龍的領導能力佳，容易覺得牛太保守及不夠積極，令牛壓力頗大。
- 父母肖蛇：可以互補不足，也不強求對方改變，所以相處較融洽，關係理想。
- 父母肖馬：馬充滿幹勁，作為家長要求頗高，牛難免反感，需要互相遷就包容。
- 父母肖羊：個性各有保留，相處上略有隔膜，宜從小多作溝通或聚少離多。
- 父母肖猴：雖然彼此相親相愛，但猴生性靈活，也會批評牛日常做事欠缺彈性。
- 父母肖雞：雙方相處較沒壓力，牛也特別孝順父母，令雞更感滿足，家庭頗幸福。
- 父母肖狗：肖狗父母容易過分溺愛肖牛子女，反而令牛深感被操控，宜適時放手。
- 父母肖豬：豬略嫌牛內向，其實彼此都不懂表達感情，作為父母宜主動解開心結。

辛丑年・肖牛寶寶之個別出生月份特點

農曆正月（西曆二一年二月三日至三月四日）
生性主動，也比較堅毅，運動天分佳，惟命格金木相剋，要慎防受傷。

農曆二月（西曆二一年三月五日至四月三日）
具唱歌天分，但氣管較弱，容易出現呼吸系統毛病或喉嚨不適，宜注意保護氣管。

農曆三月（西曆二一年四月四日至五月四日）
自我管束力佳，喜歡有紀律的生活，讀書表現亦不俗，但日常易有腸胃毛病。

農曆四月（西曆二一年五月五日至六月四日）
天生容易討人喜愛，人際關係理想，不愁沒朋友，尤其容易得到長輩歡心。

農曆五月（西曆二一年六月五日至七月六日）
命格易有皮膚問題，個性則獨立自主，亦較為急進，不易接受別人意見。

農曆六月（西曆二一年七月七日至八月六日）
命格相沖力量強，適宜過契或離鄉別井、往外闖蕩，對運勢反而更有利。

農曆七月（西曆二一年八月七日至九月六日）
人緣運理想，多朋友相助，但先天肺部較弱，容易咳嗽或喉嚨出現毛病。

農曆八月（西曆二一年九月七日至十月七日）
命帶紅艷煞，外形標緻，而且一生桃花較多，與人相處如魚得水。

農曆九月（西曆二一年十月八日至十一月六日）
命格土過多，特別固執，而且容易情緒低落，宜多加從旁開導。

農曆十月（西曆二一年十一月七日至十二月六日）
命格水旺，個性也較外向活潑，處事靈活，常有不安於室的表現，喜歡往外走動。

農曆十一月（西曆二一年十二月七日至二二年一月四日）
生性主動，屬於藝術型類別，另外要注意腸胃容易不適及理財能力欠佳之問題。

農曆十二月（西曆二二年一月五日至二月三日）
生性謙厚禮讓，惟同時受長輩照顧太多，決斷力弱，宜從小培養獨立自主的能力。

犯太歲
化解錦囊

犯太歲自救法

犯太歲其實並非想像中嚴重，一般來說犯太歲代表該年的生活衝擊較大，情緒亦容易起伏不定，但不代表運勢一定走下坡，部分人可能愈變愈好，尤其常要接觸人群或外勤的工作，較容易在犯太歲之年有所突破。總之，踏進人生另一階段之際，變化在所難免，心理壓力亦較大，最重要還是做足心理準備，以正面態度迎接未來的變化。

另外，犯太歲只是坊間的統稱，其實仔細還可分作幾類，影響有輕有重，大家不必過分擔憂。

本年（二〇二一辛丑牛年）犯太歲者包括：

牛、羊、狗、馬、龍

牛　犯本命年太歲

本命年犯太歲者，生活會出現不少變化，好壞發展要視乎個人命格而定。但始終在本命年的情緒起落會特別大，容易胡思亂想，也會影響決策能力，因此務必注意情緒。凡是本命年犯太歲者，最適宜舉辦喜事，包括結婚、添丁、創業、轉工或搬遷等，有助化凶為吉。

另外，本命年犯太歲也會影響健康運，輕則撞傷擦損，重則有血光之災，所以日常生活宜多加注意安全，避免參加任何高危的活動之餘，自己主動捐血或洗牙等也有化解之用。

羊　沖太歲

在各種犯太歲類別中，以沖太歲的變化最大，尤其容易涉及各種人生大事，例如在沖太歲之年轉換工作、置業、搬遷、結婚或分離等等。其中，感情關係乃最受影響的範疇，很多人在沖太歲之年正好遇上感情關口，有不進則退之象。

已有伴侶者如沒有計劃結婚或生兒育女，容易出現感情上的重大衝擊，以致情海翻波甚或分手收場。因此在沖太歲之年宜採取主動為佳，包括訂婚、結婚、添丁或者聚少離多，皆有助穩定關係。單身者則容易開展一段感情，但較難有穩定發展，有易來易去之象，所以沖太歲之年出現的新感情，還是抱觀望態度為佳。

狗　刑太歲

刑太歲主有輕微麻煩及是非，容易影響人際關係；為免是非纏身及進一步影響情緒，凡事低調為佳。

馬　害太歲

害太歲之影響相對輕微，主有陷害之意，代表今年容易有小人作祟，但整體不足為忌，只要少說話、多做事便可。

龍　破太歲

破太歲有破壞之意，代表一些固有關係容易遭受破壞或與人反目。雖然不至於十分嚴重，但運勢也會略為受挫；流年宜加倍注意自己的言行舉止，慎防禍從口出。

各種化解犯太歲之法：

一、沖喜

古人說「太歲當頭坐，無喜必有禍」，又說「一喜擋三災」。其實用上「災禍」兩字又未免太嚴重，但犯太歲的人，如能在同一年籌辦喜事的確可以將壞影響減至最低。

各種喜事中尤以結婚、生兒育女及置業等最佳，但這些人生大事很難刻意「製造」，所以不妨透過其他喜慶事如上契、壽宴等沖喜。另外，不時出席喜慶活動及多吃喜慶食品都可略為提升運勢，但犯太歲者碰上探病問喪便可免則免。

二、小心部署計劃

犯太歲代表多變動，包括轉工、搬遷及有較大的投資計劃（如從事生意可以是倒閉或擴張業務）等。雖然今年會多變動，但好壞仍是未知之數，所以下決定前更應詳加考慮。

三、佩戴生肖飾物

傳統上犯太歲者都會佩戴生肖飾物來化煞。飾物質料方面，所有生肖皆可通用玉器，但春夏出世者也可同時選擇金銀物料，秋冬出世者則只適宜選用玉器。

二〇二一牛年·犯太歲生肖飾物配對

牛：宜貼身佩戴鼠形之飾物
羊：宜貼身佩戴豬形及兔形之飾物
狗：宜貼身佩戴兔形之飾物
馬：宜貼身佩戴虎形及百解之飾物
龍：宜貼身佩戴雞形之飾物

如何選擇化太歲之生肖飾物

有些人會察覺到，每年各玄學家所選的化太歲生肖飾物並非完全相同。其實玄學家教人用生肖飾物化太歲，一般都以「六合」或「三合」的生肖來計算。因為每一生肖的「有利拍檔」都不止一個，所以有時玄學家所介紹的化太歲生肖便略有出入。

在此順帶一提，其實所謂十二生肖就是十二地支的代表。中國古代的年份代號，均由十天干和十二地支配搭而成，共有六十個組合。如二〇二〇年的庚子、二〇二一年的辛丑……其中的「子」及「丑」便屬地支。

> 十天干：甲、乙、丙、丁、戊、己、庚、辛、壬、癸
>
> 十二地支：子、丑、寅、卯、辰、巳、午、未、申、酉、戌、亥

因地支的力量在一般情況下比天干強，所以每一年的地支都較受玄學家的重視。但對於十二地支的名稱和意義，民間不易理解和流傳，於是古人便把十二地支與十二種動物配合起來，才出現了十二生肖。所以生肖飾物的宜忌配搭，實際也是十二地支的有利組合，亦即下文提到的「六合」和「三合」。

十二地支所代表的生肖

地支	生肖
子	鼠
丑	牛
寅	虎
卯	兔
辰	龍
巳	蛇
午	馬
未	羊
申	猴
酉	雞
戌	狗
亥	豬

用最淺白的比喻來解釋的話，「六合」就是把十二生肖分成六組，每組互相是對方的貴人；「三合」則把十二生肖分成四組，每組的生肖都特別包容及欣賞對方。兩者比較，當然以「六合」的互助力量較大，所以玄學家一般都會取「六合」的生肖作化煞之用。

不過大家別忘記，「六合」中每組只得兩個生肖，換言之「不是你幫我便是我幫你」，但每年都有數個生肖觸犯太歲，這些生肖本身已是「自身難保」，又如何有力量幫助他人？所以如果「六合」幫不上忙，便應退一步從「三合」中選擇。如果「三合」的選擇中遇有犯太歲的生肖，亦應剔除。

下表列出了十二生肖的「六合」與「三合」配對，基本上年年適用。但因「牛、羊、狗、馬、龍」在辛丑牛年皆屬犯太歲，未有能力幫助他人，所以我便特別加上「X」，讓大家更清晰知道每一生肖餘下的選擇共有多少。如果「六合」及「三合」可以任選，則以「六合」作首選。

二〇二一牛年化太歲之生肖飾物一覽表

（X：今年不可選擇，只作參考）

所屬生肖	六合	三合
鼠	~~牛~~	猴、~~龍~~
牛（犯太歲）	鼠	蛇、雞
虎	豬	~~馬~~、~~狗~~
兔	~~狗~~	豬、~~羊~~
龍（犯太歲）	雞	鼠、猴
蛇	猴	~~牛~~、雞
馬（犯太歲）	~~羊~~	虎、~~狗~~
羊（犯太歲）	~~馬~~	豬、兔
猴	蛇	鼠、~~龍~~
雞	~~龍~~	~~牛~~、蛇
狗（犯太歲）	兔	~~馬~~、虎
豬	虎	兔、~~羊~~

四、拜太歲

拜太歲亦是常見的化煞方法，但年輕一輩未必懂得當中的細節。其實拜太歲的方法可繁可簡，但下面的步驟則不可缺少。

一般來說拜太歲可粗略分為三類：

❤往大廟參拜

香港有很多寺廟都供奉了太歲，但當中最大規模則是荃灣的圓玄學院。進大廟和進細廟的拜祭方式略有不同，如欲到大型廟宇參拜，步驟應為：

- 先到廟外買一份太歲衣（太歲衣的作用有如一份表格，應將自己的名字、年齡及出生年月日寫在上面，以知會太歲應保佑哪一位）
- 首先往六十太歲的統領上香
- 往當年太歲上香（二〇二一辛丑牛年的太歲為「楊信」，又名「湯信」）
- 再到自己出生年的所屬太歲上香（大廟設六十太歲一覽表）
- 逐一向其餘太歲上香
- 最後將太歲衣化掉

❤往細廟參拜

細廟因為地方淺窄，很多時會將六十位太歲放在一起，所以拜祭方式比大廟簡單：

- 廟外購買壽金（細廟一般沒有正式的太歲衣出售，所以通常用壽金代替）
- 壽金上寫上自己名字及出生年月日，壽金數目則按自己歲數多少而定。
- 向廟中太歲上香參拜
- 將準備好的壽金放到太歲像下（可請廟中工作人員代勞）
- 化掉其餘衣紙

❤家中自行拜祭

不論大廟細廟，新春前後總是人頭湧湧，如果不想往廟宇參拜，其實亦可在家中自行拜太歲，俗語稱為「拜當天」：

- 在紅紙上寫下該年太歲資料，以本年為例，可寫上「辛丑年當年太歲之位」或「辛丑年楊信太歲位」

- 將紅紙放到家中大神（如觀音、關帝）旁邊
- 以六色果（六款生果）、煎堆及齋菜等供奉，再誠心參拜
- 將衣紙化掉

不論你用哪種方法，只要誠心太歲便會保佑。至於最適當的拜太歲的日子可以參考另表（410頁），而帶去供奉的物品不需有肉，只需要簡單的香燭及生果便可。

拜太歲後亦要記緊於年尾「還太歲」，以酬謝神明一年來的庇佑。還太歲的最適當時間為每年的冬至前，即西曆十二月二十二日至二十三日左右，方法跟一般還神步驟一樣，同樣只需準備生果香燭便可。

人人適用趨吉避凶方法

如果你並非犯太歲，但從運程預測中得知來年運勢不佳，其實亦有其他方法趨吉避凶。

❤化血光之災：捐血或放生

如流年運勢特別容易受傷，甚至有血光之災，除了捐血，主動做全身檢查、洗牙或補牙等都算「應劫」。另外，「放生」也是一種福德，可減低運勢的負面衝擊，最好選擇那些快將成為「刀下亡魂」的家禽或海鮮，但必須注意放生的動物是否有充足覓食能力，亦要注意放生地點是否恰當，以免好心做壞事。

如果流年易有血光之災，危險性活動切勿參加，也忌開快車，總之生活上更加要事事小心謹慎，也要備有足夠的醫療保障以求安心。

❤化白事：施棺或贈醫施藥

如流年家宅運不穩，甚至有白事之象，宜透過「施棺」或贈醫施藥來穩定整體家宅運。所謂「施棺」，其實指幫助那些過身後無以為殮的貧苦大眾。除了捐助殮葬費外，亦可向死者家屬提供生活上的幫助。這種善舉是莫大功德，亦助人助己，可以化解自己家中輕微白事。

此外，主動向其他病者贈醫施藥也是積福之舉。不妨直接捐款予非牟利的醫療機構，用作資助其他貧苦大眾購買藥物或改善醫療設施，既可助人，亦對自身的健康運及家宅運有所提升。

❤ 開運飾物：百解、如意手繩或掛飾

流年犯太歲者，可按下表配對開運飾物；如不屬於犯太歲的其中一員，但仍然想藉着開運飾物來提升整體運勢，亦可選擇「百解」或「玉如意結」的手繩或掛飾。

「百解」是中國靈獸之一，玄學上有鎮宅化煞、招福納財之意；「玉如意結」則是傳統的吉祥象徵，有生旺家宅、萬事如意之效用。

「百解」及「玉如意結」的吉祥物適合人人使用，與其他開運飾物沒有相沖，長期貼身佩戴有助消災解困、四季如意，保祐出入平安。

要注意的是，凡屬流年開運或化太歲的飾物主要為該年化煞擋災，只適合作一年時間的應用，不宜年年佩戴同一吉祥物。掉棄前最好先用紅紙或利是封包好，以表達過往一年得到保佑的謝意；新一年的開運吉祥物也應妥善保存，如有損壞宜及早更換。

二〇二一牛年．開運飾物配對

牛：宜貼身佩戴鼠形之飾物

羊：宜貼身佩戴豬形及兔形之飾物

狗：宜貼身佩戴兔形之飾物

馬：宜貼身佩戴虎形及百解之飾物

龍：宜貼身佩戴雞形之飾物

其他生肖：百解手繩或掛飾

十二生肖
開運攻略

吉星：華蓋

凶星：劍鋒、伏屍

概述：

本命年犯太歲，運勢傾向兩極化，宜主動作身體檢查或舉辦喜事，有望減低衝擊。

（詳盡生肖運程請參看42頁）

【開運攻略】

一喜擋三災：

牛年犯本命年太歲，衝擊及變化較大，好壞難料，如果能主動舉辦喜事，包括結婚、添丁、置業或創業等，皆可減低衝擊。

本命年宜多穿著鮮色衣服來助旺運勢，尤其以紅色最有利。此外，傳統上亦適合使用生肖玉器及紅繩來化解犯太歲之衝擊，肖牛者宜佩戴鼠形生肖飾物，如手繩或掛飾，並貼身攜帶為佳。

提升健康運：

流年的健康運較弱，最好在鼠年的年底主動作身體檢查，並在牛年之始洗牙或捐血，等同應驗血光之災。若為駕駛人士，牛年也要加倍謹慎，於車中使用太歲車掛，有助大事化小，出入更平安。

化解病星方位：

本命年犯太歲容易有手腳損傷，切忌催旺家中的流年大小病星位，包括五黃方位（東南）及二黑方位（正北），更不宜動土或裝修；此兩星飛臨之處，最好擺放銅製重物或金屬發聲物品，如銅鑼或銅葫蘆，有助化解病氣。

助旺工作運：

牛年的財運起落較大，理財策略宜保守，不宜作大額投資或投機，收入以正財為佳。因牛年有華蓋星入主，代表思考運佳，若要提升工作表現，不妨佩戴綠幽靈及葡萄石的水晶飾物，有利進一步發揮才華及提升正財運。

【相關吉祥物品之詳細使用方法，可參考「吉慶堂」網站：www.jiqingtang.hk】

虎

吉星：天乙、太陽、天空、紅鸞

凶星：孤辰、晦氣、劫煞

概述：

吉星飛臨貴人力量充足，若能「動中生財」運勢將更為理想，不妨積極把握。

（詳盡生肖運程請參看52頁）

【開運攻略】

宜動中生財：

牛年吉星眾多，無論事業及財運均有進步，更大利開拓海外市場，不妨主動爭取出差機會或多往外走動，以「動中生財」方式帶動運勢；亦可考慮佩戴太陽石的水晶飾物提升智慧及自信，發揮個人魅力，令運勢如虎添翼。

強化桃花運：

流年桃花暢旺，單身一族可望遇上合眼緣對象，尤其紅鸞星動，主有機會喜事臨門，不妨多出席朋友聚會物色另一半，亦可於流年一白桃花星飛臨位置（正南），擺放紅瑪瑙及粉紅澳寶的桃花樹擺件，更易找到好對象。

防小人是非：

得貴人扶持與上司及長輩相處融洽，惟同輩或下屬之間的關係則略為緊張，建議待人處事要謙虛低調，盡量「少說話、多做事」為佳，亦可於三碧是非星飛臨位置（西南）擺放黑曜石水晶球或隨身佩戴黑曜石飾物，有助化解負能量及驅趕小人。

提早準備本命年：

飲食及應酬聚會頻繁，必須注意作息，加上辛丑年過後的壬寅年將踏入「本命年」，部分肖虎者會於第四季提早入運，恐防運勢不穩；建議於牛年年底先進行詳細的身體檢查，做好準備迎接犯太歲年份來臨。

【相關吉祥物品之詳細使用方法，可參考「吉慶堂」網站：www.jiqingtang.hk】

兔

吉星：╲

凶星：喪門、地喪、災煞、披頭

概述：

貴人助力稍遜，凡事宜親力親為；凶星力量容易衝擊健康及家宅運，須謹慎提防。

（詳盡生肖運程請參看62頁）

【開運攻略】

催旺貴人力量：

流年運勢無大突破，加上吉星欠奉、貴人力量稍弱，要有心理準備凡事要加倍親力親為，建議不宜將目標訂得太高，多吃喝玩樂放鬆心情。另外，亦可隨身佩戴碧璽水晶飾物，有助增強事業運及貴人扶持的力量。

外遊保平安：

牛年出門較大機會遇上驚嚇之事，亦容易受傷或水土不服，宜加倍謹慎，最好預先購買保險及隨身帶備平安藥，以策萬全；外遊期間也適合攜帶與心經相關之掛飾或迷你擺件，有助鎮靜心神，保佑平安大吉。

強化家宅運：

流年的凶星力量較為衝擊家宅運，牛年需要多花時間關心長輩健康，不妨為家居作小型翻新工程或更換牀褥、沙發等大型家具，主動應驗家宅運之變化。如家中有老弱病患，也適合擺放白玉葫蘆，可化解流年病氣又可穩定家宅運，一舉兩得。

提升正能量：

家宅較多瑣事煩心，凶星亦容易影響情緒，精神壓力較大，牛年盡量不宜探病問喪，多出席婚宴、壽宴、彌月等喜慶場合沾染旺氣，日常宜佩戴可平靜思緒、消除壓力的白水晶掛飾，以正能量對抗逆境。

【相關吉祥物品之詳細使用方法，可參考「吉慶堂」網站：www.jiqingtang.hk】

龍

吉星：太陰、唐符

凶星：飛刃、勾絞、貫索

概述：

女性貴人助力充足，事業及財運穩步上揚；惟太歲相破有礙人緣，低調謹慎為上。

（詳盡生肖運程請參看72頁）

【開運攻略】

宜謹言慎行：

「破太歲」雖然影響力較輕微，但人際關係仍然容易受損，宜要謹言慎行；若牛年能有結婚、添丁、置業或創業等事沖喜，運勢會較為理想，亦適宜貼身佩戴雞形的生肖手繩或掛飾，尤其以玉石為佳，有助平穩運勢。

求助女性貴人：

得吉星眷顧事業發展無往而不利，女性貴人助力尤其充足，宜多向身邊的女性上司或前輩尋求協助。若想進一步助旺事業運，可於流年四綠文昌星飛臨位置（正東）掛上綠東菱之掛飾，有望可名利雙收。

催旺正偏財運：

牛年財運有緩慢提升之象，但「財不入急門」，無論從商或投資也要按部就班，過急反而得不償失；不妨在流年八白財星飛臨位置（正西）擺放玉如意或金算盤擺件，有助加強財運。

化解血光之災：

牛年較容易受刀傷或金屬所傷，建議避開一切高危活動，並於牛年之始捐血或洗牙，主動應驗血光之災。若要提升健康運，不妨佩戴集黑髮晶、茶晶及黑曜石於一身的飾物，相輔相成以穩定運勢。

【相關吉祥物品之詳細使用方法，可參考「吉慶堂」網站：www.jiqingtang.hk】

蛇

吉星：國印、三台

凶星：官符、五鬼、天哭、指背

概述：

事業及財運拾級而上，惟容易有小人從中作梗，不宜意氣風發，亦要留心個人情緒。

（詳盡生肖運程請參看82頁）

【開運攻略】

把握事業良機：

牛年有代表掌管權力帥印的「國印」吉星駕臨，事業發展稱心如意，轉工或主動報考升職試較有利；若想進一步助旺事業運，建議於流年四綠文昌星飛臨位置（正東）擺放玉璽官印之擺件，權力地位可望穩步上揚。

加強中長線投資：

牛年財運不俗，無論賺錢及聚財能力皆有提升，有利多作中長線的投資，加上肖雞者是自己的流年貴人，不妨加強合作；若要再強化財運則不妨佩戴金髮晶或紫晶飾物，尤其適合剛晉升的管理階層，表現可更上一層樓。

化解官非運：

流年略有官非口舌運，甚至有機會對簿公堂，建議新一年不宜多管閒事，簽署文件合約前要審慎理解細節，如不確定必須請教專業人士；另外最好在牛年的三碧是非星飛臨位置（西南）多擺放紅色物品，並掛上黑曜石門掛，有助減低小人與是非之干擾。

積極穩定情緒：

牛年容易胡思亂想，因此盡量不宜探病問喪，亦要避免前往偏遠僻靜的廟宇及墳場，以免受到負能量之侵襲。日常除了多做運動、保持正常作息外，也適宜佩戴蜜蠟飾物，有助辟邪保平安，同時也可穩定思緒。

【相關吉祥物品之詳細使用方法，可參考「吉慶堂」網站：www.jiqingtang.hk】

馬

吉星：月德、玉堂

凶星：咸池桃花、小耗、死符

概述：

桃花大旺、貴人力量充足，財運亦可有進帳，惟「害太歲」年份需提防小人陷害。

（詳盡生肖運程請參看92頁）

【開運攻略】

修補人際關係：

太歲相害之年，難免較多口舌是非，甚至遭受小人陷害，最好避免做中間人為別人排難解紛；要緩和犯太歲之衝擊，宜貼身佩戴虎形生肖及百解飾物，有助維持圓融的人際關係，化解流言蜚語之侵害。

加促貴人臨門：

牛年人際關係較為複雜，整體事業有良好發展，更可望備受提拔，惟「害太歲」之年切忌鋒芒太露，尤其升遷後更要謹言慎行；建議新一年可於辦公桌上擺放附有黑曜石之貴人鞋擺件，既可驅趕小人，又可加促貴人臨門力量。

積穀防饑為佳：

牛年財運雖有所進帳，但同時容易因各種開支而破財，因此要加緊積穀防饑，做好理財策劃，並將部分現金化為實物保值。若要加強聚財，宜於流年一白財星飛臨之位置（正南）擺放黃玉貔貅，有助守住財富，減少破財機會。

化解爛桃花：

流年桃花處處，但亦容易惹上「牆外桃花」，已婚者要安分守己，不宜對人過分熱情，以免捲入三角關係；如為單身一族則可佩戴紅紋石飾物，有助招來正桃花，早日開花結果，已有伴侶者亦可令關係更幸福美滿。

【相關吉祥物品之詳細使用方法，可參考「吉慶堂」網站：www.jiqingtang.hk】

羊

吉星：地解

凶星：歲破、大耗、欄干、月煞

概述：

太歲相沖運勢多變，容易破財及得罪權貴，尤其不宜與女性合作，凡事三思後行。

（詳盡生肖運程請參看102頁）

【開運攻略】

主動沖喜：

「沖太歲」變化頻仍，容易有工作崗位或感情關係上的改變，凡事不宜太急進，若有結婚、添丁或置業等喜事則可減低衝擊；建議肖羊者於立春過後做好拜太歲工夫，並且貼身佩戴豬形及兔形的生肖飾物。

提升駕駛運：

牛年宜避免參加一切高危活動，駕駛人士也要加倍注意道路安全，並提防出現家居陷阱。除了切忌生旺流年五黃災星（東南）或二黑病星（正北）等凶星方位外，最好在家居及車中掛上觀音掛飾或太歲車掛，有助化解厄運，增添福報。

破歡喜財：

反正流年破財運重，不妨積極考慮置業、搬遷或翻新家居，主動以「破歡喜財」應驗運勢；為鞏固財運，宜於流年一白財星飛臨之位置（正南）擺放黃晶搖錢樹或聚寶盆等擺設，幫助提升正財收入，減低劫財情況。

忌與女性合作：

凶星力量容易削弱人際關係，慎防得罪權貴，尤其不宜與女性長輩或親友合作投資，以免因財失義而自招煩惱。若想減少是非，宜貼身佩戴紫晶及白水晶飾物，有助提升自信及平定個人情緒，於職場上廣結人緣。

【相關吉祥物品之詳細使用方法，可參考「吉慶堂」網站：www.jiqingtang.hk】

吉星：紫微、龍德、天喜

凶星：亡神、暴敗、天厄

概述：

吉星臨門喜事重重，宜善用貴人力量提升事業、財運及桃花運，惟須注意長輩健康。（詳盡生肖運程請參看112頁）

【開運攻略】

把握貴人力量：

借助貴人吉星力量，事業及財運皆大有進步空間，桃花運也有突破，宜積極拓展人脈網絡，凡事可事半功倍。若想令職場表現及人緣運更上一層樓，不妨在家居或辦公室擺放紫晶球或紫晶洞，貴人運更如魚得水。

加強添丁運：

吉星拱照喜事重重，若有結婚或添丁計劃者成功在望，單身一族甚至有閃婚機會。若急於生兒育女者，可加強催旺流年的九紫喜慶星飛臨方位（東北），並放置一對東菱玉石製的麒麟擺設，特別有助添丁、安胎及鎮宅。

強化長輩健康：

流年家宅運受沖，最好多關心長輩健康，並以「施棺」形式捐助無力殮葬的家庭，以化解白事之象。另外，長輩們亦可佩戴有助平衡人體脈輪的晶石手串，對擋煞消災有一定幫助。

外遊保平安：

牛年外遊時容易遇上小意外，必須多留心目的地之治安及天氣變化，亦要預先購買旅遊保險以策萬全。出門時不妨於隨身行李或手提包，掛上銅製的藏傳佛教六字真言掛飾，有助消除厄運，令旅程更安心。

【相關吉祥物品之詳細使用方法，可參考「吉慶堂」網站：www.jiqingtang.hk】

雞

吉星：祿勳、將星、天解

凶星：白虎、飛簾、浮沉、血刃

概述：

打工一族事業暢旺，從商則要親力親為，宜提防無理取鬧的女性，並慎防受傷。

（詳盡生肖運程請參看122頁）

【開運攻略】

加強升職運：

事業發展稱心如意，尤其管理階層可大大發揮領導才能，升職加薪在望。要於職場上再加強運勢，建議於家居或辦公室擺放紫晶石文昌塔或水晶球，既可提升貴人運勢，亦可驅趕小人，令事業平步青雲。

催旺財氣：

流年未見有財星進駐，從商者有辛苦得財之象，宜親力親為帶領下屬，亦要積穀防饑提防生意忽上忽落。如欲強化財運及提升業績，可於流年八白財星飛臨位置（正西）擺放一組銅製金蛋裝飾，助旺財氣入門的力量。

提防橫蠻女性：

牛年容易遇上橫蠻無理的女性，尤其從事前線銷售更要謹慎，提升耐性面對上司或客戶。若想人緣運更理想，可貼身佩戴粉晶狐狸手鐲提升個人魅力，有助廣結人脈，減少戾氣及增強桃花運。

慎防意外受傷：

凶星力量較為衝擊健康，牛年要提防水險、道路碰撞或刀傷破相，最好在立春後捐血或洗牙以主動應驗，亦不宜參與高危活動。另外也適宜貼身佩戴黑髮晶、茶晶及黑曜石飾物晶石手串，有助消災解困，鞏固個人氣場及健康運。

【相關吉祥物品之詳細使用方法，可參考「吉慶堂」網站：www.jiqingtang.hk】

吉星：天德、福星、八座

凶星：羊刃、絞煞、捲舌、寡宿

概述：

雖有吉星扶持容易逢凶化吉，但「刑太歲」之年仍有阻滯，特別要注意瑣碎毛病及人緣。（詳盡生肖運程請參看132頁）

【開運攻略】

沖喜化解衝擊：

「刑太歲」年份運勢仍有輕微阻滯，尤其要留心瑣瑣碎碎的健康毛病，若有傳統喜事如結婚、添丁或置業等沖喜則可平安大吉；牛年宜貼身佩戴兔形的生肖飾物，如玉石製的手繩或掛飾，有助化解衝擊力量。

催旺幸運之財：

借助吉星力量可望獲得幸運之財，投資方面大有機會憑個人靈感或貴人提供的消息獲利，若想進一步助旺財運，可於家中或辦公室擺放以黃玉為主的金元寶聚寶盆，有利催財化煞，賺取更穩定回報。

保障身心健康：

牛年易受是非口舌困擾，容易情緒低落、思想亦較為悲觀，不妨多出席婚宴、壽宴及彌月等喜慶場合，另外要慎防輕微損傷，除了可佩戴茶晶之飾物，駕駛者更適宜使用太歲車掛，皆有助驅走負能量及保障身心健康。

鞏固伴侶關係：

單身一族桃花較疲弱，可借助長輩力量作介紹引薦；已有伴侶者亦容易對另一半有微言，建議舊地重遊鞏固感情，並於家居的一白桃花星飛臨位置（正南）擺放心形草莓水晶，數量以雙數為佳，單身者有助提升魅力，戀愛中的情侶關係亦可有所昇華。

【相關吉祥物品之詳細使用方法，可參考「吉慶堂」網站：www.jiqingtang.hk】

豬

吉星：驛馬

凶星：天狗、吊客、空亡

概述：

驛馬運強勁，事業及財運均要靠外遊帶動，惟出門後要注意小意外，凡事須謹慎。

（詳盡生肖運程請參看142頁）

【開運攻略】

大利動中生財：

「宜動不宜靜」的年份，從商者可拓展海外市場，打工一族亦宜爭取出差機會，即使未能外遊亦要稍為頻撲及舟車勞頓，應驗「動中生財」運勢。若想進一步助旺財運，可於家居、辦公室或商舖內擺放白玉如意象擺設，有助吸納四方之財。

提防外遊意外：

外遊機會頻繁，但吉星助力不足，且有意外之象，出發前宜先購買旅遊及意外保險，並加強提防行李或財物遺失；建議可貼身佩戴小葉紫檀、黑曜石、金髮晶及茶晶等晶石手串作為護身符，有利加強個人能量、消災納福，令旅途更安心。

加速桃花臨門：

牛年未有桃花星進駐，感情運較為原地踏步，單身一族可多往外走動尋求異地桃花，已有伴侶者亦可多結伴同遊維繫感情；並於流年的一白桃花星飛臨位置（正南）掛上粉晶門掛，催旺人緣及個人魅力，加速桃花臨門。

穩定個人情緒：

凶星較為影響情緒，令肖豬者思想負面，牛年可多出席婚宴、壽宴或彌月等喜慶場合吸收正能量，盡量不宜探病問喪。若想平靜思緒，可於隨身物品上掛上青金石掛飾，借助晶石能量保持心境平和，提高決策能力。

【相關吉祥物品之詳細使用方法，可參考「吉慶堂」網站：www.jiqingtang.hk】

吉星：文昌、歲合

凶星：陌越、病符

概述：

太歲相合仍有起伏，凡事宜謹慎保守；文昌吉星大利進修考試，提防陌生環境帶來壓力。（詳盡生肖運程請參看152頁）

【開運攻略】

積極學習進修：

「文昌」吉星大利讀書進修，不妨積極報讀與工作相關的課程或報考升職試，有望可獲得理想成績而有升遷機會；亦可於家居或辦公室的四綠文昌星飛臨位置（正東）擺放橄欖晶石文昌塔，提升專注力及創作能力，令思路更加清晰。

添丁延續喜慶：

與太歲相合的年份桃花運尚算理想，單身者有利在進修場合結識新對象，甚至會有閃婚機會，已婚者亦可延續上一個本命年的喜慶運，添丁機會較大；建議於流年九紫喜慶星飛臨位置（東北）擺放迷你燈籠擺件，並以代表喜慶的紅色為佳，有助加促喜事及開枝散葉。

調整心態減壓：

若鼠年曾轉工者，牛年則容易因為未能適應而帶來壓力，需要學懂放鬆心情，平衡工作與生活時間；宜於手機或隨身物品掛上白晶或葡萄晶石掛飾，可平靜心神，提升因環境變化而要調整身心的能力。

知識換取財富：

牛年的正財及偏財運也需要以知識及專業換取，投資要經過個人研究分析，較難憑靈感或小道消息獲利。若想令頭腦更靈活，可貼身佩戴紫晶及黃晶飾物，如手繩或手串等，既可提升智慧亦可聚財，減少決策錯誤情況。

【相關吉祥物品之詳細使用方法，可參考「吉慶堂」網站：www.jiqingtang.hk】

十二生肖

牛年運程

牛

犯本命年運勢反覆 主動沖喜應驗變化

肖牛者出生時間（以西曆計算）

二〇二一年二月三日二十二時五十九分	至	二〇二二年二月四日四時五十二分
二〇〇九年二月四日零時五十二分	至	二〇一〇年二月四日六時四十九分
一九九七年二月四日三時四分	至	一九九八年二月四日八時五十八分
一九八五年二月四日五時十三分	至	一九八六年二月四日十一時九分
一九七三年二月四日七時四分	至	一九七四年二月四日十三時正
一九六一年二月四日九時二十三分	至	一九六二年二月四日十五時十八分
一九四九年二月四日十一時二十三分	至	一九五〇年二月四日十七時二十一分
一九三七年二月四日十三時二十六分	至	一九三八年二月四日十九時十五分
一九二五年二月四日十五時三十七分	至	一九二六年二月四日二十一時三十九分

肖牛開運錦囊

★犯本命年太歲，宜貼身佩戴鼠形生肖飾物以助旺運勢。

★流年容易受傷，結婚、添丁、置業或創業可減低衝擊。

★財運起落較大，理財策略應謹慎保守，不宜作大額投資。

★宜於鼠年年底作身體檢查，並在牛年之始捐血或洗牙應驗血光之災。

★家居可作小型裝修提升運勢，但要避免催旺流年五黃災星及二黑病星位置。

（流年吉凶方位請參看376頁，更詳盡之開運攻略請參看28頁）

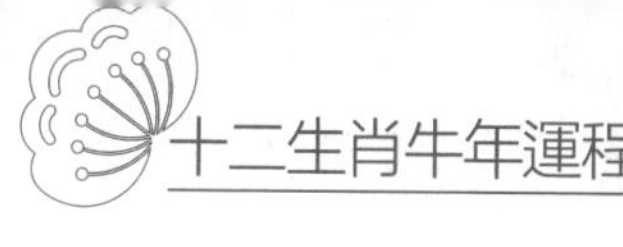

整體運程

肖牛者於庚子鼠年屬「合太歲」年份，來到辛丑牛年則屬「犯本命年」，故將會連續兩年經歷變化較多的運勢。所謂「一喜擋三災，無喜是非來」、「太歲當頭坐，無喜必有禍」，犯太歲年份若能有傳統喜事，如結婚、添丁、置業或創業等則運勢較為理想；故若曾於鼠年有沖喜者，牛年將可以承接好運，已婚者亦容易有喜，屬重新開始的一年。

吉星方面，辛丑年只有「華蓋」飛臨，此星是古時皇帝出巡的羅傘，有高高在上、受萬人景仰之意，亦屬藝術才華之星。若本身從事藝文創作、廣告、舞台等創意工業則可有不俗發展；不過，此星亦有孤芳自賞之意，尤其不利感情及人際關係，肖牛者新一年總覺得身邊人不夠了解自己，感覺較為孤單，建議放鬆心情，多找朋友傾訴及多接納意見，亦可作適量運動減壓。

由於肖牛者本身的性格已較為偏執，喜歡鑽牛角尖，加上「犯本命年」衝擊情緒，辛丑年又有「劍鋒」及「伏屍」凶星駕臨，除了容易胡思亂想、悶悶不樂外，亦有較多受傷機會，新一年需要多注意身體健康，建議肖牛者於鼠年年底作詳細的身體檢查，並於牛年之始捐血及洗牙，主動應驗血光之災。另外，「劍鋒」亦代表受金屬所傷，甚至有破相開刀機會，駕駛人士或工作需要接觸金屬者務必要打醒十二分精神，以免意外受傷。

既然犯太歲年份運勢較為多變、起落亦較大，做事難免會「一波三折」，故不宜急進前行或衝鋒陷陣，凡事需要循序漸進、格外穩健保守。即使鼠年已沖喜或打算於牛年辦喜事者，亦需要有周詳計劃，以免有「吉中藏凶」之勢。從商者欲開拓新業務範疇亦只宜以「刀仔鋸大樹」方式進行，不宜大手投資；計劃置業者亦只宜自住，絕不能投機短炒，否則易有破財機會。總而言之，犯太歲年份運勢並非一面倒，只要多注意健康、凡事謹慎，則辛丑年亦算是平穩過渡的年份。

【財運】

犯太歲年份運勢較為多變，財運起落亦較大，加上「本命年」容易衍生負面情緒，影響個人思路及分析能力，投資上易有決策錯誤情況，不宜輕舉妄動。建議肖牛者新一年選擇穩健的中長線投資，避免進行高風險的投機炒賣，否則有機會損手離場。另外，「華蓋」星亦有獨行獨斷之意，投資方面只能憑藉個人研究分析，不能聽信小道消息或輕言與人合作。從商者亦要有心理準備工作較為艱辛，凡事需要親力親為，難以假手於人；新一年亦不宜儲備太多現金，不妨購買實物保值。犯太歲年份亦會蠢蠢欲動開展新生意，惟凡事需要循序漸進、謹慎保守，不宜過分進取，亦可以「小試牛刀」的方式進行，不宜牽涉大額金錢交易。

由於「本命年」健康運較受衝擊，肖牛者不妨主動花費於保健養生之上，於鼠年年底進行身體檢查，亦可多作針灸保健，預先購買醫療及旅遊保險，主動應驗因健康破財的運勢。犯太歲年份亦特別容易有財物損失，如手提電話、錢包等，尤其出門後需要小心看管個人財物，以免無辜破財。

【事業】

辛丑年得「華蓋」吉星駕臨，此星是古代皇帝出巡時的天蓋，代表地位超然、得人欣賞，屬有助事業發展的吉星。若肖牛者本身從事廣告、設計、劇本創作等藝術工作則最為有利，新一年可謂靈感不絕，於職場上大展拳腳。相反，若從事的行業需要與人接觸或與客戶交流，如保險、地產或前線銷售則較難受惠，因為「華蓋」星有孤芳自賞之意，加上肖牛者本身性格已較為偏執，不夠親和力，遇上此星難免會令事業受挫，業績較難達到預期。

由於「華蓋」星不利人緣及桃花，新一年亦要多留心人際關係，尤其工作上較多口舌、是非，建議肖牛者待人處事要謙遜低調，不宜鋒芒太露，若能保持圓融的人際關係，則事業發展也會較為理想。

「本命年」亦會想主動作出變化或轉換工作環境，惟始終運勢起落較大，不建議衝動「裸辭」，否則可能希望落空，需要待上一段長時間始能覓得理想工作。另外，即使有新工作機會亦要以合約落實才辭去原有職位，否則犯太歲年份有機會無風起浪，出現「兩頭不到岸」情況。

【感情】

肖牛者辛丑年的感情走向，很大程度會視乎去年的發展。由於庚子鼠年屬「合太歲」，部分人已經歷了分手變化運勢，踏入「本命年」則屬重新開始的年份。惟始終不是桃花年，加上有「華蓋」星進駐，此星有孤單寂寞、獨善其身之意，較為不利桃花，肖牛者新一年情緒會較為負面，總覺得身邊人不夠了解自己，單身一族雖可結識志同道合的朋友，但遇上合眼緣對象的機會渺茫，或以短暫桃花居多，故不宜期望太高，專注事業發展將更為理想。

另外，「犯本命年」亦即所謂的「關口年」，戀愛中的情侶若有訂婚、結婚或共同置業打算，則關係較能維持；惟於籌辦婚事的過程中亦要謹記多加溝通，以免因為瑣事而意見分歧，甚或會引發分手危機。若於「關口年」未能邁進一步，則要留心有「不結即分」情況，需要謹慎處理二人關係。至於鼠年已婚者則可望延續喜慶運勢，牛年較容易有喜，若有添丁計劃不妨落實執行，將可願望成真。惟犯太歲年份容易因為家宅瑣事而與伴侶起爭拗，建議相處時需要多包容忍讓，以和為貴。

【健康】

犯太歲年份身體較多瑣瑣碎碎毛病，加上辛丑年又有「劍鋒」、「伏屍」兩顆較為不利健康的凶星駕臨，代表容易受傷、甚至有開刀破相機會，駕駛人士或工作需要接觸金屬者要打醒十二分精神，避免參與攀山、爬石、跳傘、滑雪、潛水等高危的戶外活動，以免樂極生悲。

另外，「本命年」本來就較影響情緒，而且肖牛者個性偏執、不懂變通，又有代表孤單寂寞的「華蓋」星入主，新一年思想更為負面，容易有悶悶不樂、精神緊張情況，甚或會影響睡眠質素，建議可多接觸大自然，做適量瑜伽、太極、打坐等靜態運動放鬆身心，亦可考慮報讀繪畫、攝影等興趣課程減壓。

既然健康運平平，建議肖牛者於鼠年年底進行詳細的身體檢查，踏入正月捐血或洗牙，主動應驗血光之災；亦可預先購買醫療及旅遊保險，多花費於養生保健、中醫或針灸調理之上，多作贈醫施藥善舉，有助提升運勢。「本命年」家宅運亦較受衝擊，有機會受漏水、噪音等問題困擾，不妨為家居作小量裝修、維修或更換家具，並多關心長輩健康，凡事謹慎則可平安大吉。

不同年份生肖運程

◎一九二五年：乙丑年（虛齡九十七歲）

庚子年屬「天合地合」年份，來到辛丑年原則上運勢較為平穩，不過由於個人天干「乙木」與流年「辛金」相沖，雙手及頭部容易受傷，尤其本身有偏頭痛問題者，需要提防舊患復發，亦要留心浴室、廚房等家居陷阱。建議乙丑年的長者於牛年為家居裝修、維修或更換家具，有助提升家宅運。另外，乙與辛沖亦要留心人際關係，宜多加忍讓、聆聽對方意見，調整個人壓力情緒，亦可多出門接觸大自然，與志同道合的朋友傾訴解開心結。

◎一九三七年：丁丑年（虛齡八十五歲）

運勢頗為順遂，尤其有輕微財運，若丁丑年的長者鍾情賽馬、麻雀耍樂等玩意，不妨小賭怡情，惟不宜大手投資，以「刀仔鋸大樹」的策略較容易有進帳。惟新一年喉嚨、氣管及呼吸系統較弱，若本身有鼻敏感問題要多加注意，亦要留心情緒，容易有焦慮不安、杞人憂天情況，建議放鬆心情，多找朋友傾訴。

◎一九四九年：己丑年（虛齡七十三歲）

辛丑年運勢不過不失，惟土重的年份腸胃及消化系統較弱，容易有飲食過量或食物中毒情況，建議養成健康的飲食習慣，油膩及刺激食物少吃為妙。新一年情緒亦較為負面，容易多思多慮，不妨多做太極或打坐等靜態運動，保持心境開朗。投資方面則要較為保守，不宜作高風險的投機炒賣，否則財運易有耗損。

◎一九六一年：辛丑年（虛齡六十一歲）

辛丑年出生的長者來到辛丑年，是完完全全的「本命年」，亦即人生的關鍵年份，所謂「男做齊頭，女做出一」，女士不妨考慮以「做大壽」方式沖喜，並選擇茹素、放生方式，有助增加個人福報。若新一年家宅中有結婚、添孫等喜事則更為理想，亦可多出門旅遊，盡量不宜探病問喪，以免衍生負面情緒。犯太歲年份投資方向亦以保守為上策，並要多留心健康，建議於鼠年年底作詳細的身體檢查，並於牛年之始捐血或洗牙，主動應驗輕微血光之災。

◎一九七三年：癸丑年（虛齡四十九歲）

中規中矩的年份，雖然未見有大相沖，惟虛歲四十九屬「關口年」，運勢難免較多變化，凡事要加倍謹慎。面對這種轉角運，投資方向要盡量保守，不宜牽涉大額或高風險投資，可幸是個人分析力不俗，只要不太貪心，靠個人分析可望有輕微收穫。家宅方面則要多關心長輩及個人健康，亦可考慮置業自住沖喜，並於鼠年年底作詳細的身體檢查，多作贈醫施藥善舉，有助提升健康運。

◎一九八五年：乙丑年（虛齡三十七歲）

相對庚子年的「天合地合」，辛丑年已較為平穩，不過由於乙與辛沖，運勢仍有一定起伏，若鼠年已出現變化或有喜者則較理想，牛年將可承接餘慶。惟「本命年」加天干相沖，人際關係較受衝擊，需要多留心人事爭拗。新一年亦要多留意身體健康，尤其雙手及頭部最容易受傷，若鍾情滑雪、潛水等戶外運動就要加倍提防；家宅上亦會受瑣瑣碎碎問題困擾，要以時間耐性解決。另外，新一年個人欲尋求變化，但似乎未到合適時機，建議以靜制動，保持良好人際關係優勢較為理想。既然運勢較波動，新一年可考慮出門走動，以「動中生財」的方式助運。

◎一九九七年：丁丑年（虛齡二十五歲）

運勢較為波動，尤其感情運起落較大、容易有離離合合情況。所謂「一喜擋三災，無喜是非來」，除非已有固定對象、打算訂婚或結婚，否則需要有心理準備容易落入分手運，關係有機會破裂。可幸是新一年事業如意，個人頭腦清晰，可望有新發展路向，若想轉工者以下半年較為合適，新工作無論薪酬或職銜也有調整。雖然工作亦會遇上波折，可幸只屬「先難後易」，只要多花耐性應對即可成功。

◎二〇〇九年：己丑年（虛齡十三歲）

己丑年的年輕人步入青春期開始有個人意見，情緒上落較大，為人父母者宜多花時間溝通，了解他們的想法。可幸新一年學習運不俗，惟亦有較大壓力，若涉獵太多範疇較將難兼顧，建議專注學習一門興趣，可有不俗成績。健康方面傷風、感冒等瑣碎問題較多，亦容易有腸胃問題，飲食需要格外小心，亦可作適量運動強身健體。

流月運勢

農曆正月（西曆二一年二月三日至三月四日）

踏入正月有輕微是非口舌，需要多留心人際關係，建議事不關己不宜多加意見，盡量「少說話，多做事」免起紛爭。一九六一年出生者跌入破財運勢，不宜投資投機。一九八五年出生者容易有精神緊張、神經衰弱毛病，甚或會引發失眠問題，不妨多接觸大自然放鬆自己。

農曆二月（西曆二一年三月五日至四月三日）

健康備受衝擊的月份，尤其喉嚨、氣管及呼吸系統較弱，出入冷氣場所要注意添衣保暖，亦要養成作息定時的生活習慣。一九六一年出生者有輕微打針、食藥運，宜多注意身體健康。一九九七年出生者有「財來財去」之象，建議量入為出，謹慎理財。

農曆三月（西曆二一年四月四日至五月四日）

工作上遇上麻煩阻滯，可幸一切只屬「先難後易」，只要多加耐性即可解決問題；惟本月不宜作重大決定，容易有決策錯誤情況。一九三七年出生者睡眠質素下降，容易有失眠問題。一九七三年出生者將有家人、朋友提出借貸請求，建議量力而為，以免令自己入不敷支。

農曆四月（西曆二一年五月五日至六月四日）

「吉中藏凶」的月份，表面順遂但暗藏波折，凡事要有兩手準備，不宜輕舉妄動，否則容易有臨門一腳出現變數的情況。一九七三年出生者有兄弟姊妹需要幫忙，只能盡力而為，不宜強出頭。一九九七年出生者需留心眼睛毛病，遇有不適應向專科醫生求醫。

農曆五月（西曆二一年六月五日至七月六日）

本月個人情緒低落，不妨多接觸大自然或多出門旅遊，上半年出生者宜到寒冷地方，下半年出生者可到熱帶地方，以「借地運」方式提升運勢。一九六一年出生者有打針、食藥運，需要平衡工作與休息時間。二〇〇九年出生者容易受傷跌傷，有運動習慣者要特別提防。

農曆六月（西曆二一年七月七日至八月六日）

辛丑年最相沖的月份，人際關係受破壞，是非口舌頻繁，待人接物要盡量謙遜低調。本月亦要提防受傷，尤其手、腳首當其衝，不宜參加高危戶外活動，駕駛人士亦要留心道路情況，容易發生輕微碰撞。一九六一年出生者雙手容易受傷，宜多留心廚房、浴室等家居陷阱。一九八五年出生者家宅運欠佳，與身邊人較多爭拗，建議多加忍讓。

農曆七月（西曆二一年八月七日至九月六日）

運勢轉趨順遂，之前面對的困難阻滯出現曙光，可望逐步解決，惟凡事仍需親力親為，假手於人較難成功。一九七三年出生者容易有輕微受傷機會，駕駛人士要打醒十二分精神，留意路面情況。一九九七年出生者與家人爭拗頻繁，亦容易有破財情況，需小心看管個人財物。

農曆八月（西曆二一年九月七日至十月七日）

運勢穩步上揚，無論事業、財運均有進步，亦會有新合作機會出現，惟「犯太歲」年份始終不宜大額投資，不妨以「小試牛刀」的方式進行較易成功。一九三七年出生的長者健康一般，如本身有心臟、血壓毛病則必須多加留意，亦可主動進行身體檢查保平安。一九八五年出生者人際關係進入倒退期，建議「少說話、多做事」，事不關己不宜多加意見，以免捲入紛爭。

牛 虎 兔 龍 蛇 馬 羊 猴 雞 狗 豬 鼠

農曆九月（西曆二一年十月八日至十一月六日）

家宅上受瑣瑣碎碎問題困擾，健康亦容易出現小毛病，建議可為家居作小型裝修、維修或更換家具，有助提升運勢。一九七三年出生者工作壓力較大，可多找朋友傾訴解開心結。一九八五年出生者財運不俗，投資方面只要不太貪心將可有收穫。

農曆十月（西曆二一年十一月七日至十二月六日）

學習運順遂，建議可報讀與工作相關的進修課程或興趣班，將有不俗成績。本月工作表現亦有發揮，不妨主動爭取。一九六一年出生者焦慮較多、容易胡思亂想，建議做適量瑜伽、太極等減壓運動，放鬆身心。二〇〇九年出生者容易受傷跌傷，熱愛戶外活動者需要特別留心。

農曆十一月（西曆二一年十二月七日至二二年一月四日）

「一得一失」的月份，健康運較為疲弱，尤其腸胃及消化系統最差，飲食需要特別清淡。可幸事業有新轉機，亦有機會涉獵新的工作範疇，惟不宜輕舉妄動，需要觀察大環境再作決定。一九六一年出生者財運有耗損，不宜投機投資。一九八五年出生者頭部及雙手容易受傷，出入要格外留神。

農曆十二月（西曆二二年一月五日至二月三日）

犯太歲年份即將過去，惟個人情緒低落、有悶悶不樂情況，建議作適量運動減壓，亦可多出門散心或找朋友傾訴。一九七三年出生者容易胡思亂想，其實運勢不差，毋須杞人憂天。一九八五年出生者人事爭拗頻繁，凡事必須多加忍讓，以免無心之失開罪別人。

吉星拱照貴人運旺 動中生財穩中求勝

肖虎者出生時間（以西曆計算）

二〇一〇年二月四日六時四十九分 至 二〇一一年二月四日十二時三十四分

一九九八年二月四日八時五十八分 至 一九九九年二月四日十四時五十八分

一九八六年二月四日十一時九分 至 一九八七年二月四日十六時五十三分

一九七四年二月四日十三時正 至 一九七五年二月四日十八時五十九分

一九六二年二月四日十五時十八分 至 一九六三年二月四日二十一時八分

一九五〇年二月四日十七時二十一分 至 一九五一年二月四日二十三時十四分

一九三八年二月四日十九時十五分 至 一九三九年二月五日一時十一分

一九二六年二月四日二十一時三十九分 至 一九二七年二月五日三時三十一分

肖虎開運錦囊

★獲強而有力的貴人之助，事業及人際關係發展順遂。

★「太陽」代表光照遠方，可多出差或拓展海外市場。

★桃花開遍地的年份，尤其肖虎女性可遇上條件出眾的對象。

★社交應酬活動頻繁，宜多爭取作息時間注意健康。

★牛年過後將踏入「本命年」，牛年年底宜提早準備應變。

（流年吉凶方位請參看376頁，更詳盡之開運攻略請參看29頁）

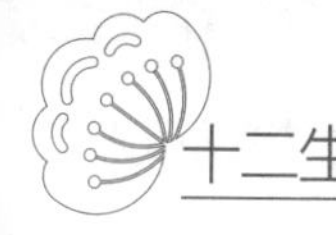

整體運程

肖虎者來到辛丑年既無沖也無合，加上有多顆吉星進駐，原則上運勢將會平穩向上；惟牛年過後的虎年屬「本命年」，運勢將會較為波動，肖虎者需要於辛丑年底作好準備，迎接犯太歲年份來臨。

吉星方面，辛丑年有「天乙」駕臨，此星是強而有力的貴人星，加上有代表男性貴人的「太陽」吉星，新一年外來助力充足，若肖虎者從事的生意銷售對象以男性為主，如汽車、音響、模型或男裝等，則業績可望直線上升。另外，此星亦有光照遠方之意，牛年屬適合走動的年份，財運亦以外地為主，從商者不妨乘時拓展海外市場。至於「天空」有天馬行空、想像力豐富之意，若從事的工作以創意主導，則牛年將會靈感不斷，可有發展空間。新一年亦有「紅鸞」桃花星入主，無論男女也有機會辦喜事；尤以肖虎的女性桃花更為暢旺，可望憑「太陽」吉星而結識條件不俗的男士，不妨積極把握。惟已有伴侶或已婚者則不宜對人過分熱情，以免惹人誤會，捲入糾纏不清的三角關係。

凶星方面，牛年有「孤辰」入主，所謂「男忌孤辰，女忌寡宿」，雖然桃花暢旺、可結識不同範疇的新朋友，惟肖虎者內心仍有孤單寂寞之感，總覺得身邊人不夠了解自己，感情上仍有沙石，建議無論與心儀對象或伴侶相處也要坦誠相向。「晦氣」則代表溝通不足，牛年雖有貴人助力，但亦有人暗中表示不滿，需要加以提防。至於「劫殺」則是輕微破財，外出時要提防有財物遺失或被盜情況。

整體而言，辛丑年有大吉星照耀，無論事業、感情、貴人運也全面向好，即使人際關係有輕微缺失亦無礙發展。財運亦可有進步，惟不算是大進帳或偏財，反而以人脈關係營銷的工種最能受惠。健康方面並無大礙，但牛年過後的虎年屬「本命年」，亦即犯太歲年份，建議肖虎者於辛丑年最後一季進行全面的身體檢查，凡事作好準備，則虎年運勢將可較為平穩。

【財運】

辛丑年得「天乙」貴人星駕臨，此星是慈祥和悅、強而有力的貴人，無論打工一族或從商者也可得助力，做事事半功倍。加上有「太陽」吉星入主，代表「財來自遠方」，從商者不妨積極開拓海外市場，若新一年能多往外走動，將可獲得滿意回報。另外，「太陽」亦有男性貴人之意，若肖虎者本身經營的生意以男性顧客為主導，如汽車、音響、模型或男士服裝銷售等，可望憑藉良好的人際關係而提升業績，將是財源滾滾的一年。其實辛丑年既有「天乙」與「太陽」，再有「紅鸞」桃花星入主，人際關係可謂無往而不利，個人親和力十足，容易得人信任，只要能親力親為面見客戶，業績定能有明顯增長，錢財亦可有進帳。

投資方面，牛年有機會憑人脈而獲得利好消息，不妨「小試牛刀」；亦可考慮於外地投資，如海外置業或購買外幣等，將可有不俗收穫。惟辛丑年的財運始終以人際網絡為主，偏財並不算特別理想，故投資上仍要持穩健保守態度，不宜冒險進行高風險的投機炒賣，守住原本熟悉的範圍，穩中求勝將最能獲利。

【事業】

事業能邁步向前的年份，得「天乙」貴人星拱照，打工一族可望得上司或老闆提攜，將有不俗的升遷機會；雖然未必是大幅度的薪酬調整，但職銜權責必有所提升。至於「太陽」吉星則有向外闖之意，若打工一族能夠多爭取出差、從商者能拓展海外市場，多往外地走動可有更佳發展機會。而此星亦代表男性貴人，若肖虎者的直屬上司是男性，又或從事行業以男性顧客為主，事業運將更能受惠。另外，牛年亦有「天空」吉星入主，此星有天馬行空、靈感不絕之意，創意產業如設計、廣告、編劇等最能受惠，有望可於行頭內大展拳腳。

由於辛丑年貴人機遇處處，人際關係亦相對理想，若工作需要接觸客戶，如地產、保險、理財顧問等，可望有所發揮。不過，牛年仍有「晦氣」凶星入主，肖虎者與同事或下屬的關係則較為緊張，待人處事需要格外謙遜低調。總而言之，辛丑年事業屬穩守前行、拾級而上的年份，並不算有大變動或大筆財運進帳，謹記若能保持圓融的人際關係，則事業發展將會更上一層樓。

【感情】

踏入辛丑年，肖虎者獲多顆有利人際關係的吉星拱照，桃花將會是多姿多采的一年。「太陽」代表男性貴人，單身女士能遇上心儀對象，其背景、條件不俗，有望可開展一段新戀情。而此星亦有光照遠方之意，無論男女也有機會發展異地姻緣，故出門外遊或出差時不妨多加留意。新一年亦有「天乙」貴人星進駐，單身一族能得朋輩助力擴闊社交圈子，或於朋友聚會應酬當中物色另一半，不妨積極把握，循序漸進建立感情。

由於牛年亦有「紅鸞」吉星入主，此星是大桃花星，代表喜慶事宜，單身一族將有閃婚機會。惟因為人際及桃花過盛，已有穩定對象或已婚者則不宜對人過分熱情，必須堅定抗拒外來誘惑，以免惹誤會引發牆外桃花，捲入糾纏不清的三角關係。另外，新一年亦有「孤辰」及「晦氣」凶星，感覺難免較為孤單、寂寞，需要提防與伴侶因溝通不足而有隔膜，亦容易因為對方的朋友、家人起爭拗。其實夫妻相處之道貴乎坦誠，建議要多加忍讓，亦要多關心另一半身體健康，凡事包容則可令二人關係更進一步。

【健康】

辛丑年既無沖也無合，健康運尚算平穩，身體亦無大礙，惟有「太陽」吉星飛臨，此星代表光照遠地，新一年將會有較多外遊或出差機會，肖虎者需要提防出門後有水土不服問題，建議飲食宜盡量清淡，亦要多留心目的地之天氣或交通情況，提防有行李延誤或遺失，出行前可預先購買旅遊保險，亦可隨身帶備平安藥保安心。

由於新一年貴人運甚為暢旺，肖虎者將可結識不同範疇的新朋友，但因為聚會、應酬頻繁，飲飲食食的機會較多，需要小心腸胃容易超出負荷，建議做好體重管理，亦可多做運動、平衡玩樂與作息時間，凡事適可而止，以免因為體重上升或睡眠不足引發都市病。另外，牛年亦有「孤辰」凶星入主，需要多關心另一半身體健康，遇有不適應立即陪同就醫。

總體而言，牛年不算是有重大衝擊的年份，惟辛丑年過後的壬寅年將會踏入「本命年」，部分人會於年底開始提早入運，建議肖虎者需要作好兩手準備，可於牛年年底進行詳細的身體檢查，並做好健康管理，以迎接犯太歲年份來臨。

不同年份生肖運程

◎一九二六年：丙寅年（虛齡九十六歲）

由於「丙」與「辛」相合，新一年喉嚨、氣管及呼吸系統較弱，尤其需要留心有久咳或喉嚨敏感毛病，本身有吸煙習慣者宜及早戒掉。既然年柱相合，建議丙寅年出生的長者可為家居作小型裝修、維修或更換家具，亦可多作贈醫施藥善舉，有助提升健康及家宅運勢。另外，牛年的個人焦慮較多，其實整體運勢尚算平穩，只要多找朋友或晚輩傾訴解開心結即可。

◎一九三八年：戊寅年（虛齡八十四歲）

戊寅年出生的長者新一年運勢不俗，雖然年事已高，但心態仍能保持活躍，有興趣學習不同範疇的新事物，朋友間亦有不少聚會活動，屬開心愉快的年份。惟財運一般，不宜進行高風險的投機炒賣，亦不宜作任何借貸擔保，以免受騙跌入破財陷阱。既然財運平平，日常麻雀耍樂亦只宜小賭怡情，謹慎保守為上。健康方面則要留心腸胃容易超出負荷，飲食需盡量清淡。

◎一九五〇年：庚寅年（虛齡七十二歲）

運勢起伏較大，尤其投資方面要格外謹慎，不宜牽涉大額交易或短炒投機，三至五年的中長線投資較為合適。新一年亦有機會有親友向你尋求財務協助，建議量力而為，不宜強出頭超越個人能力。可幸是人際關係發展順遂，能與一班志同道合的朋友聚會、言談甚歡，亦有輕微的貴人運，整體仍屬心情愉快的年份。

◎一九六二年：壬寅年（虛齡六十歲）

整體財運及事業運尚算順遂，但虛齡六十即「關口年」，所謂「男做齊頭，女做出一」，男士可以考慮於農曆生日時放生或茹素，以低調方式賀壽，有助增加福報。另外，若辛丑年有置業或添孫等喜事沖喜則可提升運勢，否則就要多留心健康，尤其辛丑年過後的壬寅年屬天干地支完全相同的年份，建議牛年年底作好準備，進行全面的身體檢查，多做健康管理，迎接犯太歲年份來臨。其實牛年整體健康並無大礙，只是壓力略大、容易胡思亂想，需要自我調節放鬆。投資方面則不宜進行高風險的投機炒賣，凡事謹慎保守，盡量守住熟悉範疇較為理想。

◎一九七四年：甲寅年（虛齡四十八歲）

新一年運勢不俗，無論個人鬥志或工作能力也有所提升，原則上事業可有發揮，尤其從商者業務能有突破，欲開拓新範疇者不妨一試。人際關係亦較庚子年理想，人事爭拗較少，投資運亦相對有進步，只要不太貪心，無論正財、偏財也會有得著。惟新一年受「懸針煞」影響，容易有打針、食藥運，建議多花費於保健產品或針灸之上，主動應驗運勢。

◎一九八六年：丙寅年（虛齡三十六歲）

由於「丙」與「辛」年柱相合，除非有結婚、添丁或置業等喜事沖喜，否則就要有心理準備較多瑣碎問題，做事容易一波三折，建議不宜將目標訂得太高，需多加時間耐性面對。既然運勢平平，不妨稍為放輕腳步，以「讓運」方式度過。新一年亦要留心家宅問題，多關心長輩健康，亦可考慮為家居作小型裝修、維修或更換家具，有助提升家宅運。健康方面則要留心喉嚨、氣管及消化系統，有吸煙習慣者要注意肺部健康，容易有久咳、氣管敏感或鼻敏感毛病，建議及早戒掉陋習。

◎一九九八年：戊寅年（虛齡二十四歲）

人際關係暢旺的年份，貴人運順遂，可擴闊社交圈子，認識不同範疇的新朋友。事業上亦有新發展方向，可望憑藉人際網絡而穩步上揚。至於留守原有職位者亦可有進步，雖不算是大的升遷或大幅度薪酬調整，但權責及地位有明顯提升；惟工作壓力較大，建議戊寅年出生的年輕人視之為「播種期」，把握眼前機遇發展。惟感情運則有原地踏步之象，戀愛中的情侶關係尚可，單身一族桃花則較為平淡，難以物色心儀對象，建議毋須急進，先從朋友圈中溝通了解再培養感情，到時機成熟才考慮開展新戀情。

◎二〇一〇年：庚寅年（虛齡十二歲）

頭腦靈活、學習運頗為暢順，惟較為情緒化，亦開始有自己的想法及意見，為人父母者需要多花時間與子女相處，互相溝通了解。健康方面容易受傷，需要留心浴室、廚房等家居陷阱，尤其上落較容易跌傷，不宜進行高危的戶外活動。

牛 虎 兔 龍 蛇 馬 羊 猴 雞 狗 豬 鼠

流月運勢

農曆正月（西曆二一年二月三日至三月四日）

踏入正月事業遇上波折，容易有突如其來的變化，簽署文件、合約時必須留心細節，以免大意出錯。可幸眼前困境只屬「先難後易」，只要多加耐性面對即可解決。一九五〇年出生的長者跌入破財運，外出時要小心看管個人財物。一九七四年出生者人際關係墮入倒退期，待人處事要謙遜低調；本月雙手亦容易受傷，不宜參與高危的戶外活動。

農曆二月（西曆二一年三月五日至四月三日）

本月將有新合作機會出現，惟需要多了解市場動向，不宜輕舉妄動大額投資。一九六二年出生者個人情緒較為負面，容易胡思亂想，建議多接觸大自然放鬆身心。一九八六年出生者喉嚨、氣管及呼吸系統較弱，出入冷氣場所要注意添衣保暖。

農曆三月（西曆二一年四月四日至五月四日）

事業穩步上揚的月份，不妨把握眼前機遇，有望可於職場上大展拳腳。財運亦有進步，投資方面只要不太貪心可有進帳。一九六二年出生者有機會受朋友連累而有金錢損失，建議數目要清楚分明，以免反目收場。一九八六年出生者人際關係受衝擊，人事爭拗不斷，亦要留意頭部容易受傷，有運動習慣者需要特別小心。

農曆四月（西曆二一年五月五日至六月四日）

人際關係進入倒退期，是非、口舌頻繁，建議「少說話、多做事」，不宜作中間人為他人排難解紛，以免好心做壞事而遭受埋怨。一九六二年出生者跌入破財運，不宜作任何投資投機。一九九八年出生者個人情緒低落，與家人關係亦較為緊張，建議多加溝通忍讓，凡事以和為貴。

農曆五月（西曆二一年六月五日至七月六日）

個人鬥志旺盛、毅力十足，工作上不妨稍為進取，可望有突出表現。惟個人脾氣較為暴燥，容易因為衝動而破壞好事，建議多加耐性忍讓。一九七四年出生者有打針、食藥運，需要多爭取休息時間。二〇一〇年出生的年輕人雙手容易受傷，尤其喜愛球類活動者需要特別提防。

農曆六月（西曆二一年七月七日至八月六日）

財運「一得一失」的月份，需要留意用錢方向，從商者亦要開源節流，以免入不敷支。健康方面則容易有皮膚敏感毛病，不妨將貼身物品如牀單、被鋪、沐浴露等換成有機產品，減少致敏機會。一九五〇年出生者有失眠問題，可做適量瑜伽、太極等運動減壓。一九九八年出生者工作壓力較大，可找朋友傾訴解開心結。

農曆七月（西曆二一年八月七日至九月六日）

本月宜動不宜靜，若能多外出走動、旅遊散心運勢將較為理想，上半年出生者可到寒冷地方，下半年出生者則可到熱帶地方，以「借地運」方式提升運勢。一九六二年出生者踏入相沖月份，運勢最為波動，需要多留心身體健康。一九八六年出生者跌入破財運，不宜進行高風險的投機炒賣。

農曆八月（西曆二一年九月七日至十月七日）

事業可有突破，亦有升遷機會，不妨積極把握。惟個人壓力較大，遇有不熟悉的工作範疇不宜鑽牛角尖，可虛心請教前輩，問題有望迎刃而解。一九六二年出生者精神緊張、神經衰弱，影響睡眠質素，可多相約朋友聚會品茗放鬆心情。一九八六年出生者容易無辜破財，要小心看管個人財物。

農曆九月（西曆二一年十月八日至十一月六日）

財運順遂的月份，無論正財、偏財也有進帳，從商者亦可稍為進取拓展業務，惟須謹記不能因循守舊，宜推出與市場截然不同的點子，則成功機會較大。投資方面若能靠個人之力多作數據分析，則回報機會較高。一九六二年出生者簽署文件、合約前需要格外謹慎，留意條文細節，以免大意出錯而惹上官非。一九九八年出生者將有朋友向你提出財務借貸請求，建議量力而為，以免令自己入不敷支。

農曆十月（西曆二一年十一月七日至十二月六日）

本月容易受傷、跌傷，尤其是腰部及膝蓋首當其衝，有運動習慣者要特別提防，若有舊患者亦要加倍小心。若打算出門則要多注意目的地之天氣，提防有行李延誤或遺失情況，需要謹慎看管個人財物。一九七四年出生者家宅運平平，建議多溝通避免爭拗，亦要留意雙手容易受傷。一九八六年出生者是非、口舌頻繁，不宜作中間人為他人排難解紛，以免好心做壞事而遭人埋怨。

農曆十一月（西曆二一年十二月七日至二二年一月四日）

運勢轉趨順遂，之前所遇到的困難、阻滯可有一線曙光，只要多加耐性即可解決。事業亦有進步空間，打算轉工或轉換職位者將有新方向，可以落實執行。一九七四年出生者人事爭拗不斷，宜「少說話、多做事」，盡量少管閒事。二〇一〇年出生的年輕人會受瑣瑣碎碎的健康毛病困擾，宜多爭取休息時間。

農曆十二月（西曆二二年一月五日至二月三日）

來到辛丑年最後一個月份，財運尚算理想，惟需提防「本命年」來臨，宜及早作好部署，不妨進行全面的身體檢查，亦可考慮為家居作小型裝修、維修或更換家具，有助平穩運勢。一九五〇年出生的長者財運平平，鍾情麻雀耍樂者只宜小賭怡情。一九八六年出生者家宅有瑣碎煩惱，容易受漏水或噪音等問題滋擾，建議找出源頭及早處理。

兔

運勢平平注意家宅
親力親為隨遇而安

（流年吉凶方位請參看376頁，更詳盡之開運攻略請參看30頁）

肖兔開運錦囊

★家宅運備受衝擊，可作小型裝修、維修或更換家具應驗變化。

★長輩健康運一般，不妨作「施棺」善舉，有助化解家中白事。

★出門容易有小意外或小驚嚇，可預先購買旅遊保險。

★運勢平平不宜主動大變，事業、投資均以謹慎保守為上。

★全年不宜探病問喪，家中流年病星飛臨之處也最好以銅製重物化解。

肖兔者出生時間（以西曆計算）

二〇一一年二月四日十二時三十四分　至　二〇一二年二月四日十八時二十四分

一九九九年二月四日十四時五十八分　至　二〇〇〇年二月四日二十時四十二分

一九八七年二月四日十六時五十三分　至　一九八八年二月四日二十二時四十四分

一九七五年二月四日十八時五十九分　至　一九七六年二月五日零時四十分

一九六三年二月四日二十一時八分　至　一九六四年二月五日三時五分

一九五一年二月四日二十三時十四分　至　一九五二年二月五日四時五十四分

一九三九年二月五日一時十一分　至　一九四〇年二月五日七時八分

一九二七年二月五日三時三十一分　至　一九二八年二月五日九時十七分

整體運程

由於肖兔與肖牛既不屬相合，又不是相沖生肖，故辛丑年運勢並無重大進步或變化，屬不過不失、原地踏步的年份。

但因辛丑年未見有吉星駕臨，肖兔者將難以獲得貴人助力，凡事需要親力親為，感覺較為艱辛。傳統上沒有吉星的年份會商借對宮吉星，肖兔者可借來肖雞的「祿勳」、「將星」及「天解」一組與事業有關的吉星，惟力量只有約三成，故工作可略有進步。「祿勳」即朝廷俸祿，代表新一年有小幅度的薪酬調整；「將星」則有領導才能之意，若肖兔者從事武職如警隊、消防或海關等紀律部隊則較為有利，打工一族亦可有輕微發展空間。惟從商者則難免會較為辛苦，面對困難只能以一己之力拆解。至於「天解」代表解決困難，即先有困難而最終能解決，故不算是完完全全的吉星，有「先難後易」之象。

新一年既無吉星入主，反之有一組衝擊家宅的凶星飛臨，包括「喪門」、「地喪」、「災煞」及「披頭」，肖兔者需要格外留心家中長輩健康，亦容易因為裝修動土、漏水或噪音問題而煩惱，不妨主動為自己或長輩家居作小型裝修、維修，亦可考慮鬆油或更換沙發、牀褥等家具，有助提升家宅運勢。另外，「喪門」及「地喪」較影響個人情緒，令肖兔者常有悶悶不樂之感，既然運勢並非處於上風，建議新一年不宜將目標訂得太高，多吃喝玩樂、出門旅遊放鬆心情，以「讓運」方式渡過更為合適。至於「災煞」則是出門後的小意外，外遊時要加倍謹慎，提防受傷。「披頭」同時也代表個人儀容欠缺神采，辛丑年容易因為轉換形象而不被接納，故不妨多徵詢身邊人意見再下決定。

客觀而言，辛丑年的運勢並非一面倒，只是難有明顯進步，心情亦較抑鬱，建議盡量不宜探病問喪，以免令情緒更加負面；亦可多出席婚宴、彌月等喜慶場合沾染旺氣，保持心境開朗則可安然渡過。

【財運】

辛丑年沒有吉星進駐，可幸亦未見有破財運，故肖兔者財運只算是不過不失。由於借來的吉星力量只有三成，故「祿勛」及「將星」對財運並無幫助；至於「天解」則有「先難後易」之意，表面看似順遂但暗藏波折，新一年難有貴人助力，從商者需要親力親為，投入更多精力始能有相同回報，過程較為艱辛；建議守住原有熟悉的業務範疇，盡量開源節流為佳。

由於有「喪門」、「地喪」及「披頭」一組衝擊家宅的凶星，新一年容易受漏水或噪音問題滋擾，要有心理準備需花費於家居問題之上。建議肖兔者為自己或長輩家居作小型裝修、維修，亦可考慮更換沙發或牀褥等家具，主動應驗運勢。另外，這組凶星較為不利長輩健康，不妨多作贈醫施藥或「施棺」善舉，即捐助予無力殮葬的家庭，既可化解家中白事，又可幫助他人，一舉兩得。

既然辛丑年財運平平，投資方面務必要謹慎保守，亦可考慮置業或選擇穩健的中長線投資，高風險的投機炒賣或不熟悉的股票債券則不宜沾手，盡量以保本為目標較為理想。

【事業】

肖兔者新一年借得對宮肖雞的「祿勛」、「將星」及「天解」，這組吉星的助力主要反映在事業發展之上，故事業運仍可稍有進步。「祿勛」即朝廷俸祿，代表有輕微的升遷及薪酬調整。「將星」是領導才能，對從事武職如警隊、海關或消防等較為有利，可望於職場上有所發揮；惟若從事大機構或前線銷售者則較難受惠，需要親力親為、主動接觸客戶，亦要有心理準備付出與回報未必能成正比，需要調節心態。「天解」則有「先難後易」之意，新一年做事容易一波三折，尤其上半年會有較多意料之外的難題，亦容易有臨門一腳出現變數情況，需要動用更多人力物力解決，令肖兔者倍添壓力。

由於牛年不屬有大進步的年份，有轉工計劃者較難落實執行，建議「做生不如做熟」，留守原有位置較為穩妥。既然未能於職場上大展拳腳，肖兔者不妨考慮報讀在職培訓課程，將辛丑年視作「播種期」自我進修增值，對未來事業發展必有裨益。另外，若牛年有出差機會亦要格外留心，容易有小意外或小驚嚇，凡事加倍謹慎則可平安大吉。

【感情】

在十二生肖當中，肖鼠、肖兔、肖馬與肖雞本來屬於桃花較旺的一員，惟由於辛丑年未有吉星進駐，借來對宮肖雞的吉星又以助旺事業為主，故感情運雖然不算處於劣勢，但亦難免較為平淡，屬原地踏步的一年。

由於新一年無沖無合，戀愛中的情侶關係尚算穩定，未有重大分歧或爭拗，惟有機會因為雙方家人問題而擔心憂慮，建議二人相處時應多加溝通，互相體諒。至於已婚者亦容易為家庭瑣事而煩心，實際運勢並不算差，所謂「夫婦同心、其利斷金」，建議遇有問題不妨坦誠與另一半商討共同解決。

至於單身一族桃花無甚突破，加上個人情緒較為繃緊，專注力全投放在事業發展之上，又有較多繁瑣事情需要兼顧，對談戀愛的意欲不高。而且辛丑年欠缺貴人助力，難有朋輩介紹引薦，個人亦沒有動力主動結識另一半，感情較為平淡。若單身已久、希望擴闊社交圈子，不妨於進修場所或職場上多加留意，惟即使有合眼緣對象亦多屬追追逐逐的桃花，難以有進一步發展，故不宜期望太高，順其自然較為理想。

【健康】

肖兔者新一年個人健康雖無大礙，惟有一組衝擊家宅的凶星飛臨，尤其「喪門」、「地喪」及「披頭」代表長輩身體健康響起警號，需要多花時間關心對方，遇有不適應立即陪同就醫，亦要留心家居隱形陷阱。辛丑年亦需要面對較多瑣瑣碎碎的家宅問題，有機會受漏水或噪音問題滋擾，建議及早找出源頭，順勢為家居作小型裝修、維修，有助提升運勢。

由於家中較多瑣事煩心，加上凶星影響情緒，肖兔者難免會感到有精神壓力，擔心焦慮甚或會引發失眠問題；建議新一年盡量不宜探病問喪，多出席婚宴、壽宴、入伙或彌月等喜慶場合沾染旺氣，亦可多接觸大自然或出門旅遊，惟外遊時需要留心容易有水土不服情況，飲食要適可而止，亦可隨身帶備平安藥保安心。另外，出門後亦要小心看管個人財物，不妨預先購買旅遊保險，以策萬全。

由於辛丑年過後的壬寅年是肖兔者相合年份，容易有喜慶事發生，若有結婚、置業打算不妨提早於年底籌備，若有添丁計劃者牛年也屬合適年份，可望成功懷孕並於虎年分娩，為家族增添新成員。

不同年份生肖運程

◎一九二七年：丁卯年（虛齡九十五歲）

辛丑年運勢不俗，個人情緒樂觀正面，與家人及志同道合的朋友有不少聚會，家宅關係融洽；加上偏財運不俗，麻雀耍樂或投資方面可有小量回報，惟只宜小賭怡情，不宜進行高風險的投機炒賣。健康並無大礙，只是有輕微的金木相剋，關節較容易受傷跌傷。由於新一年朋輩聯誼聚會較多，人多口雜有機會惹是非，建議丁卯年出生的長者毋須太過在意，整體仍屬輕鬆愉快的年份。

◎一九三九年：己卯年（虛齡八十三歲）

己卯年出生的長者新一年財運容易有耗損，尤其有機會跌入騙局，若親友提出財務借貸請求務必要量力而為，亦要有「一去無回頭」的心理準備，以免信任落空而影響情緒。既然財運平平，建議辛丑年主動購買心頭好，亦可適量花費於吃喝玩樂之上，以「破歡喜財」的方式應驗運勢。身體健康中規中矩，要多留意喉嚨、氣管及呼吸系統毛病，出入冷氣場所需要注意添衣保暖。

◎一九五一年：辛卯年（虛齡七十一歲）

踏入虛歲七十一歲，傳統上有所謂「男做齊頭，女做出一」，女士可考慮於農曆生日茹素或放生賀壽沖喜，有助加強健康運。另外，由於個人與流年天干相同，農曆七月及八月出生、五行忌金者有打針、食藥運，不妨多作針灸保健，主動應驗運勢。財運方面只屬不過不失，不宜作高風險投資炒賣，亦不宜存放大量現金，建議購買物業或黃金等實物保值，以免無辜破財。

◎一九六三年：癸卯年（虛齡五十九歲）

傳統中踏入虛歲五十九屬「轉角運」，而面相中五十九至六十歲亦是人生中有重要變化的年份，需要特別提防身體健康，建議作詳細的身體檢查，亦可多作健康管理保平安。既然身處「關口年」，凡事需要謹慎保守，不宜作任何重大決定，高風險或大額投資可免則免，容易有決策錯誤情況。牛年簽署文件、合約前亦要格外小心，遇有問題應找專業人士解決，以免惹上官非。新一年亦會有較多個人焦慮，容易胡思亂想，需要懂得放鬆調節。

◎一九七五年：乙卯年（虛齡四十七歲）

受天干「乙木」與流年「辛金」相沖影響，乙卯年出生者將是眾多肖兔者當中運勢較弱的一員。新一年人事爭拗頻繁，容易有精神緊張及焦慮情緒，亦要留心家宅上的變動，與家人關係較為緊張，需要多加包容體諒，亦可考慮為家居裝修或維修提升運勢。另外，新一年要注意頭部及雙手容易受傷，有運動習慣者要特別小心。其實辛丑年的運勢已較庚子年平穩，個人情緒及財運亦有進步，只是待人接物需要格外謙遜，切記凡事以和為貴則可平安過渡。

◎一九八七年：丁卯年（虛齡三十五歲）

在眾多肖兔者當中運勢最為順遂，事業及財運不俗，人際關係亦尚算滿意，屬穩步上揚的年份。工作上會有新想法，從商者業務亦有突破，走勢持續向好，惟辛丑年過後的壬寅年屬「丁壬合」及「寅卯合」，年柱有合代表變化頻繁，除非有結婚、添丁或置業等傳統喜事沖喜，否則三十六歲的「關口年」就要格外留心，建議丁卯年出生者於牛年頭三季可勇往直前，最後一季則要稍為收歛，為「天合地合」年份作好規劃準備。辛丑年亦要多關心家中長輩健康，遇有不適應立即陪同就醫。

◎一九九九年：己卯年（虛齡二十三歲）

新一年學習運不俗，可考慮進修增值；事業上亦有新發展路向，不妨訂下目標及較周詳的計劃。若有意轉工者，農曆七月及八月落實最為合適，惟打工一族不宜魯莽開展新生意，容易有破財機會。錢財未見有大進步，亦有輕微「財來財去」情況，需要做好財富管理，亦可購買實物保值。感情則屬平穩之年，惟牛年過後的虎年屬相合年份，無論感情或家居置業上也容易出現變化，建議可預先規劃較為理想。

◎二〇一一年：辛卯年（虛齡十一歲）

學業運順遂，個人主動性較強，學習態度良好，屬有進步的年份。惟健康運平平，容易有傷風、感冒等瑣碎毛病，喉嚨、氣管及呼吸系統亦較弱，必須留心有咳嗽、鼻敏感或氣管敏感問題，建議父母多留意空氣質素，盡量找出致敏原加以解決。既然牛年身體較弱，辛卯年的小朋友不妨多做運動或習泳強身健體，並找出家中五黃及二黑病星位置加以化解，牀頭盡量不宜觸動病星，則健康可較為平穩。

流月運勢

農曆正月（西曆二一年二月三日至三月四日）

踏入正月將有新合作機會出現，惟財運未算有大進展，建議先留守原地，不宜輕舉妄動。本月家宅運一般，容易受漏水或噪音等問題困擾，亦會為家人瑣事而身心俱疲，建議多加耐性解決。一九六三年出生者情緒低落，容易焦慮不安，不妨多接觸大自然放鬆身心。一九七五年出生者有精神緊張、神經衰弱情況，建議做適量運動減壓。

農曆二月（西曆二一年三月五日至四月三日）

本月喉嚨、氣管及呼吸系統較弱，出入冷氣場所需要注意添衣保暖。單身一族可有輕微桃花運，惟多屬曇花一現，不宜太快投入感情。一九五一年出生者受打針、食藥運困擾，需要多爭取作息時間。一九八七年出生者財運不俗，不妨作小額投資，可望獲得回報。

農曆三月（西曆二一年四月四日至五月四日）

人際關係退倒的月份，較多麻煩阻滯，建議「少說話、多做事」，不宜作中間人為他人排難解紛，以免好心做壞事遭受埋怨。一九六三年出生者跌入破財運，不宜投資投機。一九八七年出生者容易衍生負面情緒，建議找朋友傾訴解開心結。

農曆四月（西曆二一年五月五日至六月四日）

財運走勢向好，工作亦有進步，不妨積極爭取表現。若時間許可亦可多出門，以「動中生財」的方式帶動運勢。一九七五年出生者貴人運順遂，可把握助力向上發展。一九九九年出生者與家人關係緊張，謹記多加溝通忍讓，凡事以和為貴。

農曆五月（西曆二一年六月五日至七月六日）

工作「一波三折」，做事容易節外生枝，需要預留後備方案，並以平常心面對困境。遇有疑難不妨多找朋友幫忙分擔，問題有望迎刃而解。一九七五年出生者跌入破財運，必須小心看管個人財物。一九九九年出生者容易受傷跌傷，有運動習慣者要格外提防。

農曆六月（西曆二一年七月七日至八月六日）

運勢轉趨順遂，之前面對的困難、阻滯可望逐一解決；財運亦可有進步，無論正財、偏財也有輕微得着，投資方面不妨稍為進取。一九七五年出生者遇疑難不妨坦誠向他人尋求協助，將有朋友伸出援手。二〇一一年出生的小朋友容易受傷跌傷，參與戶外活動時需要加倍小心。

農曆七月（西曆二一年八月七日至九月六日）

事業運強勁的月份，可有輕微升遷運，亦有轉換工作崗位機會；雖然未必是大幅度的薪酬調整，但整體也算是進步運，不妨積極表現自己。一九五一年出生者健康運平平，需多留心有關喉嚨、氣管或呼吸系統毛病，遇有不適應立即求醫。一九八七年出生者有暗地漏財之勢，不宜投機炒賣。

農曆八月（西曆二一年九月七日至十月七日）

踏入傳統的相沖月份，不妨多往外走動，上半年出生者可前往北面或寒冷地方，下半年出生者則可到南面或熱帶地方，「借地運」有助提升財運及事業運，惟出門後需要小心看管個人財物。一九六三年出生者眼睛容易有小毛病，遇有不適應向專科醫生求診。一九九九年出生者長輩運不俗，遇有難題可向長輩尋求協助，可望走出困局。

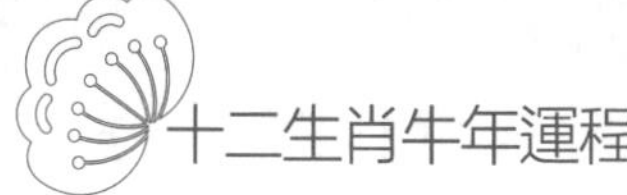

農曆九月（西曆二一年十月八日至十一月六日）

本月宜靜不宜動，工作與預期有所落差，又有較多麻煩瑣事需要兼顧，個人情緒低落，感覺亦較為艱辛，需要放鬆身心。處理文件、合約時亦要格外謹慎，容易有輕微官非訴訟。一九六三年出生者健康及家宅運一般，處理家事之餘亦要注意身體。一九八七年出生者是非口舌頻繁，宜「少説話、多做事」，不宜鋒芒太露。

農曆十月（西曆二一年十一月七日至十二月六日）

本月將有外遊或出差機會，加上學習運順遂，工作上不妨作出較長遠規劃，亦可考慮落實進修計劃，為未來事業打好基礎。一九七五年出生者家宅有變化，需要多關心家中長輩健康。一九九九年出生者跌入破財運勢，要留心有財物遺失或被盜情況。

農曆十一月（西曆二一年十二月七日至二二年一月四日）

人際關係進入倒退期，已有伴侶或已婚者容易因為瑣事而與伴侶爭拗或冷戰，建議二人相處多加包容忍讓。已婚者本月亦有機會遇上短暫桃花，需堅定抗拒外來誘惑，以免自尋煩惱。一九七五年出生者睡眠質素欠佳，宜多爭取休息時間。二〇一一年出生的小朋友情緒較為波動，父母需要多花時間溝通，從旁開解指導走出困局。

農曆十二月（西曆二二年一月五日至二月三日）

踏入辛丑年最後一個月份，往後的壬寅年屬「壬」、「卯」相合，肖兔者需要作好準備，若有結婚、添丁或置業打算不妨落實執行。「合太歲」年份亦要留心家宅，不妨為家居作小型裝修、維修，亦可作詳細的身體檢查，做好健康管理迎接壬寅年來臨，運勢將會較為平穩。一九六三年出生者不宜投資投機，容易有錢財損失。一九八七年出生者家宅較多瑣碎事情煩擾，需要耐心解決。

龍

女性貴人助力充足
太歲相破提防人事

肖龍者出生時間（以西曆計算）

二〇一二年二月四日十八時二十四分 至 二〇一三年二月四日零時十五分
二〇〇〇年二月四日二十時四十二分 至 二〇〇一年二月四日二時三十分
一九八八年二月四日二十二時四十四分 至 一九八九年二月四日四時二十八分
一九七六年二月五日零時四十分 至 一九七七年二月五日六時三十四分
一九六四年二月五日三時五分 至 一九六五年二月四日八時四十六分
一九五二年二月五日四時五十四分 至 一九五三年二月四日十時四十六分
一九四〇年二月五日七時八分 至 一九四一年二月四日十二時五十分
一九二八年二月五日九時十七分 至 一九二九年二月四日十五時九分

肖龍開運錦囊

★「太陰」吉星入主，有女性貴人扶助可提升運勢。

★「破太歲」年份人際關係疲弱，待人處事需要低調謙遜。

★事業運不俗，可進一步催旺四綠文昌星之方位。

★容易與合作伙伴因金錢而反目，帳目需要特別分明。

★家宅運受衝擊，不妨作小型裝修、維修提升運勢。

（流年吉凶方位請參看376頁，更詳盡之開運攻略請參看31頁）

整體運程

肖龍者辛丑年既無沖也無合，運勢理應較為平穩；不過，由於肖龍與肖牛的關係不算友好，故新一年仍有輕微犯太歲情況，而這個「破太歲」影響力雖然未有本命年或沖太歲般直接，但難免會有較多瑣事煩心。所謂「一喜擋三災，無喜是非來」，若牛年能有結婚、添丁或置業等喜事沖喜，則運勢可稍為回穩，否則就要加倍留心，注意人際關係會經歷衝擊，事業、感情及健康運也會受影響，工作容易一波三折，需要有心理準備做事難以「一步到位」，建議肖龍者調整心態，以平常心面對。

可幸新一年仍有吉星進駐，「太陰」代表女性貴人，牛年可得女性長輩助力，若肖龍者從事的生意以女性顧客為主，如女士服裝、手袋鞋履或化妝美容等，業績可望更上一層樓。至於打工一族若其上司為年長女性也會較為有利，容易獲得提拔，故新一年遇上麻煩阻滯亦可尋求女性長輩協助，問題有望迎刃而解。不過，「太陰」也是一顆緩慢的財星，所謂「財不入急門」，辛丑年做事需要按部就班，不宜急進。另外，「唐符」代表權力、威望及領導能力，反映在事業之上可有進步，尤其任職大機構或武職者，將有不俗的升遷運。

凶星方面，新一年有「飛刃」臨門，代表容易受刀傷或金屬所傷，若駕駛人士或工作需要接觸金屬者要特別提防，出門後亦要加倍注意，以免有賊劫或開刀破相情況。至於「貫索」及「勾絞」則是糾纏不清的金錢轇轕，再加上「破太歲」影響人際關係，無論面對生意伙伴抑或親友也要數目分明，不宜作借貸擔保，以免有「因財失義」情況。

整體而言，「破太歲」年份需要小心處理人際關係，盡量避免人事爭拗，亦要多留意身體健康，避免參與高危的戶外活動，亦可收起家中帶有煞氣的尖刀、石頭等，減少受傷機會。可幸是辛丑年仍有貴人吉星拱照，只要凡事謹慎則可平安大吉。

【財運】

辛丑年喜獲代表女性貴人的「太陰」吉星拱照，財運尚算順遂，有望憑藉女性長輩之助力而令錢財有所進帳，不妨積極把握。若肖龍者經營的生意以女性顧客為主，如女士服裝、手袋鞋履、化妝美容或嬰兒用品等，新一年客戶的支持度十足，個人亦會有新的發展方向及進步空間，業績能穩步上揚。另外，投資方面亦可獲女性貴人提供消息，有望從中獲利，當中以三至五年的中長線投資最為合適。惟「太陰」亦是一顆緩慢的財星，故肖龍者新一年無論正財、偏財也需要循序漸進，不宜過分急進，以免破壞好運。

不過，牛年亦有「貫索」及「勾絞」一組凶星飛臨，代表會有糾纏不清的金錢轇轕，加上「破太歲」年份較為不利人際關係，容易因為金錢而起紛爭，建議從商者需要特別留意與合作伙伴之間的關係，處理帳目亦要清楚分明，盡量不要為他人作借貸擔保，以免有「因財失義」或反目情況。另外，新一年簽署文件、合約前亦要小心釐清條款細則，遇有疑問可向專業人士查詢，減低惹上官非訴訟機會。

【事業】

辛丑年有「唐符」吉星入主，此星代表權力與威望，若肖龍者從事消防、海關或警隊等武職，又或於政府部門或大機構任職，事業將較能受惠，可望於職場上大展拳腳，亦可有晉升機會。另外，新一年亦有代表女性貴人的「太陰」吉星飛臨，若從商者的生意客源以女性為主，則可望獲得客戶支持，業績有所提升。至於打工一族若直屬上司為年長女性，牛年亦有不俗的提拔作用，不妨積極把握眼前機遇向上發展。既然新一年女性貴人助力充足，若肖龍者有意轉換工作環境，不妨多向女性長輩如舊老闆、較年長的女同事尋求協助，有望透過介紹引薦而獲得理想工作。

不過，「破太歲」年份難免會令人際關係較為疲弱，工作上亦容易有表面順遂但暗藏波折情況，建議肖龍者與同事相處時要格外謹言慎行，以免有「言者無心、聽者有意」情況而招惹是非；亦要留心有較多明爭暗鬥，待人處事需要盡量謙遜低調，即使有升遷機會亦不宜意氣風發、四面樹敵，始終若能保持圓融的人際關係，對整體事業發展可有幫助。

【感情】

肖龍的男性新一年桃花將會較為暢旺，可望結識合眼緣的異性，無論學識、修養等條件也頗為吸引；惟對方有機會較自己稍為年長，若喜歡成熟穩重又不介意「姊弟戀」者不妨一試，可望開展一段新戀情。不過，由於「太陰」亦有緩慢前進之意，即使鎖定目標也不宜太急進，建議多與對方溝通了解再作進一步發展，以免破壞好事。至於肖龍的女性感情運則較為平淡，渴望談戀愛者不妨透過女性長輩介紹引薦，能遇上心儀對象的機會較大。

由於辛丑年始終屬於「破太歲」年份，人際關係平平，建議開展戀情後也不宜高調，避免太早融入對方的生活圈子，盡量享受二人世界，以免因為雙方親友的流言蜚語而影響觀感，甚至無風起浪惹爭拗。另外，肖龍者亦要留心新一年有輕微「桃花破財」情況，若關係未及穩定者，不宜合作投資或有金錢轇轕，否則容易「因財失義」。

至於已有穩定伴侶或已婚者關係尚算平穩，但容易因為工作壓力而冷落身邊人，必須分配工作與私人時間，亦可考慮建立共同興趣或舊地重遊，重拾溫馨甜蜜片段。

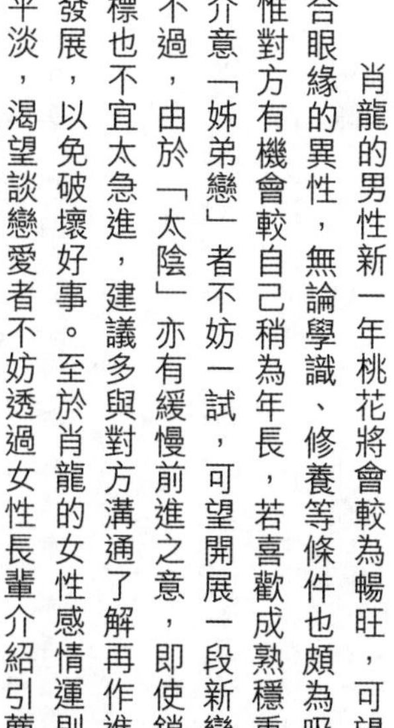

【健康】

踏入辛丑年，肖龍者健康雖無大礙，但始終有「飛刃」凶星駕臨，代表容易受金屬所傷，甚至會有開刀破相之嫌，駕駛人士或工作需要接觸金屬者更要打醒十二分精神，其他肖龍者亦要盡量避免參與攀山、爬石、跳傘或潛水等高危的戶外活動，即使堅持參與亦必須結伴同行，以免意外受傷。若想提升健康運，肖龍者可於牛年之始捐血或洗牙，主動應驗血光之災；並收拾好家中帶有煞氣的物品如尖刀、利劍等擺設，減少受傷機會。

另外，「破太歲」年份難免會有較多瑣碎的健康毛病，如喉嚨痛、氣管敏感或皮膚敏感等，不妨作詳細的身體檢查，亦可主動花費於保健產品之上，預先購買醫療保險，有助提升運勢。「破太歲」亦會較為衝擊家宅運，肖龍者新一年需要多花時間關心長輩健康，尤其是家族中的女性長輩，遇有不適應立即陪同就醫。既然家宅運不穩，亦有機會受漏水、噪音等問題滋擾，新一年最適合為家居作小量裝修、維修，亦可考慮更換家具如沙發或牀褥等，只要多作維修保養則可安然過渡。

不同年份生肖運程

◎一九二八年：戊辰年（虛齡九十四歲）

辛丑年健康運只屬不過不失，有較多傷風、感冒等瑣碎毛病，腸胃亦容易敏感不適，需要養成健康的飲食習慣，並多爭取休息時間；外出時亦要提防天氣變化，注意添衣保暖。既然健康運一般，新一年不宜觸動家中五黃（東南）及二黑（正北）病位，牀頭亦要避免坐落於病星位置，建議可擺放銅製重物鎮壓，有助提升健康運。

◎一九四〇年：庚辰年（虛齡八十二歲）

整體較辛丑年順遂，財運亦有回穩趨勢，若有心水投資組合不妨「小試牛刀」，可望獲得回報。惟新一年亦有「財來財去」情況，大額或高風險的投機炒賣可免則免，需要謹慎理財。健康方面受金木相剋影響，要留心關節容易受傷跌傷，亦要留意有關心臟及血壓方面的都市病，遇有不適應立即求醫。

◎一九五二年：壬辰年（虛齡七十歲）

貴人運暢旺的年份，工作上可獲得助力，投資方面也會有貴人提供利好消息，只要不太貪心財運可有進帳。另外，踏入虛歲七十屬「關口年」，傳統有所謂「男做齊頭，女做出一」，壬辰年出生的男士可以考慮做大壽沖喜，建議於農曆生日選擇茹素或放生，以較低調的方式進行將能提升健康運。

◎一九六四年：甲辰年（虛齡五十八歲）

擺脫了庚子年「甲庚沖」影響，辛丑年運勢相對較為平穩，人際關係圓融，正財亦有進步。惟健康運一般，容易有輕微打針、食藥運，亦會有精神緊張、神經衰弱毛病，建議養成健康的生活習慣，盡量作息定時、放鬆身心，亦可多作針灸等養生保健，主動應驗運勢。從商者於簽署文件、合約時要認清條款細節，以免大意出錯惹官非，遇有疑問可向專業人士請教。

◎一九七六年：丙辰年（虛齡四十六歲）

受「丙辛合」影響個人運勢一般，尤其喉嚨、氣管及呼吸系統較弱，敏感症狀或喉嚨不適有加劇情況，亦會影響睡眠質素，建議多爭取休息時間，做適量運動強身健體，工作上則不宜給予自己太大壓力。牛年亦容易因為家宅瑣事而煩心，需要格外注意長輩健康，遇有不適應立即陪同就醫；亦可考慮為家居作小量裝修、維修或更換家具，有助提升運勢。新一年可有投資機會出現，惟始終屬於「破太歲」年份不宜輕舉妄動，加上出生年柱相合「宜靜不宜動」，凡事要格外謹慎保守，避免無辜破財。

◎一九八八年：戊辰年（虛齡三十四歲）

事業發展順遂，雖然未算是大升遷，但可望於職場上有所發揮；加上學習及進修運良好，不妨考慮報讀在職課程，多投放心力於工作之上。不過，新一年同事之間容易有輕微口舌是非，待人接物要盡量謙遜低調，事不關己亦不宜給予太多意見，以免有「言者無心、聽者有意」情況而破壞人際關係。感情則屬原地踏步的年份，單身一族結識心儀對象機會較為渺茫，若渴望談戀愛者可嘗試透過長輩介紹引薦。已婚者則關係甜蜜，有機會為家庭開枝散葉，打算添丁者不妨落實執行。

◎二〇〇〇年：庚辰年（虛齡二十二歲）

落入破財運勢，加上有較多交朋結友的機會，應酬花費難免較多，無論仍在求學階段抑或已投身社會者也要建立良好的理財態度，不宜有以小博大的投資心態，以免入不敷支。另外，辛丑年適宜多作規劃，學習不同範疇的新事物，對未來發展可有幫助。由於社交活動頻繁，容易有輕微的人事爭拗，與朋輩相處時要多加包容忍讓，凡事以和為貴。

◎二〇一二年：壬辰年（虛齡十歲）

壬辰年出生的小朋友新一年頭腦靈活、口齒伶俐，加上學習態度良好、勤奮上進，整體屬進步的年份。惟思想較為天馬行空，容易有情緒低落情況，作為父母應從旁開導了解，亦可帶小朋友多接觸大自然及作適量運動，舒展身心。身體健康則較辛丑年好，只需注意輕微的腸胃毛病或消化不良即可。

流月運勢

農曆正月（西曆二〇二一年二月三日至三月四日）

踏入正月有機會惹上官非訴訟，從商者簽署文件、合約時要注意條款細節，駕駛人士亦要奉公守法，遵守交通規則，以免招來罰單。一九四〇年出生的長者容易受傷跌傷，必須提防廚房及浴室等家居陷阱。一九六四年出生者人際關係進入倒退期，事不關己不宜多加意見，凡事以和為貴。

農曆二月（西曆二〇二一年三月五日至四月三日）

本月是非、口舌頻繁，不宜鋒芒太露招人妒忌。健康方面腸胃及消化系統較弱，時間許可不妨多出門走動或外遊，以「借地運」方式提升運勢。一九七六年出生者要注意喉嚨、氣管及呼吸系統毛病，容易有久咳不癒情況。二〇〇〇年出生的年青人財運有所耗損，需要謹慎理財，量入為出。

農曆三月（西曆二〇二一年四月四日至五月四日）

事業運有穩步上揚之勢，不妨積極把握眼前助力發展。惟聚會應酬頻繁，腸胃容易超出負荷，飲食需要適可而止，亦要多爭取休息時間，以免影響健康。一九五二年出生者跌入破財運，不宜投資投機。一九七六年出生者家宅運一般，需要多關心家中長輩健康。

農曆四月（西曆二〇二一年五月五日至六月四日）

輕微是非、口舌的月份，建議肖龍者「少說話、多做事」，不宜多管閒事。可幸是財運尚算平穩，投資方面只要不太貪心將可有收穫。一九六四年出生者容易胡思亂想，產生焦慮情緒，需要自我放鬆。二〇一二年出生的小朋友容易受傷跌傷，參與戶外活動時需要特別小心。

農曆五月（西曆二一年六月五日至七月六日）

學習運順遂，工作亦有輕微突破，打工一族不妨主動爭取表現，亦可考慮報讀在職課程進修增值，長遠可有升遷機會。一九六四年出生者跌入打針、食藥運，不宜工作過勞。二〇〇〇年出生者較多人事爭拗，討論時要聆聽及尊重對方意見。本月雙手亦容易受傷，鍾情球類活動者要格外小心。

農曆六月（西曆二一年七月七日至八月六日）

財運疲弱的月份，不宜作任何投資投機；本月亦會有親友向你提出財務借貸要求，惟只宜量力而為，以免令自己陷入財困。一九六四年出生者跌入破財運勢，外遊時要留心有財物遺失或被盜情況。二〇〇〇年出生者個人情緒低落，容易胡思亂想，可多找朋友傾訴解開心結。

農曆七月（西曆二一年八月七日至九月六日）

本月學習運強勁，不妨考慮報讀在職課程進修增值。惟工作壓力較大，做事容易一波三折，需要作好後備方案。一九七六年出生者財運易有耗損，不宜作任何投資投機。二〇一二年出生者頭部容易受傷，出入要特別小心，亦要慎防廚房及浴室等家居陷阱。

農曆八月（西曆二一年九月七日至十月七日）

貴人運極為暢旺，長輩可有特別助力，遇有困難不妨主動尋求協助，問題有望迎刃而解。家宅上則有較多瑣事煩心，需要多花時間與家人溝通，亦要多關心家中長者健康。一九八八年出生者容易胡思亂想，建議多接觸大自然，亦可多找朋友傾訴解開心結。二〇一二年出生者健康運平平，需要平衡學習與休息時間。

農曆九月（西曆二一年十月八日至十一月六日）

踏入傳統的相沖月份，不宜作出重大決定，容易因為思路不清而有決策錯誤情況。本月若時間許可不妨多出門走動，能「借地運」運勢將會有所提升。一九八八年出生者較易患上腸胃炎，飲食需要加以節制。二〇〇〇年出生者雙手及關節容易扭傷跌傷，高危的戶外活動可免則免。

農曆十月（西曆二一年十一月七日至十二月六日）

財運走勢不俗，投資方面可有輕微收穫，惟須謹記「見好即收」的道理，以免影響原本的好運。一九五二年出生者簽署合約或遞交監管機構文件前需要核對清楚，否則容易大意出錯惹官非。一九六四年出生者雙手及頭部容易受傷，駕駛人士要特別留心道路情況。

農曆十一月（西曆二一年十二月七日至二二年一月四日）

本月是非口舌頻繁，不宜作中間人為他人排難解紛，事不關己亦不宜多加意見，以免好心做壞事而遭受埋怨。一九六四年出生者容易受傷，尤其雙手及頭部首當其衝；加上家宅運受衝擊，需要多留心長輩健康。二〇〇〇年出生者財運平平，容易有財物被盜或遺失情況。

農曆十二月（西曆二二年一月五日至二月三日）

踏入十二月，犯太歲年份即將過去，惟本月做事仍有輕微波折，可幸只屬「先難後易」，以耐性應對即可。一九六四年出生者簽署文件、合約時要清楚內容細節，遇有疑問可請教專業人士。一九七六年出生者喉嚨、氣管及呼吸系統較弱，出入冷氣場所需要注意添衣保暖。

蛇

吉星駕臨步步高陞
事業順遂提防官非

（流年吉凶方位請參看376頁，更詳盡之開運攻略請參看32頁）

肖蛇開運錦囊

★事業運如魚得水，不妨在辦公桌擺放「帥印」或紫晶，更事半功倍。

★牛年宜找肖雞的朋友合作或請教意見，助力特別大。

★出門後容易遇上小意外或小驚嚇，宜預先購買旅遊保險。

★盡量避免探病問喪，多出席喜慶場合沾染歡樂氣氛。

★容易惹上官非訴訟，宜於流年三碧是非星方位擺放紅色物品化解。

肖蛇者出生時間（以西曆計算）

二〇一三年二月四日零時十四分 至 二〇一四年二月四日六時四分

二〇〇一年二月四日二時三十分 至 二〇〇二年二月四日八時二十五分

一九八九年二月四日四時二十八分 至 一九九〇年二月四日十時十五分

一九七七年二月五日六時三十四分 至 一九七八年二月四日十二時二十七分

一九六五年二月四日八時四十六分 至 一九六六年二月四日十四時三十八分

一九五三年二月四日十時四十六分 至 一九五四年二月四日十六時三十一分

一九四一年二月四日十二時五十分 至 一九四二年二月四日十八時四十九分

一九二九年二月四日十五時九分 至 一九三〇年二月四日二十時五十二分

整體運程

由於肖蛇與肖牛關係友好，原則上辛丑年運勢將會穩步上揚；加上「巳、酉、丑」屬「三合生肖」，肖蛇、肖雞與肖牛能起化學作用，故牛年若能與肖雞者合作，對方將會帶來特別助力，做事事半功倍。

除了與太歲半合，新一年亦有「國印」吉星飛臨，此星即掌管權力的帥印，肖蛇者新一年事業可謂光芒四射，尤其是公務員、任職大機構或從事文書工作者最為有利，可望有不俗的升遷機會，無論權責、地位也有所提升。至於「三台」則是樓梯階、有步步高陞之意，肖蛇者牛年事業發展順遂，可望於職場上大展拳腳，運勢更可拾級而上，不妨把握機遇勇往直前。

不過，辛丑年亦有一組凶星駕臨，需要處處提防。「官符」代表官非訴訟，辛丑年簽署文件、買賣合同或租約前要釐清條款細節，遇有疑問可向專業人士請教；駕駛人士亦要奉公守法，不宜魯莽行事，以免一時大意而要對簿公堂。「天哭」則較為不利個人情緒，肖蛇者容易鬱鬱寡歡、心情低落，出門後亦要留心遇上小意外或小驚嚇，不妨預先購買旅遊保險保平安。至於「五鬼」則是精神緊張、神經衰弱，新一年無論與朋友、工作伙伴或另一半相處時亦會有較多猜忌，容易「疑神疑鬼」，建議多加溝通，坦誠相向。「指背」則代表是非口舌，尤其會有小人於背後説三道四，雖然能得貴人之助力，但亦要留心與同輩或下屬之間的關係，待人處事需要盡量謙遜低調，即使有升遷機會亦不宜意氣風發，以免因為人際關係破敗而影響原本向好的運勢。

總而言之，牛年得到強而有力的吉星拱照，事業發展理想，運勢可望扶搖直上；加上與太歲半合，能得貴人提拔，做事如虎添翼。而且有代表進步的「三台」吉星進駐，其助力不但能反映於事業發展之上，對財運、感情運及健康運也有裨益，故辛丑年只需稍為注意情緒，凡事謹慎保守則可邁步向前。

【財運】

喜獲「三台」吉星進駐，此星代表樓梯階、有步步高陞之意，肖蛇者於辛丑年的財運可望有進步，加上個人理財方向清晰，無論賺錢能力及聚財能力也有所提升，以往「財來財去」的情況將得以改善。

由於有吉星拱照，打工一族將有升遷機會，薪酬亦會有輕微調整；從商者則可穩守原本的業務範圍，有望拓展客源，業績有所增長。不過，牛年始終不算是財星高照的年份，財運將以正財為主，雖然可得貴人助力，但仍需要親力親為，可幸付出後將能獲得回報，不妨積極把握。另外，與太歲半合的年份會有新合作機會出現，惟不宜輕舉妄動，需要多審視大環境再作決定。

至於受「官符」凶星影響，新一年亦有機會惹上官非，建議簽署合約或遞交監管機構文件前要核對清楚，以免大意出錯捲入訴訟，令自己徒添煩惱。此外，「三台」亦是一顆緩慢前進的吉星，投資方面雖能獲利，但始終屬於循序漸進、階段式的進帳，建議可選擇三至五年的中長線投資，不宜參與高風險投機炒賣，亦盡量不宜為他人作借貸擔保，以免有「一去不回頭」情況。

【事業】

辛丑年能得「國印」吉星拱照，此星代表掌管權力的帥印，肖蛇者事業發展稱心如意，尤其是打工一族、從事文職工作者將最能受惠，可望於職場上發揮所長。至於「三台」吉星則有樓梯階、拾級而上之意，公務員或任職大機構者可有升遷機會，無論留守原有位置抑或轉工跳槽也能逐漸向好，即使晉升後未必有大幅度的薪酬調整，但權力、地位有明顯進步，不妨積極把握。既然運勢發展順遂，新一年不妨主動報考升職試，可有不俗成果。若打算轉換工作環境者，亦可透過舊老闆或舊同事的人脈關係作介紹引薦，成功機率較高。

不過，由於能獲上司賞識、亦有升遷機會，難免容易招惹是非；加上有「指背」凶星衝擊，較為不利人際關係，新一年需留心有小人於背後攻擊自己，建議肖蛇者待人處事要份外謙虛低調，事不關己亦不宜表達意見，以免因為言語上的無心之失而開罪他人，破壞原本向好的事業運。另外，牛年亦有「官符」凶星飛臨，此星代表官非訴訟，訂定文件、合約時要加倍小心，亦要留意條款細則，慎防大意出錯而要對簿公堂。

【感情】

由於辛丑年飛臨的吉星以拱照事業為主，未見有桃花星進駐，肖蛇者的感情運將會較為平淡。單身一族較難覓得理想對象，加上專注力多投放於事業發展之上，對談戀愛的意欲不高，雖然可有廣結人緣的機會，惟未有刻意尋找伴侶，關係屬無甚突破的一年。

若單身已久、渴望一嘗戀愛甜蜜者，不妨於工作場所多留意身邊人。另外，由於「巳、酉、丑」屬三合生肖，若牛年能有肖雞的朋友作中間人介紹引薦，能認識心儀對象的機會較高；不過，牛年始終不是大桃花年，建議即使有目標亦不宜急進行動，可先從朋友開始溝通了解，靜待合適時機再展開追求。

至於戀愛中的情侶及已婚者得「三台」吉星眷顧，感情可望更進一步，惟容易因為工作忙碌而冷落另一半；加上有「五鬼」凶星駕臨，對伴侶的信任度較低，建議多加溝通，亦可考慮發掘共同興趣或舊地重遊，培養感情。至於「指背」則代表是非口舌及閒言閒語，若剛開展感情、關係未及穩定者，不宜太早融入雙方圈子，以免因為身邊人的流言蜚語而影響觀感，低調享受二人世界關係將更能持久。

【健康】

新一年有代表逐漸進步的「三台」吉星駕臨，健康運尚算理想；惟由於事業上有不俗的發展機遇，肖蛇者難免會花較多心力於職場上衝刺，加上自我要求較高，容易有工作壓力，甚至會因為工作忙碌而有睡眠不足情況，建議學懂自我調節，從容面對壓力；亦要平衡工作與休息時間，多做減壓運動舒展身心。

至於「五鬼」及「天哭」凶星則較為衝擊情緒，肖蛇者新一年容易出現精神緊張、神經衰弱毛病，對家人、朋友甚至伴侶亦會有「疑神疑鬼」情況，甚或會影響睡眠質素；既然情緒較為負面，牛年盡量不宜探病問喪，亦要避免前往偏遠僻靜的廟宇及墳場等，以免胡思亂想，拖垮原本向好的健康運；建議可多出席壽宴、婚宴或彌月等喜慶場合，沾染歡樂氣氛，亦可相約正能量的朋友聚會傾訴，解開心結。

其實有吉星高照、又與太歲半合的年份身體健康並無大礙，只是偶爾有輕微的皮膚敏感或腸胃不適等瑣碎問題，毋須杞人憂天，多作健康管理即可。另外，辛丑年亦要多投放時間於家宅之上，關心家中長輩健康，遇有不適應立即陪同就醫。

不同年份生肖運程

◎一九二九年．己巳年（虛齡九十三歲）

個人運勢不俗，雖然年事已高，但仍有心力與一班志同道合的朋友聚會應酬，整體屬開心愉快的年份。惟新一年有輕微是非口舌，容易因為意見不合或言語誤會而與朋輩有爭拗，建議討論時要互相包容，以和為貴。健康方面則要留心腸胃及消化系統毛病，飲食需有節制，煎炸及肥膩食物可免則免。

◎一九四一年．辛巳年（虛齡八十一歲）

辛巳年的長者來到辛丑年，由於兩個「辛金」並行，若命格中天干再有「丙火」者則要特別小心，需要提防有關喉嚨、氣管及呼吸系統方面的毛病，尤其轉天氣或出入冷氣場所要注意添衣保暖。至於其他辛巳年出生的長者亦會有較多傷風、感冒等瑣碎問題，關節亦容易受傷跌傷，建議找出家中五黃及二黑病星飛臨位置加以化解，亦可多作針灸保健，主動應驗「懸針煞」運勢。財運方面則要盡量保守，不宜為他人作借貸擔保，否則容易有「一去不回頭」情況。

◎一九五三年．癸巳年（虛齡六十九歲）

運勢發展順遂的年份，尤其可得貴人助力，投資上有望獲得利好消息，鍾情麻雀耍樂者亦可小賭怡情，只要不太貪心可有收穫。惟健康方面因五行中的水被流年之土局所困，需要留心有關腎臟、膀胱及泌尿系統方面的毛病，建議可多使用藍色、米色或白色的隨身物品，有助平衡運勢。

◎一九六五年：乙巳年（虛齡五十七歲）

由於年柱相沖，乙巳年出生者新一年有較多人事爭拗，家宅上亦會遇上瑣瑣碎碎的問題，建議多關心家中長輩健康，亦可主動為家居作小量裝修、維修，有助提升運勢。個人健康方面則受「金木相剋」影響，雙手容易扭傷跌傷，鍾情球類活動者要打醒十二分精神；經常使用電腦者亦要留心有網球肘或五十肩等都市病，建議可多做運動舒展筋骨。可幸是新一年事業運不俗，財運亦有進步，惟簽署文件、合約時要格外小心，以免惹上官非。

◎一九七七年：丁巳年（虛齡四十五歲）

財運理想的年份，將有新的發展方向或新的合作機會出現，惟新一年不宜「大興土木」，需要循序漸進，若以「刀仔鋸大樹」方式試行，將可有不俗回報。健康方面並無大礙，只需留心有較多皮膚敏感、眼睛發炎等瑣碎毛病，亦要注意容易有體重上升情況，飲食及應酬要適可而止，多作健康管理較為合適。

◎一九八九年：己巳年（虛齡三十三歲）

運勢穩步上揚，事業將有新發展路向，雖然不屬於大幅度的薪酬調整，但整體權責將有所提升，亦可有不俗升遷機會，若有意尋求變化突破者不妨一試。惟工作壓力較大、自我要求亦較高，建議調節心態從容面對。辛丑年亦容易惹是非，待人處事需要格外低調，以免遭受攻勢。至於已婚者則容易有喜，有添丁計劃者可願望成真。

◎二〇〇一年：辛巳年（虛齡二十一歲）

由於辛丑年是廣結人緣的年份，朋友間活動、應酬頻繁，開支難免會增加，建議辛巳年出生者要有周詳的理財計劃，以免「財來財去」，出現入不敷支情況。另外，新一年人際關係理想，惟不時需要在朋輩之間擔當中間人角色，建議要分配個人時間，以免因為過分熱心而令自己忙得不可開交。可幸是學習運順遂，時間許可不妨報讀課程進修增值。感情運則未算穩定，毋須急於發展，不妨靜待時機。

◎二〇一三年：癸巳年（虛齡九歲）

創意澎湃、想像力豐富的年份，父母不妨安排子女向藝術或創作方面發展，可有不俗成績。惟癸巳年出生的小朋友開始有獨立思考，父母不宜將自己的想法強加於子女身上，需多溝通及聆聽對方意見。另外，由於流年及五行中金過旺，需要多留心有關呼吸系統毛病，若本身有咳嗽或鼻敏感問題者更要格外小心，多留意空氣質素，亦可遠離致敏原，減少發病風險。

流月運勢

農曆正月（西曆二一年二月三日至三月四日）

踏入正月會遇上阻滯，工作容易節外生枝，可幸眼前困境只屬先難後易，只要作好兩手準備即可解決。健康方面則有較多傷風、感冒等瑣碎毛病，需要調整作息時間。一九六五年出生者容易因為精神緊張而引發失眠問題，建議多接觸大自然，舒展身心。二〇〇一年出生者財運有所損耗，出門時要留心有財物遺失或被盜情況。

農曆二月（西曆二一年三月五日至四月三日）

事業出現新轉機，亦容易有「名氣運」，若從事創作者將會靈感不絕，建議多加把握。惟壓力較大，容易因為工作忙碌而影響睡眠質素，建議要調節心態，從容面對壓力。一九六五年出生者人事爭拗頻繁，與朋友討論時要互相尊重，盡量以和為貴。一九八九年出生者較多是非口舌，不宜作中間人為他人排難解紛。

農曆三月（西曆二一年四月四日至五月四日）

本月同輩將有特別助力，遇上疑難不妨善用人際網絡，向舊同事或身邊朋友虛心請教，只要能主動求助，問題有望迎刃而解。一九五三年出生者跌入破財運勢，不宜作任何投資投機。一九七七年出生者個人情緒較為負面，建議多接觸大自然，亦可多找朋友傾訴解開心結。

農曆四月（西曆二一年五月五日至六月四日）

容易受傷、跌傷的月份，時間許可不妨多往外走動，夏天出生者可到寒冷地方，冬天出生者則宜前往熱帶地方，以「借地運」方式提升運勢。一九七七年出生者要留心出現眼疾，若有視力衰退情況應主動找專科醫生檢查。二〇一三年出生的小朋友容易扭傷跌傷，戶外活動時要特別提防。

農曆五月（西曆二一年六月五日至七月六日）

個人與流月有所刑剋，做事容易一波三折，又或臨門一腳會出現變數，建議虛心向有經驗的同事、朋友請教，借助外力則較易解決問題。可幸是學習運不俗，不妨報讀與工作相關的課程進修增值。一九八九年出生者頭部及雙手容易受傷，鍾情球類活動者要特別小心。二〇〇一年出生者有輕微打針、食藥運，不宜工作過勞。

農曆六月（西曆二一年七月七日至八月六日）

運勢漸入佳境，之前所遇到的困難阻滯可望逐步解決，雖然仍要勞心勞力，但成功在望。惟本月需要多關心身邊人健康，情侶之間亦要提防爭拗。一九六五年出生者雙腳容易受傷，若有駕駛習慣者要小心道路安全。二〇〇一年出生者與家人爭拗頻繁，不妨多聽從長輩意見，不宜過分偏執。

農曆七月（西曆二一年八月七日至九月六日）

吉中藏凶、運勢起落較大的月份，做事會遇上波折，可幸一切只屬先難後易，以平常心面對即可。一九八九年出生者個人思緒較為混亂，容易杞人憂天，不妨做適量運動減壓。二〇〇一年出生者喉嚨、氣管及呼吸系統較弱，出入冷氣場所需要注意添衣保暖。

農曆八月（西曆二一年九月七日至十月七日）

將有新合作機會出現，若不牽涉大額投資不妨一試，可望有不俗回報。本月亦會有輕微桃花運，單身一族可多留意身邊人，有望物色合眼緣對象。一九五三年出生者眼睛有發炎、敏感情況，需多注意個人衛生。一九七七年出生者跌入破財運勢，不宜作任何借貸擔保，以免令自己陷入財困。

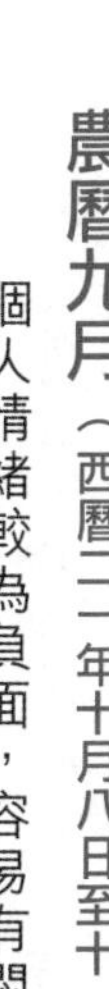

農曆九月（西曆二一年十月八日至十一月六日）

個人情緒較為負面，容易有悶悶不樂情況，建議多接觸大自然，凡事保持樂觀積極態度。可幸財運不俗，投資方面只要不太貪心將可有收穫。一九五三年出生者簽署合約或遞交監管機構文件前需要謹慎核對條文細節，以免大意出錯而惹上官非。一九八九年出生者受容易受親友拖累，若對方提出財務請求只能量力而為，以免令自己陷入困境。

農曆十月（西曆二一年十一月七日至十二月六日）

相沖月份適宜作出變動，打工一族可考慮轉換崗位，以「動中生財」的方式助旺運勢。一九七七年出生者是非口舌頻繁，建議「少說話、多做事」，以免捲入無謂的人事鬥爭之中。一九八九年出生者雙腳容易受傷，不宜參與攀山、爬石、跳傘等高危活動，以免樂極生悲。

農曆十一月（西曆二一年十二月七日至二二年一月四日）

財運穩步上揚的月份，無論正財及偏財也有得着，不妨稍為進取。一九六五年出生者情緒備受困擾，容易引發失眠問題，建議調節情緒，放鬆身心，亦可多找朋友傾訴解開心結。二〇〇一年出生者較多口舌是非，與朋友相處時需要謹言慎行，容易因為無心之失而惹誤會。

農曆十二月（西曆二二年一月五日至二月三日）

本月事業發展不俗，惟家宅會有瑣碎問題，亦容易受漏水或噪音等問題困擾，需要多加忍耐，亦可考慮為家居作小量裝修、維修，有助提升運勢。一九七七年出生者財運不俗，若鍾情麻雀耍樂者不妨小賭怡情。二〇〇一年出生者喉嚨、氣管及呼吸系統較弱，遇有不適應立即求診，不宜諱疾忌醫。

運勢回穩桃花暢旺
安守本分提防小人

肖馬者出生時間（以西曆計算）

二〇一四年二月四日六時四分　至　二〇一五年二月四日十二時正

二〇〇二年二月四日八時二十五分　至　二〇〇三年二月四日十四時六分

一九九〇年二月四日十時十五分　至　一九九一年二月四日十六時九分

一九七八年二月四日十二時二十七分　至　一九七九年二月四日十八時十三分

一九六六年二月四日十四時三十八分　至　一九六七年二月四日二十時三十一分

一九五四年二月四日十六時三十一分　至　一九五五年二月四日二十二時十八分

一九四二年二月四日十八時四十九分　至　一九四三年二月五日零時四十一分

一九三〇年二月四日二十時五十二分　至　一九三一年二月五日二時四十一分

肖馬開運錦囊

★財運不俗，但開支亦多，宜於家中擺放貔貅或黃玉元寶以聚財。

★貴人助力充足，可把握眼前機遇勇往直前發展。

★小耗凶星代表容易破財，宜積穀防饑，避免出現財困。

★流年破太歲，宜貼身佩戴虎形及百解的生肖飾物以化解是非。

★感情運多姿多采，惟須留心容易有鏡花水月情況。

（流年吉凶方位請參看376頁，更詳盡之開運攻略請參看33頁）

整體運程

因庚子鼠年出現「沖太歲」，為肖馬者帶來起伏不定、運勢較為動盪的一年，若曾有結婚、添丁或置業等喜事沖喜，新一年則可望延續喜慶運勢；若庚子鼠年未有沖喜，雖然仍受「沖太歲」之餘威影響，但踏入辛丑牛年，整體運勢相對已較為平穩，屬重新開始的一年。不過肖馬者在辛丑牛年仍有「害太歲」之現象，雖然影響遠比沖太歲低，但仍屬連續兩年「犯太歲」，流年運勢也有一定衝擊。

「害太歲」的影響力主要反映在人際關係之上，新一年人事爭拗頻繁，尤其容易被小人陷害，朋輩之間的明爭暗鬥加劇，需要謹慎提防。可幸仍有一組吉星拱照，「月德」代表慈祥和悅、逢凶化吉，事業上能得貴人助力而更上一層樓，連帶財運亦有進帳。至於「玉堂」則是金玉滿堂，雖然新一年財運未算財源滾滾，但整體起落較小，可有賺錢機會、聚財能力亦有所提升，屬循序漸進的年份。

凶星方面，辛丑年有「小耗」入主，代表仍有輕微破財運，需要留心容易有「左手來、右手去」情況，建議不宜儲存太多現金，亦可主動購買心頭好及多做善事，以「破歡喜財」方式應驗運勢。另外，新一年有「咸池桃花」飛臨，此星主牆外桃花，單身一族可把握眼前機遇，透過貴人介紹引薦結識合眼緣對象，惟「咸池桃花」多屬鏡花水月的短暫感情，建議肖馬者要多加觀察、不宜太快投入，以免被情所傷。至於已婚者則不宜對人過分熱情，否則捲入糾纏不清的三角關係反而為自己徒添煩惱。另外，此星亦代表酒色應酬，新一年將有較多出入煙花之地的機會，建議肖馬者要安守本分、把持自己，以免拖垮健康。

整體而言，「害太歲」年份人事關係難免會較為紛亂，亦容易遭小人陷害，建議待人處事要格外謙虛低調，不宜鋒芒太露；亦要多留心與下屬及同輩之間的關係，以免遭受攻擊。可幸新一年仍有強而有力的「月德」貴人吉星拱照，只要凡事多加耐性、以謹慎保守的態度前行，守住原有的範疇則仍可安然過渡。

【財運】

庚子年的財運起落較大，容易有「三更窮、五更富」情況；辛丑年則有代表金玉滿堂的「玉堂」吉星拱照，財運將會轉趨順遂，既有賺錢機會亦能聚財，整體較為平穩。另外，新一年亦有「月德」吉星駕臨，此星是慈祥和悅、逢凶化吉的貴人，客戶對肖馬者的支持度十足，加上有「咸池桃花」令人緣更為暢旺，若本身從事的行業以前線銷售為主，只要能親力親為，有望憑藉人際網絡而令業績有所提升，不妨積極把握。

不過，牛年仍有「小耗」凶星入主，代表仍會有較多突如其來的開支，加上「害太歲」年份做事有先難後易之勢，過程中容易出現變數，建議從商者要積穀防饑，即使相熟客戶亦不宜設太長數期，以免對方賴帳而令自己陷入財困。

由於辛丑年的財運仍以正財為主，新一年不宜作高風險的投機炒賣，亦不宜保留太多現金；可主動購買實物保值或多做善事，以「破歡喜財」方式應驗運勢。另外，「咸池桃花」亦代表應酬頻繁，牛年難免會有較多飲食花費，肖馬者要留心個人理財方向，以免入不敷支。

【事業】

事業方面，辛丑年喜獲「月德」吉星駕臨，此星代表得力貴人，尤其長輩更會對肖馬者有提拔作用，工作上可望獲得助力而有所作為。加上有「玉堂」吉星進駐，新一年將有薪酬調整，雖然未必是大升遷機會，但留守原有位置亦有進步，毋須刻意轉工跳槽或尋求變化。至於庚子年已轉換工作環境者，牛年亦可逐漸適應及融入新環境，於新工作崗位有所發揮，整體屬逐步向好的年份。

不過，「害太歲」年份難免對人際關係造成衝擊，與同輩及下屬之間的關係會較為緊張，尤其要提防容易遭人陷害中傷。建議肖馬者新一年待人處事要格外謙虛低調，盡量「少說話、多做事」，事不關己不宜多加意見，亦不宜作中間人為他人排難解紛，以免好心做壞事而遭受埋怨，拖垮原本發展理想的事業運。

另外，由於新一年有「咸池桃花」星臨門，此星有利桃花及人緣運，若從事地產、保險等前線銷售者將最能受惠，可望得到客戶的支持擁戴，只要能親力親為則成功機會較高，業績亦可望有所提升，不妨把握助力發展。

【感情】

辛丑年得吉星拱照，肖馬者將會是十二生肖當中桃花最為暢旺的一員。新一年有「咸池桃花」飛臨，此星是有利人緣的桃花星，肖馬者將會較受異性歡迎，若鼠年曾經歷分手變化者，牛年可望重新開始；加上有「月德」吉星駕臨，此星代表強而有力的貴人，肖馬者有望透過人脈介紹引薦而物色心儀對象，單身一族不妨積極把握。

不過，牛年始終屬於「害太歲」年份，人事方面會較為複雜，即使能開展關係亦要小心保護感情，尤其關係未及穩定者不宜太早融入對方的家人或朋友圈子，以免流言蜚語影響雙方觀感，亦要留心容易遭第三者介入破壞，建議低調享受二人世界關係將更為穩定。

另外，由於「咸池桃花」多屬鏡花水月的短暫感情，容易有曇花一現情況，單身一族感情運多姿多采；惟已婚者遇上此星則代表「牆外桃花」，需要安分守己、不宜對人過分熱情，以免一時意亂情迷而捲入三角關係，令自己徒添煩惱。新一年亦要留心容易有桃花破財情況，男女關係盡量以簡單為上，避免合作投資或有錢銀轇轕較為理想。

【健康】

擺脫了庚子年「子午沖」影響，原則上整體健康運已較為平穩；惟辛丑年始終是「害太歲」年份，難免會有較多皮膚敏感、鼻敏感等瑣瑣碎碎的健康毛病，所謂「病向淺中醫」，建議肖馬者遇有不適應立即求診，以免小事化大拖垮健康運。

新一年既有「咸池桃花」駕臨，此星代表飲飲食食、應酬及出入煙花之地的機會較多，容易有睡眠不足情況，建議肖馬者要平衡玩樂與作息時間；亦要留心容易因為飲食過量而有體重上升問題，凡事適可而止，多作健康管理，以免因縱情享樂而有膽固醇、血壓等都市病。另外，「害太歲」年份人際關係會較為緊張，肖馬者容易衍生負面情緒，甚至會有輕微焦慮，建議做適量減壓運動，亦可多接觸大自然放鬆身心。

既然健康運仍有輕微衝擊，新一年可多花費於保健產品之上，並主動購買醫療保險提升健康運；另外，「害太歲」年份出門後容易有財物遺失或被盜情況，外遊前可購買旅遊保險保平安。可幸新一年仍有「月德」貴人星駕臨，凡事終能逢凶化吉，只要謹慎保守、多加提防則仍屬平安大吉。

不同年份生肖運程

◎一九三〇年：庚午年（虛齡九十二歲）

庚午年出生的長者新一年財運疲弱，尤其容易墮入騙局，建議不宜作任何投資投機，即使有晚輩提出借貸擔保要求亦要三思，以免招致損失。健康方面則有較多打針、食藥運，要多提防有關心臟及血壓方面的毛病，遇有問題應主動求診。另外，受輕微犯太歲影響情緒較為負面，不妨多找朋友聚會品茗解開心結。

◎一九四二年：壬午年（虛齡八十歲）

個人運勢不俗，投資方面將有貴人提供利好消息，只要不太貪心可有收穫；惟始終年事已高，不建議牽涉大額金錢，凡事保守為上。健康方面要留心膀胱、腎臟及泌尿系統毛病，另外亦會有輕微失眠情況，建議放鬆身心，亦可於牀邊擺放銅製重物穩定運勢。其實壬午年出生的長者辛丑年虛齡八十，所謂「男做齊頭，女做出一」，男士可考慮於農曆生日以茹素、放生等方式低調賀壽沖喜，有助提升健康運。

◎一九五四年：甲午年（虛齡六十八歲）

過去的庚子年屬天干地支相沖的年份，無論家宅、健康及個人情緒也較受影響，踏入辛丑年運勢將會較為平穩，惟仍要留心容易有官非訴訟，尤其簽署文件、合約前要審慎核對條文細則，遇有疑問應向專業人士查詢。健康方面受「懸針煞」衝擊，要多留心關節及神經系統毛病，駕駛人士及工作需要接觸金屬者亦要提防受傷，建議可多作針灸保健，主動應驗運勢。

◎一九六六年：丙午年（虛齡五十六歲）

受「丙辛合」影響，新一年家宅運勢平平，需要特別留心長輩健康，遇有不適應立即陪同求醫。另外，合年柱代表容易有家宅變動，不妨主動搬遷、裝修或維修家居，亦可考慮更換家具，有助提升個人及家人健康運。辛丑年要留心有關喉嚨、氣管及呼吸系統方面的毛病，容易有久咳不癒或鼻敏感等瑣瑣碎碎問題，建議多管理健康，作適量運動、爭取休息時間，亦可多作贈醫施藥善舉。

◎一九七八年：戊午年（虛齡四十四歲）

相比起「沖太歲」，辛丑年的整體衝擊已較小；不過踏入四十四歲虛齡，運勢仍會有一定程度的上落，建議戊午年出生者新一年要謹慎保守，不宜在事業或投資上大展拳腳，不宜作任何重大決定，打工一族亦以留守原有位置較佳。可幸是牛年的賺錢及聚財能力有進步，只需留意輕微的口舌是非，盡量「少説話、多做事」即可。其實新一年學習運頗為順遂，不妨考慮報讀在職課程進修增值，對未來事業發展將有裨益。

◎一九九〇年：庚午年（虛齡三十二歲）

「財來財去」的年份，雖有賺錢機會，但聚財能力一般，尤其是從商者生意起落較大，容易有「三更窮、五更富」情況，需要積穀防饑。若打工一族想開展生意，牛年似乎未屬合適時機，建議留守原有位置較為穩妥。已婚者則有添丁運，無論鼠年或牛年均屬容易有喜之年，計劃生兒育女者不妨落實執行，可望夢想成真。

◎二〇〇二年：壬午年（虛齡二十歲）

學習運與長輩運俱佳，無論求學或在職者亦能得師長或上司愛錫；惟同輩之間則有較多是非口舌，加上個人較為情緒化，容易因為無心之失而有誤會爭拗。其實肖馬者本身個性已較為急進，建議壬午年出生者新一年待人處事要多加包容忍讓，多與人溝通及聆聽意見，堅持己見反而會令事情陷入困境。感情方面則未及穩定，毋須急於發展。

◎二〇一四年：甲午年（虛齡八歲）

運勢順遂的年份，學習運強勁、個人主動性及專注力亦有進步，面對陌生環境適應能力有所提升，建議父母可安排甲午年的小朋友學習不同範疇興趣項目，將有不俗發展。健康方面有較多傷風、感冒等瑣碎毛病，尤其要注意喉嚨、氣管及呼吸系統較弱，遇有不適應立即求醫，以免小事化大。

牛 虎 兔 龍 蛇 馬 羊 猴 雞 狗 豬 鼠

流月運勢

農曆正月（西曆二一年二月三日至三月四日）

踏入正月將有新合作機會，不妨以「小試牛刀」方式試行，可望有所發展；打工一族亦會有朋友介紹引薦新工作，若想轉換環境者不妨一試。一九五四年出生者雙手容易受傷跌傷，出入或上落樓梯需要特別小心。一九六六年出生者財運平平，不宜冒險作投資投機。

農曆二月（西曆二一年三月五日至四月三日）

單身一族將有桃花出現，惟始終屬「害太歲」年份，人際關係較為疲弱，即使能開展感情也要盡量低調，不宜太早融入對方的家人或朋友圈子，以免關係遭受破壞。一九六六年出生者喉嚨、氣管及呼吸系統較弱，生冷食物少吃為妙。一九九〇年出生者跌入破財運勢，需要留心用錢方向。

農曆三月（西曆二一年四月四日至五月四日）

工作遇上麻煩阻滯，令肖馬者較為勞心勞力，需要多加耐性解決。財運方面容易有耗損，不宜投資投機。一九六六年出生者頭部有機會受傷，尤其容易受金屬所傷，駕駛人士要格外注意道路安全。二〇〇二年出生者與家人關係較為緊張，溝通時要多加忍讓，以和為貴。

農曆四月（西曆二一年五月五日至六月四日）

本月屬多勞少得的月份，做事容易遇上波折，過程亦會較為艱辛，令肖馬者壓力較大，可幸眼前困境只屬先難後易，只要堅持最終亦能成功。一九七八年出生者容易有失眠問題，不妨多接觸大自然放鬆身心。二〇〇二年出生者要留心理財方向，否則會有入不敷支情況。

農曆五月（西曆二一年六月五日至七月六日）

身體健康一般，較多傷風、感冒等瑣瑣碎碎毛病，亦容易有跌傷、扭傷機會，要多留心廚房、浴室等家居陷阱。一九五四年出生者有輕微打針、食藥運，遇有不適應立即向專科求診，不宜諱疾忌醫。一九九〇年出生者人事爭拗頻繁，建議待人處事要謙虛低調，不宜堅持己見。

農曆六月（西曆二一年七月七日至八月六日）

吉中藏凶的月份，表面順遂但實行時會遇上困難阻滯，不宜輕舉妄動作重大決定，以免有決策錯誤情況。既然運勢平平，本月不妨多出門，上半年或夏天出生者可到寒冷地方，下半年或冬天出生者則可到熱帶地方，以「借地運」方式提升運勢。一九五四年出生者不利投資，容易損手離場。一九九〇年出生者有精神緊張、神經衰弱毛病，甚或會引發失眠問題；亦要留心家宅易有變化，需多花時間關心長者健康。

農曆七月（西曆二一年八月七日至九月六日）

本月財運順遂，投資方面只要不太貪心可有進帳，惟須謹記「見好即收」的道理，以免破壞原本向好的財運。一九六六年出生者有破相開刀機會，駕駛人士或工作要接觸金屬者需要特別提防。一九七八年出生者長輩及貴人運理想，遇有疑難不妨主動提出，問題將可迎刃而解。

農曆八月（西曆二一年九月七日至十月七日）

感情運有輕微突破，惟多屬鏡花水月的短暫桃花，已婚者要安守本分，以免捲入三角關係，亦要留意有桃花破財情況。可幸是財運不俗，投資方面只要不太貪心可有進帳。一九四二年出生者有失眠問題，需分配工作與休息時間。一九九〇年出生者簽署文件、合約前要核對清楚條文細則，以免大意出錯而惹官非。

農曆九月（西曆二一年十月八日至十一月六日）

人際關係平平，較多是非口舌，建議事不關己不宜多加意見，亦不宜作中間人為他人排難解紛，以免因為無心之失而開罪別人。從商者則要留心與拍檔之間的關係，容易出現誤會紛爭。一九七八年出生者財運一般，要留心有財物遺失或被盜情況。二〇〇二年出生者個人壓力較大，容易情緒低落，建議多找朋友傾訴解開心結。

農曆十月（西曆二一年十一月七日至十二月六日）

本月事業運暢旺，工作容易成功，肖馬者不妨多爭取出差或表現自己的機會，親力親為既有助運勢，也可望有輕微升遷。一九七八年出生者跌入破財運勢，投資投機不宜沾手。二〇一四年出生的小朋友容易撞倒跌傷，戶外活動時需要特別提防。

農曆十一月（西曆二一年十二月七日至二二年一月四日）

傳統的相沖月份，若時間許可不妨出外走動，有望帶旺運勢。家宅上則有較多瑣碎問題需要兼顧，有機會受漏水或噪音問題困擾，亦要多關心長輩健康。一九五四年出生者人事爭拗頻繁，待人處事要互相包容，亦要注意身體健康。一九九〇年出生者財運疲弱，不宜投資投機。

農曆十二月（西曆二二年一月五日至二月三日）

來到辛丑年最後一個月份，連續兩年的犯太歲年份即將完結，加上牛年過後的虎年屬有新機遇的年份，運勢開始有轉機，之前遇到的麻煩阻滯將可見曙光，屬重新開始的年份。一九六六年出生者喉嚨、氣管及呼吸系統較弱，必須多注意空氣質素及致敏原。二〇一四年出生的小朋友有輕微打針、食藥運，遇有不適父母應立即陪同就醫。

羊

太歲相沖變化頻仍
凡事謹慎三思後行

肖羊者出生時間（以西曆計算）

二〇一五年二月四日十二時正　至　二〇一六年二月四日十七時四十七分

二〇〇三年二月四日十四時六分　至　二〇〇四年二月四日十九時五十七分

一九九一年二月四日十六時九分　至　一九九二年二月四日二十一時四十九分

一九七九年二月四日十八時十三分　至　一九八〇年二月五日零時十分

一九六七年二月四日二十時三十一分　至　一九六八年二月五日二時八分

一九五五年二月四日二十二時十八分　至　一九五六年二月五日四時十三分

一九四三年二月五日零時四十一分　至　一九四四年二月五日六時二十三分

一九三一年二月五日二時四十一分　至　一九三二年二月五日八時三十分

肖羊開運錦囊

★「沖太歲」運勢起落較大，宜佩戴豬形及兔形之太歲飾物減低衝擊力。

★立春後做好攝太歲工作，亦可捐血或洗牙化解輕微血光之災。

★「大耗」入主宜購買實物保值，並於家中擺放聚寶盆風水物品。

★太歲相沖之年嫁娶添丁正合時宜，已婚者則宜聚少離多以穩定關係。

★牛年較容易得罪權貴，待人接物務必謹慎，謙遜低調為佳。

（流年吉凶方位請參看376頁，更詳盡之開運攻略請參看34頁）

整體運程

由於牛與羊屬「六沖生肖」，肖羊者來到辛丑牛年即踏入「沖太歲」年份；加上受「刑太歲」衝擊，新一年的運勢起落較大，將會是十二生肖當中變化最頻繁的一員，需要有心理準備應對。雖然犯太歲年份運勢未必一面倒，但始終較為波動，所謂「太歲當頭坐，無喜必有禍」，倘若牛年能有結婚、添丁、置業或創業等傳統方法沖喜，運勢則可以較為平穩，否則就要多留心家宅及個人健康，凡事需要謹慎而行。

除了流年沖犯太歲，牛年亦只有「地解」一顆吉星進駐，貴人力量欠奉。「地解」代表居住環境上的變化，包括樓宇買賣、搬遷、裝修或維修等，倘若早已有換樓或遷居打算，牛年正是合適時機；惟須切記置業需以自住或長線投資為目標，不宜作短炒投機，否則損手離場的機會極大。

另外，辛丑年亦有一組凶星飛臨，「歲破」即與流年太歲不合，新一年人際關係易受破壞、是非口舌較多，尤其容易得罪權貴，建議肖羊者待人處事要格外低調，事不關己不宜多加意見，以免有「言者無心，聽者有意」情況而拖垮運勢。「大耗」則是大的破財星，牛年切忌進行高風險的投機炒賣，容易有決策錯誤情況，反而「小試牛刀」的方式較為理想。「欄干」則代表困難重重，辛丑年將是危機四伏、充滿挑戰的一年，肖羊者需要跨越重重困難，過程較為艱辛，亦有輕微多勞少得情況。至於「月煞」則是女性帶來的麻煩，建議新一年不宜與女性長輩或親友合作投資，容易有因財失義甚至反目情況。

整體而言，「沖太歲」年份運勢走向兩極，肖羊者需要多留心身體健康，尤其是雙腳最容易受傷、跌傷，建議於鼠年年底進行詳細的身體檢查，找出家中五黃災星及二黑病星飛臨位置加以化解，做好拜太歲工作及佩戴肖豬與肖兔的太歲飾物，未有置業或搬遷打算者則可為家居作小量裝修、維修，主動應驗運勢，切記三思而行則可平安大吉。

【財運】

「沖太歲」年份財運的不穩定性本來已較高，再有代表破財的「大耗」凶星飛臨，加上犯太歲年份個人分析能力較弱，令肖羊者財運更添變數，建議新一年理財要格外謹慎，尤其不宜作大額或高風險的投機炒賣，以免決策錯誤而令錢財有所耗損。

既然財運波幅較大，原則上不宜作出重大變動；惟「沖太歲」年份又會令肖羊者有意欲開展生意，建議只宜嘗試自己熟悉的行業，不宜開拓新範疇，並需要以「刀仔鋸大樹」的方式試行，切忌牽涉大額金錢。另外，由於新一年有「月煞」凶星，代表女性帶來的麻煩，牛年絕不宜與女性長輩或親友合作投資，容易因財失義甚至被拖累破財。

新一年亦有「地解」飛臨，此星是田宅上的變化，既然「沖太歲」需要有居住環境上的改變，加上「大耗」代表破財，肖羊者不妨主動置業，以「破歡喜財」方式應驗運勢，惟須切記置業需以自住或中長線投資為目標，不宜短炒。至於「歲破」亦要提防人際關係，尤其從商者容易開罪權貴，牛年宜保守營運、積穀防饑，即使相熟客戶亦不宜賒數，以免對方賴帳而令自己陷入財困。

【事業】

面對「沖太歲」衝擊，肖羊者會蠢蠢欲動於事業上作出變化，惟犯太歲年份做事容易一波三折，尤其上半年有機會出現臨門一腳有變數或現實與期望有所落差情況，建議肖羊者作出變動前需要多審視大環境，即使下定決心轉工跳槽亦務必要先以合約落實，不能貿然請辭，以免遇上變化而「兩頭不到岸」，令自己進退兩難陷入困境。

其實相沖年份運勢難免會較為波動，尤其辛丑年事業不算是有大進步的年份，建議肖羊者不宜將目標訂得太高，凡事謹慎保守，打算轉換工作環境者不妨考慮內部調遷，亦可考慮報讀與工作相關的課程進修增值。而犯太歲年份亦宜多出外走動，打工一族可主動爭取出差機會，從商者亦可拓展海外市場，有助帶旺運勢。

另外，由於新一年吉星力量稍遜，加上「歲破」凶星代表容易得罪權貴，與同事之間的關係亦較為緊張，建議肖羊者於職場上要「少説話、多做事」，待人處事盡量謙虛低調，事不關己不宜多加意見，亦不宜作中間人為他人排難解紛，以免捲入是非口舌漩渦，進一步拖垮事業運。

【感情】

「沖太歲」年份即所謂的「關口年」，感情關係容易生變，而變化可以是向好或變差；加上新一年有「大耗」凶星入主，較適合主動「破歡喜財」，故若有結婚、添丁或置業同居等計劃，則二人關係可更進一步，否則就要提防跌入分離運勢，需要謹慎處理。惟辛丑年始終屬於相沖年份，即使打算共諧連理亦要留心於籌辦婚禮過程中起爭拗，建議多加溝通、互相忍讓，以免因瑣事爭執而導致分手收場。

另外，由於犯太歲年份情緒較為負面、心情較暴躁，已有穩定伴侶或已婚者容易與另一半產生磨擦，建議以「聚少離多」的方式相處，「小別勝新婚」，關係將更為持久。新一年亦有「月煞」凶星入主，此星代表女性長輩帶來的煩惱，肖羊者需要留心因雙方的女性長輩問題而起爭執，宜互相體諒，以和為貴。

至於單身一族則未見有桃花星臨門，若渴望談戀愛者不妨於出門後多加留意，看能否有異地姻緣出現。惟即使有心儀對象關係亦多屬曇花一現，不宜太早投入感情，建議多作溝通了解才考慮進一步發展。

【健康】

踏入相沖年份健康備受衝擊，肖羊者會有較多瑣瑣碎碎的健康毛病，尤其「丑未沖」代表雙腳及關節容易受傷跌傷，新一年需要留心浴室、廚房等家居陷阱，不宜參與攀山、爬石、滑水、跳傘等高危的戶外活動，即使堅持參與亦必須結伴同行，以免樂極生悲。至於駕駛人士亦要打醒十二分精神、注意道路安全，定期為汽車作檢查維修，減少意外受傷機會。

另外，「沖太歲」年份情緒會較受影響，容易有心浮氣躁情況，建議肖羊者可做適量的太極、瑜伽或打坐等輕量運動減壓，亦可多參加婚宴、彌月或壽宴等喜慶場合吸收正能量，多接觸大自然或出外旅遊，惟出門前需要購買醫療保險及旅遊保險，出門後亦要小心看管個人財物，以免有財物損失。

由於新一年健康運平平，若想提升運勢，不妨於鼠年年底作詳細的身體檢查，並於牛年之始捐血或洗牙，主動應驗輕微血光之災；亦可多作贈醫施藥善舉，佩戴肖豬及肖兔的太歲飾物，不宜觸動家中流年病星位置並擺放銅製重物鎮壓，凡事謹慎則可平安大吉。

不同年份生肖運程

◎一九三一年：辛未年（虛齡九十一歲）

由於個人與流年天干相同，辛未年出生的長者新一年有較多打針、食藥運，容易被瑣瑣碎碎健康問題困擾，建議以個人名義作贈醫施藥善舉；亦可多花費於保健產品或針灸之上，應驗「懸針煞」提升健康運。由於牛年財運一般，不宜投資投機，不妨購買心頭好，主動「破歡喜財」較為合適。

◎一九四三年：癸未年（虛齡七十九歲）

容易扭傷、跌傷的年份，尤其雙腳及關節首當其衝，建議出入要注意安全，提防廚房、浴室等家居陷阱，多做安全措施，若有舊患者亦要打醒十二分精神，建議癸未年出生的長者於牛年年初前往祈福及拜太歲助旺健康運。可幸是新一年與志同道合的朋友相處融洽，較多聚會應酬，亦可發展個人興趣，整體屬開心愉快的一年。

◎一九五五年：乙未年（虛齡六十七歲）

乙未年出生者由於個人與流年的天干地支完全相沖，故將會是眾多肖羊者當中變化最多的一員，若家族中能有喜事沖喜則運勢較為平穩，亦可考慮搬遷或多出門走動，否則就要注意身體健康，尤其頭、手及腳最容易受傷，熱愛運動者要特別提防；亦有機會受漏水及噪音等問題困擾，建議為家居作小量裝修、維修、更換家具或髹油，有助平穩運勢。投資方面則不宜牽涉大筆金錢，容易有破財情況。新一年亦要注意人際關係，凡事以和為貴，亦不宜作中間人為他人排難解紛，以免好心做壞事遭人埋怨。

◎一九六七年：丁未年（虛齡五十五歲）

相對其他肖羊者，丁未年出生者的運勢尚算平穩，惟工作較為艱辛，從商者亦會遇上波折，看似簡單的事情將變得複雜，建議不宜作重要決定，凡事保守而行，並多加耐性處理。可幸新一年仍有輕微的長輩貴人運，遇有疑問不妨虛心向前輩請教。財運則屬中規中矩，可望維持原有範疇，惟拓展新業務則未算是合適時機。健康方面有較多瑣碎毛病，尤其喉嚨、氣管及呼吸系統較弱，飲食宜盡量清淡，以免影響健康。

◎一九七九年：己未年（虛齡四十三歲）

傳統上虛歲四十一至四十三屬「厄年」，即所謂的「關口年」，運勢會有較多變化，故新一年行事需要謹慎保守，不宜走得太前。從商者應避免作借貸擔保，即使相熟客戶亦盡量不宜賒數，投資亦要以中長線為主；打工一族若計劃開展生意則不宜輕舉妄動，以免破財。新一年亦要多關心身邊人及長輩健康，若有搬遷或多出門走動機會則可帶旺運勢。既然運勢波動，建議己未年出生者鼠年年底作詳細的身體檢查，牛年年初捐血及洗牙，主動應驗輕微血光之災。可幸是朋輩運不俗，若有人提出合作請求，只需付出勞力而不牽涉金錢則不妨一試。

◎一九九一年：辛未年（虛齡三十一歲）

容易破財的年份，投資方面只宜以中長線為主，不宜進行高風險的短炒投機。若有搬遷或置業打算，牛年屬合適年份，惟需以自住或長線投資為目標。新一年亦要多關心長輩健康，容易受瑣瑣碎碎的健康問題困擾，可考慮為家居裝修、維修或更換家具，有助平穩運勢。感情方面若有結婚或添丁則較為理想，否則就要留心關係容易有變化。

◎二〇〇三年：癸未年（虛齡十九歲）

運勢尚算理想，惟相沖年份需注意人際關係，朋輩之間容易有誤會爭拗，建議事不關己不宜多加意見，凡事以和為貴；亦不宜作中間人為他人排難解紛，以免有「言者無心、聽者有意」情況。另外，新一年較為情緒化，不妨多發展個人興趣，紓緩負面情緒。健康方面容易受傷，尤其雙腳首當其衝，若有運動習慣或駕駛者需要特別提防。剛投入職場者工作尚在摸索階段，需要多加耐性；仍在求學者則稍為欠缺專注力，宜集中精神於學習之上。

◎二〇一五年：乙未年（虛齡七歲）

乙未年出生的小朋友踏入成長新階段，無論學習及表達能力均有進步，善於與人溝通，惟亦開始有個人想法，為人父母者需要多聆聽他們的意見，避免一意孤行。健康方面則有較多傷風、感冒毛病，亦容易受傷跌傷，需留心廚房及浴室等家居陷阱，戶外活動亦要小心提防。

牛 虎 兔 龍 蛇 馬 羊 猴 雞 狗 豬 鼠

流月運勢

農曆正月（西曆二一年二月三日至三月四日）

受「沖太歲」影響做事較多衝擊，容易一波三折，可幸只屬先難後易，只要付出努力事業將有突破，惟過程較為艱辛，需要多加耐性。本月亦要留心文件、合約的條款細則，容易大意出錯而惹上官非。一九五五年出生者睡眠質素欠佳，建議多接觸大自然放鬆身心。一九七九年出生者受是非口舌困擾，建議事不關己不宜多管閒事，以免遭受埋怨。

農曆二月（西曆二一年三月五日至四月三日）

工作上壓力較大，面對不熟悉的範圍不妨虛心向前輩請教，對方將可施以援手解決問題。一九五五年出生者頭部容易受傷，不宜參與高危的戶外活動。一九九一年出生者跌入劫財運勢，投資投機可免則免。

農曆三月（西曆二一年四月四日至五月四日）

本月將有親友向你尋求協助，家宅上亦有瑣瑣碎碎的問題需要解決，建議凡事量力而為，少管閒事，以免強出頭而令自己陷入困境。一九六七年出生的長者留心眼睛毛病，遇有不適應要向專科求診，亦要留心有失眠問題。一九七九年出生者財運尚算理想，投資方面不妨稍為進取。

農曆四月（西曆二一年五月五日至六月四日）

有新合作或投資機會出現，若只需付出勞力不妨考慮，惟不宜牽涉金錢交易，容易有錢財損耗情況。一九六七年出生者人事關係較為複雜，不宜作中間人為他人排難解紛。二〇〇三年出生者需留心理財方向，容易有入不敷支情況。

農曆五月（西曆二〇二一年六月五日至七月六日）

本月適宜多出門走動，夏天出生者可到寒冷地方，冬天出生者則可到熱帶地方，以「借地運」方式提升運勢。一九七九年出生者家宅受瑣碎問題困擾，需要多花時間耐性解決。一九九一年出生者身體健康一般，宜多爭取休息時間。

農曆六月（西曆二〇二一年七月七日至八月六日）

運勢備受衝擊，做事容易一波三折，需要有心理準備即使付出努力亦未必有回報，建議作好後備方案，並多加耐性解釋。本月亦容易有睡眠不足情況，可多接觸大自然減壓。一九五五年出生者不宜投資投機，以免損手離場。一九九一年出生者雙手容易受傷，熱愛運動者需要特別留心。

農曆七月（西曆二〇二一年八月七日至九月六日）

財運轉趨順遂，從商者可望有一筆現金進帳，惟仍需積穀防饑，投資方面亦要以中長線為主；不宜留太多現金，以免無辜破財。一九三一年出生的長者喉嚨、氣管及呼吸系統較弱，出入冷氣場所需要注意添衣保暖。一九九一年出生者與家人關係緊張，溝通時需要互相尊重，以和為貴。

農曆八月（西曆二〇二一年九月七日至十月七日）

運勢全面向好，之前所遇到的困難阻滯可望有解決方案，無論事業、財運及感情運亦有所提升，不妨積極把握。惟個人情緒較受影響，需要自我調節。一九六七年出生者跌入破財運，須提防有財物被盜或遺失情況。二〇〇三年出生者眼睛容易有發炎、敏感問題，需要多注意個人衛生。

農曆九月（西曆二一年十月八日至十一月六日）

本月要多留心家人健康，家宅上亦容易受噪音、漏水等問題困擾，建議為家居作小量裝修、維修，亦可考慮更換家具提升運勢。可幸是財運尚算理想，投資方面不妨稍為進取。一九六七年出生者較多是非口舌，宜「少說話、多做事」避免爭拗。二〇〇三年出生者情緒低落、容易有悶悶不樂情況，可多找朋友聚會傾訴。

農曆十月（西曆二一年十一月七日至十二月六日）

財運上揚的月份，從商者會有新發展方向，不妨以「小試牛刀」的方式實行，可望有成功機會。投資投機宜以「刀仔鋸大樹」方式進行，不宜涉及高風險項目。一九七九年出生者雙腳容易受傷，上落交通工具要特別小心。二〇〇三年出生者簽署文件、合約時要留意條款細則，以免大意出錯而惹官非。

農曆十一月（西曆二一年十二月七日至二二年一月四日）

本月人際關係倒退，容易因為誤會而開罪權貴，建議事不關己不宜多加意見，盡量「少說話、多做事」。一九五五年出生者受失眠問題困擾，可多接觸大自然吸收正能量。一九九一年出生者容易破財，外遊時須注意隨身財物。

農曆十二月（西曆二二年一月五日至二月三日）

踏入辛丑年最後一個月份，運勢仍有輕微相沖，做事容易遇上波折，健康上亦會受衝擊，建議不宜作重大決定，反而多外出旅遊放鬆身心更為合適。一九五五年出生者頭部容易受傷，有運動習慣者要小心提防。一九九一年出生者喉嚨、氣管及呼吸系統較弱，生冷食物應少吃為妙。

貴人加持喜事重重
運勢上揚先攻後守

肖猴者出生時間（以西曆計算）

二〇一六年二月四日十七時四十七分 至 二〇一七年二月三日廿三時三十五分

二〇〇四年二月四日十九時五十七分 至 二〇〇五年二月四日一時四十四分

一九九二年二月四日二十一時四十九分 至 一九九三年二月四日三時三十八分

一九八〇年二月五日零時十分 至 一九八一年二月四日五時五十六分

一九六八年二月五日二時八分 至 一九六九年二月四日七時五十九分

一九五六年二月五日四時十三分 至 一九五七年二月四日九時五十五分

一九四四年二月五日六時二十三分 至 一九四五年二月四日十一時二十分

一九三二年二月五日八時三十分 至 一九三三年二月四日十四時十分

肖猴開運錦囊

★「紫微」及「龍德」入主貴人運強勁，可把握助力發展。

★喜事重重的年份，有機會閃婚或添丁，已婚者則要提防三角關係。

★「暴敗」星令財運上落較大，宜將現金購買實物保值，避免破財。

★出門後容易遇上小意外，最好預先購買旅遊保險以策萬全。

★牛年過後的虎年屬「沖太歲」，宜提早於第四季作好準備。

（流年吉凶方位請參看376頁，更詳盡之開運攻略請參看35頁）

整體運程

肖猴者踏入辛丑年既無沖也無合，運勢算是較平穩的一年；加上有一組吉星拱照，整體發展可算是穩步上揚。惟牛年過後的虎年屬犯太歲年份，屆時運勢難免會較受衝擊，建議肖猴者於最後一季作好準備，以迎接「沖太歲」來臨。

牛年喜獲「紫微」及「龍德」兩顆強而有力的吉星駕臨，代表慈祥和悅、逢凶化吉，打工一族可望有貴人提拔，從商者亦能得到新舊客戶支持，凡事事半功倍。投資上亦可望憑獨家資訊而獲利，惟始終不宜作高風險的投機炒賣，謹記「見好即收」。除了貴人助力，新一年亦有代表喜事重重的「天喜」吉星，可望有結婚、添丁等喜事臨門。不過，若已有穩定伴侶或已婚者再遇上「天喜」星則要提防桃花過盛，建議安分守己，以免一時意亂情迷而跌入錯綜複雜的三角關係。

凶星方面，辛丑年有「暴敗」入主，代表財運上落較大，容易有「三更窮、五更富」情況，從商者需要開源節流、積穀防饑，預備一筆「應急錢」應付不時之需。另外，由於牛年過後的虎年屬「沖太歲」年份，部分肖猴者會提早入運，建議於第四季提早準備，尤其若部分投資需要過渡至虎年更要謹慎提防，需要多作部署。雖然牛年的財運較為波動，不過由於有「天喜」飛臨，若能有結婚、添丁或置業等則可視作「破歡喜財」，主動應驗運勢。新一年亦要留心有「亡神」進駐，此星較為衝擊家宅運，肖猴者要多關心家中長輩健康，不妨多做善事或作「施棺」善舉，即捐助予無力殮葬的家庭，既可助人又可略為化解家中白事，一舉兩得。至於「天厄」則是出門後的小意外或小驚嚇，新一年凡事要格外謹慎，亦可購買旅遊保險以策萬全。

整體而言，辛丑年得貴人吉星助力可略為進取，惟「暴敗」星仍有輕微「吉中藏凶」之勢，加上牛年過後的虎年正值「沖太歲」，建議肖猴者於農曆十一月及十二月及早準備，迎接隨之而來的變化。

【財運】

由於辛丑年有「紫微」及「龍德」兩顆力量強大的吉星拱照，肖猴者財運將會有不俗發展，正財方面可望憑人脈帶動而有所進帳，投資方面亦能獲得利好消息，建議上半年不妨勇往直前，可獲得不俗回報。不過，牛年始終有「暴敗」凶星飛臨，此星有時好時壞之意，財運容易遇上突如其來的變化，尤其從商者要注意不同月份的業績上落較大，建議「好天收埋落雨柴」，於業績理想的月份作好儲備，以免到生意回落時入不敷支。

另外，牛年亦有「天喜」桃花星進駐，新一年花費於飲飲食食或應酬上的開支勢必會有所增加，加上此星有喜慶臨門或人口增長之意，單身者有機會閃婚、已有伴侶或已婚者則可望添丁，這種「破歡喜財」於辛丑年亦頗為合適。不過，由於牛年過後的虎年是「沖太歲」年份，肖猴者必須有心理準備財運的不穩定性會較高，建議趁收入理想時將部分資金留起備用，若有牽涉跨年的投資項目則要多加監察，並於最後一季轉為較保守的策略，避免高風險投機炒賣，以免踏入虎年轉盈為虧無辜破財。

【事業】

受惠於「紫微」及「龍德」兩顆吉星力量，肖猴者新一年事業運順遂，貴人助力十足，可望獲得上司或老闆提拔，於職場上大展拳腳。若有意轉換工作環境者，牛年亦可透過人脈介紹引薦而覓得理想工作，不妨積極把握。另外，人際關係理想的年份個人亦會較受歡迎，若肖猴者本身從事的工作以前線銷售為主，包括房地產、保險、銀行等，新一年可望獲得新舊客戶支持，業績亦有所提升，屬機遇處處的一年。

除了貴人吉星，牛年亦有「天喜」桃花星駕臨，肖猴者的凝聚力有所強化，與同事之間的關係亦有進步，相處頗為順心，口舌是非明顯減少，可望發揮團隊精神而有利事業發展。不過，由於始終有「暴敗」凶星入主，要有心理準備於不同月份的業績上落較大，建議要積穀防饑，於收入理想的月份作好儲備。

另外，由於牛年過後的虎年屬相沖年份，肖猴者於下半年的機遇變化較多，若踏入第三季萌生轉工跳槽念頭，不妨把握當前好運多作計劃部署，運旺時勇往直前、運弱時則稍為保守，待第四季及虎年正式來臨時則轉攻為守。

【感情】

踏入辛丑年，肖猴者將會喜迎桃花開遍地的一年，個人魅力大為上升。牛年有代表喜事重重的「天喜」桃花星駕臨，有機會一見鍾情而閃婚甚至懷孕，若已作好雙喜臨門準備不妨積極把握。加上有「紫微」及「龍德」兩顆貴人吉星力量眷顧，單身一族亦有望透過得高望重的長輩介紹而物色到理想對象，故不妨多出席婚宴、壽宴或彌月等喜宴場合，更容易遇上合眼緣伴侶。

由於新一年容易有喜，打算添丁者固然可落實執行；惟未有計劃開枝散葉者就要謹慎提防，以免意外有喜而自亂陣腳。既然辛丑年桃花處處，定必能透過聚會應酬而擴闊社交圈子，建議肖猴者毋須急於落實感情，有目標後不妨多加溝通了解再開展，關係將更能持久。

至於已有穩定伴侶或已婚者再遇上「天喜」星就要小心，容易因為桃花過旺而捲入三角關係，尤其牛年過後的虎年屬相沖年份，感情運會更受衝擊，建議肖猴者不宜對人過分熱情，需要安分守己、堅決對抗外來誘惑，以免惹誤會而跌入錯綜複雜的感情關係，破壞與伴侶關係令自己徒添煩惱。

【健康】

肖猴者新一年運勢上揚，原則上做事順心、精神壓力亦較小；加上有喜事臨門的機會較大，個人心情開朗，身體健康亦無大礙。不過，由於有代表喜慶事的「天喜」吉星飛臨，新一年難免會有較多飲飲食食及應酬機會，需要留心有體重上升情況，亦要提防因為聚會太多而疲於奔命，建議肖猴者要多作健康管理，做適量運動及調整作息時間，以免因為休息不足而引發都市病。

另外，辛丑年亦有「亡神」入主，此星代表家中恐有白事，新一年需要多花時間關心家中長輩健康，遇有不適應立即陪同就醫，亦可多作贈醫施藥善舉，或考慮以「施棺」方式捐助因為經濟欠佳而無力殮葬的家庭，既可行善積德、又可輕微化解厄運，一舉兩得。

至於牛年過後的虎年將會是肖猴者的「沖太歲」年份，健康運最易受到衝擊，尤其容易有虛驚一場情況；加上部分人會提早入運、於冬至前已出現變化，建議肖猴者於農曆十一月及十二月作好準備，進行詳細的身體檢查，並於虎年之始捐血或洗牙，立春後做好拜太歲工夫，作好準備迎接較為動盪的運勢。

不同年份生肖運程

◎一九三二年：壬申年（虛齡九十歲）

壬申年的長者來到辛丑年貴人運不俗，朋輩之間將有不少聚會應酬，整體屬開心愉快的年份。新一年亦有輕微偏財運，若鍾情麻雀耍樂或賽馬者不妨小賭怡情，只要不太貪心可望有收穫。健康方面則要提防有輕微打針、食藥運，尤其容易有氣管敏感毛病，外出時需多留意空氣質素，亦可多作針灸保健，主動提升健康運勢。

◎一九四四年：甲申年（虛齡七十八歲）

擺脱了鼠年的「甲庚沖」，新一年人際關係較為順遂，是非口舌較少；惟個人容易擔心焦慮，建議多接觸大自然或寄情於花鳥蟲魚，學習放輕腳步。惟新一年有機會惹上官非，簽署文件、合約前需要特別留心，遇有疑問應向專業人士請教，以免誤墮法網。健康方面則受「金木相剋」影響容易受傷，尤其是受金屬所傷，要留心廚房及浴室等家居陷阱，不宜觸動五黃災星及二星病星飛臨位置，以免拖垮健康運。

◎一九五六年：丙申年（虛齡六十六歲）

受「丙辛合」影響，丙申年出生者運勢一般，家宅上容易受噪音或漏水等瑣瑣碎碎問題困擾，需要多加耐性處理。健康方面喉嚨及呼吸系統較弱，若本身容易氣管敏感者更要加倍提防，容易有久咳或鼻敏感不癒情況，建議可為家居作小量裝修、維修，亦可考慮更換家具或髹油助旺健康運。

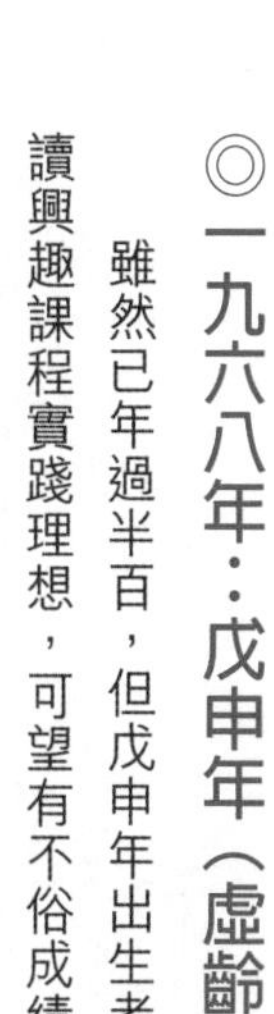

◎一九六八年：戊申年（虛齡五十四歲）

雖然已年過半百，但戊申年出生者新一年學習運順遂，仍有衝勁接觸不同範疇的新事物，建議可報讀興趣課程實踐理想，可望有不俗成績。惟由於交際應酬頻繁，要注意容易因為飲食過量而體重上升，需要多作健康管理，以免引發都市病。牛年亦會有人提出投資或合作請求，惟往後的虎年屬「沖太歲」年份，謹記於下半年起不宜作大額投資，凡事需要謹慎保守，以策萬全。

◎一九八〇年：庚申年（虛齡四十二歲）

傳統上四十一至四十三歲這階段稱為「厄年」，需要面對的變化困難較多；加上面相上行至「鼻樑運」，亞洲人的鼻樑普遍較為扁平，故需要有心理準備運勢會較為反覆，雖然未算是一面倒，但凡事也要加倍謹慎，尤其投資方面必須穩守，並多花時間管理健康，以免有小手術或開刀破相機會。可幸是新一年貴人運順遂，打工一族能獲得上司或老闆提攜，事業發展理想，連帶財運也會有所進帳。

◎一九九二年：壬申年（虛齡三十歲）

事業上出現新方向，工作表現可獲上司認同，付出的努力亦有成果，屬穩步向前的一年。若打工一族有意開展生意，投資金額不大亦不妨一試。家宅方面則容易有喜，有添丁打算者可落實執行，有望夢想成真。其實壬申年出生者於辛丑年運勢頗為暢旺，不妨稍為進取落實目標，惟到第四季則要較為保守，迎接變化多端的「沖太歲」年份來臨。

◎二〇〇四年：甲申年（虛齡十八歲）

受「金木相剋」影響，新一年將有較多受傷機會，尤其容易受金屬所傷，建議甲申年出生者避免參加攀山、爬石、滑水及跳傘等高危戶外活動，即使日常跑步或進行球類活動時也要做足安全措施，減低受傷風險。可幸新一年學習運理想，若有進修或到海外升學打算不妨付諸實行，只要稍為提高專注力則可有大進步。

◎二〇一六年：丙申年（虛齡六歲）

健康運平平，有較多傷風、感冒、喉嚨氣管及呼吸系統毛病，不妨多做運動強化肺部，建立健康的生活模式。新一年亦要注意牀頭位置不宜坐落於流年病星飛臨位置，以免進一步拖垮健康。可幸是丙申年出生的小朋友聰明乖巧，能得長輩及師長疼錫，學習運亦有進步，屬可突破的年份。

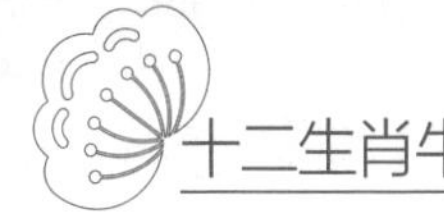

流月運勢

農曆正月（西曆二〇二一年二月三日至三月四日）

踏入正月家宅運勢一般，容易受漏水或噪音等家居問題困擾，與家人亦會有較多爭拗，建議互相包容忍讓，凡事以和為貴。一九八〇年出生者跌入劫財運勢，不宜輕舉妄動投資投機。二〇〇四年出生者與朋友出現意見分歧，討論時需要多聆聽對方意見，不宜一意孤行。

農曆二月（西曆二〇二一年三月五日至四月三日）

「金木相剋」的月份容易受傷，尤其易受金屬所傷，駕駛人士需要打醒十二分精神，注意道路安全。可幸是事業發展頗為順遂，惟個人壓力亦較大，遇有疑難不妨虛心向前輩請教，可望有解決方案。一九五六年出生者喉嚨及氣管較弱，出入冷氣場所需要注意添衣保暖。一九九二年出生者較多個人焦慮，建議接觸大自然放鬆身心。

農曆三月（西曆二〇二一年四月四日至五月四日）

工作遇上波折，可幸當前困境只屬先難後易，不妨找肖鼠的朋友幫忙指導，問題有望迎刃而解。一九五六年出生者頭部容易受傷跌傷，不宜參與高危的戶外活動。一九九二年出生者有破財運，需要留心有財物遺失或被盜情況，尤其外遊時更要加倍謹慎。

農曆四月（西曆二〇二一年五月五日至六月四日）

宜多往外走動或出門旅遊的月份，惟外遊時要小心看管個人財物，以免無辜破財。本月亦要多花時間關心家中長輩健康，遇有不適應立即陪同就醫。一九六八年出生者睡眠質素欠佳，需要調節作息時間。一九九二年出生者財運一般，要謹慎策劃理財方向，以免有財來財去情況。

農曆五月（西曆二一年六月五日至七月六日）

工作上要面對陌生範疇，個人壓力頗大，容易產生焦慮情緒，其實客觀上個人能力足以應付，只要能把握眼前機遇，事業可有不俗發展，甚至有升遷機會。一九八〇年出生者雙手容易受傷，需留心廚房或浴室等家居陷阱；人際關係則進入倒退期，凡事需要以和為貴。二〇〇四年出生者有輕微打針、食藥運，不宜縱情玩樂，需要注意作息時間。

農曆六月（西曆二一年七月七日至八月六日）

貴人力量充足，工作頗順遂，不妨勇往直前；惟需注意健康運一般，尤其容易有腸胃毛病，飲食需要特別清淡。一九八〇年出生者有失眠問題，可做適量運動減壓。二〇〇四年出生者有朋友向你尋求協助，切記只能量力而為，以免強出頭而令自己陷入困境。

農曆七月（西曆二一年八月七日至九月六日）

本月傷風、感冒等健康毛病較多，建議做適量運動強身健體，並爭取休息時間，避免工作過勞。一九九二年出生者家宅運平平，面對較多瑣瑣碎碎的家庭問題，需要勞心勞力解決。二〇一六年出生的小朋友健康運疲弱，父母不宜安排太多課餘活動，遇有不適亦應立即陪同求醫。

農曆八月（西曆二一年九月七日至十月七日）

有新合作機會出現的月份，若牽涉的投資金額不大不妨一試，有望可以「刀仔鋸大樹」的方式賺取回報。一九五六年出生者跌入破財運，需要留心個人理財方向，以免入不敷支。一九九二年出生者較多個人焦慮，甚或影響睡眠質素，可多接觸大自然放鬆身心。

農曆九月（西曆二一年十月八日至十一月六日）

本月財運不俗，之前的投資項目可逐漸見回報，遇上的麻煩阻滯亦可有曙光，屬收成期的月份。一九六八年出生者有機會受家人或親友拖累，尤其借貸擔保只能量力而為，不宜強出頭。一九八〇年出生者個人情緒低落，不妨多找朋友聚會傾訴，解開心結。

農曆十月（西曆二一年十一月七日至十二月六日）

是非口舌頻繁，建議事不關己不宜表達意見，亦不宜作中間人為他人排難解紛，盡量「少說話、多做事」，以免好心做壞事而惹麻煩。一九六八年出生者容易破財，不宜進行高風險的投資投機。二〇〇四年出生者有機會意外受傷，尤其雙手及頭部首當其衝，出入必須特別提防。

農曆十一月（西曆二一年十二月七日至二二年一月四日）

本月進修運理想，加上個人學習態度積極，建議可報讀興趣班或短期課程，既可陶冶性情又可擴闊社交圈子，甚至有機會遇上桃花，單身一族不妨積極把握。一九八〇年出生者繼續跌入破財運，需要量入為出。二〇〇四年出生者關節容易受傷扭傷，不易進行勞損度高的戶外活動。

農曆十二月（西曆二二年一月五日至二月三日）

踏入牛年最後一個月份，肖猴者要有心理準備迎接「沖太歲」來臨。由於部分人會提早入運，建議本月可主動作身體檢查，亦可考慮裝修或維修家居，盡量多作計劃部署，凡事謹慎、三思而行則可平安。一九五六年出生者喉嚨及氣管較弱，生冷食物應少吃為妙。一九八〇年出生者墮入劫財運勢，不宜進行投機炒賣，以免損手離場。

事業起飛把握好運
應酬頻繁留意健康

（流年吉凶方位請參看376頁，更詳盡之開運攻略請參看36頁）

肖雞開運錦囊

★事業運強勁，尤其管理階層可望更上一層樓，宜積極爭取機會。

★提防遇上刀傷意外或水險，宜於立春後捐血及洗牙應驗運勢。

★出門宜預先購買旅遊保險，並佩戴黑曜石飾物以化解災劫。

★流年容易遇上無理取鬧的女性，需要加強耐性應對。

★應酬聚會增加，宜注意作息及飲食，並多做減壓運動。

肖雞者出生時間（以西曆計算）

二〇一七年二月三日二十三時三十五分 至 二〇一八年二月四日五時三十分

二〇〇五年二月四日一時四十四分 至 二〇〇六年二月四日七時二十八分

一九九三年二月四日三時三十八分 至 一九九四年二月四日九時三十三分

一九八一年二月四日五時五十六分 至 一九八二年二月四日十一時四十五分

一九六九年二月四日七時五十九分 至 一九七〇年二月四日十三時四十六分

一九五七年二月四日九時五十五分 至 一九五八年二月四日十五時五十分

一九四五年二月四日二十一時二十分 至 一九四六年二月四日十八時五分

一九三三年二月四日十四時十分 至 一九三四年二月四日二十時四分

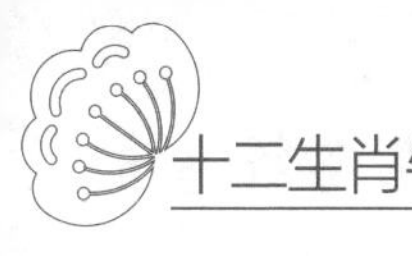

整體運程

由於肖雞與肖牛關係友好，原則上新一年的運勢會較為順遂；加上「巳酉丑」屬「三合生肖」，若牛年能與肖蛇者開展合作可望擦出火花，更可事半功倍。

除了與流年半合，牛年亦有一組吉星進駐，為肖雞者的事業發展帶來助力。「祿勳」是古時的朝廷俸祿，打工一族將會有不俗的升職加薪機會，尤其任職政府部門或大機構者最能受惠。「將星」代表領導才能，若肖雞者從事消防、海關或警隊等紀律部隊，牛年可望發揮個人魅力帶領下屬，於職場上大展拳腳。至於「天解」則有解決困難之意，此星並非完完全全的吉星，代表先有困難、而後能圓滿解決，過程並非一帆風順，故仍要打醒十二分精神。

凶星方面，辛丑年有「白虎」駕臨，代表無論工作或感情上也容易遇上無理取鬧、脾氣較為剛烈的女性，若肖雞者的直屬上司是女性，新一年需要有心理準備對方會有較高要求，可幸肖雞者本身的事業發展順遂，建議毋須動氣，視作事業上的鞭策即可。不過，從事前線銷售者面對客戶時就要留心，有機會遇上橫蠻無理、甚至諸多挑剔的女性顧客，需要以無比耐性應對。「浮沉」則有上落不定之意，反映在財運之上代表時好時壞，需要積穀防饑作好儲備。此星亦代表熱情冷卻，已有穩定伴侶或已婚者要多關心另一半，積極維繫感情。另外，「浮沉」凶星入主亦代表容易遇上水險，而「白虎」同樣有受傷之意，加上「飛簾」及「血刃」代表小意外、小驚嚇，牛年務必要多關注健康，不宜參與高危的水上活動，並注意道路安全，凡事謹慎為上。

整體而言，肖雞者擺脱了庚子年的輕微犯太歲，辛丑年屬重新開始的年份，加上受惠於一組拱照事業的吉星，打工一族將會較為有利，不妨主動爭取表現。從商者則未見有財星進駐，需要親力親為、三思而後行，只要能萬事小心，辛丑年則亦屬平穩有進步之年。

【財運】

由於與流年太歲半合，新一年將會有人提出生意合作請求，從商者亦會蠢蠢欲動開展新業務範疇，雖然牛年有貴人吉星力量，惟始終不是財星高照的年份，建議肖雞者只宜以「小試牛刀」的方式試行，不宜牽涉大額金錢，以免得不償失。

新一年飛臨的吉星助力主要反映在事業之上，從商者將較難受惠，可幸仍有「將星」發揮領導才能，只要能親力親為帶領下屬，業務仍可有所推進。而「天解」代表先有困難而最終能解決，工作上仍會遇上波折，簡單的事情亦會變得複雜，肖雞者難免有輕微「多勞少得」之感。至於「浮沉」則較為上落不定，不同月份的業績落差較大，建議積穀防饑，預備一筆現金流，以免業績回落時有經營困難情況。

既然有「浮沉」凶星，投資方面亦要份外謹慎，尤其投機短炒必須眼明手快，謹記「見好即收」的道理，以免「貪勝不知輸」而令錢財有所耗損。另外，牛年的凶星亦較為衝擊健康運，尤其容易遇上小意外，不妨主動花費於健康之上，預先購買意外保險及旅遊保險，以策萬全。

【事業】

喜獲一組吉星拱照，肖雞者的事業發展將會是十二生肖當中名列前茅的一員。既有代表朝廷俸祿的「祿勳」飛臨，打工一族毋須刻意轉工，只需留守原有崗位亦會有升職加薪機會，尤其任職政府部門或大機構者最能受惠。既然有好運加持，建議肖雞者應主動把握，積極爭取表現。至於「將星」則是統領萬人、調兵遣將的將軍，反映在事業之上代表領導才能得以發揮，若肖雞者從事的工作以武職為主，如消防、海關或警隊等，將可憑個人之力帶領團隊向前，於職場上大展拳腳。

雖然牛年吉星力量充足，惟仍要留心同事之間的是非口舌及人事糾紛，尤其有「白虎」進駐，需要提防遇上脾氣暴躁的女性上司或女同事，建議心平氣和，以情商及耐性應對。至於從事地產、美容化妝或時裝等前線銷售則較為不利，皆因有「白虎」凶星容易遇上橫蠻無理的女性顧客，「浮沉」又令業績上落較大，加上「天解」代表有困難需要解決，工作難免會較為勞心勞力，建議盡量「少說話、多做事」付出雙倍努力，保持圓融的人際關係，則事業發展較有裨益。

【感情】

擺脫了鼠年「破太歲」衝擊，牛年的人際關係相對較為順遂，而且與太歲半合的年份容易有桃花出現，惟這類桃花較為不實在，即使有較多聚會應酬、能擴闊社交圈子，但始終不是桃花開遍地的年份。加上受「浮沉」凶星影響，二人關係難免猶豫不定，尤其剛開展戀情者關係較為短暫及似是而非，建議肖雞者需要多溝通了解，不宜太早投入感情，以免被情所傷。

由於牛年有「白虎」進駐，男士結識的女性大多屬於性格剛烈的一群，若鍾情個性較強的女生不妨一試，惟鍾情小鳥依人者則未必合適。至於女生能物色心儀對象的機會稍遜，即使遇上亦多屬曇花一現的虛幻桃花，不宜急進開展關係。

至於已有穩定伴侶或已婚者關係亦受衝擊，尤其「浮沉」代表熱情冷卻、時好時壞，容易因為瑣事而起爭拗，肖雞者需要多花時間維繫感情，不妨與另一半建立共同嗜好或多結伴出席朋友聚會，亦可考慮出門旅遊或舊地重遊，重拾昔日的溫馨甜蜜片段。可幸是與太歲半合的年份容易有喜事臨門，若有打算添丁者不妨落實執行，將可願望成真。

【健康】

受「白虎」、「飛簾」及「血刃」一組較為不利健康的凶星影響，肖雞者新一年容易有刀傷或破相機會，若從事的工作需要接觸金屬者要特別提防，外遊時亦要注意人身安全，駕駛人士則要打醒十二分精神，提防道路上的輕微碰撞。加上牛年有代表水險的「浮沉」凶星，熱愛水上活動者要格外留心，避免參與潛水、滑浪、水上電單車等高危活動，即使堅持參與也務必要與專業人士結伴同行，出發前多留意天氣狀況，凡事加倍謹慎。既然健康運較受衝擊，建議肖雞者於牛年立春過後捐血及洗牙，主動應驗輕微血光之災，亦可於出門前購買意外及旅遊保險，以策萬全。

另外，「酉丑合」代表飲食聚會及應酬頻繁，需要留心有體重上升或休息不足情況，凡事要適可而止，並做好健康管理，以免引發都市病拖垮健康。由於牛年屬事業衝刺的年份，加上「天解」代表有困難需要解決，肖雞者難免會有較大的精神壓力，甚或會引發失眠問題，建議需要自我調節，亦可多接觸大自然或做適量運動減壓，保持正能量則可平安大吉。

不同年份生肖運程

◎一九三三年：癸酉年（虛齡八十九歲）

癸酉年出生的長者新一年運勢不俗，能與志同道合的朋友聚會暢談、發展共同興趣，彼此相處融洽；加上貴人力量充足，與友人小賭怡情合作投資有望獲得幸運之財，整體屬開心愉快的年份。惟健康運一般，尤其腸胃及消化系統較弱，容易有腸胃炎毛病，建議飲食盡量清淡，利口不利身的食物少吃為妙。

◎一九四五年：乙酉年（虛齡七十七歲）

受「乙辛沖」影響，乙酉年出生的長者新一年個人脾氣較為暴躁，容易因為瑣事而與身邊人起爭拗，尤其與晚輩相處時要心平氣和，不宜給予太多意見或壓力。健康方面則要留心容易受傷，尤其「金木相剋」代表頭部及雙手，需要多注意廚房及浴室等家居陷阱，亦可為家居作小量裝修、維修，有助平穩運勢。

◎一九五七年：丁酉年（虛齡六十五歲）

運勢暢旺的年份，能有不少聚會應酬、交朋結友的機會，惟因活動頻繁、開銷亦較多，容易跌入破財運勢，需要謹慎理財，不宜作任何投資投機，尤其不能作任何高風險的短炒，建議將現金化作實物較能保值。金過旺的年份亦要留心喉嚨、氣管、心臟及血壓方面的毛病，可主動作身體檢查保平安。

◎一九六九年：己酉年（虛齡五十三歲）

創意澎湃的年份，若本身從事創作者新一年將會靈感不絕，工作上可望有所發揮；加上有較多聚會應酬、結識新朋友的機會，不妨把握良好的人際網絡，對事業發展有所推進。惟由於活動頻繁，需要注意作息時間，亦要留心脾胃及消化系統毛病，不宜進食太多生冷及肥膩食物，女性則要留心婦科病，遇有不適應及早求醫。財運方面容易有耗損，投資只宜以三至五年的中長線為主，不宜與人合作，亦切忌為他人作借貸擔保，以免跌入破財運勢。

◎一九八一年：辛酉年（虛齡四十一歲）

傳統上虛歲四十一至四十三為「厄年」，需要面對較多瑣碎問題，從商者要格外穩守，打算開展生意者亦要三思而後行。感情上同樣會遇上挫折，已婚者要多加忍讓，不宜對人過分熱情，以免出現「牆外桃花」而令自己陷入困境。健康方面則受「懸針煞」影響，有較多打針、食藥機會，不妨多作針灸保健主動應驗運勢。

◎一九九三年：癸酉年（虛齡二十九歲）

魅力四射、桃花暢旺的年份，有不少結識新朋友的機會，可望於聚會應酬當中遇上合眼緣對象，能開展感情的機會較高，單身一族不妨積極把握。事業發展頗為順遂，加上貴人運強勁，尤其女性長輩有特別助力，有意轉工或實踐新意念者不妨放膽一試，可望有不俗成果。惟個人思慮太多、容易杞人憂天為自己增添壓力，建議多接觸大自然或多出門旅遊，放鬆身心。

◎二〇〇五年：乙酉年（虛齡十七歲）

年柱相沖較為衝擊家宅運，乙酉年出生者新一年與家人爭拗頻繁，建議要多加忍讓、多聆聽長輩意見，切勿一意孤行。與同輩之間的關係亦較為緊張，相處時要互相尊重。健康方面受「金木相剋」影響，容易受傷跌傷，尤其頭部、雙手及關節首當其衝，建議減少進行勞損性高的活動，並留意家中五黃（東南）及二黑（正北）兩個病星位置，不宜觸動。

◎二〇一七年：丁酉年（虛齡五歲）

丁酉年出生的小朋友新一年頭腦靈活、學習運有進步，可接觸不同範疇的新事物，亦可得長輩疼錫，屬平穩向上的年份。惟健康運平平，容易有眼睛毛病，需要多注意個人衛生；脾胃及消化系統亦較弱，生冷食物可免則免，外遊時亦要留心有水土不服情況，建議帶備藥物保平安。

流月運勢

農曆正月（西曆二一年二月三日至三月四日）

踏入正月有機會受傷跌傷，尤其頭部及手腳首當其衝，熱愛運動或工作需要接觸金屬者要特別提防，駕駛者亦要時刻注意道路安全，以免發生碰撞。一九四五年出生的長者容易精神緊張、神經衰弱，甚或會引發失眠，建議多做太極或打坐等運動減壓，放鬆身心。一九八一年出生者容易破財，不宜為他人作借貸擔保，以免有「一去不回頭」情況。

農曆二月（西曆二一年三月五日至四月三日）

感情遇上波折，容易因為瑣事而與另一半起爭拗，建議多花時間關心身邊人，相處時需要包容忍讓。與同輩關係亦較為緊張，討論時不宜堅持己見，需要互相尊重。一九八一年出生者有輕微打針、食藥運，不宜工作過勞，應多爭取作息時間。二〇〇五年出生者與家人有爭拗，不妨多聆聽長輩意見，切勿一意孤行。健康方面手部容易受傷，戶外活動時要特別小心。

農曆三月（西曆二一年四月四日至五月四日）

工作遇上波折，令個人情緒較為負面，可幸眼前困境只屬短暫性質，只要多花時間、耐性即可解決，亦可尋求朋友協助，問題有望迎刃而解。一九五七年出生者家宅運一般，容易有精神緊張及失眠問題，需要多關注健康。一九九三年出生者跌入劫財運勢，不宜作任何投資投機。

農曆四月（西曆二一年五月五日至六月四日）

本月將有新的合作機會出現，若不牽涉大額投資或只需付出勞力不防一試，有望「以小博大」取得回報。一九六九年出生者財運順遂，不妨稍為進取，把握眼前優勢。二〇一七年出生的小朋友眼睛容易敏感發炎，家長們要多注意家居衛生。

農曆五月（西曆二一年六月五日至七月六日）

「一得一失」的月份，財運、事業皆有進步，惟人際關係則進入倒退期，尤其與舊朋友相處時容易有「言者無心，聽者有意」情況，建議謹言慎行，以免惹誤會。一九六九年出生者頭部及雙手容易受傷，需留心廚房及浴室等家居陷阱。二〇〇五年出生者應酬聚會頻繁，容易入不敷支，建議謹慎理財，量入為出。

農曆六月（西曆二一年七月七日至八月六日）

運勢轉趨順遂，無論事業及財運均可得貴人之助力，不妨積極把握，於職場上努力爭取表現。一九八一年出生者家宅運平平，與身邊人有較多爭拗，亦要多關心長輩健康，遇有不適應立即陪同就醫。二〇〇五年出生者雙腳容易擦損扭傷，進行球類活動時要特別小心。

農曆七月（西曆二一年八月七日至九月六日）

雄心壯志、士氣高昂的月份，惟仍有輕微吉中藏凶情況，建議肖雞者不宜被眼前好運蒙蔽，凡事要加倍謹慎，尤其簽署文件、合約前要釐清條文細節，遇有疑問可向專業人士查詢，以免惹上官非。一九八一年出生者喉嚨、氣管及呼吸系統較弱，生冷食物應少吃為免妙。一九九三年出生者財運順遂，投資方面只要不太貪心可有收穫。

農曆八月（西曆二一年九月七日至十月七日）

健康運一般，尤其腸胃及消化系統較弱，飲食要有節制，不宜加重腸胃負荷。本月個人情緒低落，不妨多找朋友傾訴，亦可考慮短線旅遊放鬆身心，惟出門後要注意飲食，以免有水土不服情況。一九六九年出生者焦慮較多、容易胡思亂想，可多接觸大自然放鬆身心。二〇一七年出生的小朋友有較多傷風、感冒等瑣碎毛病，父母不宜安排太多活動，需要爭取作息時間。

農曆九月（西曆二一年十月八日至十一月六日）

本月工作運不俗，之前付出的努力可見成果；惟健康運平平，家宅中亦會有漏水、噪音等瑣事需要處理，令肖雞者較為煩心。若時間許可不妨多出外走動，以「動中生財」的方式帶旺運勢。一九六九年出生者財運容易有耗損，不宜參與任何投機炒賣活動。一九九三年出生者睡眠質素欠佳，可多接觸大自然減壓。

農曆十月（西曆二一年十一月七日至十二月六日）

運勢持續向好，之前面對的困難阻滯可望逐步解決；加上貴人運順遂，有望憑人脈而獲得特別助力，投資方面將可有得着，惟需要謹記「見好即收」，不宜過分進取。一九六九年出生者雙腳容易受傷，駕駛人士需要注意道路安全，慎防輕微碰撞。一九九三年出生者容易惹上官非，簽署文件、合約前要清楚條文細節，遇有疑問可請教專業人士。

農曆十一月（西曆二一年十二月七日至二二年一月四日）

工作遇上波折，可幸只屬先難後易，最終亦能成功，只是需要花較多心力面對。本月將會有家人親友向你提出財務請求，建議只能量力而為，以免令自己陷入財困。一九四五年出生的長者睡眠質素欠佳，不妨相約朋友聚會品茗，傾訴解開心結。一九八一年出生者跌入破財運勢，不宜投資投機。

農曆十二月（西曆二二年一月五日至二月三日）

本月貴人運暢旺，尤其從事前線銷售者人際網絡順遂，若想達成目標不妨向長輩尋求協助，可望獲得助力而成功，令事業更上一層樓。一九八一年出生者健康較弱，有較多傷風、感冒等瑣碎毛病，喉嚨亦容易敏感不適，出入冷氣場所要注意添衣保暖。二〇〇五年出生者與家人爭拗頻繁，討論時不宜過分固執，凡事以和為貴。

狗

太歲相刑輕微阻滯
吉星助力逢凶化吉

肖狗者出生時間（以西曆計算）

二〇一八年二月四日五時三十分 至 二〇一九年二月四日十一時十六分

二〇〇六年二月四日七時二十八分 至 二〇〇七年二月四日十三時十九分

一九九四年二月四日九時三十三分 至 一九九五年二月四日十五時十四分

一九八二年二月四日十一時四十五分 至 一九八三年二月四日十七時四十一分

一九七〇年二月四日十三時四十六分 至 一九七一年二月四日十九時二十六分

一九五八年二月四日十五時五十分 至 一九五九年二月四日二十一時四十三分

一九四六年二月四日十八時五分 至 一九四七年二月四日二十三時五十一分

一九三四年二月四日二十時四分 至 一九三五年二月五日一時四十九分

肖狗開運錦囊

★貴人助力充足，遇有問題多向身邊人求助，可望迎刃而解。

★偏財運不俗，容易因靈感或人脈關係而有幸運之財，不妨小額一試。

★刑太歲之年不宜將目標訂得太高，佩戴兔形飾物可穩定運勢。

★是非口舌較多，宜加以化解家中「三碧是非星」流年飛臨之位置。

★不宜探病問喪，多出席婚宴、壽宴或彌月等喜慶場合有助沾染旺氣。

（流年吉凶方位請參看376頁，更詳盡之開運攻略請參看37頁）

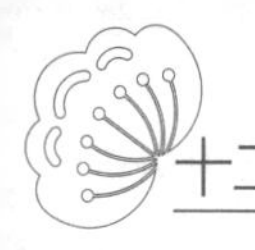

整體運程

由於肖狗與肖牛關係不算友好，肖狗者新一年將會進入「刑太歲」年份，雖然其衝擊力不及「本命年」及「沖太歲」強勁，但工作上難免會出現輕微阻滯，亦會有較多瑣瑣碎碎的健康毛病，需要格外留意。

受「丑戌刑」影響，肖狗者的個人脾氣較為暴躁，想法亦偏向負面；加上年柱刑剋容易衝擊家宅，有機會受噪音、漏水或地盤動土等問題困擾，亦要多花時間關心長輩健康。若牛年能有結婚、添丁或置業等傳統喜事沖喜則較為理想，否則可為家居作小型裝修、維修，並多參加婚宴、壽宴或彌月等喜慶場合沾染旺氣，盡量避免探病問喪，以免令自己心情更低落。

雖然與太歲有所刑剋，可幸仍有一組吉星拱照，令肖狗者能逢凶化吉、遇難呈祥。「天德」代表上天之德，屬力量強大的貴人星，可望為事業發展帶來一定助力。而「福星」及「八座」則有慈祥和悅、心情愉快之意，稍為緩和「刑太歲」的影響力，反映在財運之上則有望可獲得輕微的幸運之財，不妨積極把握。

不過，「刑太歲」本來已較為衝擊健康，再加上有代表開刀破相的「羊刃」、影響喉嚨及呼吸系統及有糾纏不清之意的「絞煞」凶星，肖狗者新一年要多注意健康，並提防意外受傷。至於「捲舌」即是非口舌，牛年的人事較為複雜，從商者要提防與合作伙伴有反目情況，打工一族亦要留心與同事之間的關係。「寡宿」則感覺較為孤單，尤其「男忌孤辰，女忌寡宿」，牛年容易與伴侶聚少離多，有此星飛臨亦要多關心另一半健康。另外，「板鞍」及「三刑」力量雖然較輕微，但做事仍有阻礙，建議肖狗者調整心態，樂觀面對。

總而言之，新一年吉星力量充足，運勢原則上仍屬向好，只是過程並非一帆風順，需要有心理準備屬先難後易的年份，建議肖狗者學習放慢腳步、毋須過分拚搏，隨遇而安反而更能見成果。

【財運】

雖然與流年太歲有所刑剋，但亦有吉星拱照，故新一年肖狗者的財運尚算平穩。「天德」即上天之德，亦是強而有力的貴人星，「福星」則代表幸運之財，新一年的投資運頗為理想，肖狗者未必須經過精密分析，有望可憑貴人提供的資訊或個人靈感而獲利。惟牛年始終屬「犯太歲」年份，做事仍有輕微波折，加上未有大財星進駐，投資方向仍要謹慎保守，不宜大興土木或牽涉大手金錢，建議採取「以小博大」的策略賺取回報。

由於「刑太歲」年份做事容易一波三折，從商者洽談生意時有機會臨門一腳出現變數，相反看似機會渺茫最後又能成功，故不宜將目標訂得太高，隨遇而安將更為順心。另外，新一年亦要留意容易與生意伙伴有不和或反目情況，亦要提防遭同行惡意中傷而影響業績。

而「丑戌刑」同時亦較衝擊家宅，牛年容易受漏水或噪音等問題困擾；加上「羊刃」代表開刀破相、「寡宿」則較為不利伴侶健康，建議肖狗者為家居作小量裝修、維修或更換沙發、牀褥等家具，主動花費於家宅及健康之上，有助提升運勢。

【事業】

辛丑年既屬「刑太歲」年份，但又有「天德」、「八座」及「福星」等一組逢凶化吉、遇難呈祥的吉星飛臨，肖狗者事業發展將會分為兩個層面，與直屬上司或老闆關係友好，可望獲得助力而有輕微提拔升遷機會。雖然未必是大幅度的薪酬調整，但整體仍屬進步運。惟與同事或下屬之間的關係則較為緊張，再加上「捲舌」凶星，需要提防口舌是非及有明爭暗鬥情況，所謂「明槍易擋、暗箭難防」，建議肖狗者於職場上盡量「少說話、多做事」，不宜過分高調，以免遭受攻擊，從事前線銷售者亦要慎言，提防言語上的無心之失開罪客人而影響業績。

「刑太歲」年份工作難免會有較多波折阻滯，可幸仍有貴人力量扶持，建議肖狗者不宜作出重大變動；若堅持轉換環境，可借助貴人力量作調職、轉換崗位或職銜等，不宜貿然轉工跳槽。既然辛丑年的事業並非能突飛猛進的年份，肖狗者可調節個人步伐，靜待好運來臨時再衝刺更為合適，故不妨多出門旅遊放鬆身心，亦可報讀與工作相關的在職培訓課程自我增值，為日後的事業發展鋪路。

【感情】

新一年吉星力量充足，尤其有代表慈祥和悅、心情愉快的「福星」進駐，無論是戀愛中的情侶抑或已婚者與另一半均可相處融洽，不妨與伴侶多出門旅遊或舊地重遊，令感情繼續昇華。不過，牛年亦有「寡宿」凶星入主，已婚者需要多花時間關心身邊人健康，遇有不適應立即陪同就醫。

雖然關係甜蜜，但「刑太歲」年份個人情緒較為負面，肖狗者容易因為瑣事而對伴侶有微言，建議應坦誠相向，以免日積月累產生心結。另外，牛年亦容易因為其他人的意見而令關係有所動搖，尤其容易受家人、朋友的流言蜚語而影響雙方觀感，建議剛開展戀情者不宜太早融入對方圈子，盡量多溝通了解，低調享受二人世界關係將更能甜蜜持久。

至於單身一族桃花則未見有起色，若單身已久、渴望一嘗戀愛甜蜜者，唯有靠長輩貴人力量作介紹引薦，看能否結識合眼緣對象。惟牛年始終屬於「刑太歲」年份，感情上亦有較多困難阻滯，加上未有大桃花星進駐，即使有目標出現亦需要先作觀察，不宜急進發展，以免有快來快去情況。

【健康】

受「丑戌刑」影響，肖狗者新一年容易情緒低落、思想亦較為負面，加上職場上的人事紛擾頻繁，容易給予自己太大壓力，甚至有胡思亂想或杞人憂天情況。既然情緒較受困擾，建議肖狗者需要調整心態、學懂分配時間，於工作及生活之間取得平衡；亦可多出席婚宴、壽宴、彌月或入伙酒等喜慶場合沾染旺氣，多接觸大自然或出門旅遊放鬆心情，盡量不宜探病問喪，以正能量修補悲觀情緒。

另外，有「羊刃」凶星入主代表有輕微開刀、破相機會，若工作需要接觸金屬者要特別提防，駕駛者亦要打醒十二分精神，時刻注意道路安全。若要提升健康運，可於牛年立春過後捐血及洗牙，化解輕微血光之災。至於「寡宿」則較為衝擊伴侶健康，肖狗者需要多花時間關心對方，遇有不適應立即陪同就醫。

其實「刑太歲」年份健康並無大礙，但難免會有較多瑣瑣碎碎毛病，尤其要留心皮膚、神經系統或腸胃等問題，切勿「諱疾忌醫」而令小病變大病。整體而言，新一年只要凡事以樂觀態度面對，則對運勢將可有正面影響。

不同年份生肖運程

◎一九三四年：甲戌年（虛齡八十八歲）

受「懸針煞」影響，甲戌年出生的長者將有輕微打針、食藥運，容易患上傷風、感冒等瑣碎毛病，建議外出前要多留心天氣變化，注意添衣保暖；遇有不適亦應立即求醫，以免小病變大病。至於「金木相剋」的年份亦要提防關節容易扭傷跌傷，上落交通工具要特別小心，亦要注意浴室及廚房等家居陷阱。

◎一九四六年：丙戌年（虛齡七十六歲）

「丙辛合」即年柱相合，丙戌年出生的長者需要注意喉嚨、氣管及呼吸系統毛病，容易有鼻敏感或久咳不癒情況，建議多注意肺部健康，尤其有吸煙習慣者應及早戒掉，並多留心空氣質素，減少致敏機會。可幸是新一年人際關係順遂，能與志同道合的朋友有不少聚會應酬，整體仍屬心情愉快的年份。

◎一九五八年：戊戌年（虛齡六十四歲）

新一年人際關係平平，尤其工作上會有較多是非口舌，與同事爭拗頻繁，建議戊戌年出生者不宜作中間人為他人排難解紛，以免「好心做壞事」而遭人埋怨。既然個人情緒較為負面，不妨放慢腳步多接觸大自然，以正能量紓緩繃緊心情。健康方面由於個人五行土重而流年又再行土運，需要留心腸胃及消化系統較弱，飲食宜盡量清淡。財運則尚算平穩，可作小量投資。

◎一九七〇年：庚戌年（虛齡五十二歲）

財運疲弱的年份，投資方向要格外謹慎保守，不宜牽涉大額金錢。新一年亦有機會因為家人朋友提出借貸請求而破財，建議只能量力而為，以免被拖累而令自己陷入財困。其實牛年的財運將以正財為主，建議庚戌年出生者安守本分，加倍努力守住熟悉的工作範圍為佳。另外，由於五十一及五十二歲屬「轉角運」，難免會經歷較多變化，尤其健康方面要多加留心腸胃毛病，若鼠年曾進行身體檢查較為理想，否則就要多花時間管理健康。

◎一九八二年：壬戌年（虛齡四十歲）

踏入虛齡四十歲即所謂「厄年」，面相上正值行「鼻樑運」，運勢難免起伏較大，凡事需要格外謹慎保守，不宜作大手投資。若新一年能有添丁、置業等喜事沖喜將較為理想，否則就要多留心膀胱、腎臟、皮膚敏感、牙痛或神經系統毛病，遇有不適應及早求醫，切忌「諱疾忌醫」。可幸是貴人運尚算順遂，事業發展亦是眾多肖狗者當中最稱心如意的一員，惟因為權責有所提升，個人壓力亦較大，建議要學懂自我調節，於工作與生活當中找平衡。

◎一九九四年：甲戌年（虛齡二十八歲）

運勢平穩有進步，尤其有利讀書進修，建議甲戌年出生者把握時機，即使已投身社會亦可報讀與工作相關的課程增值，為未來事業鋪路。工作上將有機會接觸新範圍，面對難題不妨虛心向前輩請教，可望憑前人經驗而解決問題。另外，新一年簽署文件、合約前要留意條款細節，以免惹上官非。財運方面只屬不過不失，不宜大手投資。

◎二〇〇六年：丙戌年（虛齡十六歲）

受年柱相合影響，丙戌年出生的年輕人與家人關係緊張，總覺得對方不夠了解自己，建議多加溝通、坦誠説出想法，長輩所累積的經驗不無道理，不妨多聆聽意見，毋須過分偏執。「丙辛合」的年份亦要注意喉嚨、氣管及呼吸系統較弱，尤其容易有氣管敏感或咳嗽毛病，可多做運動強身健體。牛年亦要留心因為朋友聚會應酬較多，容易令學業分心，建議提升專注力，分配好學習與玩樂時間。

◎二〇一八年：戊戌年（虛齡四歲）

學習運有進步，可得老師及長輩疼錫；惟健康運一般，尤其要留心容易有皮膚敏感問題，建議家長們將牀單、被鋪或毛巾等貼身用品改為有機物料，減少致敏機會。新一年亦有較多受傷跌傷機會，戶外活動時要加倍小心，亦要留意廚房或浴室等家居陷阱。

流月運勢

農曆正月（西曆二一年二月三日至三月四日）

本月工作力不從心，感覺較為艱辛，面對壓力或遇上疑難不妨虛心向前輩請教，有望憑人脈而解決問題。一九七〇年出生者跌入劫財運勢，不宜投資投機。一九九四年出生者雙手容易受傷，尤其進行球類活動時要特別小心。

農曆二月（西曆二一年三月五日至四月三日）

運勢吉中藏凶的月份，做事一波三折，雖然有新開始但實行時會遇上變化，需要以時間、耐性解決。一九四六年出生的長者健康運平平，出入冷氣場所要注意添衣保暖。一九八二年出生者個人焦慮較多，容易胡思亂想，建議找朋友傾訴解開心結。

農曆三月（西曆二一年四月四日至五月四日）

家宅運較為動盪，容易受噪音、漏水或裝修動土等問題滋擾，需要多加忍耐。本月若時間許可不妨出門外遊放鬆心情，有助帶動運勢。一九五八年出生者財運尚算順遂，投資方面可以稍為進取。二〇〇六年出生者與家人關係緊張，容易因為瑣事而起爭拗，建議多加包容忍讓，凡事以和為貴。

農曆四月（西曆二一年五月五日至六月四日）

事業上可獲得特別助力，之前面對的困難阻滯可望逐一解決，屬穩步上揚的月份，不妨積極把握表現自己的機會。一九五八年出生者容易精神緊張，甚至會影響睡眠質素，不妨多接觸大自然，或做適量瑜伽、太極、打坐等運動減壓。一九八二年出生者有破財機會，外出時需要留心有財物遺失或被盜情況。

農曆五月（西曆二一年六月五日至七月六日）

工作運不俗，惟健康方面則容易有較多傷風、感冒等瑣碎毛病，切記「病向淺中醫」，遇有不適應立即求醫。一九七〇年出生者與家人爭拗頻繁，不宜過分堅持己見；雙手亦容易受傷扭傷，需要留心家居陷阱。一九九四年出生者有輕微打針、食藥運，不宜工作過勞，宜多爭取休息時間。

農曆六月（西曆二一年七月七日至八月六日）

本月個人情緒低落、思想亦較為負面，容易因為鑽牛角尖而有壓力；可幸實際運勢並不算差，尤其事業及財運頗為順遂，不妨多出門走動或多接觸大自然，以正能量修補悲觀情緒。一九七〇年出生者思慮較多，容易引發失眠問題，建議毋須杞人憂天，放鬆身心即可。一九八二年出生者是非口舌頻繁，待人處事要盡量低調，鋒芒太露則容易遭受攻勢。

農曆七月（西曆二一年八月七日至九月六日）

學習運強勁，尤其從事創作者最為有利，可望靈感不絕；打工一族亦可報讀興趣課程，發展個人嗜好，屬心情愉快的月份。一九八二年出生者繼續受是非口舌困擾，建議「少說話、多做事」，不宜多管閒事。二〇〇六年出生者要留意個人理財方向，量入為出以免入不敷支。

農曆八月（西曆二一年九月七日至十月七日）

本月有輕微桃花運，惟多屬曇花一現的不實在感情，建議多加了解，不宜急進開展，以免快來快去受情所傷。一九四六年出生者不宜為他人作任何借貸擔保，容易有破財情況。一九八二年出生者有精神緊張、神經衰弱毛病，甚至影響睡眠質素，建議多找朋友聚會傾訴，解開心結。

農曆九月（西曆二一年十月八日至十一月六日）

困難重重的月份，尤其於職場上容易遭受攻擊，行事宜盡量低調，亦不宜作重大決定，放慢腳步靜待時機更為有利。一九五八年出生者有家人向你提出財務借貸請求，建議只能量力而為，以免令自己陷入財困。一九九四年出生者財運不俗，不妨小賭怡情，可望獲得一筆幸運之財。

農曆十月（西曆二一年十一月七日至十二月六日）

本月運勢轉趨順遂，無論正財及偏財也有得着，投資方面謹記「見好即收」，可望賺取回報。一九七〇年出生者心情欠佳，工作上有難以發揮之感，不妨向上司反映，主動爭取機會。一九九四年出生者雙手容易受傷跌傷，出入要格外小心，參與高危的戶外活動時更務必要結伴同行。

農曆十一月（西曆二一年十二月七日至二二年一月四日）

工作遇上波折，可幸眼前困境只屬先難後易，以耐性解決即可。財運方面以正財為主，不宜參與高風險的投機炒賣。一九七〇年出生者容易破財，不宜為他人作借貸擔保，否則要有「一去不回頭」的心理準備。一九九四年出生者人事爭拗頻繁，與朋輩相處時要互相尊重；健康方面則要留心雙手容易受傷，進行球類活動時要特別小心。

農曆十二月（西曆二二年一月五日至二月三日）

本月家宅運一般，若家族中有喜慶事則較為理想，否則可為家居作小型裝修、維修或更換家具，既可提升家宅運，又可將好運帶動到虎年。一九八二年出生者貴人運暢旺，不妨把握助力向上發展。二〇〇六年出生者情緒低落，尤其與朋友相處時易有誤會，不妨多加溝通，坦誠相向。

牛
虎
兔
龍
蛇
馬
羊
猴

驛馬飛臨宜往外闖
動中生財提防意外

肖豬開運錦囊

★「驛馬」入主宜動不宜靜，多往外走動有助帶旺運勢。

★吉星力量稍遜，做事需要較為奔波頻撲及親力親為。

★牛年較易遇上突發意外，出門必須購買旅遊保險，並可佩戴黑曜石與茶晶組合的飾物。

★盡量不宜探病問喪，可多出席喜慶場合吸收正能量。

★牛年過後的虎年為「合太歲」年份，宜於第四季提早準備。

（流年吉凶方位請參看376頁，更詳盡之開運攻略請參看38頁）

肖豬者出生時間（以西曆計算）

二〇一九年二月四日十一時十六分	至	二〇二〇年二月四日十七時四分
二〇〇七年二月四日十三時十九分	至	二〇〇八年二月四日十九時二分
一九九五年二月四日十五時十四分	至	一九九六年二月四日二十一時九分
一九八三年二月四日十七時四十一分	至	一九八四年二月四日二十三時二十分
一九七一年二月四日十九時二十六分	至	一九七二年二月五日一時二十分
一九五九年二月四日二十一時四十三分	至	一九六〇年二月五日三時二十三分
一九四七年二月四日二十三時五十一分	至	一九四八年二月五日五時四十三分
一九三五年二月五日一時四十九分	至	一九三六年二月五日七時三十分
一九二三年二月五日三時一分	至	一九二四年二月五日九時五十分

整體運程

肖豬者與流年太歲既無沖也無合，原則上運勢的穩定性相對較高；不過由於只有「驛馬」一顆吉星飛臨，新一年必須要多走動始能有所發揮。可幸肖豬者本身已屬走動頻繁的生肖，故有「驛馬」星飛臨不妨主動配合，應驗「動中生財」運勢。

既然只有「驛馬」進駐，牛年的大方向要「宜動不宜靜」，從商者不妨趁機拓展海外市場，打工一族亦可主動爭取駐守海外或出差機會，只要能離開原居地發展，則事業及財運均可有進步。另外，由於肖豬者本身的吉星助力不足，傳統上會將借來對宮肖蛇的「國印」及「三台」，惟力量亦只有約三成，對肖豬者的事業稍有幫助，權力可望有輕微提升，但客觀條件上仍需要多走動始能有更佳發揮。而有「驛馬」星駕臨的年份投資方向也以異地為主，肖豬者不妨考慮於海外置業，感情上亦較為有利異地姻緣，故需要有心理準備新一年將是奔波頻撲、需要多往外闖的年份。

不過，所謂「行船跑馬三分險」，加上有「天狗」、「吊客」及「空亡」一組代表突發小意外、小驚嚇的凶星，肖豬者外遊或出差時要格外注意安全，多留意目的地之天氣變化、留心行李延誤或財物遺失等，亦要提防有水土不服情況，建議可隨身帶備平安藥，出門前預先購買醫療及旅遊保險，確保旅途安全。由於牛年過後的虎年是肖豬者的「合太歲」年份，運勢容易走向兩極，約有七成人會逐漸向好，亦有三成人需要經歷較多困難阻滯，部分肖豬者更會於年底提早入運，所以建議於第四季提早準備，多作部署計劃，以免虎年來臨出現突如其來的變化。

整體而言，雖然辛丑年的吉星力量稍為薄弱，但整體運勢尚算不過不失，只要能多走動及往外闖，財運及事業運均可有進步空間。健康方面要留心出門後的小意外，建議於年底做好準備迎接「合太歲」年份來臨，凡事計劃周詳則可平安渡過。

【財運】

辛丑年只有「驛馬」一顆吉星駕臨，財運的大方向將以走動為主，從商者可離開原居地拓展海外市場，打工一族亦宜多爭取出差；由於留守原有地方將較難有錢財進帳，故即使未有機會往外地發展，肖豬者亦要較為奔波頻撲方能帶動運勢。

既然牛年需要「動中生財」，建議肖豬者凡事親力親為，多往海外審視不同市場再發掘新路向，亦可多出門旅遊助旺運勢。投資方面則可以海外為基地，若有海外置業計劃者不妨落實執行。不過，牛年始終未有大財星進駐，投資仍需要較為謹慎，不宜投放大額金錢；而且牛年過後的虎年為肖豬者的「合太歲」年份，若牽涉跨年投資則要格外小心，以免有錢財損失。

既然新一年有較多外遊機會，開支難免增加，尤其「行船跑馬三分險」，加上又有「天狗」、「吊客」及「空亡」一組代表小驚嚇的凶星，出發前務必要多留心目的地之天氣變化及治安問題，到埗後亦要慎防有行李延誤或財物遺失被盜情況，建議肖豬者預先購買旅遊保險及意外保險，既有保障又可主動應驗運勢，令旅途更安心。

【事業】

「驛馬」是往外走動、舟車勞頓的吉星，反映在事業之上代表需要離開原居地往外闖，從商者可把握時機拓展海外市場，打工一族亦可申請駐守海外或爭取出差機會，只要能多走動，則事業可望較有發揮。由於新一年只有「驛馬」飛臨，故傳統上亦會借對宮肖蛇的「國印」及「三台」吉星，惟借來的吉星力量只有約三成，對肖豬者的事業稍有幫助，將有輕微進步運及權責提升。

既然新一年不宜留守原居地，即使本身的工種難有出差機會亦需要主動接觸客戶，凡事親力親為，以應驗奔波頻撲運勢；尤其從事地產、公關等前線銷售或演藝行業者，有「驛馬」吉星進駐事業發展其實頗為理想，將有較多發揮潛能的機會，連帶賺錢能力亦有所提升。

不過，所謂「宜動不宜靜」只適宜前往不同地域發展，但並非轉工跳槽的好時機，尤其牛年過後的虎年將是「合太歲」年份，屆時肖豬者將會蠢蠢欲動作出改變，惟相合年份運勢難免起伏不定，建議牛年不宜作出重大變化，反而守住原有工作範疇、多往外走動可漸見進步。

【感情】

辛丑年未有桃花星進駐，肖豬者的感情運將較難有突破，只能說是原地踏步、較為平淡的一年。蜜運中的情侶受到「驛馬」星影響，容易因為走動頻繁而有「聚少離多」情況，可幸二人未有太大爭拗，關係尚算穩定。由於牛年過後的虎年是「合太歲」年份，關係上有機會出現變化，如分手、同居或結婚等，故牛年相對會較為平穩。至於已婚者於「合太歲」的虎年亦容易有喜，若有添丁打算者不妨於辛丑年落實執行，並多結伴同遊，令二人關係更加甜蜜。

單身一族由於未有桃花星眷顧，建議先擴闊社交圈子，亦可借助「驛馬」吉星力量，多出門旅遊或到海外進修尋求異地桃花，看能否於旅途當中遇上合眼緣對象，又或於本地結識由海外回流的異性，較有機會開展戀情。不過，「驛馬」所帶來的桃花較為曇花一現，肖豬者要有心理準備關係未必能長久，加上之後的虎年是感情上的「關口年」，即使牛年能開展感情、虎年亦要跨越重重障礙，甚至有機會經歷分離運，建議肖豬者即使有目標亦要多花時間溝通了解，不宜太快投入感情，以免受到傷害。

【健康】

雖然新一年的吉星力量稍弱，可幸亦未有大凶星進駐，肖豬者的健康運尚算不俗；不過仍要提防「天狗」、「吊客」及「空亡」一組凶星，代表出門後容易遇上突發事故或小意外，建議肖豬者出發前要多注意目的地之天氣變化，到埗後亦要提防有行李延誤或財物被盜情況；飲食要適可而止，亦可隨身攜帶平安藥，以免水土不服影響心情。既然有代表小驚嚇的凶星入主，外遊時要避免參與攀山、爬石、潛水、滑雪等高危活動，自駕遊亦要注意道路安全，凡事加倍謹慎，並於出發前購買旅遊保險及意外保險，以策萬全。

由於「天狗」及「吊客」凶星亦較為影響情緒，肖豬者新一年能量較弱、想法較為負面，建議牛年可多出席婚宴、壽宴或彌月等喜慶場合吸收正能量，如非必要盡量不宜探病問喪，以免進一步拖垮運勢。另外，新一年將有較多外遊或出差機會，睡眠質素容易受影響，甚至會有精神緊張情況，建議肖豬者可多做運動減壓，並於牛年第四季進行詳細的身體檢查，做好準備迎接變化較多的「合太歲」年份來臨，則萬事可平安大吉。

不同年份生肖運程

◎一九二三年：癸亥年（虛齡九十九歲）

由於水局被流年的土所困，健康較受衝擊，尤其農曆三月、六月、九月及十二月出生者需要留心膀胱、腎臟及泌尿系統毛病，冬天出生者則要多留意血壓，遇有不適應立即找專科求醫。可幸新一年的情緒正面，雖然年事已高仍有興趣接觸新事物，朋輩之間有不少聚會應酬、與晚輩亦相處融洽，整體屬心情愉快的年份。

◎一九三五年：乙亥年（虛齡八十七歲）

受「乙辛沖」影響，新一年頭部及雙手容易受傷，要多留心廚房及浴室等家居陷阱，出入要格外小心。牛年亦有機會受噪音、漏水等問題滋擾，加上人事爭拗頻繁，令乙亥年出生者心情較為煩躁，建議可為家居作小型裝修、維修，有助提升運勢。財運則尚算順遂，只要不太貪心可有輕微的幸運之財。

◎一九四七年：丁亥年（虛齡七十五歲）

財運頗為暢旺，尤其有不俗的偏財運，不妨以「小試牛刀」方式試行，可望有所收穫，惟不宜進行高風險的投機炒賣。人際關係一般，是非口舌頻繁，建議與人相處時要注意說話態度，事不關己不宜多加意見，亦不宜作中間人為他人排難解紛，以免招來無妄之災或「好心做壞事」遭人埋怨。

◎一九五九年：己亥年（虛齡六十三歲）

個人思路清晰，仍有心力學習不同範疇的新事物，與朋友有較多聚會應酬，整體心情愉快。若仍未言休者事業可有突破，屬發展順遂的年份。雖然個人分析力不俗，惟投資方面只宜守住熟悉的範疇，不宜開拓新領域。健康運平平，尤其腸胃及消化系統較弱，飲食要盡量清淡；雙腳亦容易扭傷跌傷，戶外活動時需要留心。新一年亦有較多出門走動機會，外遊時要留心行李及個人財物，以免有被盜或損失情況。既然牛年過後的虎年屬「合太歲」年份，不妨於年底進行詳細的身體檢查保平安。

◎一九七一年：辛亥年（虛齡五十一歲）

虛歲五十一即所謂的「關口年」，運勢將較為反覆；傳統上有「男做齊頭，女做出一」的習慣，辛亥年出生者亦可考慮做壽沖喜。若有傳統喜慶事如結婚、添丁或置業等，不妨靜待虎年才落實較為理想。健康方面則受「懸針煞」影響，較多打針、食藥運，尤其要多留意喉嚨及呼吸系統毛病，若本身有氣管敏感、鼻敏感或哮喘問題更要特別小心，建議多作針灸保健或多花費於健康管理之上，主動應驗運勢。可幸是牛年的貴人運順遂，做事仍可得助力而事半功倍。

◎一九八三年：癸亥年（虛齡三十九歲）

事業運有突破，工作上將會尋找到新路向，亦會蠢蠢欲動有轉工跳槽甚至轉行打算，惟過程並非一帆風順，加上牛年過後的虎年屬「合太歲」年份，建議癸亥年出生者要先觀察大形勢及多作部署計劃，並留待下半年實踐行動為佳，否則容易有「吉中藏凶」情況。另外，新一年亦容易因為文件、合約出錯而惹上官非，建議簽署前小心閱讀條文細則，遇有疑問可向專業人士查詢。

◎一九九五年：乙亥年（虛齡二十七歲）

受「乙辛沖」影響，個人脾氣較為暴躁，人事爭拗亦較頻繁，建議凡事以和為貴，以免影響事業及財運發展。健康方面雙手及頭部容易受傷，進行球類活動時要特別注意；亦要避免參與攀山、爬石、滑水、滑雪等高危活動，即使堅持參與亦務必要結伴同遊有所照應。另外，「金木相剋」的年份必須留心道路安全，駕駛者要打醒十二分精神，以免發生碰撞。可幸是已婚者有添丁機會，已有伴侶者年底亦容易有喜慶事發生，若有計劃者可落實執行。

◎二〇〇七年：丁亥年（虛齡十五歲）

學習運順遂、可涉獵不同範疇的新事物，惟因為人緣暢旺、朋友聚會應酬較多，專注力略嫌不足；建議丁亥年出生的年輕人要學懂分配時間，生活上亦要更有規律，以免活動頻繁令自己疲於奔命，難以兼顧。

◎二〇一九年：己亥年（虛齡三歲）

運勢不俗的年份，學習運可有進步，惟健康運一般，容易有受傷跌傷情況，尤其雙腳最首當其衝；為人父母需要多留意廚房及浴室等家居陷阱，亦要移除家中有危險的障礙物，以免發生意外。

流月運勢

農曆正月（西曆二〇二一年二月三日至三月四日）

工作遇上阻滯，家宅運及個人健康亦受瑣項碎碎問題困擾，建議多花時間關心長輩健康，遇有不適應立即陪同求醫。一九七一年出生者跌入破財運勢，不宜投資投機。一九九五年出生者有較多家宅問題煩心，需要多花時間耐性解決。

農曆二月（西曆二〇二一年三月五日至四月三日）

本月將有新合作機會出現，欲試行新方向者亦可放膽實踐，惟不宜牽涉大額金錢，反而採取「以小博大」的策略較能獲利。一九七一年出生者有較多傷風、感冒毛病，需要多關注健康。一九九五年出生者人事爭拗頻繁，與朋輩相處時需要互相忍讓，盡量以和為貴。

農曆三月（西曆二〇二一年四月四日至五月四日）

工作壓力頗大，思想亦較為悲觀，建議可多做運動或多接觸大自然，盡量作息定時，紓緩負面情緒。一九四七年出生者有精神緊張問題，甚至會影響睡眠質素，可多找朋友品茗傾訴解開心結。一九八三年出生者容易破財，外遊時要小心看管個人財物，亦要留意容易意外受傷，戶外活動時要特別提防。

農曆四月（西曆二〇二一年五月五日至六月四日）

「動中生財」的月份適宜多往外走動，無論是從商者拓展海外市場或出門旅遊也能助旺運勢。一九七一年出生者喉嚨、氣管及呼吸系統較弱，若本身有敏感症者更要注意，以免病情加劇。二〇〇七年出生者容易受傷跌傷，不宜參與高危的戶外活動；與家人關係亦較為緊張，容易因瑣事而起爭拗，需要互相體諒。

農曆五月（西曆二一年六月五日至七月六日）

本月簽署文件、合約需要份外小心，容易因為大意出錯而惹官非，有疑問應找專業人士幫忙；駕車者亦要奉公守法，以免招來罰單。一九八三年出生者是非口舌頻繁，不宜多管閒事，待人處事要盡量低調。二〇一九年出生的小朋友健康運疲弱，父母要多關注其身體狀況。

農曆六月（西曆二一年七月七日至八月六日）

事業發展暢旺的月份，可有突破機會，不妨爭取表現機會，對長遠的事業發展可有裨益；惟工作壓力較大，需要自我調節。一九五九年出生者雙腳容易扭傷跌傷，上落交通工具時要特別小心。一九九五年出生者有受傷機會，不宜參與攀山、爬石、滑水等高危戶外活動。

農曆七月（西曆二一年八月七日至九月六日）

壓力較大、容易焦慮及胡思亂想，可幸眼前困境只屬先難後易，多以耐性應對即可。一九七一年出生者喉嚨、氣管及呼吸系統較弱，尤其有鼻敏感舊患者要多留意空氣質素。一九八三年出生者財運順遂，投資方面可以略為進取。

農曆八月（西曆二一年九月七日至十月七日）

本月將有短暫桃花出現，仍在尋覓另一半者不妨多加留意，惟即使遇上心儀對象亦需要多加溝通了解，不宜急進開展或太早投入感情，以免被情所傷。一九八三年出生者眼睛容易受傷，進行球類活動時需要多加注意。一九九五年出生者是非口舌較多，說話容易開罪別人，需要謹言慎行。

農曆九月（西曆二一年十月八日至十一月六日）

蠢蠢欲動作出改變的月份，惟容易有決策錯誤情況，不宜輕舉妄動。財運方面可有輕微幸運之財，惟不宜作大額投資，凡事需要較為保守，以免財來財去。一九五九年出生者將有親友向你提出借貸請求，建議只能量力而為，不宜強出頭令自己陷入財困。一九八三年出生者焦慮較多、情緒較為負面，可多接觸大自然修補悲觀情緒。

農曆十月（西曆二一年十一月七日至十二月六日）

本月有所刑剋，不妨多往外走動，亦可舊地重遊放鬆身心；惟需要多關注健康，亦可作詳細的身體檢查保平安。一九五九年出生者雙腳容易受傷，駕駛者要注意道路安全。一九八三年出生者需留心文件、合約的條款細節，尤其監管機構的文件往來更要特別留心。

農曆十一月（西曆二一年十二月七日至二二年一月四日）

個人焦慮較多，可多接觸大自然解開心結；其實水旺的月份適宜「動中生財」，尤其本月出生者宜可前往南方或溫暖地方旅遊，以「借地運」方式助旺運勢。一九七一年出生者跌入劫財運勢，不宜投資投機。一九九五年出生者家宅運欠佳，不妨以小型裝修、維修或更換家具來提升家運。

農曆十二月（西曆二二年一月五日至二月三日）

來到牛年最後一個月份，肖豬者宜為來年的「合太歲」年份提早部署，若有傳統喜事如結婚、添丁或置業等不妨落實執行，否則就要多留心健康及家宅運，建議作詳細的身體檢查，做好準備迎接挑戰。一九七一年出生者容易有打針、食藥運，尤其喉嚨及氣管較弱，出入冷氣場所要注意添衣保暖。一九九五年出生者人事爭拗頻繁，不宜堅持己見，凡事應以和為貴。

鼠

太歲相合謹慎前行
進修增值事業可進

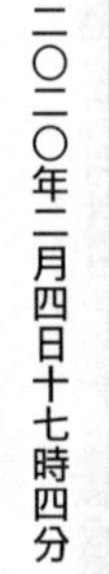

肖鼠者出生時間（以西曆計算）

出生時間		
二〇二〇年二月四日十七時四分	至	二〇二一年二月三日二十二時五十九分
二〇〇八年二月四日十九時二分	至	二〇〇九年二月四日零時五十二分
一九九六年二月四日二十一時九分	至	一九九七年二月四日三時四分
一九八四年二月四日二十三時二十分	至	一九八五年二月四日五時十三分
一九七二年二月五日一時二十分	至	一九七三年二月四日七時四分
一九六〇年二月五日三時二十三分	至	一九六一年二月四日九時二十三分
一九四八年二月五日五時四十三分	至	一九四九年二月四日十一時二十三分
一九三六年二月五日七時三十分	至	一九三七年二月四日十三時二十六分
一九二四年二月五日九時五十分	至	一九二五年二月四日十五時三十七分

肖鼠開運錦囊

★與太歲相合的年份仍暗藏變化，凡事需要謹慎而行。

★適合進修或報考升職試，不妨進一步催旺四綠文昌星方位。

★牛年容易精神緊張，學習調節放鬆之餘，也可佩戴白晶飾物減壓。

★健康仍有輕微衝擊，宜化解流年五黃災星及二黑病星飛臨位置。

★外遊前宜購買旅遊保險及醫療保險，令旅途更安心。

（流年吉凶方位請參看376頁，更詳盡之開運攻略請參看39頁）

整體運程

肖鼠者經歷了「本命年」，牛年將是「合太歲」年份，運勢上仍有起伏，若鼠年曾有結婚、添丁或置業沖喜則可較為平穩，至於去年已婚者亦可延續喜慶運勢，可有添丁機會。除了受沖喜影響，新一年的運勢好壞亦要視乎去年的走向；若「本命年」運勢較為動盪、已經歷重重困難者，則「合太歲」年份有望逐漸回穩；相反，若「本命年」運勢未有大衝擊，新一年反而容易有「吉中藏凶」情況，需要謹慎提防。

可幸牛年仍有「文昌」進駐，此吉星大利讀書、考試及進修，牛年學習運順遂，不妨報讀與工作相關的課程或積極報考升職試，將可獲得理想成績。既然有「文昌」吉星，新一年的財運亦是以知識換取金錢為主，不能單靠靈感或運氣獲利。至於「歲合」則代表新的合作機會，尤其是未曾涉獵的全新範疇，若成本不高不妨一試，可望突圍而出；惟「合太歲」年份運勢容易兩極化，結果亦較出乎意料，故若新項目需要牽涉大額金錢則不宜輕舉妄動，以免有所損失。另外，「歲合」亦是一顆半桃花星，若鼠年曾經歷分手離合者，牛年可望重新出發；惟已有穩定伴侶或已婚者則不宜對人過分熱情，以免陷入糾纏不清的三角關係。

凶星方面，牛年有「陌越」入主，此星是面對陌生環境所帶來的壓力，若鼠年曾作出變動、牛年仍屬適應期，個人壓力較大，建議多接觸大自然，紓緩緊張情緒。「病符」則是傷風、感冒、皮膚敏感等瑣瑣碎碎的健康問題，尤其「子丑合」要留心腸胃毛病，建議肖鼠者於鼠年年底作全面的身體檢查保平安。

整體而言，新一年有吉星力量拱照，事業發展及人際關係均有進步；惟連續兩年受「本命年」及「合太歲」衝擊，做事仍須謹慎，多留心家宅及長輩健康，若有沖喜則較為理想，否則可以考慮更換沙發、牀褥等家具助運，只要保守行事，平穩渡過牛年，往後的虎年將可以迎接好運開展。

【財運】

「合太歲」年份經常會有新商機出現，從商者可望有新合作機會，惟牛年始終不是財星高照的年份，做事容易「吉中藏凶」；若新項目投資成本不高、為個人熟悉範疇不妨一試，惟牽涉大額金錢則不宜輕舉妄動，建議落實前需要三思，以免招致損失。

由於牛年只有「文昌」進駐，財運的大方向將以專業知識為主，較難憑靈感、小道消息或人脈而獲利，投資前必須要多作資料搜集，並經過個人研究分析始能有所進帳。太歲相合的年份運勢起落亦較大，故投資項目只宜以穩健為主，有置業打算者不妨落實執行；若堅持參與高風險的炒賣項目亦只能採取「以小博大」的策略，並本着不計較賺蝕的心態面對較為合適。

既然「合太歲」年份運勢較多波折，開支亦難免增加，肖鼠者需要開源節流，亦可考慮結婚、添丁或置業等主動「破歡喜財」；或趁「文昌」入主花錢進修增值，主動應驗運勢。而有「病符」飛臨代表健康備受打擊，肖鼠者宜於鼠年年底作詳細的身體檢查，購買意外保險及醫療保險，並多花費於保健產品之上，做足準備則可強化運勢。

【事業】

辛丑年喜獲「文昌」吉星拱照，肖鼠者的事業發展順遂，尤其有利讀書考試，打工一族不妨報讀與工作相關的課程進修增值，亦可主動報考升職試，可望有不俗成績及升遷機會，長遠對事業發展將有裨益。而「歲合」亦是半桃花星，牛年的人際關係較鼠年進步，與同事之間的合作性較高，不過運勢仍有輕微「吉中藏凶」，可能是上司或老闆對自己要求較高，為肖鼠者增添壓力，需要學懂自我調節。

由於新一年個人思路清晰，若肖鼠者本身從事的工作以創意為主導，如編劇或廣告創作等，牛年將會靈感不絕，可望有不俗發揮。至於有意跳槽者成功機會較高，惟「合太歲」年份作出變動始終有風險，建議要落實新工作才辭去原有職位，不宜衝動「裸辭」，以免出現變數而有「兩頭不到岸」情況；亦要提防新工作與期望有所落差，故除非對舊公司已意興闌珊，否則仍需考慮周詳。另外，牛年亦有「陌越」凶星入主，代表新環境所帶來的壓力，若鼠年曾轉換工作環境者，牛年尚在摸索及適應階段，需要學懂放鬆，亦要適當分配工作與休息時間。

【感情】

肖鼠者新一年的感情運將視乎「本命年」的走向，若鼠年已婚者、牛年將可添丁延續喜慶運，有此打算者不妨落實執行。至於鼠年已經歷變化離合者，牛年則是重新開始的年份；加上有「歲合」飛臨可望結識新對象，甚至會有閃婚機會。

既然桃花尚算暢旺，又有「文昌」吉星飛臨，單身一族可於進修或工作場合多留意身邊人，看是否能遇上合眼緣對象。另外，新一年亦會有較多聚會應酬，有望擴闊社交圈子，建議肖鼠者積極把握，有目標後亦可找朋友稍作推動，有助開展戀情。不過，由於有半桃花星入主，已有穩定伴侶或已婚者則不宜對人過分熱情，尤其對異性需要較為克制，以免引起誤會陷入糾纏不清的三角關係。

其實「合太歲」年份的感情關係與「本命年」相類似，運勢會較為兩極，故已有固定伴侶、但鼠年未有分手或拉埋天窗者，牛年將要面對「關口年」，容易有隱藏危機，需要提防關係變化甚至有「不結即分」情況。建議肖鼠者要與伴侶多加溝通，若已認定對方亦可考慮結婚或共同置業，主動應驗關係突破的運勢。

【健康】

辛丑年的健康運較庚子年有進步，惟因為既要進修、又有較多聚會應酬，飲飲食食的機會較多；加上「子丑合」較為衝擊腸胃及消化系統，建議肖鼠者飲食宜盡量清淡，提防有體重上升、膽固醇或血壓等都市病，需要多作健康管理。

另外，與太歲相合的年份亦較為衝擊家宅，新一年要多花時間關心長輩及伴侶健康，遇有不適應立即陪同就醫；亦可以為家居作小型裝修、維修或更換沙發、牀褥等家具，有助帶動運勢。

「合太歲」年份亦容易有精神緊張、神經衰弱毛病，加上有「陌越」飛臨，有機會因為未能適應新環境而帶來壓力，甚至影響睡眠質素；建議肖鼠者做適量運動減壓，並多接觸大自然，以正能量修補負面情緒。既然牛年運勢仍有起伏，新一年不宜參與高危的戶外活動，以免意外受傷；加上有「病符」飛臨，較多傷風、感冒等瑣碎毛病，肖鼠者可於鼠年年底進行全面的身體檢查，找出家中五黃災星及二黑病星飛臨位置不宜觸動，外遊前亦要購買旅遊、意外及醫療保險，令出門更有保障；只要凡事審慎，則牛年亦可安心渡過。

不同年份生肖運程

◎一九二四年：甲子年（虛齡九十八歲）

受「懸針煞」影響，新一年將有輕微打針、食藥運，較多傷風、感冒等瑣碎毛病，亦要留意腸胃、血壓及關節問題，建議甲子年出生的長者多作針灸保健及花費於保健產品之上，亦可多作贈醫施藥善舉；家中的牀頭則不宜坐落於流年五黃（東南）及二黑（正北）飛臨位置，避免擺放會擺動的物品於病星方位，以免加劇其破壞力量。

◎一九三六年：丙子年（虛齡八十六歲）

「合年柱」的年份家宅方面會有較多瑣碎問題，有機會受到漏水、地盤動土或噪音等問題滋擾，若本身有搬遷計劃者固然最理想，否則可以考慮為家居作小型裝修、維修，亦可更換沙發、牀褥等家具，有助強化運勢。若新一年家族中有喜事如添孫等則可較為化解衝擊，否則就要多留心健康，尤其要注意喉嚨、氣管、敏感症及腸胃毛病，亦要提防扭傷跌傷等家居意外。

◎一九四八年：戊子年（虛齡七十四歲）

戊子年出生者雖然年事已高，但新一年學習運良好，對周邊的事物仍能保持好奇心，加上社交運不俗，屬心情愉快的年份。惟財運容易有耗損，尤其要小心容易受騙，投資方面不宜輕舉妄動，建議「破歡喜財」多購買心頭好或花費於吃喝玩樂之上更為合適。

◎一九六〇年：庚子年（虛齡六十二歲）

擺脫了鼠年天干地支完全相同的年份，辛丑年運勢大方向明顯有好轉，個人情緒較為正面，人際關係亦有進步，不妨多出門旅遊或吃喝玩樂。惟始終屬「合太歲」年份，仍需要多留心身體健康，尤其有關呼吸系統方面的毛病，建議於鼠年年底作詳細的身體檢查，亦可考慮為家居作小型裝修、維修，有助帶旺運勢。由於未算財星拱照，有意試行新想法或新計劃者不宜牽涉大額金錢，凡事以穩守為佳。

◎一九七二年：壬子年（虛齡五十歲）

擺脫了「本命年」影響，新一年的運勢稍為強化，之前所面對的困難阻滯可望見曙光，屬重新開始的年份。惟踏入虛歲五十即傳統上的「關口年」，運勢變化仍有上落，家宅及財運要以保守為原則，從商者要有心理準備工作較為艱辛。可幸是牛年貴人運順遂，遇有問題可尋求長輩或舊老闆協助，雖然運勢波動但仍可得助力而逐漸進步。投資方面有機會輕微獲利，惟大原則仍要謹慎，不宜作高風險的投機炒賣。

◎一九八四年：甲子年（虛齡三十八歲）

新一年將會遇上麻煩阻滯，輕則受是非口舌困擾、重則甚至會惹來官非，建議簽署文件、合約前要清楚條款細則，從商者不宜讓客戶賒數，相熟朋友亦不宜作借貸擔保，駕駛者則要奉公守法，以免無辜破財。可幸打工一族事業上有突破，惟個人壓力較大，容易有精神緊張及失眠問題；加上有輕微打針、食藥運，尤其要提防牙痛及神經痛等毛病，建議多做運動及多作健康管理，放鬆身心則可平安大吉。

◎一九九六年：丙子年（虛齡二十六歲）

繼「本命年」後再遇上「合太歲」，運勢變化本來已較多；加上與流年呈「丙辛合」及「子丑合」，運勢將更見起伏。若能有傳統喜事如結婚、置業等沖喜則較為理想，否則感情上仍屬「關口年」，未打算拉埋天窗者容易跌入分手運；至於鼠年已婚者牛年則容易有喜，有計劃者不妨積極把握。新一年亦要提防家宅，與家人關係較為緊張，亦有較多瑣事煩心，令丙子年出生者心情較低落，建議牛年不宜將目標訂得太高，多出門旅遊或多作進修，輕鬆渡過為佳。由於事業尚在摸索階段、感情及財運亦未有明確方向，不宜輕舉妄動開展生意或投資，以免有破財情況。另外，牛年仍有輕微「多勞少得」，即使付出亦未必有同等回報，建議視之為「播種期」，為未來發展鋪路。

◎二〇〇八年：戊子年（虛齡十四歲）

人際關係理想的年份，社交能力有進步，能結識不同範疇的新朋友，學習運亦頗為順遂，不妨積極把握。惟需要注意健康，尤其容易有皮膚敏感毛病，選擇牀單、被鋪或沐浴露等貼身物品時要注意其物料及成分，以免致敏原令敏感症狀加劇。

◎二〇二〇年：庚子年（虛齡兩歲）

健康運略為疲弱，尤其容易有腸胃敏感及消化不良問題，建議父母為小朋友制訂新餐單時要循序漸進，不宜一次過嘗試太多種類食物；亦要多注意家居衛生，以免引發腸胃不適或其他敏感症狀。

流月運勢

農曆正月（西曆二一年二月三日至三月四日）

人際關係倒退，尤其要留心職場上的口舌是非，所謂「言多必失」，建議要「少説話、多做事」，不宜作中間人為他人排難解紛。一九六〇年出生者財運有耗損，不宜輕舉妄動投資。一九八四年出生者與家人爭拗頻繁，討論時不宜過分偏執，凡事以和為貴。

農曆二月（西曆二一年三月五日至四月三日）

工作遇上阻滯，簡單的事情亦會變得複雜，容易一波三折，感覺較為沮喪，建議作好兩手準備，並以時間及耐性解決。一九六〇年出生者有機會受親友拖累而有金錢損失，需要格外留心。一九九六年出生者喉嚨、氣管及呼吸系統較弱，本身有敏感症者需要特別提防空氣質素。

農曆三月（西曆二一年四月四日至五月四日）

本月將有新合作機會出現，惟運勢仍有阻滯，容易有決策錯誤情況，故不宜輕舉妄動投資。另外，簽署文件、合約時亦要留心，容易大意出錯。一九七二年出生者跌入劫財運勢，需要小心看管個人財物；亦有輕微血光之災，駕駛人士宜注意道路安全。一九九六年出生者頭部容易受傷，參與戶外活動時要打醒十二分精神。

農曆四月（西曆二一年五月五日至六月四日）

財運順遂的月份，無論正財及偏財也可有得著，惟需要謹記「見好即收」，切忌「貪勝不知輸」而有所損失。健康方面則要留意心臟及血壓毛病，遇有不適應立即求醫。一九四八年出生者有輕微失眠問題，可做適量太極、打坐等運動減壓。一九七二年出生者容易破財，外遊時要留心有財物遺失或被盜情況。

農曆五月（西曆二一年六月五日至七月六日）

人事爭拗頻繁的月份，不宜因瑣事強出頭而破壞人際關係，其實傳統相沖月份不宜留守在原居地，建議多往外走動，以「動中生財」方式提升運勢。一九六〇年出生者運勢極受衝擊，建議不宜作任何重要決定，多吃喝玩樂放鬆心情。一九八四年出生者家宅運一般，需要多關心長者健康，個人亦有較多打針、食藥機會，宜多關注健康。

農曆六月（西曆二一年七月七日至八月六日）

本月小人當道、是非口舌頻繁，待人處事要盡量低調，事不關己不宜提供意見，亦不宜作中間人為他人排難解紛，以免「好心做壞事」而遭受埋怨。一九六〇年出生者有精神緊張、神經衰弱毛病，影響睡眠質素，建議多做運動或多接觸大自然減壓。一九八四年出生者容易破財，不宜作高風險的投機炒賣。

農曆七月（西曆二一年八月七日至九月六日）

運勢轉趨順遂，之前所面對的困難亦可望逐漸見曙光，做事亦有明確方向，建議把握眼前好運，事業及財運可望得助力而有所突破。一九七二年出生者家宅運一般，容易受漏水、噪音等問題困擾，不妨為家居作小型裝修、維修。一九九六年出生者與朋友有較多誤會，說話需要格外謹慎，切忌口出狂言。

農曆八月（西曆二一年九月七日至十月七日）

本月聚會應酬較多，可望擴闊社交圈子，結識不同範疇的新朋友；惟活動頻繁影響作息時間，暴飲暴食或酗酒亦會增加腸胃負荷，甚至引發都市病，凡事要適可而止，亦要多爭取休息時間。一九七二年出生者受失眠問題困擾，建議毋須杞人憂天，放鬆心情即可。一九八四年出生者是非口舌不斷，與朋輩相處時要注意說話態度，不宜口沒遮攔。

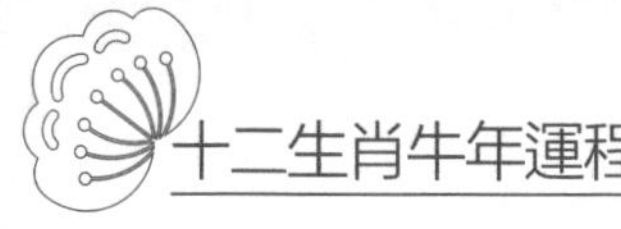

農曆九月（西曆二一年十月八日至十一月六日）

工作頗為順遂，惟簽署文件、合約或客戶訂單前要注意條文，容易因為大意出錯而有官非訴訟，遇有疑問應請教專業人士。一九四八年出生者健康狀況一般，有較多傷風、感冒等瑣碎毛病，需要多加關注。一九六〇年出生者個人焦慮較多、容易胡思亂想，可多接觸大自然放鬆心情。

農曆十月（西曆二一年十一月七日至十二月六日）

本月適宜往外走動，可考慮拓展海外市場、出差或旅遊，只要能離開原居地，即可應驗「動中生財」運勢。一九四八年出生者容易破財，理財方面要格外謹慎。一九八四年出生者雙手容易受傷，不宜參與攀山、爬石、潛水等高危的戶外活動。

農曆十一月（西曆二一年十二月七日至二二年一月四日）

輕微破財的月份，難免有較多無謂開支，從商者要開源節流，投資方面亦要格外保守，不宜進行投機炒賣。一九六〇年出生者健康運疲弱，宜多爭取休息時間。一九八四年出生者家宅受衝擊，與家人及身邊人有較多爭拗，不宜堅持己見，凡事以和為貴。

農曆十二月（西曆二二年一月五日至二月三日）

踏入牛年最後一個月，連續兩年的「本命年」及「合太歲」年份即將過去，虎年將是重新出發的年份，之前遇到的麻煩阻滯逐漸消失，亦可以落實執行新計劃。一九六〇年出生者將有家人向你提出財務借貸請求，建議只宜量力而為，不宜強出頭而令自己陷入財困。一九九六年出生者家宅運疲弱，若能有傳統喜事沖喜較為理想，否則就要多關心長輩健康。

出生日
流年運勢

從出生日看流年運程

環顧坊間的運程書，都喜以十二生肖作運程預測。其實單以出生年份分出十二種類別來推算流年運程，雖有一定的參考價值，但卻未免流於簡略。因此，多年前開始，我便突破性地精算出六十個出生日（日柱）流年運勢預測，來補充生肖運程之不足。

出生日之影響舉足輕重

要了解什麼是「日柱」，先要認識「八字」。我們經常提及的「八字」，是基於一個人的出生年、月、日、時所排列而成的，透過這些資料，玄學家便可推算一個人的運勢起跌。至於把這些出生資料稱為「八字」，是因為中國術數把出生者的年、月、日、時，分別稱作年柱、月柱、日柱及時柱（總稱「四柱」），而每柱又各有「天干」和「地支」作代表，所以「四柱」便共有四天干和四地支，總共有八個字，合稱便是「八字」了。

在每個人的八字命盤當中，又以日柱最為重要。日柱對命格的影響可說是舉足輕重的，玄學家都相信出生日的影響比年份、月份及時辰都要大。要是生肖流年運程好，但日柱流年運程卻欠佳，來年運勢仍會大打折扣。相反，如果生肖流年運程差強人意，然而日柱流年運程形勢大好，則毋須過於擔心，因為運勢仍會偏向好方向發展。

立即查閱所屬日柱

因為以日柱來推算流年運勢會更為準確、詳細，於是我花盡心思，每年皆為讀者推算出「六十個日柱」的流年運程。那麼大家應如何得悉自己所屬的出生「日柱」？這裏提供兩個方法給大家，而最簡單就是使用智能手機。

閣下可用智能手機掃描本頁附帶的二維碼，隨即輸入自己的出生年、月、日等資料（若不知道自己的出生時間可隨意選擇，不會影響系統之分析），即可得出準確的生肖及日柱，非常方便快捷。

如沒有智能手機，閣下也可翻閱後頁的「出生日對照表」，憑着自己的西曆出生年、月、日，即可對照到命格所屬的個人日柱了。

舉例說，閣下的出生年、月、日是西曆一九八二年一月一日，那可翻到西曆一九八二年那一頁，找出月、日小格子中所註明的「日柱」，即可查出日柱是「甲申」。

無論閣下使用手機或自行對照，在找到自己日柱以後，請翻到後頁的「六十日柱運程解說頁碼索引」，再對照出自己日柱的所屬頁碼，便可進一步了解自己的日柱流年運勢了。

六十日柱運程解說頁碼索引

西曆一九三六年

12月	11月	10月	9月	8月	7月	6月	5月	4月	3月	2月	1月	月/日
丁巳	丁亥	丙辰	丙戌	乙卯	甲申	甲寅	癸未	癸丑	壬午	癸丑	壬午	1
戊午	戊子	丁巳	丁亥	丙辰	乙酉	乙卯	甲申	甲寅	癸未	甲寅	癸未	2
己未	己丑	戊午	戊子	丁巳	丙戌	丙辰	乙酉	乙卯	甲申	乙卯	甲申	3
庚申	庚寅	己未	己丑	戊午	丁亥	丁巳	丙戌	丙辰	乙酉	丙辰	乙酉	4
辛酉	辛卯	庚申	庚寅	己未	戊子	戊午	丁亥	丁巳	丙戌	丁巳	丙戌	5
壬戌	壬辰	辛酉	辛卯	庚申	己丑	己未	戊子	戊午	丁亥	戊午	丁亥	6
癸亥	癸巳	壬戌	壬辰	辛酉	庚寅	庚申	己丑	己未	戊子	己未	戊子	7
甲子	甲午	癸亥	癸巳	壬戌	辛卯	辛酉	庚寅	庚申	己丑	庚申	己丑	8
乙丑	乙未	甲子	甲午	癸亥	壬辰	壬戌	辛卯	辛酉	庚寅	辛酉	庚寅	9
丙寅	丙申	乙丑	乙未	甲子	癸巳	癸亥	壬辰	壬戌	辛卯	壬戌	辛卯	10
丁卯	丁酉	丙寅	丙申	乙丑	甲午	甲子	癸巳	癸亥	壬辰	癸亥	壬辰	11
戊辰	戊戌	丁卯	丁酉	丙寅	乙未	乙丑	甲午	甲子	癸巳	甲子	癸巳	12
己巳	己亥	戊辰	戊戌	丁卯	丙申	丙寅	乙未	乙丑	甲午	乙丑	甲午	13
十一月 庚午	十月 庚子	己巳	己亥	戊辰	丁酉	丁卯	丙申	丙寅	乙未	丙寅	乙未	14
辛未	辛丑	九月 庚午	庚子	己巳	戊戌	戊辰	丁酉	丁卯	丙申	丁卯	丙申	15
壬申	壬寅	辛未	八月 辛丑	庚午	己亥	己巳	戊戌	戊辰	丁酉	戊辰	丁酉	16
癸酉	癸卯	壬申	壬寅	七月 辛未	庚子	庚午	己亥	己巳	戊戌	己巳	戊戌	17
甲戌	甲辰	癸酉	癸卯	壬申	六月 辛丑	辛未	庚子	庚午	己亥	庚午	己亥	18
乙亥	乙巳	甲戌	甲辰	癸酉	壬寅	五月 壬申	辛丑	辛未	庚子	辛未	庚子	19
丙子	丙午	乙亥	乙巳	甲戌	癸卯	癸酉	壬寅	壬申	辛丑	壬申	辛丑	20
丁丑	丁未	丙子	丙午	乙亥	甲辰	甲戌	四月 癸卯	閏三月 癸酉	壬寅	癸酉	壬寅	21
戊寅	戊申	丁丑	丁未	丙子	乙巳	乙亥	甲辰	甲戌	癸卯	甲戌	癸卯	22
己卯	己酉	戊寅	戊申	丁丑	丙午	丙子	乙巳	乙亥	三月 甲辰	二月 乙亥	甲辰	23
庚辰	庚戌	己卯	己酉	戊寅	丁未	丁丑	丙午	丙子	乙巳	丙子	正月 乙巳	24
辛巳	辛亥	庚辰	庚戌	己卯	戊申	戊寅	丁未	丁丑	丙午	丁丑	丙午	25
壬午	壬子	辛巳	辛亥	庚辰	己酉	己卯	戊申	戊寅	丁未	戊寅	丁未	26
癸未	癸丑	壬午	壬子	辛巳	庚戌	庚辰	己酉	己卯	戊申	己卯	戊申	27
甲申	甲寅	癸未	癸丑	壬午	辛亥	辛巳	庚戌	庚辰	己酉	庚辰	己酉	28
乙酉	乙卯	甲申	甲寅	癸未	壬子	壬午	辛亥	辛巳	庚戌	辛巳	庚戌	29
丙戌	丙辰	乙酉	乙卯	甲申	癸丑	癸未	壬子	壬午	辛亥		辛亥	30
丁亥		丙戌		乙酉	甲寅		癸丑		壬子		壬子	31

農曆初一　農曆十五

西曆一九三七年

12月	11月	10月	9月	8月	7月	6月	5月	4月	3月	2月	1月	月/日
壬戌	壬辰	辛酉	辛卯	庚申	己丑	己未	戊子	戊午	丁亥	己未	戊子	1
癸亥	癸巳	壬戌	壬辰	辛酉	庚寅	庚申	己丑	己未	戊子	庚申	己丑	2
十一月 甲子	十月 甲午	癸亥	癸巳	壬戌	辛卯	辛酉	庚寅	庚申	己丑	辛酉	庚寅	3
乙丑	乙未	九月 甲子	甲午	癸亥	壬辰	壬戌	辛卯	辛酉	庚寅	壬戌	辛卯	4
丙寅	丙申	乙丑	八月 乙未	甲子	癸巳	癸亥	壬辰	壬戌	辛卯	癸亥	壬辰	5
丁卯	丁酉	丙寅	丙申	七月 乙丑	甲午	甲子	癸巳	癸亥	壬辰	甲子	癸巳	6
戊辰	戊戌	丁卯	丁酉	丙寅	乙未	乙丑	甲午	甲子	癸巳	乙丑	甲午	7
己巳	己亥	戊辰	戊戌	丁卯	六月 丙申	丙寅	乙未	乙丑	甲午	丙寅	乙未	8
庚午	庚子	己巳	己亥	戊辰	丁酉	五月 丁卯	丙申	丙寅	乙未	丁卯	丙申	9
辛未	辛丑	庚午	庚子	己巳	戊戌	戊辰	四月 丁酉	丁卯	丙申	戊辰	丁酉	10
壬申	壬寅	辛未	辛丑	庚午	己亥	己巳	戊戌	三月 戊辰	丁酉	正月 己巳	戊戌	11
癸酉	癸卯	壬申	壬寅	辛未	庚子	庚午	己亥	己巳	戊戌	庚午	己亥	12
甲戌	甲辰	癸酉	癸卯	壬申	辛丑	辛未	庚子	庚午	二月 己亥	辛未	十二月 庚子	13
乙亥	乙巳	甲戌	甲辰	癸酉	壬寅	壬申	辛丑	辛未	庚子	壬申	辛丑	14
丙子	丙午	乙亥	乙巳	甲戌	癸卯	癸酉	壬寅	壬申	辛丑	癸酉	壬寅	15
丁丑	丁未	丙子	丙午	乙亥	甲辰	甲戌	癸卯	癸酉	壬寅	甲戌	癸卯	16
戊寅	戊申	丁丑	丁未	丙子	乙巳	乙亥	甲辰	甲戌	癸卯	乙亥	甲辰	17
己卯	己酉	戊寅	戊申	丁丑	丙午	丙子	乙巳	乙亥	甲辰	丙子	乙巳	18
庚辰	庚戌	己卯	己酉	戊寅	丁未	丁丑	丙午	丙子	乙巳	丁丑	丙午	19
辛巳	辛亥	庚辰	庚戌	己卯	戊申	戊寅	丁未	丁丑	丙午	戊寅	丁未	20
壬午	壬子	辛巳	辛亥	庚辰	己酉	己卯	戊申	戊寅	丁未	己卯	戊申	21
癸未	癸丑	壬午	壬子	辛巳	庚戌	庚辰	己酉	己卯	戊申	庚辰	己酉	22
甲申	甲寅	癸未	癸丑	壬午	辛亥	辛巳	庚戌	庚辰	己酉	辛巳	庚戌	23
乙酉	乙卯	甲申	甲寅	癸未	壬子	壬午	辛亥	辛巳	庚戌	壬午	辛亥	24
丙戌	丙辰	乙酉	乙卯	甲申	癸丑	癸未	壬子	壬午	辛亥	癸未	壬子	25
丁亥	丁巳	丙戌	丙辰	乙酉	甲寅	甲申	癸丑	癸未	壬子	甲申	癸丑	26
戊子	戊午	丁亥	丁巳	丙戌	乙卯	乙酉	甲寅	甲申	癸丑	乙酉	甲寅	27
己丑	己未	戊子	戊午	丁亥	丙辰	丙戌	乙卯	乙酉	甲寅	丙戌	乙卯	28
庚寅	庚申	己丑	己未	戊子	丁巳	丁亥	丙辰	丙戌	乙卯		丙辰	29
辛卯	辛酉	庚寅	庚申	己丑	戊午	戊子	丁巳	丁亥	丙辰		丁巳	30
壬辰		辛卯		庚寅	己未		戊午		丁巳		戊午	31

農曆初一　農曆十五

西曆一九三八年

12月	11月	10月	9月	8月	7月	6月	5月	4月	3月	2月	1月	月/日
丁卯	丁酉	丙寅	丙申	乙丑	甲午	甲子	癸巳	三月 癸亥	壬辰	甲子	癸巳	1
戊辰	戊戌	丁卯	丁酉	丙寅	乙未	乙丑	甲午	甲子	二月 癸巳	乙丑	十二月 甲午	2
己巳	己亥	戊辰	戊戌	丁卯	丙申	丙寅	乙未	乙丑	甲午	丙寅	乙未	3
庚午	庚子	己巳	己亥	戊辰	丁酉	丁卯	丙申	丙寅	乙未	丁卯	丙申	4
辛未	辛丑	庚午	庚子	己巳	戊戌	戊辰	丁酉	丁卯	丙申	戊辰	丁酉	5
壬申	壬寅	辛未	辛丑	庚午	己亥	己巳	戊戌	戊辰	丁酉	己巳	戊戌	6
癸酉	癸卯	壬申	壬寅	辛未	庚子	庚午	己亥	己巳	戊戌	庚午	己亥	7
甲戌	甲辰	癸酉	癸卯	壬申	辛丑	辛未	庚子	庚午	己亥	辛未	庚子	8
乙亥	乙巳	甲戌	甲辰	癸酉	壬寅	壬申	辛丑	辛未	庚子	壬申	辛丑	9
丙子	丙午	乙亥	乙巳	甲戌	癸卯	癸酉	壬寅	壬申	辛丑	癸酉	壬寅	10
丁丑	丁未	丙子	丙午	乙亥	甲辰	甲戌	癸卯	癸酉	壬寅	甲戌	癸卯	11
戊寅	戊申	丁丑	丁未	丙子	乙巳	乙亥	甲辰	甲戌	癸卯	乙亥	甲辰	12
己卯	己酉	戊寅	戊申	丁丑	丙午	丙子	乙巳	乙亥	甲辰	丙子	乙巳	13
庚辰	庚戌	己卯	己酉	戊寅	丁未	丁丑	丙午	丙子	乙巳	丁丑	丙午	14
辛巳	辛亥	庚辰	庚戌	己卯	戊申	戊寅	丁未	丁丑	丙午	戊寅	丁未	15
壬午	壬子	辛巳	辛亥	庚辰	己酉	己卯	戊申	戊寅	丁未	己卯	戊申	16
癸未	癸丑	壬午	壬子	辛巳	庚戌	庚辰	己酉	己卯	戊申	庚辰	己酉	17
甲申	甲寅	癸未	癸丑	壬午	辛亥	辛巳	庚戌	庚辰	己酉	辛巳	庚戌	18
乙酉	乙卯	甲申	甲寅	癸未	壬子	壬午	辛亥	辛巳	庚戌	壬午	辛亥	19
丙戌	丙辰	乙酉	乙卯	甲申	癸丑	癸未	壬子	壬午	辛亥	癸未	壬子	20
丁亥	丁巳	丙戌	丙辰	乙酉	甲寅	甲申	癸丑	癸未	壬子	甲申	癸丑	21
十一月 戊子	十月 戊午	丁亥	丁巳	丙戌	乙卯	乙酉	甲寅	甲申	癸丑	乙酉	甲寅	22
己丑	己未	九月 戊子	戊午	丁亥	丙辰	丙戌	乙卯	乙酉	甲寅	丙戌	乙卯	23
庚寅	庚申	己丑	八月 己未	戊子	丁巳	丁亥	丙辰	丙戌	乙卯	丁亥	丙辰	24
辛卯	辛酉	庚寅	庚申	閏七月 己丑	戊午	戊子	丁巳	丁亥	丙辰	戊子	丁巳	25
壬辰	壬戌	辛卯	辛酉	庚寅	己未	己丑	戊午	戊子	丁巳	己丑	戊午	26
癸巳	癸亥	壬辰	壬戌	辛卯	七月 庚申	庚寅	己未	己丑	戊午	庚寅	己未	27
甲午	甲子	癸巳	癸亥	壬辰	辛酉	六月 辛卯	庚申	庚寅	己未	辛卯	庚申	28
乙未	乙丑	甲午	甲子	癸巳	壬戌	壬辰	五月 辛酉	辛卯	庚申		辛酉	29
丙申	丙寅	乙未	乙丑	甲午	癸亥	癸巳	壬戌	四月 壬辰	辛酉		壬戌	30
丁酉		丙申		乙未	甲子		癸亥		壬戌		正月 癸亥	31

農曆初一　農曆十五

西曆一九三九年

12月	11月	10月	9月	8月	7月	6月	5月	4月	3月	2月	1月	月／日
壬申	壬寅	辛未	辛丑	庚午	己亥	己巳	戊戌	戊辰	丁酉	己巳	戊戌	1
癸酉	癸卯	壬申	壬寅	辛未	庚子	庚午	己亥	己巳	戊戌	庚午	己亥	2
甲戌	甲辰	癸酉	癸卯	壬申	辛丑	辛未	庚子	庚午	己亥	辛未	庚子	3
乙亥	乙巳	甲戌	甲辰	癸酉	壬寅	壬申	辛丑	辛未	庚子	壬申	辛丑	4
丙子	丙午	乙亥	乙巳	甲戌	癸卯	癸酉	壬寅	壬申	辛丑	癸酉	壬寅	5
丁丑	丁未	丙子	丙午	乙亥	甲辰	甲戌	癸卯	癸酉	壬寅	甲戌	癸卯	6
戊寅	戊申	丁丑	丁未	丙子	乙巳	乙亥	甲辰	甲戌	癸卯	乙亥	甲辰	7
己卯	己酉	戊寅	戊申	丁丑	丙午	丙子	乙巳	乙亥	甲辰	丙子	乙巳	8
庚辰	庚戌	己卯	己酉	戊寅	丁未	丁丑	丙午	丙子	乙巳	丁丑	丙午	9
辛巳	辛亥	庚辰	庚戌	己卯	戊申	戊寅	丁未	丁丑	丙午	戊寅	丁未	10
十一月 壬午	十月 壬子	辛巳	辛亥	庚辰	己酉	己卯	戊申	戊寅	丁未	己卯	戊申	11
癸未	癸丑	壬午	壬子	辛巳	庚戌	庚辰	己酉	己卯	戊申	庚辰	己酉	12
甲申	甲寅	九月 癸未	八月 癸丑	壬午	辛亥	辛巳	庚戌	庚辰	己酉	辛巳	庚戌	13
乙酉	乙卯	甲申	甲寅	癸未	壬子	壬午	辛亥	辛巳	庚戌	壬午	辛亥	14
丙戌	丙辰	乙酉	乙卯	七月 甲申	癸丑	癸未	壬子	壬午	辛亥	癸未	壬子	15
丁亥	丁巳	丙戌	丙辰	乙酉	甲寅	甲申	癸丑	癸未	壬子	甲申	癸丑	16
戊子	戊午	丁亥	丁巳	丙戌	六月 乙卯	五月 乙酉	甲寅	甲申	癸丑	乙酉	甲寅	17
己丑	己未	戊子	戊午	丁亥	丙辰	丙戌	乙卯	乙酉	甲寅	丙戌	乙卯	18
庚寅	庚申	己丑	己未	戊子	丁巳	丁亥	四月 丙辰	丙戌	乙卯	正月 丁亥	丙辰	19
辛卯	辛酉	庚寅	庚申	己丑	戊午	戊子	丁巳	三月 丁亥	丙辰	戊子	十二月 丁巳	20
壬辰	壬戌	辛卯	辛酉	庚寅	己未	己丑	戊午	戊子	二月 丁巳	己丑	戊午	21
癸巳	癸亥	壬辰	壬戌	辛卯	庚申	庚寅	己未	己丑	戊午	庚寅	己未	22
甲午	甲子	癸巳	癸亥	壬辰	辛酉	辛卯	庚申	庚寅	己未	辛卯	庚申	23
乙未	乙丑	甲午	甲子	癸巳	壬戌	壬辰	辛酉	辛卯	庚申	壬辰	辛酉	24
丙申	丙寅	乙未	乙丑	甲午	癸亥	癸巳	壬戌	壬辰	辛酉	癸巳	壬戌	25
丁酉	丁卯	丙申	丙寅	乙未	甲子	甲午	癸亥	癸巳	壬戌	甲午	癸亥	26
戊戌	戊辰	丁酉	丁卯	丙申	乙丑	乙未	甲子	甲午	癸亥	乙未	甲子	27
己亥	己巳	戊戌	戊辰	丁酉	丙寅	丙申	乙丑	乙未	甲子	丙申	乙丑	28
庚子	庚午	己亥	己巳	戊戌	丁卯	丁酉	丙寅	丙申	乙丑		丙寅	29
辛丑	辛未	庚子	庚午	己亥	戊辰	戊戌	丁卯	丁酉	丙寅		丁卯	30
壬寅		辛丑		庚子	己巳		戊辰		丁卯		戊辰	31

農曆初一　農曆十五

西曆一九四〇年

12月	11月	10月	9月	8月	7月	6月	5月	4月	3月	2月	1月	月/日
戊寅	戊申	九月 丁丑	丁未	丙子	乙巳	乙亥	甲辰	甲戌	癸卯	甲戌	癸卯	1
己卯	己酉	戊寅	八月 戊申	丁丑	丙午	丙子	乙巳	乙亥	甲辰	乙亥	甲辰	2
庚辰	庚戌	己卯	己酉	戊寅	丁未	丁丑	丙午	丙子	乙巳	丙子	乙巳	3
辛巳	辛亥	庚辰	庚戌	七月 己卯	戊申	戊寅	丁未	丁丑	丙午	丁丑	丙午	4
壬午	壬子	辛巳	辛亥	庚辰	六月 己酉	己卯	戊申	戊寅	丁未	戊寅	丁未	5
癸未	癸丑	壬午	壬子	辛巳	庚戌	五月 庚辰	己酉	己卯	戊申	己卯	戊申	6
甲申	甲寅	癸未	癸丑	壬午	辛亥	辛巳	四月 庚戌	庚辰	己酉	庚辰	己酉	7
乙酉	乙卯	甲申	甲寅	癸未	壬子	壬午	辛亥	三月 辛巳	庚戌	正月 辛巳	庚戌	8
丙戌	丙辰	乙酉	乙卯	甲申	癸丑	癸未	壬子	壬午	二月 辛亥	壬午	十二月 辛亥	9
丁亥	丁巳	丙戌	丙辰	乙酉	甲寅	甲申	癸丑	癸未	壬子	癸未	壬子	10
戊子	戊午	丁亥	丁巳	丙戌	乙卯	乙酉	甲寅	甲申	癸丑	甲申	癸丑	11
己丑	己未	戊子	戊午	丁亥	丙辰	丙戌	乙卯	乙酉	甲寅	乙酉	甲寅	12
庚寅	庚申	己丑	己未	戊子	丁巳	丁亥	丙辰	丙戌	乙卯	丙戌	乙卯	13
辛卯	辛酉	庚寅	庚申	己丑	戊午	戊子	丁巳	丁亥	丙辰	丁亥	丙辰	14
壬辰	壬戌	辛卯	辛酉	庚寅	己未	己丑	戊午	戊子	丁巳	戊子	丁巳	15
癸巳	癸亥	壬辰	壬戌	辛卯	庚申	庚寅	己未	己丑	戊午	己丑	戊午	16
甲午	甲子	癸巳	癸亥	壬辰	辛酉	辛卯	庚申	庚寅	己未	庚寅	己未	17
乙未	乙丑	甲午	甲子	癸巳	壬戌	壬辰	辛酉	辛卯	庚申	辛卯	庚申	18
丙申	丙寅	乙未	乙丑	甲午	癸亥	癸巳	壬戌	壬辰	辛酉	壬辰	辛酉	19
丁酉	丁卯	丙申	丙寅	乙未	甲子	甲午	癸亥	癸巳	壬戌	癸巳	壬戌	20
戊戌	戊辰	丁酉	丁卯	丙申	乙丑	乙未	甲子	甲午	癸亥	甲午	癸亥	21
己亥	己巳	戊戌	戊辰	丁酉	丙寅	丙申	乙丑	乙未	甲子	乙未	甲子	22
庚子	庚午	己亥	己巳	戊戌	丁卯	丁酉	丙寅	丙申	乙丑	丙申	乙丑	23
辛丑	辛未	庚子	庚午	己亥	戊辰	戊戌	丁卯	丁酉	丙寅	丁酉	丙寅	24
壬寅	壬申	辛丑	辛未	庚子	己巳	己亥	戊辰	戊戌	丁卯	戊戌	丁卯	25
癸卯	癸酉	壬寅	壬申	辛丑	庚午	庚子	己巳	己亥	戊辰	己亥	戊辰	26
甲辰	甲戌	癸卯	癸酉	壬寅	辛未	辛丑	庚午	庚子	己巳	庚子	己巳	27
乙巳	乙亥	甲辰	甲戌	癸卯	壬申	壬寅	辛未	辛丑	庚午	辛丑	庚午	28
十二月 丙午	十一月 丙子	乙巳	乙亥	甲辰	癸酉	癸卯	壬申	壬寅	辛未	壬寅	辛未	29
丁未	丁丑	丙午	丙子	乙巳	甲戌	甲辰	癸酉	癸卯	壬申		壬申	30
戊申		十月 丁未		丙午	乙亥		甲戌		癸酉		癸酉	31

農曆初一　農曆十五

西曆一九四一年

12月	11月	10月	9月	8月	7月	6月	5月	4月	3月	2月	1月	月/日
癸未	癸丑	壬午	壬子	辛巳	庚戌	庚辰	己酉	己卯	戊申	庚辰	己酉	1
甲申	甲寅	癸未	癸丑	壬午	辛亥	辛巳	庚戌	庚辰	己酉	辛巳	庚戌	2
乙酉	乙卯	甲申	甲寅	癸未	壬子	壬午	辛亥	辛巳	庚戌	壬午	辛亥	3
丙戌	丙辰	乙酉	乙卯	甲申	癸丑	癸未	壬子	壬午	辛亥	癸未	壬子	4
丁亥	丁巳	丙戌	丙辰	乙酉	甲寅	甲申	癸丑	癸未	壬子	甲申	癸丑	5
戊子	戊午	丁亥	丁巳	丙戌	乙卯	乙酉	甲寅	甲申	癸丑	乙酉	甲寅	6
己丑	己未	戊子	戊午	丁亥	丙辰	丙戌	乙卯	乙酉	甲寅	丙戌	乙卯	7
庚寅	庚申	己丑	己未	戊子	丁巳	丁亥	丙辰	丙戌	乙卯	丁亥	丙辰	8
辛卯	辛酉	庚寅	庚申	己丑	戊午	戊子	丁巳	丁亥	丙辰	戊子	丁巳	9
壬辰	壬戌	辛卯	辛酉	庚寅	己未	己丑	戊午	戊子	丁巳	己丑	戊午	10
癸巳	癸亥	壬辰	壬戌	辛卯	庚申	庚寅	己未	己丑	戊午	庚寅	己未	11
甲午	甲子	癸巳	癸亥	壬辰	辛酉	辛卯	庚申	庚寅	己未	辛卯	庚申	12
乙未	乙丑	甲午	甲子	癸巳	壬戌	壬辰	辛酉	辛卯	庚申	壬辰	辛酉	13
丙申	丙寅	乙未	乙丑	甲午	癸亥	癸巳	壬戌	壬辰	辛酉	癸巳	壬戌	14
丁酉	丁卯	丙申	丙寅	乙未	甲子	甲午	癸亥	癸巳	壬戌	甲午	癸亥	15
戊戌	戊辰	丁酉	丁卯	丙申	乙丑	乙未	甲子	甲午	癸亥	乙未	甲子	16
己亥	己巳	戊戌	戊辰	丁酉	丙寅	丙申	乙丑	乙未	甲子	丙申	乙丑	17
十一月 庚子	庚午	己亥	己巳	戊戌	丁卯	丁酉	丙寅	丙申	乙丑	丁酉	丙寅	18
辛丑	十月 辛未	庚子	庚午	己亥	戊辰	戊戌	丁卯	丁酉	丙寅	戊戌	丁卯	19
壬寅	壬申	九月 辛丑	辛未	庚子	己巳	己亥	戊辰	戊戌	丁卯	己亥	戊辰	20
癸卯	癸酉	壬寅	八月 壬申	辛丑	庚午	庚子	己巳	己亥	戊辰	庚子	己巳	21
甲辰	甲戌	癸卯	癸酉	壬寅	辛未	辛丑	庚午	庚子	己巳	辛丑	庚午	22
乙巳	乙亥	甲辰	甲戌	七月 癸卯	壬申	壬寅	辛未	辛丑	庚午	壬寅	辛未	23
丙午	丙子	乙巳	乙亥	甲辰	閏六月 癸酉	癸卯	壬申	壬寅	辛未	癸卯	壬申	24
丁未	丁丑	丙午	丙子	乙巳	甲戌	六月 甲辰	癸酉	癸卯	壬申	甲辰	癸酉	25
戊申	戊寅	丁未	丁丑	丙午	乙亥	乙巳	五月 甲戌	四月 甲辰	癸酉	二月 乙巳	甲戌	26
己酉	己卯	戊申	戊寅	丁未	丙子	丙午	乙亥	乙巳	甲戌	丙午	正月 乙亥	27
庚戌	庚辰	己酉	己卯	戊申	丁丑	丁未	丙子	丙午	三月 乙亥	丁未	丙子	28
辛亥	辛巳	庚戌	庚辰	己酉	戊寅	戊申	丁丑	丁未	丙子		丁丑	29
壬子	壬午	辛亥	辛巳	庚戌	己卯	己酉	戊寅	戊申	丁丑		戊寅	30
癸丑		壬子		辛亥	庚辰		己卯		戊寅		己卯	31

農曆初一　農曆十五

西曆一九四二年

12月	11月	10月	9月	8月	7月	6月	5月	4月	3月	2月	1月	月/日
戊子	戊午	丁亥	丁巳	丙戌	乙卯	乙酉	甲寅	甲申	癸丑	乙酉	甲寅	1
己丑	己未	戊子	戊午	丁亥	丙辰	丙戌	乙卯	乙酉	甲寅	丙戌	乙卯	2
庚寅	庚申	己丑	己未	戊子	丁巳	丁亥	丙辰	丙戌	乙卯	丁亥	丙辰	3
辛卯	辛酉	庚寅	庚申	己丑	戊午	戊子	丁巳	丁亥	丙辰	戊子	丁巳	4
壬辰	壬戌	辛卯	辛酉	庚寅	己未	己丑	戊午	戊子	丁巳	己丑	戊午	5
癸巳	癸亥	壬辰	壬戌	辛卯	庚申	庚寅	己未	己丑	戊午	庚寅	己未	6
甲午	甲子	癸巳	癸亥	壬辰	辛酉	辛卯	庚申	庚寅	己未	辛卯	庚申	7
十一月 乙未	十月 乙丑	甲午	甲子	癸巳	壬戌	壬辰	辛酉	辛卯	庚申	壬辰	辛酉	8
丙申	丙寅	乙未	乙丑	甲午	癸亥	癸巳	壬戌	壬辰	辛酉	癸巳	壬戌	9
丁酉	丁卯	九月 丙申	八月 丙寅	乙未	甲子	甲午	癸亥	癸巳	壬戌	甲午	癸亥	10
戊戌	戊辰	丁酉	丁卯	丙申	乙丑	乙未	甲子	甲午	癸亥	乙未	甲子	11
己亥	己巳	戊戌	戊辰	七月 丁酉	丙寅	丙申	乙丑	乙未	甲子	丙申	乙丑	12
庚子	庚午	己亥	己巳	戊戌	六月 丁卯	丁酉	丙寅	丙申	乙丑	丁酉	丙寅	13
辛丑	辛未	庚子	庚午	己亥	戊辰	五月 戊戌	丁卯	丁酉	丙寅	戊戌	丁卯	14
壬寅	壬申	辛丑	辛未	庚子	己巳	己亥	四月 戊辰	三月 戊戌	丁卯	正月 己亥	戊辰	15
癸卯	癸酉	壬寅	壬申	辛丑	庚午	庚子	己巳	己亥	戊辰	庚子	己巳	16
甲辰	甲戌	癸卯	癸酉	壬寅	辛未	辛丑	庚午	庚子	二月 己巳	辛丑	十二月 庚午	17
乙巳	乙亥	甲辰	甲戌	癸卯	壬申	壬寅	辛未	辛丑	庚午	壬寅	辛未	18
丙午	丙子	乙巳	乙亥	甲辰	癸酉	癸卯	壬申	壬寅	辛未	癸卯	壬申	19
丁未	丁丑	丙午	丙子	乙巳	甲戌	甲辰	癸酉	癸卯	壬申	甲辰	癸酉	20
戊申	戊寅	丁未	丁丑	丙午	乙亥	乙巳	甲戌	甲辰	癸酉	乙巳	甲戌	21
己酉	己卯	戊申	戊寅	丁未	丙子	丙午	乙亥	乙巳	甲戌	丙午	乙亥	22
庚戌	庚辰	己酉	己卯	戊申	丁丑	丁未	丙子	丙午	乙亥	丁未	丙子	23
辛亥	辛巳	庚戌	庚辰	己酉	戊寅	戊申	丁丑	丁未	丙子	戊申	丁丑	24
壬子	壬午	辛亥	辛巳	庚戌	己卯	己酉	戊寅	戊申	丁丑	己酉	戊寅	25
癸丑	癸未	壬子	壬午	辛亥	庚辰	庚戌	己卯	己酉	戊寅	庚戌	己卯	26
甲寅	甲申	癸丑	癸未	壬子	辛巳	辛亥	庚辰	庚戌	己卯	辛亥	庚辰	27
乙卯	乙酉	甲寅	甲申	癸丑	壬午	壬子	辛巳	辛亥	庚辰	壬子	辛巳	28
丙辰	丙戌	乙卯	乙酉	甲寅	癸未	癸丑	壬午	壬子	辛巳		壬午	29
丁巳	丁亥	丙辰	丙戌	乙卯	甲申	甲寅	癸未	癸丑	壬午		癸未	30
戊午		丁巳		丙辰	乙酉		甲申		癸未		甲申	31

農曆初一　農曆十五

西曆一九四三年

12月	11月	10月	9月	8月	7月	6月	5月	4月	3月	2月	1月	月/日
癸巳	癸亥	壬辰	壬戌	七月 辛卯	庚申	庚寅	己未	己丑	戊午	庚寅	己未	1
甲午	甲子	癸巳	癸亥	壬辰	六月 辛酉	辛卯	庚申	庚寅	己未	辛卯	庚申	2
乙未	乙丑	甲午	甲子	癸巳	壬戌	五月 壬辰	辛酉	辛卯	庚申	壬辰	辛酉	3
丙申	丙寅	乙未	乙丑	甲午	癸亥	癸巳	四月 壬戌	壬辰	辛酉	癸巳	壬戌	4
丁酉	丁卯	丙申	丙寅	乙未	甲子	甲午	癸亥	三月 癸巳	壬戌	正月 甲午	癸亥	5
戊戌	戊辰	丁酉	丁卯	丙申	乙丑	乙未	甲子	甲午	二月 癸亥	乙未	十二月 甲子	6
己亥	己巳	戊戌	戊辰	丁酉	丙寅	丙申	乙丑	乙未	甲子	丙申	乙丑	7
庚子	庚午	己亥	己巳	戊戌	丁卯	丁酉	丙寅	丙申	乙丑	丁酉	丙寅	8
辛丑	辛未	庚子	庚午	己亥	戊辰	戊戌	丁卯	丁酉	丙寅	戊戌	丁卯	9
壬寅	壬申	辛丑	辛未	庚子	己巳	己亥	戊辰	戊戌	丁卯	己亥	戊辰	10
癸卯	癸酉	壬寅	壬申	辛丑	庚午	庚子	己巳	己亥	戊辰	庚子	己巳	11
甲辰	甲戌	癸卯	癸酉	壬寅	辛未	辛丑	庚午	庚子	己巳	辛丑	庚午	12
乙巳	乙亥	甲辰	甲戌	癸卯	壬申	壬寅	辛未	辛丑	庚午	壬寅	辛未	13
丙午	丙子	乙巳	乙亥	甲辰	癸酉	癸卯	壬申	壬寅	辛未	癸卯	壬申	14
丁未	丁丑	丙午	丙子	乙巳	甲戌	甲辰	癸酉	癸卯	壬申	甲辰	癸酉	15
戊申	戊寅	丁未	丁丑	丙午	乙亥	乙巳	甲戌	甲辰	癸酉	乙巳	甲戌	16
己酉	己卯	戊申	戊寅	丁未	丙子	丙午	乙亥	乙巳	甲戌	丙午	乙亥	17
庚戌	庚辰	己酉	己卯	戊申	丁丑	丁未	丙子	丙午	乙亥	丁未	丙子	18
辛亥	辛巳	庚戌	庚辰	己酉	戊寅	戊申	丁丑	丁未	丙子	戊申	丁丑	19
壬子	壬午	辛亥	辛巳	庚戌	己卯	己酉	戊寅	戊申	丁丑	己酉	戊寅	20
癸丑	癸未	壬子	壬午	辛亥	庚辰	庚戌	己卯	己酉	戊寅	庚戌	己卯	21
甲寅	甲申	癸丑	癸未	壬子	辛巳	辛亥	庚辰	庚戌	己卯	辛亥	庚辰	22
乙卯	乙酉	甲寅	甲申	癸丑	壬午	壬子	辛巳	辛亥	庚辰	壬子	辛巳	23
丙辰	丙戌	乙卯	乙酉	甲寅	癸未	癸丑	壬午	壬子	辛巳	癸丑	壬午	24
丁巳	丁亥	丙辰	丙戌	乙卯	甲申	甲寅	癸未	癸丑	壬午	甲寅	癸未	25
戊午	戊子	丁巳	丁亥	丙辰	乙酉	乙卯	甲申	甲寅	癸未	乙卯	甲申	26
十二月 己未	十一月 己丑	戊午	戊子	丁巳	丙戌	丙辰	乙酉	乙卯	甲申	丙辰	乙酉	27
庚申	庚寅	己未	己丑	戊午	丁亥	丁巳	丙戌	丙辰	乙酉	丁巳	丙戌	28
辛酉	辛卯	十月 庚申	九月 庚寅	己未	戊子	戊午	丁亥	丁巳	丙戌		丁亥	29
壬戌	壬辰	辛酉	辛卯	庚申	己丑	己未	戊子	戊午	丁亥		戊子	30
癸亥		壬戌		八月 辛酉	庚寅		己丑		戊子		己丑	31

農曆初一　農曆十五

西曆一九四四年

12月	11月	10月	9月	8月	7月	6月	5月	4月	3月	2月	1月	月/日
己亥	己巳	戊戌	戊辰	丁酉	丙寅	丙申	乙丑	乙未	甲子	乙未	甲子	1
庚子	庚午	己亥	己巳	戊戌	丁卯	丁酉	丙寅	丙申	乙丑	丙申	乙丑	2
辛丑	辛未	庚子	庚午	己亥	戊辰	戊戌	丁卯	丁酉	丙寅	丁酉	丙寅	3
壬寅	壬申	辛丑	辛未	庚子	己巳	己亥	戊辰	戊戌	丁卯	戊戌	丁卯	4
癸卯	癸酉	壬寅	壬申	辛丑	庚午	庚子	己巳	己亥	戊辰	己亥	戊辰	5
甲辰	甲戌	癸卯	癸酉	壬寅	辛未	辛丑	庚午	庚子	己巳	庚子	己巳	6
乙巳	乙亥	甲辰	甲戌	癸卯	壬申	壬寅	辛未	辛丑	庚午	辛丑	庚午	7
丙午	丙子	乙巳	乙亥	甲辰	癸酉	癸卯	壬申	壬寅	辛未	壬寅	辛未	8
丁未	丁丑	丙午	丙子	乙巳	甲戌	甲辰	癸酉	癸卯	壬申	癸卯	壬申	9
戊申	戊寅	丁未	丁丑	丙午	乙亥	乙巳	甲戌	甲辰	癸酉	甲辰	癸酉	10
己酉	己卯	戊申	戊寅	丁未	丙子	丙午	乙亥	乙巳	甲戌	乙巳	甲戌	11
庚戌	庚辰	己酉	己卯	戊申	丁丑	丁未	丙子	丙午	乙亥	丙午	乙亥	12
辛亥	辛巳	庚戌	庚辰	己酉	戊寅	戊申	丁丑	丁未	丙子	丁未	丙子	13
壬子	壬午	辛亥	辛巳	庚戌	己卯	己酉	戊寅	戊申	丁丑	戊申	丁丑	14
(十一月) 癸丑	癸未	壬子	壬午	辛亥	庚辰	庚戌	己卯	己酉	戊寅	己酉	戊寅	15
甲寅	(十月) 甲申	癸丑	癸未	壬子	辛巳	辛亥	庚辰	庚戌	己卯	庚戌	己卯	16
乙卯	乙酉	(九月) 甲寅	(八月) 甲申	癸丑	壬午	壬子	辛巳	辛亥	庚辰	辛亥	庚辰	17
丙辰	丙戌	乙卯	乙酉	甲寅	癸未	癸丑	壬午	壬子	辛巳	壬子	辛巳	18
丁巳	丁亥	丙辰	丙戌	(七月) 乙卯	甲申	甲寅	癸未	癸丑	壬午	癸丑	壬午	19
戊午	戊子	丁巳	丁亥	丙辰	(六月) 乙酉	乙卯	甲申	甲寅	癸未	甲寅	癸未	20
己未	己丑	戊午	戊子	丁巳	丙戌	(五月) 丙辰	乙酉	乙卯	甲申	乙卯	甲申	21
庚申	庚寅	己未	己丑	戊午	丁亥	丁巳	(閏四月) 丙戌	丙辰	乙酉	丙辰	乙酉	22
辛酉	辛卯	庚申	庚寅	己未	戊子	戊午	丁亥	(四月) 丁巳	丙戌	丁巳	丙戌	23
壬戌	壬辰	辛酉	辛卯	庚申	己丑	己未	戊子	戊午	(三月) 丁亥	(二月) 戊午	丁亥	24
癸亥	癸巳	壬戌	壬辰	辛酉	庚寅	庚申	己丑	己未	戊子	己未	(正月) 戊子	25
甲子	甲午	癸亥	癸巳	壬戌	辛卯	辛酉	庚寅	庚申	己丑	庚申	己丑	26
乙丑	乙未	甲子	甲午	癸亥	壬辰	壬戌	辛卯	辛酉	庚寅	辛酉	庚寅	27
丙寅	丙申	乙丑	乙未	甲子	癸巳	癸亥	壬辰	壬戌	辛卯	壬戌	辛卯	28
丁卯	丁酉	丙寅	丙申	乙丑	甲午	甲子	癸巳	癸亥	壬辰	癸亥	壬辰	29
戊辰	戊戌	丁卯	丁酉	丙寅	乙未	乙丑	甲午	甲子	癸巳		癸巳	30
己巳		戊辰		丁卯	丙申		乙未		甲午		甲午	31

農曆初一　農曆十五

西曆一九四五年

12月	11月	10月	9月	8月	7月	6月	5月	4月	3月	2月	1月	月/日
甲辰	甲戌	癸卯	癸酉	壬寅	辛未	辛丑	庚午	庚子	己巳	辛丑	庚午	1
乙巳	乙亥	甲辰	甲戌	癸卯	壬申	壬寅	辛未	辛丑	庚午	壬寅	辛未	2
丙午	丙子	乙巳	乙亥	甲辰	癸酉	癸卯	壬申	壬寅	辛未	癸卯	壬申	3
丁未	丁丑	丙午	丙子	乙巳	甲戌	甲辰	癸酉	癸卯	壬申	甲辰	癸酉	4
十一月 戊申	十月 戊寅	丁未	丁丑	丙午	乙亥	乙巳	甲戌	甲辰	癸酉	乙巳	甲戌	5
己酉	己卯	九月 戊申	八月 戊寅	丁未	丙子	丙午	乙亥	乙巳	甲戌	丙午	乙亥	6
庚戌	庚辰	己酉	己卯	戊申	丁丑	丁未	丙子	丙午	乙亥	丁未	丙子	7
辛亥	辛巳	庚戌	庚辰	七月 己酉	戊寅	戊申	丁丑	丁未	丙子	戊申	丁丑	8
壬子	壬午	辛亥	辛巳	庚戌	六月 己卯	己酉	戊寅	戊申	丁丑	己酉	戊寅	9
癸丑	癸未	壬子	壬午	辛亥	庚辰	五月 庚戌	己卯	己酉	戊寅	庚戌	己卯	10
甲寅	甲申	癸丑	癸未	壬子	辛巳	辛亥	庚辰	庚戌	己卯	辛亥	庚辰	11
乙卯	乙酉	甲寅	甲申	癸丑	壬午	壬子	四月 辛巳	三月 辛亥	庚辰	壬子	辛巳	12
丙辰	丙戌	乙卯	乙酉	甲寅	癸未	癸丑	壬午	壬子	辛巳	正月 癸丑	壬午	13
丁巳	丁亥	丙辰	丙戌	乙卯	甲申	甲寅	癸未	癸丑	二月 壬午	甲寅	十二月 癸未	14
戊午	戊子	丁巳	丁亥	丙辰	乙酉	乙卯	甲申	甲寅	癸未	乙卯	甲申	15
己未	己丑	戊午	戊子	丁巳	丙戌	丙辰	乙酉	乙卯	甲申	丙辰	乙酉	16
庚申	庚寅	己未	己丑	戊午	丁亥	丁巳	丙戌	丙辰	乙酉	丁巳	丙戌	17
辛酉	辛卯	庚申	庚寅	己未	戊子	戊午	丁亥	丁巳	丙戌	戊午	丁亥	18
壬戌	壬辰	辛酉	辛卯	庚申	己丑	己未	戊子	戊午	丁亥	己未	戊子	19
癸亥	癸巳	壬戌	壬辰	辛酉	庚寅	庚申	己丑	己未	戊子	庚申	己丑	20
甲子	甲午	癸亥	癸巳	壬戌	辛卯	辛酉	庚寅	庚申	己丑	辛酉	庚寅	21
乙丑	乙未	甲子	甲午	癸亥	壬辰	壬戌	辛卯	辛酉	庚寅	壬戌	辛卯	22
丙寅	丙申	乙丑	乙未	甲子	癸巳	癸亥	壬辰	壬戌	辛卯	癸亥	壬辰	23
丁卯	丁酉	丙寅	丙申	乙丑	甲午	甲子	癸巳	癸亥	壬辰	甲子	癸巳	24
戊辰	戊戌	丁卯	丁酉	丙寅	乙未	乙丑	甲午	甲子	癸巳	乙丑	甲午	25
己巳	己亥	戊辰	戊戌	丁卯	丙申	丙寅	乙未	乙丑	甲午	丙寅	乙未	26
庚午	庚子	己巳	己亥	戊辰	丁酉	丁卯	丙申	丙寅	乙未	丁卯	丙申	27
辛未	辛丑	庚午	庚子	己巳	戊戌	戊辰	丁酉	丁卯	丙申	戊辰	丁酉	28
壬申	壬寅	辛未	辛丑	庚午	己亥	己巳	戊戌	戊辰	丁酉		戊戌	29
癸酉	癸卯	壬申	壬寅	辛未	庚子	庚午	己亥	己巳	戊戌		己亥	30
甲戌		癸酉		壬申	辛丑		庚子		己亥		庚子	31

農曆初一　農曆十五

西曆一九四六年

12月	11月	10月	9月	8月	7月	6月	5月	4月	3月	2月	1月	月/日
己酉	己卯	戊申	戊寅	丁未	丙子	丙午	乙亥（四月）	乙巳	甲戌	丙午	乙亥	1
庚戌	庚辰	己酉	己卯	戊申	丁丑	丁未	丙子	丙午（三月）	乙亥	丁未（正月）	丙子	2
辛亥	辛巳	庚戌	庚辰	己酉	戊寅	戊申	丁丑	丁未	丙子	戊申	丁丑（十二月）	3
壬子	壬午	辛亥	辛巳	庚戌	己卯	己酉	戊寅	戊申	丁丑（二月）	己酉	戊寅	4
癸丑	癸未	壬子	壬午	辛亥	庚辰	庚戌	己卯	己酉	戊寅	庚戌	己卯	5
甲寅	甲申	癸丑	癸未	壬子	辛巳	辛亥	庚辰	庚戌	己卯	辛亥	庚辰	6
乙卯	乙酉	甲寅	甲申	癸丑	壬午	壬子	辛巳	辛亥	庚辰	壬子	辛巳	7
丙辰	丙戌	乙卯	乙酉	甲寅	癸未	癸丑	壬午	壬子	辛巳	癸丑	壬午	8
丁巳	丁亥	丙辰	丙戌	乙卯	甲申	甲寅	癸未	癸丑	壬午	甲寅	癸未	9
戊午	戊子	丁巳	丁亥	丙辰	乙酉	乙卯	甲申	甲寅	癸未	乙卯	甲申	10
己未	己丑	戊午	戊子	丁巳	丙戌	丙辰	乙酉	乙卯	甲申	丙辰	乙酉	11
庚申	庚寅	己未	己丑	戊午	丁亥	丁巳	丙戌	丙辰	乙酉	丁巳	丙戌	12
辛酉	辛卯	庚申	庚寅	己未	戊子	戊午	丁亥	丁巳	丙戌	戊午	丁亥	13
壬戌	壬辰	辛酉	辛卯	庚申	己丑	己未	戊子	戊午	丁亥	己未	戊子	14
癸亥	癸巳	壬戌	壬辰	辛酉	庚寅	庚申	己丑	己未	戊子	庚申	己丑	15
甲子	甲午	癸亥	癸巳	壬戌	辛卯	辛酉	庚寅	庚申	己丑	辛酉	庚寅	16
乙丑	乙未	甲子	甲午	癸亥	壬辰	壬戌	辛卯	辛酉	庚寅	壬戌	辛卯	17
丙寅	丙申	乙丑	乙未	甲子	癸巳	癸亥	壬辰	壬戌	辛卯	癸亥	壬辰	18
丁卯	丁酉	丙寅	丙申	乙丑	甲午	甲子	癸巳	癸亥	壬辰	甲子	癸巳	19
戊辰	戊戌	丁卯	丁酉	丙寅	乙未	乙丑	甲午	甲子	癸巳	乙丑	甲午	20
己巳	己亥	戊辰	戊戌	丁卯	丙申	丙寅	乙未	乙丑	甲午	丙寅	乙未	21
庚午	庚子	己巳	己亥	戊辰	丁酉	丁卯	丙申	丙寅	乙未	丁卯	丙申	22
辛未（十二月）	辛丑	庚午	庚子	己巳	戊戌	戊辰	丁酉	丁卯	丙申	戊辰	丁酉	23
壬申	壬寅（十一月）	辛未	辛丑	庚午	己亥	己巳	戊戌	戊辰	丁酉	己巳	戊戌	24
癸酉	癸卯	壬申（十月）	壬寅（九月）	辛未	庚子	庚午	己亥	己巳	戊戌	庚午	己亥	25
甲戌	甲辰	癸酉	癸卯	壬申	辛丑	辛未	庚子	庚午	己亥	辛未	庚子	26
乙亥	乙巳	甲戌	甲辰	癸酉（八月）	壬寅	壬申	辛丑	辛未	庚子	壬申	辛丑	27
丙子	丙午	乙亥	乙巳	甲戌	癸卯（七月）	癸酉	壬寅	壬申	辛丑	癸酉	壬寅	28
丁丑	丁未	丙子	丙午	乙亥	甲辰	甲戌（六月）	癸卯	癸酉	壬寅		癸卯	29
戊寅	戊申	丁丑	丁未	丙子	乙巳	乙亥	甲辰	甲戌	癸卯		甲辰	30
己卯		戊寅		丁丑	丙午		乙巳（五月）		甲辰		乙巳	31

農曆初一　農曆十五

西曆一九四七年

12月	11月	10月	9月	8月	7月	6月	5月	4月	3月	2月	1月	月/日
甲寅	甲申	癸丑	癸未	壬子	辛巳	辛亥	庚辰	庚戌	己卯	辛亥	庚辰	1
乙卯	乙酉	甲寅	甲申	癸丑	壬午	壬子	辛巳	辛亥	庚辰	壬子	辛巳	2
丙辰	丙戌	乙卯	乙酉	甲寅	癸未	癸丑	壬午	壬子	辛巳	癸丑	壬午	3
丁巳	丁亥	丙辰	丙戌	乙卯	甲申	甲寅	癸未	癸丑	壬午	甲寅	癸未	4
戊午	戊子	丁巳	丁亥	丙辰	乙酉	乙卯	甲申	甲寅	癸未	乙卯	甲申	5
己未	己丑	戊午	戊子	丁巳	丙戌	丙辰	乙酉	乙卯	甲申	丙辰	乙酉	6
庚申	庚寅	己未	己丑	戊午	丁亥	丁巳	丙戌	丙辰	乙酉	丁巳	丙戌	7
辛酉	辛卯	庚申	庚寅	己未	戊子	戊午	丁亥	丁巳	丙戌	戊午	丁亥	8
壬戌	壬辰	辛酉	辛卯	庚申	己丑	己未	戊子	戊午	丁亥	己未	戊子	9
癸亥	癸巳	壬戌	壬辰	辛酉	庚寅	庚申	己丑	己未	戊子	庚申	己丑	10
甲子	甲午	癸亥	癸巳	壬戌	辛卯	辛酉	庚寅	庚申	己丑	辛酉	庚寅	11
乙丑 (十一月)	乙未	甲子	甲午	癸亥	壬辰	壬戌	辛卯	辛酉	庚寅	壬戌	辛卯	12
丙寅	丙申 (十月)	乙丑	乙未	甲子	癸巳	癸亥	壬辰	壬戌	辛卯	癸亥	壬辰	13
丁卯	丁酉	丙寅 (九月)	丙申	乙丑	甲午	甲子	癸巳	癸亥	壬辰	甲子	癸巳	14
戊辰	戊戌	丁卯	丁酉 (八月)	丙寅	乙未	乙丑	甲午	甲子	癸巳	乙丑	甲午	15
己巳	己亥	戊辰	戊戌	丁卯 (七月)	丙申	丙寅	乙未	乙丑	甲午	丙寅	乙未	16
庚午	庚子	己巳	己亥	戊辰	丁酉	丁卯	丙申	丙寅	乙未	丁卯	丙申	17
辛未	辛丑	庚午	庚子	己巳	戊戌 (六月)	戊辰	丁酉	丁卯	丙申	戊辰	丁酉	18
壬申	壬寅	辛未	辛丑	庚午	己亥	己巳 (五月)	戊戌	戊辰	丁酉	己巳	戊戌	19
癸酉	癸卯	壬申	壬寅	辛未	庚子	庚午	己亥 (四月)	己巳	戊戌	庚午	己亥	20
甲戌	甲辰	癸酉	癸卯	壬申	辛丑	辛未	庚子	庚午 (三月)	己亥	辛未 (二月)	庚子	21
乙亥	乙巳	甲戌	甲辰	癸酉	壬寅	壬申	辛丑	辛未	庚子	壬申	辛丑 (正月)	22
丙子	丙午	乙亥	乙巳	甲戌	癸卯	癸酉	壬寅	壬申	辛丑 (閏二月)	癸酉	壬寅	23
丁丑	丁未	丙子	丙午	乙亥	甲辰	甲戌	癸卯	癸酉	壬寅	甲戌	癸卯	24
戊寅	戊申	丁丑	丁未	丙子	乙巳	乙亥	甲辰	甲戌	癸卯	乙亥	甲辰	25
己卯	己酉	戊寅	戊申	丁丑	丙午	丙子	乙巳	乙亥	甲辰	丙子	乙巳	26
庚辰	庚戌	己卯	己酉	戊寅	丁未	丁丑	丙午	丙子	乙巳	丁丑	丙午	27
辛巳	辛亥	庚辰	庚戌	己卯	戊申	戊寅	丁未	丁丑	丙午	戊寅	丁未	28
壬午	壬子	辛巳	辛亥	庚辰	己酉	己卯	戊申	戊寅	丁未		戊申	29
癸未	癸丑	壬午	壬子	辛巳	庚戌	庚辰	己酉	己卯	戊申		己酉	30
甲申		癸未		壬午	辛亥		庚戌		己酉		庚戌	31

農曆初一　農曆十五

西曆一九四八年

12月	11月	10月	9月	8月	7月	6月	5月	4月	3月	2月	1月	月/日
十一月 庚申	十月 庚寅	己未	己丑	戊午	丁亥	丁巳	丙戌	丙辰	乙酉	丙辰	乙酉	1
辛酉	辛卯	庚申	庚寅	己未	戊子	戊午	丁亥	丁巳	丙戌	丁巳	丙戌	2
壬戌	壬辰	九月 辛酉	八月 辛卯	庚申	己丑	己未	戊子	戊午	丁亥	戊午	丁亥	3
癸亥	癸巳	壬戌	壬辰	辛酉	庚寅	庚申	己丑	己未	戊子	己未	戊子	4
甲子	甲午	癸亥	癸巳	七月 壬戌	辛卯	辛酉	庚寅	庚申	己丑	庚申	己丑	5
乙丑	乙未	甲子	甲午	癸亥	壬辰	壬戌	辛卯	辛酉	庚寅	辛酉	庚寅	6
丙寅	丙申	乙丑	乙未	甲子	六月 癸巳	五月 癸亥	壬辰	壬戌	辛卯	壬戌	辛卯	7
丁卯	丁酉	丙寅	丙申	乙丑	甲午	甲子	癸巳	癸亥	壬辰	癸亥	壬辰	8
戊辰	戊戌	丁卯	丁酉	丙寅	乙未	乙丑	四月 甲午	三月 甲子	癸巳	甲子	癸巳	9
己巳	己亥	戊辰	戊戌	丁卯	丙申	丙寅	乙未	乙丑	甲午	正月 乙丑	甲午	10
庚午	庚子	己巳	己亥	戊辰	丁酉	丁卯	丙申	丙寅	二月 乙未	丙寅	十二月 乙未	11
辛未	辛丑	庚午	庚子	己巳	戊戌	戊辰	丁酉	丁卯	丙申	丁卯	丙申	12
壬申	壬寅	辛未	辛丑	庚午	己亥	己巳	戊戌	戊辰	丁酉	戊辰	丁酉	13
癸酉	癸卯	壬申	壬寅	辛未	庚子	庚午	己亥	己巳	戊戌	己巳	戊戌	14
甲戌	甲辰	癸酉	癸卯	壬申	辛丑	辛未	庚子	庚午	己亥	庚午	己亥	15
乙亥	乙巳	甲戌	甲辰	癸酉	壬寅	壬申	辛丑	辛未	庚子	辛未	庚子	16
丙子	丙午	乙亥	乙巳	甲戌	癸卯	癸酉	壬寅	壬申	辛丑	壬申	辛丑	17
丁丑	丁未	丙子	丙午	乙亥	甲辰	甲戌	癸卯	癸酉	壬寅	癸酉	壬寅	18
戊寅	戊申	丁丑	丁未	丙子	乙巳	乙亥	甲辰	甲戌	癸卯	甲戌	癸卯	19
己卯	己酉	戊寅	戊申	丁丑	丙午	丙子	乙巳	乙亥	甲辰	乙亥	甲辰	20
庚辰	庚戌	己卯	己酉	戊寅	丁未	丁丑	丙午	丙子	乙巳	丙子	乙巳	21
辛巳	辛亥	庚辰	庚戌	己卯	戊申	戊寅	丁未	丁丑	丙午	丁丑	丙午	22
壬午	壬子	辛巳	辛亥	庚辰	己酉	己卯	戊申	戊寅	丁未	戊寅	丁未	23
癸未	癸丑	壬午	壬子	辛巳	庚戌	庚辰	己酉	己卯	戊申	己卯	戊申	24
甲申	甲寅	癸未	癸丑	壬午	辛亥	辛巳	庚戌	庚辰	己酉	庚辰	己酉	25
乙酉	乙卯	甲申	甲寅	癸未	壬子	壬午	辛亥	辛巳	庚戌	辛巳	庚戌	26
丙戌	丙辰	乙酉	乙卯	甲申	癸丑	癸未	壬子	壬午	辛亥	壬午	辛亥	27
丁亥	丁巳	丙戌	丙辰	乙酉	甲寅	甲申	癸丑	癸未	壬子	癸未	壬子	28
戊子	戊午	丁亥	丁巳	丙戌	乙卯	乙酉	甲寅	甲申	癸丑	甲申	癸丑	29
十二月 己丑	己未	戊子	戊午	丁亥	丙辰	丙戌	乙卯	乙酉	甲寅		甲寅	30
庚寅		己丑		戊子	丁巳		丙辰		乙卯		乙卯	31

農曆初一　農曆十五

西曆一九四九年

12月	11月	10月	9月	8月	7月	6月	5月	4月	3月	2月	1月	月/日
乙丑	乙未	甲子	甲午	癸亥	壬辰	壬戌	辛卯	辛酉	庚寅	壬戌	辛卯	1
丙寅	丙申	乙丑	乙未	甲子	癸巳	癸亥	壬辰	壬戌	辛卯	癸亥	壬辰	2
丁卯	丁酉	丙寅	丙申	乙丑	甲午	甲子	癸巳	癸亥	壬辰	甲子	癸巳	3
戊辰	戊戌	丁卯	丁酉	丙寅	乙未	乙丑	甲午	甲子	癸巳	乙丑	甲午	4
己巳	己亥	戊辰	戊戌	丁卯	丙申	丙寅	乙未	乙丑	甲午	丙寅	乙未	5
庚午	庚子	己巳	己亥	戊辰	丁酉	丁卯	丙申	丙寅	乙未	丁卯	丙申	6
辛未	辛丑	庚午	庚子	己巳	戊戌	戊辰	丁酉	丁卯	丙申	戊辰	丁酉	7
壬申	壬寅	辛未	辛丑	庚午	己亥	己巳	戊戌	戊辰	丁酉	己巳	戊戌	8
癸酉	癸卯	壬申	壬寅	辛未	庚子	庚午	己亥	己巳	戊戌	庚午	己亥	9
甲戌	甲辰	癸酉	癸卯	壬申	辛丑	辛未	庚子	庚午	己亥	辛未	庚子	10
乙亥	乙巳	甲戌	甲辰	癸酉	壬寅	壬申	辛丑	辛未	庚子	壬申	辛丑	11
丙子	丙午	乙亥	乙巳	甲戌	癸卯	癸酉	壬寅	壬申	辛丑	癸酉	壬寅	12
丁丑	丁未	丙子	丙午	乙亥	甲辰	甲戌	癸卯	癸酉	壬寅	甲戌	癸卯	13
戊寅	戊申	丁丑	丁未	丙子	乙巳	乙亥	甲辰	甲戌	癸卯	乙亥	甲辰	14
己卯	己酉	戊寅	戊申	丁丑	丙午	丙子	乙巳	乙亥	甲辰	丙子	乙巳	15
庚辰	庚戌	己卯	己酉	戊寅	丁未	丁丑	丙午	丙子	乙巳	丁丑	丙午	16
辛巳	辛亥	庚辰	庚戌	己卯	戊申	戊寅	丁未	丁丑	丙午	戊寅	丁未	17
壬午	壬子	辛巳	辛亥	庚辰	己酉	己卯	戊申	戊寅	丁未	己卯	戊申	18
癸未	癸丑	壬午	壬子	辛巳	庚戌	庚辰	己酉	己卯	戊申	庚辰	己酉	19
十一月 甲申	十月 甲寅	癸未	癸丑	壬午	辛亥	辛巳	庚戌	庚辰	己酉	辛巳	庚戌	20
乙酉	乙卯	甲申	甲寅	癸未	壬子	壬午	辛亥	辛巳	庚戌	壬午	辛亥	21
丙戌	丙辰	九月 乙酉	八月 乙卯	甲申	癸丑	癸未	壬子	壬午	辛亥	癸未	壬子	22
丁亥	丁巳	丙戌	丙辰	乙酉	甲寅	甲申	癸丑	癸未	壬子	甲申	癸丑	23
戊子	戊午	丁亥	丁巳	閏七月 丙戌	乙卯	乙酉	甲寅	甲申	癸丑	乙酉	甲寅	24
己丑	己未	戊子	戊午	丁亥	丙辰	丙戌	乙卯	乙酉	甲寅	丙戌	乙卯	25
庚寅	庚申	己丑	己未	戊子	七月 丁巳	六月 丁亥	丙辰	丙戌	乙卯	丁亥	丙辰	26
辛卯	辛酉	庚寅	庚申	己丑	戊午	戊子	丁巳	丁亥	丙辰	戊子	丁巳	27
壬辰	壬戌	辛卯	辛酉	庚寅	己未	己丑	五月 戊午	四月 戊子	丁巳	二月 己丑	戊午	28
癸巳	癸亥	壬辰	壬戌	辛卯	庚申	庚寅	己未	己丑	三月 戊午		正月 己未	29
甲午	甲子	癸巳	癸亥	壬辰	辛酉	辛卯	庚申	庚寅	己未		庚申	30
乙未		甲午		癸巳	壬戌		辛酉		庚申		辛酉	31

農曆初一　農曆十五

西曆一九五〇年

12月	11月	10月	9月	8月	7月	6月	5月	4月	3月	2月	1月	月/日
庚午	庚子	己巳	己亥	戊辰	丁酉	丁卯	丙申	丙寅	乙未	丁卯	丙申	1
辛未	辛丑	庚午	庚子	己巳	戊戌	戊辰	丁酉	丁卯	丙申	戊辰	丁酉	2
壬申	壬寅	辛未	辛丑	庚午	己亥	己巳	戊戌	戊辰	丁酉	己巳	戊戌	3
癸酉	癸卯	壬申	壬寅	辛未	庚子	庚午	己亥	己巳	戊戌	庚午	己亥	4
甲戌	甲辰	癸酉	癸卯	壬申	辛丑	辛未	庚子	庚午	己亥	辛未	庚子	5
乙亥	乙巳	甲戌	甲辰	癸酉	壬寅	壬申	辛丑	辛未	庚子	壬申	辛丑	6
丙子	丙午	乙亥	乙巳	甲戌	癸卯	癸酉	壬寅	壬申	辛丑	癸酉	壬寅	7
丁丑	丁未	丙子	丙午	乙亥	甲辰	甲戌	癸卯	癸酉	壬寅	甲戌	癸卯	8
十一月 戊寅	戊申	丁丑	丁未	丙子	乙巳	乙亥	甲辰	甲戌	癸卯	乙亥	甲辰	9
己卯	十月 己酉	戊寅	戊申	丁丑	丙午	丙子	乙巳	乙亥	甲辰	丙子	乙巳	10
庚辰	庚戌	九月 己卯	己酉	戊寅	丁未	丁丑	丙午	丙子	乙巳	丁丑	丙午	11
辛巳	辛亥	庚辰	八月 庚戌	己卯	戊申	戊寅	丁未	丁丑	丙午	戊寅	丁未	12
壬午	壬子	辛巳	辛亥	庚辰	己酉	己卯	戊申	戊寅	丁未	己卯	戊申	13
癸未	癸丑	壬午	壬子	七月 辛巳	庚戌	庚辰	己酉	己卯	戊申	庚辰	己酉	14
甲申	甲寅	癸未	癸丑	壬午	六月 辛亥	五月 辛巳	庚戌	庚辰	己酉	辛巳	庚戌	15
乙酉	乙卯	甲申	甲寅	癸未	壬子	壬午	辛亥	辛巳	庚戌	壬午	辛亥	16
丙戌	丙辰	乙酉	乙卯	甲申	癸丑	癸未	四月 壬子	三月 壬午	辛亥	正月 癸未	壬子	17
丁亥	丁巳	丙戌	丙辰	乙酉	甲寅	甲申	癸丑	癸未	二月 壬子	甲申	十二月 癸丑	18
戊子	戊午	丁亥	丁巳	丙戌	乙卯	乙酉	甲寅	甲申	癸丑	乙酉	甲寅	19
己丑	己未	戊子	戊午	丁亥	丙辰	丙戌	乙卯	乙酉	甲寅	丙戌	乙卯	20
庚寅	庚申	己丑	己未	戊子	丁巳	丁亥	丙辰	丙戌	乙卯	丁亥	丙辰	21
辛卯	辛酉	庚寅	庚申	己丑	戊午	戊子	丁巳	丁亥	丙辰	戊子	丁巳	22
壬辰	壬戌	辛卯	辛酉	庚寅	己未	己丑	戊午	戊子	丁巳	己丑	戊午	23
癸巳	癸亥	壬辰	壬戌	辛卯	庚申	庚寅	己未	己丑	戊午	庚寅	己未	24
甲午	甲子	癸巳	癸亥	壬辰	辛酉	辛卯	庚申	庚寅	己未	辛卯	庚申	25
乙未	乙丑	甲午	甲子	癸巳	壬戌	壬辰	辛酉	辛卯	庚申	壬辰	辛酉	26
丙申	丙寅	乙未	乙丑	甲午	癸亥	癸巳	壬戌	壬辰	辛酉	癸巳	壬戌	27
丁酉	丁卯	丙申	丙寅	乙未	甲子	甲午	癸亥	癸巳	壬戌	甲午	癸亥	28
戊戌	戊辰	丁酉	丁卯	丙申	乙丑	乙未	甲子	甲午	癸亥		甲子	29
己亥	己巳	戊戌	戊辰	丁酉	丙寅	丙申	乙丑	乙未	甲子		乙丑	30
庚子		己亥		戊戌	丁卯		丙寅		乙丑		丙寅	31

農曆初一　農曆十五

西曆一九五一年

12月	11月	10月	9月	8月	7月	6月	5月	4月	3月	2月	1月	月/日
乙亥	乙巳	九月 甲戌	八月 甲辰	癸酉	壬寅	壬申	辛丑	辛未	庚子	壬申	辛丑	1
丙子	丙午	乙亥	乙巳	甲戌	癸卯	癸酉	壬寅	壬申	辛丑	癸酉	壬寅	2
丁丑	丁未	丙子	丙午	七月 乙亥	甲辰	甲戌	癸卯	癸酉	壬寅	甲戌	癸卯	3
戊寅	戊申	丁丑	丁未	丙子	六月 乙巳	乙亥	甲辰	甲戌	癸卯	乙亥	甲辰	4
己卯	己酉	戊寅	戊申	丁丑	丙午	五月 丙子	乙巳	乙亥	甲辰	丙子	乙巳	5
庚辰	庚戌	己卯	己酉	戊寅	丁未	丁丑	四月 丙午	三月 丙子	乙巳	正月 丁丑	丙午	6
辛巳	辛亥	庚辰	庚戌	己卯	戊申	戊寅	丁未	丁丑	丙午	戊寅	丁未	7
壬午	壬子	辛巳	辛亥	庚辰	己酉	己卯	戊申	戊寅	二月 丁未	己卯	十二月 戊申	8
癸未	癸丑	壬午	壬子	辛巳	庚戌	庚辰	己酉	己卯	戊申	庚辰	己酉	9
甲申	甲寅	癸未	癸丑	壬午	辛亥	辛巳	庚戌	庚辰	己酉	辛巳	庚戌	10
乙酉	乙卯	甲申	甲寅	癸未	壬子	壬午	辛亥	辛巳	庚戌	壬午	辛亥	11
丙戌	丙辰	乙酉	乙卯	甲申	癸丑	癸未	壬子	壬午	辛亥	癸未	壬子	12
丁亥	丁巳	丙戌	丙辰	乙酉	甲寅	甲申	癸丑	癸未	壬子	甲申	癸丑	13
戊子	戊午	丁亥	丁巳	丙戌	乙卯	乙酉	甲寅	甲申	癸丑	乙酉	甲寅	14
己丑	己未	戊子	戊午	丁亥	丙辰	丙戌	乙卯	乙酉	甲寅	丙戌	乙卯	15
庚寅	庚申	己丑	己未	戊子	丁巳	丁亥	丙辰	丙戌	乙卯	丁亥	丙辰	16
辛卯	辛酉	庚寅	庚申	己丑	戊午	戊子	丁巳	丁亥	丙辰	戊子	丁巳	17
壬辰	壬戌	辛卯	辛酉	庚寅	己未	己丑	戊午	戊子	丁巳	己丑	戊午	18
癸巳	癸亥	壬辰	壬戌	辛卯	庚申	庚寅	己未	己丑	戊午	庚寅	己未	19
甲午	甲子	癸巳	癸亥	壬辰	辛酉	辛卯	庚申	庚寅	己未	辛卯	庚申	20
乙未	乙丑	甲午	甲子	癸巳	壬戌	壬辰	辛酉	辛卯	庚申	壬辰	辛酉	21
丙申	丙寅	乙未	乙丑	甲午	癸亥	癸巳	壬戌	壬辰	辛酉	癸巳	壬戌	22
丁酉	丁卯	丙申	丙寅	乙未	甲子	甲午	癸亥	癸巳	壬戌	甲午	癸亥	23
戊戌	戊辰	丁酉	丁卯	丙申	乙丑	乙未	甲子	甲午	癸亥	乙未	甲子	24
己亥	己巳	戊戌	戊辰	丁酉	丙寅	丙申	乙丑	乙未	甲子	丙申	乙丑	25
庚子	庚午	己亥	己巳	戊戌	丁卯	丁酉	丙寅	丙申	乙丑	丁酉	丙寅	26
辛丑	辛未	庚子	庚午	己亥	戊辰	戊戌	丁卯	丁酉	丙寅	戊戌	丁卯	27
十二月 壬寅	壬申	辛丑	辛未	庚子	己巳	己亥	戊辰	戊戌	丁卯	己亥	戊辰	28
癸卯	十一月 癸酉	壬寅	壬申	辛丑	庚午	庚子	己巳	己亥	戊辰		己巳	29
甲辰	甲戌	十月 癸卯	癸酉	壬寅	辛未	辛丑	庚午	庚子	己巳		庚午	30
乙巳		甲辰		癸卯	壬申		辛未		庚午		辛未	31

農曆初一　農曆十五

西曆一九五二年

12月	11月	10月	9月	8月	7月	6月	5月	4月	3月	2月	1月	月/日
辛巳	辛亥	庚辰	庚戌	己卯	戊申	戊寅	丁未	丁丑	丙午	丁丑	丙午	1
壬午	壬子	辛巳	辛亥	庚辰	己酉	己卯	戊申	戊寅	丁未	戊寅	丁未	2
癸未	癸丑	壬午	壬子	辛巳	庚戌	庚辰	己酉	己卯	戊申	己卯	戊申	3
甲申	甲寅	癸未	癸丑	壬午	辛亥	辛巳	庚戌	庚辰	己酉	庚辰	己酉	4
乙酉	乙卯	甲申	甲寅	癸未	壬子	壬午	辛亥	辛巳	庚戌	辛巳	庚戌	5
丙戌	丙辰	乙酉	乙卯	甲申	癸丑	癸未	壬子	壬午	辛亥	壬午	辛亥	6
丁亥	丁巳	丙戌	丙辰	乙酉	甲寅	甲申	癸丑	癸未	壬子	癸未	壬子	7
戊子	戊午	丁亥	丁巳	丙戌	乙卯	乙酉	甲寅	甲申	癸丑	甲申	癸丑	8
己丑	己未	戊子	戊午	丁亥	丙辰	丙戌	乙卯	乙酉	甲寅	乙酉	甲寅	9
庚寅	庚申	己丑	己未	戊子	丁巳	丁亥	丙辰	丙戌	乙卯	丙戌	乙卯	10
辛卯	辛酉	庚寅	庚申	己丑	戊午	戊子	丁巳	丁亥	丙辰	丁亥	丙辰	11
壬辰	壬戌	辛卯	辛酉	庚寅	己未	己丑	戊午	戊子	丁巳	戊子	丁巳	12
癸巳	癸亥	壬辰	壬戌	辛卯	庚申	庚寅	己未	己丑	戊午	己丑	戊午	13
甲午	甲子	癸巳	癸亥	壬辰	辛酉	辛卯	庚申	庚寅	己未	庚寅	己未	14
乙未	乙丑	甲午	甲子	癸巳	壬戌	壬辰	辛酉	辛卯	庚申	辛卯	庚申	15
丙申	丙寅	乙未	乙丑	甲午	癸亥	癸巳	壬戌	壬辰	辛酉	壬辰	辛酉	16
十一月 丁酉	十月 丁卯	丙申	丙寅	乙未	甲子	甲午	癸亥	癸巳	壬戌	癸巳	壬戌	17
戊戌	戊辰	丁酉	丁卯	丙申	乙丑	乙未	甲子	甲午	癸亥	甲午	癸亥	18
己亥	己巳	九月 戊戌	八月 戊辰	丁酉	丙寅	丙申	乙丑	乙未	甲子	乙未	甲子	19
庚子	庚午	己亥	己巳	七月 戊戌	丁卯	丁酉	丙寅	丙申	乙丑	丙申	乙丑	20
辛丑	辛未	庚子	庚午	己亥	戊辰	戊戌	丁卯	丁酉	丙寅	丁酉	丙寅	21
壬寅	壬申	辛丑	辛未	庚子	六月 己巳	閏五月 己亥	戊辰	戊戌	丁卯	戊戌	丁卯	22
癸卯	癸酉	壬寅	壬申	辛丑	庚午	庚子	己巳	己亥	戊辰	己亥	戊辰	23
甲辰	甲戌	癸卯	癸酉	壬寅	辛未	辛丑	五月 庚午	四月 庚子	己巳	庚子	己巳	24
乙巳	乙亥	甲辰	甲戌	癸卯	壬申	壬寅	辛未	辛丑	庚午	二月 辛丑	庚午	25
丙午	丙子	乙巳	乙亥	甲辰	癸酉	癸卯	壬申	壬寅	三月 辛未	壬寅	辛未	26
丁未	丁丑	丙午	丙子	乙巳	甲戌	甲辰	癸酉	癸卯	壬申	癸卯	正月 壬申	27
戊申	戊寅	丁未	丁丑	丙午	乙亥	乙巳	甲戌	甲辰	癸酉	甲辰	癸酉	28
己酉	己卯	戊申	戊寅	丁未	丙子	丙午	乙亥	乙巳	甲戌	乙巳	甲戌	29
庚戌	庚辰	己酉	己卯	戊申	丁丑	丁未	丙子	丙午	乙亥		乙亥	30
辛亥		庚戌		己酉	戊寅		丁丑		丙子		丙子	31

農曆初一　農曆十五

西曆一九五三年

12月	11月	10月	9月	8月	7月	6月	5月	4月	3月	2月	1月	月/日
丙戌	丙辰	乙酉	乙卯	甲申	癸丑	癸未	壬子	壬午	辛亥	癸未	壬子	1
丁亥	丁巳	丙戌	丙辰	乙酉	甲寅	甲申	癸丑	癸未	壬子	甲申	癸丑	2
戊子	戊午	丁亥	丁巳	丙戌	乙卯	乙酉	甲寅	甲申	癸丑	乙酉	甲寅	3
己丑	己未	戊子	戊午	丁亥	丙辰	丙戌	乙卯	乙酉	甲寅	丙戌	乙卯	4
庚寅	庚申	己丑	己未	戊子	丁巳	丁亥	丙辰	丙戌	乙卯	丁亥	丙辰	5
十一月 辛卯	辛酉	庚寅	庚申	己丑	戊午	戊子	丁巳	丁亥	丙辰	戊子	丁巳	6
壬辰	十月 壬戌	辛卯	辛酉	庚寅	己未	己丑	戊午	戊子	丁巳	己丑	戊午	7
癸巳	癸亥	九月 壬辰	八月 壬戌	辛卯	庚申	庚寅	己未	己丑	戊午	庚寅	己未	8
甲午	甲子	癸巳	癸亥	壬辰	辛酉	辛卯	庚申	庚寅	己未	辛卯	庚申	9
乙未	乙丑	甲午	甲子	七月 癸巳	壬戌	壬辰	辛酉	辛卯	庚申	壬辰	辛酉	10
丙申	丙寅	乙未	乙丑	甲午	六月 癸亥	五月 癸巳	壬戌	壬辰	辛酉	癸巳	壬戌	11
丁酉	丁卯	丙申	丙寅	乙未	甲子	甲午	癸亥	癸巳	壬戌	甲午	癸亥	12
戊戌	戊辰	丁酉	丁卯	丙申	乙丑	乙未	四月 甲子	甲午	癸亥	乙未	甲子	13
己亥	己巳	戊戌	戊辰	丁酉	丙寅	丙申	乙丑	三月 乙未	甲子	正月 丙申	乙丑	14
庚子	庚午	己亥	己巳	戊戌	丁卯	丁酉	丙寅	丙申	二月 乙丑	丁酉	十二月 丙寅	15
辛丑	辛未	庚子	庚午	己亥	戊辰	戊戌	丁卯	丁酉	丙寅	戊戌	丁卯	16
壬寅	壬申	辛丑	辛未	庚子	己巳	己亥	戊辰	戊戌	丁卯	己亥	戊辰	17
癸卯	癸酉	壬寅	壬申	辛丑	庚午	庚子	己巳	己亥	戊辰	庚子	己巳	18
甲辰	甲戌	癸卯	癸酉	壬寅	辛未	辛丑	庚午	庚子	己巳	辛丑	庚午	19
乙巳	乙亥	甲辰	甲戌	癸卯	壬申	壬寅	辛未	辛丑	庚午	壬寅	辛未	20
丙午	丙子	乙巳	乙亥	甲辰	癸酉	癸卯	壬申	壬寅	辛未	癸卯	壬申	21
丁未	丁丑	丙午	丙子	乙巳	甲戌	甲辰	癸酉	癸卯	壬申	甲辰	癸酉	22
戊申	戊寅	丁未	丁丑	丙午	乙亥	乙巳	甲戌	甲辰	癸酉	乙巳	甲戌	23
己酉	己卯	戊申	戊寅	丁未	丙子	丙午	乙亥	乙巳	甲戌	丙午	乙亥	24
庚戌	庚辰	己酉	己卯	戊申	丁丑	丁未	丙子	丙午	乙亥	丁未	丙子	25
辛亥	辛巳	庚戌	庚辰	己酉	戊寅	戊申	丁丑	丁未	丙子	戊申	丁丑	26
壬子	壬午	辛亥	辛巳	庚戌	己卯	己酉	戊寅	戊申	丁丑	己酉	戊寅	27
癸丑	癸未	壬子	壬午	辛亥	庚辰	庚戌	己卯	己酉	戊寅	庚戌	己卯	28
甲寅	甲申	癸丑	癸未	壬子	辛巳	辛亥	庚辰	庚戌	己卯		庚辰	29
乙卯	乙酉	甲寅	甲申	癸丑	壬午	壬子	辛巳	辛亥	庚辰		辛巳	30
丙辰		乙卯		甲寅	癸未		壬午		辛巳		壬午	31

農曆初一　農曆十五

西曆一九五四年

12月	11月	10月	9月	8月	7月	6月	5月	4月	3月	2月	1月	月／日
辛卯	辛酉	庚寅	庚申	己丑	戊午	五月 戊子	丁巳	丁亥	丙辰	戊子	丁巳	1
壬辰	壬戌	辛卯	辛酉	庚寅	己未	己丑	戊午	戊子	丁巳	己丑	戊午	2
癸巳	癸亥	壬辰	壬戌	辛卯	庚申	庚寅	四月 己未	三月 己丑	戊午	正月 庚寅	己未	3
甲午	甲子	癸巳	癸亥	壬辰	辛酉	辛卯	庚申	庚寅	己未	辛卯	庚申	4
乙未	乙丑	甲午	甲子	癸巳	壬戌	壬辰	辛酉	辛卯	二月 庚申	壬辰	十二月 辛酉	5
丙申	丙寅	乙未	乙丑	甲午	癸亥	癸巳	壬戌	壬辰	辛酉	癸巳	壬戌	6
丁酉	丁卯	丙申	丙寅	乙未	甲子	甲午	癸亥	癸巳	壬戌	甲午	癸亥	7
戊戌	戊辰	丁酉	丁卯	丙申	乙丑	乙未	甲子	甲午	癸亥	乙未	甲子	8
己亥	己巳	戊戌	戊辰	丁酉	丙寅	丙申	乙丑	乙未	甲子	丙申	乙丑	9
庚子	庚午	己亥	己巳	戊戌	丁卯	丁酉	丙寅	丙申	乙丑	丁酉	丙寅	10
辛丑	辛未	庚子	庚午	己亥	戊辰	戊戌	丁卯	丁酉	丙寅	戊戌	丁卯	11
壬寅	壬申	辛丑	辛未	庚子	己巳	己亥	戊辰	戊戌	丁卯	己亥	戊辰	12
癸卯	癸酉	壬寅	壬申	辛丑	庚午	庚子	己巳	己亥	戊辰	庚子	己巳	13
甲辰	甲戌	癸卯	癸酉	壬寅	辛未	辛丑	庚午	庚子	己巳	辛丑	庚午	14
乙巳	乙亥	甲辰	甲戌	癸卯	壬申	壬寅	辛未	辛丑	庚午	壬寅	辛未	15
丙午	丙子	乙巳	乙亥	甲辰	癸酉	癸卯	壬申	壬寅	辛未	癸卯	壬申	16
丁未	丁丑	丙午	丙子	乙巳	甲戌	甲辰	癸酉	癸卯	壬申	甲辰	癸酉	17
戊申	戊寅	丁未	丁丑	丙午	乙亥	乙巳	甲戌	甲辰	癸酉	乙巳	甲戌	18
己酉	己卯	戊申	戊寅	丁未	丙子	丙午	乙亥	乙巳	甲戌	丙午	乙亥	19
庚戌	庚辰	己酉	己卯	戊申	丁丑	丁未	丙子	丙午	乙亥	丁未	丙子	20
辛亥	辛巳	庚戌	庚辰	己酉	戊寅	戊申	丁丑	丁未	丙子	戊申	丁丑	21
壬子	壬午	辛亥	辛巳	庚戌	己卯	己酉	戊寅	戊申	丁丑	己酉	戊寅	22
癸丑	癸未	壬子	壬午	辛亥	庚辰	庚戌	己卯	己酉	戊寅	庚戌	己卯	23
甲寅	甲申	癸丑	癸未	壬子	辛巳	辛亥	庚辰	庚戌	己卯	辛亥	庚辰	24
十二月 乙卯	十一月 乙酉	甲寅	甲申	癸丑	壬午	壬子	辛巳	辛亥	庚辰	壬子	辛巳	25
丙辰	丙戌	乙卯	乙酉	甲寅	癸未	癸丑	壬午	壬子	辛巳	癸丑	壬午	26
丁巳	丁亥	十月 丙辰	九月 丙戌	乙卯	甲申	甲寅	癸未	癸丑	壬午	甲寅	癸未	27
戊午	戊子	丁巳	丁亥	八月 丙辰	乙酉	乙卯	甲申	甲寅	癸未	乙卯	甲申	28
己未	己丑	戊午	戊子	丁巳	丙戌	丙辰	乙酉	乙卯	甲申		乙酉	29
庚申	庚寅	己未	己丑	戊午	七月 丁亥	六月 丁巳	丙戌	丙辰	乙酉		丙戌	30
辛酉		庚申		己未	戊子		丁亥		丙戌		丁亥	31

農曆初一　農曆十五

西曆一九五五年

12月	11月	10月	9月	8月	7月	6月	5月	4月	3月	2月	1月	月/日
丙申	丙寅	乙未	乙丑	甲午	癸亥	癸巳	壬戌	壬辰	辛酉	癸巳	壬戌	1
丁酉	丁卯	丙申	丙寅	乙未	甲子	甲午	癸亥	癸巳	壬戌	甲午	癸亥	2
戊戌	戊辰	丁酉	丁卯	丙申	乙丑	乙未	甲子	甲午	癸亥	乙未	甲子	3
己亥	己巳	戊戌	戊辰	丁酉	丙寅	丙申	乙丑	乙未	甲子	丙申	乙丑	4
庚子	庚午	己亥	己巳	戊戌	丁卯	丁酉	丙寅	丙申	乙丑	丁酉	丙寅	5
辛丑	辛未	庚子	庚午	己亥	戊辰	戊戌	丁卯	丁酉	丙寅	戊戌	丁卯	6
壬寅	壬申	辛丑	辛未	庚子	己巳	己亥	戊辰	戊戌	丁卯	己亥	戊辰	7
癸卯	癸酉	壬寅	壬申	辛丑	庚午	庚子	己巳	己亥	戊辰	庚子	己巳	8
甲辰	甲戌	癸卯	癸酉	壬寅	辛未	辛丑	庚午	庚子	己巳	辛丑	庚午	9
乙巳	乙亥	甲辰	甲戌	癸卯	壬申	壬寅	辛未	辛丑	庚午	壬寅	辛未	10
丙午	丙子	乙巳	乙亥	甲辰	癸酉	癸卯	壬申	壬寅	辛未	癸卯	壬申	11
丁未	丁丑	丙午	丙子	乙巳	甲戌	甲辰	癸酉	癸卯	壬申	甲辰	癸酉	12
戊申	戊寅	丁未	丁丑	丙午	乙亥	乙巳	甲戌	甲辰	癸酉	乙巳	甲戌	13
十一月 己酉	十月 己卯	戊申	戊寅	丁未	丙子	丙午	乙亥	乙巳	甲戌	丙午	乙亥	14
庚戌	庚辰	己酉	己卯	戊申	丁丑	丁未	丙子	丙午	乙亥	丁未	丙子	15
辛亥	辛巳	九月 庚戌	八月 庚辰	己酉	戊寅	戊申	丁丑	丁未	丙子	戊申	丁丑	16
壬子	壬午	辛亥	辛巳	庚戌	己卯	己酉	戊寅	戊申	丁丑	己酉	戊寅	17
癸丑	癸未	壬子	壬午	七月 辛亥	庚辰	庚戌	己卯	己酉	戊寅	庚戌	己卯	18
甲寅	甲申	癸丑	癸未	壬子	六月 辛巳	辛亥	庚辰	庚戌	己卯	辛亥	庚辰	19
乙卯	乙酉	甲寅	甲申	癸丑	壬午	五月 壬子	辛巳	辛亥	庚辰	壬子	辛巳	20
丙辰	丙戌	乙卯	乙酉	甲寅	癸未	癸丑	壬午	壬子	辛巳	癸丑	壬午	21
丁巳	丁亥	丙辰	丙戌	乙卯	甲申	甲寅	四月 癸未	閏三月 癸丑	壬午	二月 甲寅	癸未	22
戊午	戊子	丁巳	丁亥	丙辰	乙酉	乙卯	甲申	甲寅	癸未	乙卯	甲申	23
己未	己丑	戊午	戊子	丁巳	丙戌	丙辰	乙酉	乙卯	三月 甲申	丙辰	正月 乙酉	24
庚申	庚寅	己未	己丑	戊午	丁亥	丁巳	丙戌	丙辰	乙酉	丁巳	丙戌	25
辛酉	辛卯	庚申	庚寅	己未	戊子	戊午	丁亥	丁巳	丙戌	戊午	丁亥	26
壬戌	壬辰	辛酉	辛卯	庚申	己丑	己未	戊子	戊午	丁亥	己未	戊子	27
癸亥	癸巳	壬戌	壬辰	辛酉	庚寅	庚申	己丑	己未	戊子	庚申	己丑	28
甲子	甲午	癸亥	癸巳	壬戌	辛卯	辛酉	庚寅	庚申	己丑		庚寅	29
乙丑	乙未	甲子	甲午	癸亥	壬辰	壬戌	辛卯	辛酉	庚寅		辛卯	30
丙寅		乙丑		甲子	癸巳		壬辰		辛卯		壬辰	31

農曆初一　農曆十五

西曆一九五六年

12月	11月	10月	9月	8月	7月	6月	5月	4月	3月	2月	1月	月/日
壬寅	壬申	辛丑	辛未	庚子	己巳	己亥	戊辰	戊戌	丁卯	戊戌	丁卯	1
十一月 癸卯	癸酉	壬寅	壬申	辛丑	庚午	庚子	己巳	己亥	戊辰	己亥	戊辰	2
甲辰	十月 甲戌	癸卯	癸酉	壬寅	辛未	辛丑	庚午	庚子	己巳	庚子	己巳	3
乙巳	乙亥	九月 甲辰	甲戌	癸卯	壬申	壬寅	辛未	辛丑	庚午	辛丑	庚午	4
丙午	丙子	乙巳	八月 乙亥	甲辰	癸酉	癸卯	壬申	壬寅	辛未	壬寅	辛未	5
丁未	丁丑	丙午	丙子	七月 乙巳	甲戌	甲辰	癸酉	癸卯	壬申	癸卯	壬申	6
戊申	戊寅	丁未	丁丑	丙午	乙亥	乙巳	甲戌	甲辰	癸酉	甲辰	癸酉	7
己酉	己卯	戊申	戊寅	丁未	六月 丙子	丙午	乙亥	乙巳	甲戌	乙巳	甲戌	8
庚戌	庚辰	己酉	己卯	戊申	丁丑	五月 丁未	丙子	丙午	乙亥	丙午	乙亥	9
辛亥	辛巳	庚戌	庚辰	己酉	戊寅	戊申	四月 丁丑	丁未	丙子	丁未	丙子	10
壬子	壬午	辛亥	辛巳	庚戌	己卯	己酉	戊寅	三月 戊申	丁丑	戊申	丁丑	11
癸丑	癸未	壬子	壬午	辛亥	庚辰	庚戌	己卯	己酉	二月 戊寅	正月 己酉	戊寅	12
甲寅	甲申	癸丑	癸未	壬子	辛巳	辛亥	庚辰	庚戌	己卯	庚戌	十二月 己卯	13
乙卯	乙酉	甲寅	甲申	癸丑	壬午	壬子	辛巳	辛亥	庚辰	辛亥	庚辰	14
丙辰	丙戌	乙卯	乙酉	甲寅	癸未	癸丑	壬午	壬子	辛巳	壬子	辛巳	15
丁巳	丁亥	丙辰	丙戌	乙卯	甲申	甲寅	癸未	癸丑	壬午	癸丑	壬午	16
戊午	戊子	丁巳	丁亥	丙辰	乙酉	乙卯	甲申	甲寅	癸未	甲寅	癸未	17
己未	己丑	戊午	戊子	丁巳	丙戌	丙辰	乙酉	乙卯	甲申	乙卯	甲申	18
庚申	庚寅	己未	己丑	戊午	丁亥	丁巳	丙戌	丙辰	乙酉	丙辰	乙酉	19
辛酉	辛卯	庚申	庚寅	己未	戊子	戊午	丁亥	丁巳	丙戌	丁巳	丙戌	20
壬戌	壬辰	辛酉	辛卯	庚申	己丑	己未	戊子	戊午	丁亥	戊午	丁亥	21
癸亥	癸巳	壬戌	壬辰	辛酉	庚寅	庚申	己丑	己未	戊子	己未	戊子	22
甲子	甲午	癸亥	癸巳	壬戌	辛卯	辛酉	庚寅	庚申	己丑	庚申	己丑	23
乙丑	乙未	甲子	甲午	癸亥	壬辰	壬戌	辛卯	辛酉	庚寅	辛酉	庚寅	24
丙寅	丙申	乙丑	乙未	甲子	癸巳	癸亥	壬辰	壬戌	辛卯	壬戌	辛卯	25
丁卯	丁酉	丙寅	丙申	乙丑	甲午	甲子	癸巳	癸亥	壬辰	癸亥	壬辰	26
戊辰	戊戌	丁卯	丁酉	丙寅	乙未	乙丑	甲午	甲子	癸巳	甲子	癸巳	27
己巳	己亥	戊辰	戊戌	丁卯	丙申	丙寅	乙未	乙丑	甲午	乙丑	甲午	28
庚午	庚子	己巳	己亥	戊辰	丁酉	丁卯	丙申	丙寅	乙未	丙寅	乙未	29
辛未	辛丑	庚午	庚子	己巳	戊戌	戊辰	丁酉	丁卯	丙申		丙申	30
壬申		辛未		庚午	己亥		戊戌		丁酉		丁酉	31

農曆初一　農曆十五

西曆一九五七年

12月	11月	10月	9月	8月	7月	6月	5月	4月	3月	2月	1月	月/日
丁未	丁丑	丙午	丙子	乙巳	甲戌	甲辰	癸酉	癸卯	壬申	甲辰	(十二月)癸酉	1
戊申	戊寅	丁未	丁丑	丙午	乙亥	乙巳	甲戌	甲辰	(二月)癸酉	乙巳	甲戌	2
己酉	己卯	戊申	戊寅	丁未	丙子	丙午	乙亥	乙巳	甲戌	丙午	乙亥	3
庚戌	庚辰	己酉	己卯	戊申	丁丑	丁未	丙子	丙午	乙亥	丁未	丙子	4
辛亥	辛巳	庚戌	庚辰	己酉	戊寅	戊申	丁丑	丁未	丙子	戊申	丁丑	5
壬子	壬午	辛亥	辛巳	庚戌	己卯	己酉	戊寅	戊申	丁丑	己酉	戊寅	6
癸丑	癸未	壬子	壬午	辛亥	庚辰	庚戌	己卯	己酉	戊寅	庚戌	己卯	7
甲寅	甲申	癸丑	癸未	壬子	辛巳	辛亥	庚辰	庚戌	己卯	辛亥	庚辰	8
乙卯	乙酉	甲寅	甲申	癸丑	壬午	壬子	辛巳	辛亥	庚辰	壬子	辛巳	9
丙辰	丙戌	乙卯	乙酉	甲寅	癸未	癸丑	壬午	壬子	辛巳	癸丑	壬午	10
丁巳	丁亥	丙辰	丙戌	乙卯	甲申	甲寅	癸未	癸丑	壬午	甲寅	癸未	11
戊午	戊子	丁巳	丁亥	丙辰	乙酉	乙卯	甲申	甲寅	癸未	乙卯	甲申	12
己未	己丑	戊午	戊子	丁巳	丙戌	丙辰	乙酉	乙卯	甲申	丙辰	乙酉	13
庚申	庚寅	己未	己丑	戊午	丁亥	丁巳	丙戌	丙辰	乙酉	丁巳	丙戌	14
辛酉	辛卯	庚申	庚寅	己未	戊子	戊午	丁亥	丁巳	丙戌	戊午	丁亥	15
壬戌	壬辰	辛酉	辛卯	庚申	己丑	己未	戊子	戊午	丁亥	己未	戊子	16
癸亥	癸巳	壬戌	壬辰	辛酉	庚寅	庚申	己丑	己未	戊子	庚申	己丑	17
甲子	甲午	癸亥	癸巳	壬戌	辛卯	辛酉	庚寅	庚申	己丑	辛酉	庚寅	18
乙丑	乙未	甲子	甲午	癸亥	壬辰	壬戌	辛卯	辛酉	庚寅	壬戌	辛卯	19
丙寅	丙申	乙丑	乙未	甲子	癸巳	癸亥	壬辰	壬戌	辛卯	癸亥	壬辰	20
(十一月)丁卯	丁酉	丙寅	丙申	乙丑	甲午	甲子	癸巳	癸亥	壬辰	甲子	癸巳	21
戊辰	(十月)戊戌	丁卯	丁酉	丙寅	乙未	乙丑	甲午	甲子	癸巳	乙丑	甲午	22
己巳	己亥	(九月)戊辰	戊戌	丁卯	丙申	丙寅	乙未	乙丑	甲午	丙寅	乙未	23
庚午	庚子	己巳	(閏八月)己亥	戊辰	丁酉	丁卯	丙申	丙寅	乙未	丁卯	丙申	24
辛未	辛丑	庚午	庚子	(八月)己巳	戊戌	戊辰	丁酉	丁卯	丙申	戊辰	丁酉	25
壬申	壬寅	辛未	辛丑	庚午	己亥	己巳	戊戌	戊辰	丁酉	己巳	戊戌	26
癸酉	癸卯	壬申	壬寅	辛未	(七月)庚子	庚午	己亥	己巳	戊戌	庚午	己亥	27
甲戌	甲辰	癸酉	癸卯	壬申	辛丑	(六月)辛未	庚子	庚午	己亥	辛未	庚子	28
乙亥	乙巳	甲戌	甲辰	癸酉	壬寅	壬申	(五月)辛丑	辛未	庚子		辛丑	29
丙子	丙午	乙亥	乙巳	甲戌	癸卯	癸酉	壬寅	(四月)壬申	辛丑		壬寅	30
丁丑		丙子		乙亥	甲辰		癸卯		(三月)壬寅		(正月)癸卯	31

農曆初一　農曆十五

西曆一九五八年

12月	11月	10月	9月	8月	7月	6月	5月	4月	3月	2月	1月	月/日
壬子	壬午	辛亥	辛巳	庚戌	己卯	己酉	戊寅	戊申	丁丑	己酉	戊寅	1
癸丑	癸未	壬子	壬午	辛亥	庚辰	庚戌	己卯	己酉	戊寅	庚戌	己卯	2
甲寅	甲申	癸丑	癸未	壬子	辛巳	辛亥	庚辰	庚戌	己卯	辛亥	庚辰	3
乙卯	乙酉	甲寅	甲申	癸丑	壬午	壬子	辛巳	辛亥	庚辰	壬子	辛巳	4
丙辰	丙戌	乙卯	乙酉	甲寅	癸未	癸丑	壬午	壬子	辛巳	癸丑	壬午	5
丁巳	丁亥	丙辰	丙戌	乙卯	甲申	甲寅	癸未	癸丑	壬午	甲寅	癸未	6
戊午	戊子	丁巳	丁亥	丙辰	乙酉	乙卯	甲申	甲寅	癸未	乙卯	甲申	7
己未	己丑	戊午	戊子	丁巳	丙戌	丙辰	乙酉	乙卯	甲申	丙辰	乙酉	8
庚申	庚寅	己未	己丑	戊午	丁亥	丁巳	丙戌	丙辰	乙酉	丁巳	丙戌	9
辛酉	辛卯	庚申	庚寅	己未	戊子	戊午	丁亥	丁巳	丙戌	戊午	丁亥	10
十一月 壬戌	十月 壬辰	辛酉	辛卯	庚申	己丑	己未	戊子	戊午	丁亥	己未	戊子	11
癸亥	癸巳	壬戌	壬辰	辛酉	庚寅	庚申	己丑	己未	戊子	庚申	己丑	12
甲子	甲午	九月 癸亥	八月 癸巳	壬戌	辛卯	辛酉	庚寅	庚申	己丑	辛酉	庚寅	13
乙丑	乙未	甲子	甲午	癸亥	壬辰	壬戌	辛卯	辛酉	庚寅	壬戌	辛卯	14
丙寅	丙申	乙丑	乙未	七月 甲子	癸巳	癸亥	壬辰	壬戌	辛卯	癸亥	壬辰	15
丁卯	丁酉	丙寅	丙申	乙丑	甲午	甲子	癸巳	癸亥	壬辰	甲子	癸巳	16
戊辰	戊戌	丁卯	丁酉	丙寅	六月 乙未	五月 乙丑	甲午	甲子	癸巳	乙丑	甲午	17
己巳	己亥	戊辰	戊戌	丁卯	丙申	丙寅	乙未	乙丑	甲午	正月 丙寅	乙未	18
庚午	庚子	己巳	己亥	戊辰	丁酉	丁卯	四月 丙申	三月 丙寅	乙未	丁卯	丙申	19
辛未	辛丑	庚午	庚子	己巳	戊戌	戊辰	丁酉	丁卯	二月 丙申	戊辰	十二月 丁酉	20
壬申	壬寅	辛未	辛丑	庚午	己亥	己巳	戊戌	戊辰	丁酉	己巳	戊戌	21
癸酉	癸卯	壬申	壬寅	辛未	庚子	庚午	己亥	己巳	戊戌	庚午	己亥	22
甲戌	甲辰	癸酉	癸卯	壬申	辛丑	辛未	庚子	庚午	己亥	辛未	庚子	23
乙亥	乙巳	甲戌	甲辰	癸酉	壬寅	壬申	辛丑	辛未	庚子	壬申	辛丑	24
丙子	丙午	乙亥	乙巳	甲戌	癸卯	癸酉	壬寅	壬申	辛丑	癸酉	壬寅	25
丁丑	丁未	丙子	丙午	乙亥	甲辰	甲戌	癸卯	癸酉	壬寅	甲戌	癸卯	26
戊寅	戊申	丁丑	丁未	丙子	乙巳	乙亥	甲辰	甲戌	癸卯	乙亥	甲辰	27
己卯	己酉	戊寅	戊申	丁丑	丙午	丙子	乙巳	乙亥	甲辰	丙子	乙巳	28
庚辰	庚戌	己卯	己酉	戊寅	丁未	丁丑	丙午	丙子	乙巳		丙午	29
辛巳	辛亥	庚辰	庚戌	己卯	戊申	戊寅	丁未	丁丑	丙午		丁未	30
壬午		辛巳		庚辰	己酉		戊申		丁未		戊申	31

農曆初一　農曆十五

西曆一九五九年

12月	11月	10月	9月	8月	7月	6月	5月	4月	3月	2月	1月	月/日
丁巳	十月 丁亥	丙辰	丙戌	乙卯	甲申	甲寅	癸未	癸丑	壬午	甲寅	癸未	1
戊午	戊子	九月 丁巳	丁亥	丙辰	乙酉	乙卯	甲申	甲寅	癸未	乙卯	甲申	2
己未	己丑	戊午	八月 戊子	丁巳	丙戌	丙辰	乙酉	乙卯	甲申	丙辰	乙酉	3
庚申	庚寅	己未	己丑	七月 戊午	丁亥	丁巳	丙戌	丙辰	乙酉	丁巳	丙戌	4
辛酉	辛卯	庚申	庚寅	己未	戊子	戊午	丁亥	丁巳	丙戌	戊午	丁亥	5
壬戌	壬辰	辛酉	辛卯	庚申	六月 己丑	五月 己未	戊子	戊午	丁亥	己未	戊子	6
癸亥	癸巳	壬戌	壬辰	辛酉	庚寅	庚申	己丑	己未	戊子	庚申	己丑	7
甲子	甲午	癸亥	癸巳	壬戌	辛卯	辛酉	四月 庚寅	三月 庚申	己丑	正月 辛酉	庚寅	8
乙丑	乙未	甲子	甲午	癸亥	壬辰	壬戌	辛卯	辛酉	二月 庚寅	壬戌	十二月 辛卯	9
丙寅	丙申	乙丑	乙未	甲子	癸巳	癸亥	壬辰	壬戌	辛卯	癸亥	壬辰	10
丁卯	丁酉	丙寅	丙申	乙丑	甲午	甲子	癸巳	癸亥	壬辰	甲子	癸巳	11
戊辰	戊戌	丁卯	丁酉	丙寅	乙未	乙丑	甲午	甲子	癸巳	乙丑	甲午	12
己巳	己亥	戊辰	戊戌	丁卯	丙申	丙寅	乙未	乙丑	甲午	丙寅	乙未	13
庚午	庚子	己巳	己亥	戊辰	丁酉	丁卯	丙申	丙寅	乙未	丁卯	丙申	14
辛未	辛丑	庚午	庚子	己巳	戊戌	戊辰	丁酉	丁卯	丙申	戊辰	丁酉	15
壬申	壬寅	辛未	辛丑	庚午	己亥	己巳	戊戌	戊辰	丁酉	己巳	戊戌	16
癸酉	癸卯	壬申	壬寅	辛未	庚子	庚午	己亥	己巳	戊戌	庚午	己亥	17
甲戌	甲辰	癸酉	癸卯	壬申	辛丑	辛未	庚子	庚午	己亥	辛未	庚子	18
乙亥	乙巳	甲戌	甲辰	癸酉	壬寅	壬申	辛丑	辛未	庚子	壬申	辛丑	19
丙子	丙午	乙亥	乙巳	甲戌	癸卯	癸酉	壬寅	壬申	辛丑	癸酉	壬寅	20
丁丑	丁未	丙子	丙午	乙亥	甲辰	甲戌	癸卯	癸酉	壬寅	甲戌	癸卯	21
戊寅	戊申	丁丑	丁未	丙子	乙巳	乙亥	甲辰	甲戌	癸卯	乙亥	甲辰	22
己卯	己酉	戊寅	戊申	丁丑	丙午	丙子	乙巳	乙亥	甲辰	丙子	乙巳	23
庚辰	庚戌	己卯	己酉	戊寅	丁未	丁丑	丙午	丙子	乙巳	丁丑	丙午	24
辛巳	辛亥	庚辰	庚戌	己卯	戊申	戊寅	丁未	丁丑	丙午	戊寅	丁未	25
壬午	壬子	辛巳	辛亥	庚辰	己酉	己卯	戊申	戊寅	丁未	己卯	戊申	26
癸未	癸丑	壬午	壬子	辛巳	庚戌	庚辰	己酉	己卯	戊申	庚辰	己酉	27
甲申	甲寅	癸未	癸丑	壬午	辛亥	辛巳	庚戌	庚辰	己酉	辛巳	庚戌	28
乙酉	乙卯	甲申	甲寅	癸未	壬子	壬午	辛亥	辛巳	庚戌		辛亥	29
十二月 丙戌	十一月 丙辰	乙酉	乙卯	甲申	癸丑	癸未	壬子	壬午	辛亥		壬子	30
丁亥		丙戌		乙酉	甲寅		癸丑		壬子		癸丑	31

農曆初一　農曆十五

西曆一九六〇年

12月	11月	10月	9月	8月	7月	6月	5月	4月	3月	2月	1月	月/日
癸亥	癸巳	壬戌	壬辰	辛酉	庚寅	庚申	己丑	己未	戊子	己未	戊子	1
甲子	甲午	癸亥	癸巳	壬戌	辛卯	辛酉	庚寅	庚申	己丑	庚申	己丑	2
乙丑	乙未	甲子	甲午	癸亥	壬辰	壬戌	辛卯	辛酉	庚寅	辛酉	庚寅	3
丙寅	丙申	乙丑	乙未	甲子	癸巳	癸亥	壬辰	壬戌	辛卯	壬戌	辛卯	4
丁卯	丁酉	丙寅	丙申	乙丑	甲午	甲子	癸巳	癸亥	壬辰	癸亥	壬辰	5
戊辰	戊戌	丁卯	丁酉	丙寅	乙未	乙丑	甲午	甲子	癸巳	甲子	癸巳	6
己巳	己亥	戊辰	戊戌	丁卯	丙申	丙寅	乙未	乙丑	甲午	乙丑	甲午	7
庚午	庚子	己巳	己亥	戊辰	丁酉	丁卯	丙申	丙寅	乙未	丙寅	乙未	8
辛未	辛丑	庚午	庚子	己巳	戊戌	戊辰	丁酉	丁卯	丙申	丁卯	丙申	9
壬申	壬寅	辛未	辛丑	庚午	己亥	己巳	戊戌	戊辰	丁酉	戊辰	丁酉	10
癸酉	癸卯	壬申	壬寅	辛未	庚子	庚午	己亥	己巳	戊戌	己巳	戊戌	11
甲戌	甲辰	癸酉	癸卯	壬申	辛丑	辛未	庚子	庚午	己亥	庚午	己亥	12
乙亥	乙巳	甲戌	甲辰	癸酉	壬寅	壬申	辛丑	辛未	庚子	辛未	庚子	13
丙子	丙午	乙亥	乙巳	甲戌	癸卯	癸酉	壬寅	壬申	辛丑	壬申	辛丑	14
丁丑	丁未	丙子	丙午	乙亥	甲辰	甲戌	癸卯	癸酉	壬寅	癸酉	壬寅	15
戊寅	戊申	丁丑	丁未	丙子	乙巳	乙亥	甲辰	甲戌	癸卯	甲戌	癸卯	16
己卯	己酉	戊寅	戊申	丁丑	丙午	丙子	乙巳	乙亥	甲辰	乙亥	甲辰	17
十一月 庚辰	庚戌	己卯	己酉	戊寅	丁未	丁丑	丙午	丙子	乙巳	丙子	乙巳	18
辛巳	十月 辛亥	庚辰	庚戌	己卯	戊申	戊寅	丁未	丁丑	丙午	丁丑	丙午	19
壬午	壬子	九月 辛巳	辛亥	庚辰	己酉	己卯	戊申	戊寅	丁未	戊寅	丁未	20
癸未	癸丑	壬午	八月 壬子	辛巳	庚戌	庚辰	己酉	己卯	戊申	己卯	戊申	21
甲申	甲寅	癸未	癸丑	七月 壬午	辛亥	辛巳	庚戌	庚辰	己酉	庚辰	己酉	22
乙酉	乙卯	甲申	甲寅	癸未	壬子	壬午	辛亥	辛巳	庚戌	辛巳	庚戌	23
丙戌	丙辰	乙酉	乙卯	甲申	閏六月 癸丑	六月 癸未	壬子	壬午	辛亥	壬午	辛亥	24
丁亥	丁巳	丙戌	丙辰	乙酉	甲寅	甲申	五月 癸丑	癸未	壬子	癸未	壬子	25
戊子	戊午	丁亥	丁巳	丙戌	乙卯	乙酉	甲寅	四月 甲申	癸丑	甲申	癸丑	26
己丑	己未	戊子	戊午	丁亥	丙辰	丙戌	乙卯	乙酉	三月 甲寅	二月 乙酉	甲寅	27
庚寅	庚申	己丑	己未	戊子	丁巳	丁亥	丙辰	丙戌	乙卯	丙戌	正月 乙卯	28
辛卯	辛酉	庚寅	庚申	己丑	戊午	戊子	丁巳	丁亥	丙辰	丁亥	丙辰	29
壬辰	壬戌	辛卯	辛酉	庚寅	己未	己丑	戊午	戊子	丁巳		丁巳	30
癸巳		壬辰		辛卯	庚申		己未		戊午		戊午	31

農曆初一　農曆十五

西曆一九六一年

12月	11月	10月	9月	8月	7月	6月	5月	4月	3月	2月	1月	月/日
戊辰	戊戌	丁卯	丁酉	丙寅	乙未	乙丑	甲午	甲子	癸巳	乙丑	甲午	1
己巳	己亥	戊辰	戊戌	丁卯	丙申	丙寅	乙未	乙丑	甲午	丙寅	乙未	2
庚午	庚子	己巳	己亥	戊辰	丁酉	丁卯	丙申	丙寅	乙未	丁卯	丙申	3
辛未	辛丑	庚午	庚子	己巳	戊戌	戊辰	丁酉	丁卯	丙申	戊辰	丁酉	4
壬申	壬寅	辛未	辛丑	庚午	己亥	己巳	戊戌	戊辰	丁酉	己巳	戊戌	5
癸酉	癸卯	壬申	壬寅	辛未	庚子	庚午	己亥	己巳	戊戌	庚午	己亥	6
甲戌	甲辰	癸酉	癸卯	壬申	辛丑	辛未	庚子	庚午	己亥	辛未	庚子	7
十一月 乙亥	十月 乙巳	甲戌	甲辰	癸酉	壬寅	壬申	辛丑	辛未	庚子	壬申	辛丑	8
丙子	丙午	乙亥	乙巳	甲戌	癸卯	癸酉	壬寅	壬申	辛丑	癸酉	壬寅	9
丁丑	丁未	九月 丙子	八月 丙午	乙亥	甲辰	甲戌	癸卯	癸酉	壬寅	甲戌	癸卯	10
戊寅	戊申	丁丑	丁未	七月 丙子	乙巳	乙亥	甲辰	甲戌	癸卯	乙亥	甲辰	11
己卯	己酉	戊寅	戊申	丁丑	丙午	丙子	乙巳	乙亥	甲辰	丙子	乙巳	12
庚辰	庚戌	己卯	己酉	戊寅	六月 丁未	五月 丁丑	丙午	丙子	乙巳	丁丑	丙午	13
辛巳	辛亥	庚辰	庚戌	己卯	戊申	戊寅	丁未	丁丑	丙午	戊寅	丁未	14
壬午	壬子	辛巳	辛亥	庚辰	己酉	己卯	四月 戊申	三月 戊寅	丁未	正月 己卯	戊申	15
癸未	癸丑	壬午	壬子	辛巳	庚戌	庚辰	己酉	己卯	戊申	庚辰	己酉	16
甲申	甲寅	癸未	癸丑	壬午	辛亥	辛巳	庚戌	庚辰	二月 己酉	辛巳	十二月 庚戌	17
乙酉	乙卯	甲申	甲寅	癸未	壬子	壬午	辛亥	辛巳	庚戌	壬午	辛亥	18
丙戌	丙辰	乙酉	乙卯	甲申	癸丑	癸未	壬子	壬午	辛亥	癸未	壬子	19
丁亥	丁巳	丙戌	丙辰	乙酉	甲寅	甲申	癸丑	癸未	壬子	甲申	癸丑	20
戊子	戊午	丁亥	丁巳	丙戌	乙卯	乙酉	甲寅	甲申	癸丑	乙酉	甲寅	21
己丑	己未	戊子	戊午	丁亥	丙辰	丙戌	乙卯	乙酉	甲寅	丙戌	乙卯	22
庚寅	庚申	己丑	己未	戊子	丁巳	丁亥	丙辰	丙戌	乙卯	丁亥	丙辰	23
辛卯	辛酉	庚寅	庚申	己丑	戊午	戊子	丁巳	丁亥	丙辰	戊子	丁巳	24
壬辰	壬戌	辛卯	辛酉	庚寅	己未	己丑	戊午	戊子	丁巳	己丑	戊午	25
癸巳	癸亥	壬辰	壬戌	辛卯	庚申	庚寅	己未	己丑	戊午	庚寅	己未	26
甲午	甲子	癸巳	癸亥	壬辰	辛酉	辛卯	庚申	庚寅	己未	辛卯	庚申	27
乙未	乙丑	甲午	甲子	癸巳	壬戌	壬辰	辛酉	辛卯	庚申	壬辰	辛酉	28
丙申	丙寅	乙未	乙丑	甲午	癸亥	癸巳	壬戌	壬辰	辛酉		壬戌	29
丁酉	丁卯	丙申	丙寅	乙未	甲子	甲午	癸亥	癸巳	壬戌		癸亥	30
戊戌		丁酉		丙申	乙丑		甲子		癸亥		甲子	31

農曆初一　農曆十五

西曆一九六二年

12月	11月	10月	9月	8月	7月	6月	5月	4月	3月	2月	1月	月/日
癸酉	癸卯	壬申	壬寅	辛未	庚子	庚午	己亥	己巳	戊戌	庚午	己亥	1
甲戌	甲辰	癸酉	癸卯	壬申	六月 辛丑	五月 辛未	庚子	庚午	己亥	辛未	庚子	2
乙亥	乙巳	甲戌	甲辰	癸酉	壬寅	壬申	辛丑	辛未	庚子	壬申	辛丑	3
丙子	丙午	乙亥	乙巳	甲戌	癸卯	癸酉	四月 壬寅	壬申	辛丑	癸酉	壬寅	4
丁丑	丁未	丙子	丙午	乙亥	甲辰	甲戌	癸卯	三月 癸酉	壬寅	正月 甲戌	癸卯	5
戊寅	戊申	丁丑	丁未	丙子	乙巳	乙亥	甲辰	甲戌	二月 癸卯	乙亥	十二月 甲辰	6
己卯	己酉	戊寅	戊申	丁丑	丙午	丙子	乙巳	乙亥	甲辰	丙子	乙巳	7
庚辰	庚戌	己卯	己酉	戊寅	丁未	丁丑	丙午	丙子	乙巳	丁丑	丙午	8
辛巳	辛亥	庚辰	庚戌	己卯	戊申	戊寅	丁未	丁丑	丙午	戊寅	丁未	9
壬午	壬子	辛巳	辛亥	庚辰	己酉	己卯	戊申	戊寅	丁未	己卯	戊申	10
癸未	癸丑	壬午	壬子	辛巳	庚戌	庚辰	己酉	己卯	戊申	庚辰	己酉	11
甲申	甲寅	癸未	癸丑	壬午	辛亥	辛巳	庚戌	庚辰	己酉	辛巳	庚戌	12
乙酉	乙卯	甲申	甲寅	癸未	壬子	壬午	辛亥	辛巳	庚戌	壬午	辛亥	13
丙戌	丙辰	乙酉	乙卯	甲申	癸丑	癸未	壬子	壬午	辛亥	癸未	壬子	14
丁亥	丁巳	丙戌	丙辰	乙酉	甲寅	甲申	癸丑	癸未	壬子	甲申	癸丑	15
戊子	戊午	丁亥	丁巳	丙戌	乙卯	乙酉	甲寅	甲申	癸丑	乙酉	甲寅	16
己丑	己未	戊子	戊午	丁亥	丙辰	丙戌	乙卯	乙酉	甲寅	丙戌	乙卯	17
庚寅	庚申	己丑	己未	戊子	丁巳	丁亥	丙辰	丙戌	乙卯	丁亥	丙辰	18
辛卯	辛酉	庚寅	庚申	己丑	戊午	戊子	丁巳	丁亥	丙辰	戊子	丁巳	19
壬辰	壬戌	辛卯	辛酉	庚寅	己未	己丑	戊午	戊子	丁巳	己丑	戊午	20
癸巳	癸亥	壬辰	壬戌	辛卯	庚申	庚寅	己未	己丑	戊午	庚寅	己未	21
甲午	甲子	癸巳	癸亥	壬辰	辛酉	辛卯	庚申	庚寅	己未	辛卯	庚申	22
乙未	乙丑	甲午	甲子	癸巳	壬戌	壬辰	辛酉	辛卯	庚申	壬辰	辛酉	23
丙申	丙寅	乙未	乙丑	甲午	癸亥	癸巳	壬戌	壬辰	辛酉	癸巳	壬戌	24
丁酉	丁卯	丙申	丙寅	乙未	甲子	甲午	癸亥	癸巳	壬戌	甲午	癸亥	25
戊戌	戊辰	丁酉	丁卯	丙申	乙丑	乙未	甲子	甲午	癸亥	乙未	甲子	26
十二月 己亥	十一月 己巳	戊戌	戊辰	丁酉	丙寅	丙申	乙丑	乙未	甲子	丙申	乙丑	27
庚子	庚午	十月 己亥	己巳	戊戌	丁卯	丁酉	丙寅	丙申	乙丑	丁酉	丙寅	28
辛丑	辛未	庚子	九月 庚午	己亥	戊辰	戊戌	丁卯	丁酉	丙寅		丁卯	29
壬寅	壬申	辛丑	辛未	八月 庚子	己巳	己亥	戊辰	戊戌	丁卯		戊辰	30
癸卯		壬寅		辛丑	七月 庚午		己巳		戊辰		己巳	31

農曆初一　農曆十五

西曆一九六三年

12月	11月	10月	9月	8月	7月	6月	5月	4月	3月	2月	1月	月/日
戊寅	戊申	丁丑	丁未	丙子	乙巳	乙亥	甲辰	甲戌	癸卯	乙亥	甲辰	1
己卯	己酉	戊寅	戊申	丁丑	丙午	丙子	乙巳	乙亥	甲辰	丙子	乙巳	2
庚辰	庚戌	己卯	己酉	戊寅	丁未	丁丑	丙午	丙子	乙巳	丁丑	丙午	3
辛巳	辛亥	庚辰	庚戌	己卯	戊申	戊寅	丁未	丁丑	丙午	戊寅	丁未	4
壬午	壬子	辛巳	辛亥	庚辰	己酉	己卯	戊申	戊寅	丁未	己卯	戊申	5
癸未	癸丑	壬午	壬子	辛巳	庚戌	庚辰	己酉	己卯	戊申	庚辰	己酉	6
甲申	甲寅	癸未	癸丑	壬午	辛亥	辛巳	庚戌	庚辰	己酉	辛巳	庚戌	7
乙酉	乙卯	甲申	甲寅	癸未	壬子	壬午	辛亥	辛巳	庚戌	壬午	辛亥	8
丙戌	丙辰	乙酉	乙卯	甲申	癸丑	癸未	壬子	壬午	辛亥	癸未	壬子	9
丁亥	丁巳	丙戌	丙辰	乙酉	甲寅	甲申	癸丑	癸未	壬子	甲申	癸丑	10
戊子	戊午	丁亥	丁巳	丙戌	乙卯	乙酉	甲寅	甲申	癸丑	乙酉	甲寅	11
己丑	己未	戊子	戊午	丁亥	丙辰	丙戌	乙卯	乙酉	甲寅	丙戌	乙卯	12
庚寅	庚申	己丑	己未	戊子	丁巳	丁亥	丙辰	丙戌	乙卯	丁亥	丙辰	13
辛卯	辛酉	庚寅	庚申	己丑	戊午	戊子	丁巳	丁亥	丙辰	戊子	丁巳	14
壬辰	壬戌	辛卯	辛酉	庚寅	己未	己丑	戊午	戊子	丁巳	己丑	戊午	15
十一月 癸巳	十月 癸亥	壬辰	壬戌	辛卯	庚申	庚寅	己未	己丑	戊午	庚寅	己未	16
甲午	甲子	九月 癸巳	癸亥	壬辰	辛酉	辛卯	庚申	庚寅	己未	辛卯	庚申	17
乙未	乙丑	甲午	八月 甲子	癸巳	壬戌	壬辰	辛酉	辛卯	庚申	壬辰	辛酉	18
丙申	丙寅	乙未	乙丑	七月 甲午	癸亥	癸巳	壬戌	壬辰	辛酉	癸巳	壬戌	19
丁酉	丁卯	丙申	丙寅	乙未	甲子	甲午	癸亥	癸巳	壬戌	甲午	癸亥	20
戊戌	戊辰	丁酉	丁卯	丙申	六月 乙丑	五月 乙未	甲子	甲午	癸亥	乙未	甲子	21
己亥	己巳	戊戌	戊辰	丁酉	丙寅	丙申	乙丑	乙未	甲子	丙申	乙丑	22
庚子	庚午	己亥	己巳	戊戌	丁卯	丁酉	閏四月 丙寅	丙申	乙丑	丁酉	丙寅	23
辛丑	辛未	庚子	庚午	己亥	戊辰	戊戌	丁卯	四月 丁酉	丙寅	二月 戊戌	丁卯	24
壬寅	壬申	辛丑	辛未	庚子	己巳	己亥	戊辰	戊戌	三月 丁卯	己亥	正月 戊辰	25
癸卯	癸酉	壬寅	壬申	辛丑	庚午	庚子	己巳	己亥	戊辰	庚子	己巳	26
甲辰	甲戌	癸卯	癸酉	壬寅	辛未	辛丑	庚午	庚子	己巳	辛丑	庚午	27
乙巳	乙亥	甲辰	甲戌	癸卯	壬申	壬寅	辛未	辛丑	庚午	壬寅	辛未	28
丙午	丙子	乙巳	乙亥	甲辰	癸酉	癸卯	壬申	壬寅	辛未		壬申	29
丁未	丁丑	丙午	丙子	乙巳	甲戌	甲辰	癸酉	癸卯	壬申		癸酉	30
戊申		丁未		丙午	乙亥		甲戌		癸酉		甲戌	31

農曆初一　農曆十五

西曆一九六四年

12月	11月	10月	9月	8月	7月	6月	5月	4月	3月	2月	1月	月/日
甲申	甲寅	癸未	癸丑	壬午	辛亥	辛巳	庚戌	庚辰	己酉	庚辰	己酉	1
乙酉	乙卯	甲申	甲寅	癸未	壬子	壬午	辛亥	辛巳	庚戌	辛巳	庚戌	2
丙戌	丙辰	乙酉	乙卯	甲申	癸丑	癸未	壬子	壬午	辛亥	壬午	辛亥	3
十一月 丁亥	十月 丁巳	丙戌	丙辰	乙酉	甲寅	甲申	癸丑	癸未	壬子	癸未	壬子	4
戊子	戊午	丁亥	丁巳	丙戌	乙卯	乙酉	甲寅	甲申	癸丑	甲申	癸丑	5
己丑	己未	九月 戊子	八月 戊午	丁亥	丙辰	丙戌	乙卯	乙酉	甲寅	乙酉	甲寅	6
庚寅	庚申	己丑	己未	戊子	丁巳	丁亥	丙辰	丙戌	乙卯	丙戌	乙卯	7
辛卯	辛酉	庚寅	庚申	七月 己丑	戊午	戊子	丁巳	丁亥	丙辰	丁亥	丙辰	8
壬辰	壬戌	辛卯	辛酉	庚寅	六月 己未	己丑	戊午	戊子	丁巳	戊子	丁巳	9
癸巳	癸亥	壬辰	壬戌	辛卯	庚申	五月 庚寅	己未	己丑	戊午	己丑	戊午	10
甲午	甲子	癸巳	癸亥	壬辰	辛酉	辛卯	庚申	庚寅	己未	庚寅	己未	11
乙未	乙丑	甲午	甲子	癸巳	壬戌	壬辰	四月 辛酉	三月 辛卯	庚申	辛卯	庚申	12
丙申	丙寅	乙未	乙丑	甲午	癸亥	癸巳	壬戌	壬辰	辛酉	正月 壬辰	辛酉	13
丁酉	丁卯	丙申	丙寅	乙未	甲子	甲午	癸亥	癸巳	二月 壬戌	癸巳	壬戌	14
戊戌	戊辰	丁酉	丁卯	丙申	乙丑	乙未	甲子	甲午	癸亥	甲午	十二月 癸亥	15
己亥	己巳	戊戌	戊辰	丁酉	丙寅	丙申	乙丑	乙未	甲子	乙未	甲子	16
庚子	庚午	己亥	己巳	戊戌	丁卯	丁酉	丙寅	丙申	乙丑	丙申	乙丑	17
辛丑	辛未	庚子	庚午	己亥	戊辰	戊戌	丁卯	丁酉	丙寅	丁酉	丙寅	18
壬寅	壬申	辛丑	辛未	庚子	己巳	己亥	戊辰	戊戌	丁卯	戊戌	丁卯	19
癸卯	癸酉	壬寅	壬申	辛丑	庚午	庚子	己巳	己亥	戊辰	己亥	戊辰	20
甲辰	甲戌	癸卯	癸酉	壬寅	辛未	辛丑	庚午	庚子	己巳	庚子	己巳	21
乙巳	乙亥	甲辰	甲戌	癸卯	壬申	壬寅	辛未	辛丑	庚午	辛丑	庚午	22
丙午	丙子	乙巳	乙亥	甲辰	癸酉	癸卯	壬申	壬寅	辛未	壬寅	辛未	23
丁未	丁丑	丙午	丙子	乙巳	甲戌	甲辰	癸酉	癸卯	壬申	癸卯	壬申	24
戊申	戊寅	丁未	丁丑	丙午	乙亥	乙巳	甲戌	甲辰	癸酉	甲辰	癸酉	25
己酉	己卯	戊申	戊寅	丁未	丙子	丙午	乙亥	乙巳	甲戌	乙巳	甲戌	26
庚戌	庚辰	己酉	己卯	戊申	丁丑	丁未	丙子	丙午	乙亥	丙午	乙亥	27
辛亥	辛巳	庚戌	庚辰	己酉	戊寅	戊申	丁丑	丁未	丙子	丁未	丙子	28
壬子	壬午	辛亥	辛巳	庚戌	己卯	己酉	戊寅	戊申	丁丑	戊申	丁丑	29
癸丑	癸未	壬子	壬午	辛亥	庚辰	庚戌	己卯	己酉	戊寅		戊寅	30
甲寅		癸丑		壬子	辛巳		庚辰		己卯		己卯	31

農曆初一　農曆十五

西曆一九六五年

12月	11月	10月	9月	8月	7月	6月	5月	4月	3月	2月	1月	月/日
己丑	己未	戊子	戊午	丁亥	丙辰	丙戌	四月 乙卯	乙酉	甲寅	丙戌	乙卯	1
庚寅	庚申	己丑	己未	戊子	丁巳	丁亥	丙辰	三月 丙戌	乙卯	正月 丁亥	丙辰	2
辛卯	辛酉	庚寅	庚申	己丑	戊午	戊子	丁巳	丁亥	二月 丙辰	戊子	十二月 丁巳	3
壬辰	壬戌	辛卯	辛酉	庚寅	己未	己丑	戊午	戊子	丁巳	己丑	戊午	4
癸巳	癸亥	壬辰	壬戌	辛卯	庚申	庚寅	己未	己丑	戊午	庚寅	己未	5
甲午	甲子	癸巳	癸亥	壬辰	辛酉	辛卯	庚申	庚寅	己未	辛卯	庚申	6
乙未	乙丑	甲午	甲子	癸巳	壬戌	壬辰	辛酉	辛卯	庚申	壬辰	辛酉	7
丙申	丙寅	乙未	乙丑	甲午	癸亥	癸巳	壬戌	壬辰	辛酉	癸巳	壬戌	8
丁酉	丁卯	丙申	丙寅	乙未	甲子	甲午	癸亥	癸巳	壬戌	甲午	癸亥	9
戊戌	戊辰	丁酉	丁卯	丙申	乙丑	乙未	甲子	甲午	癸亥	乙未	甲子	10
己亥	己巳	戊戌	戊辰	丁酉	丙寅	丙申	乙丑	乙未	甲子	丙申	乙丑	11
庚子	庚午	己亥	己巳	戊戌	丁卯	丁酉	丙寅	丙申	乙丑	丁酉	丙寅	12
辛丑	辛未	庚子	庚午	己亥	戊辰	戊戌	丁卯	丁酉	丙寅	戊戌	丁卯	13
壬寅	壬申	辛丑	辛未	庚子	己巳	己亥	戊辰	戊戌	丁卯	己亥	戊辰	14
癸卯	癸酉	壬寅	壬申	辛丑	庚午	庚子	己巳	己亥	戊辰	庚子	己巳	15
甲辰	甲戌	癸卯	癸酉	壬寅	辛未	辛丑	庚午	庚子	己巳	辛丑	庚午	16
乙巳	乙亥	甲辰	甲戌	癸卯	壬申	壬寅	辛未	辛丑	庚午	壬寅	辛未	17
丙午	丙子	乙巳	乙亥	甲辰	癸酉	癸卯	壬申	壬寅	辛未	癸卯	壬申	18
丁未	丁丑	丙午	丙子	乙巳	甲戌	甲辰	癸酉	癸卯	壬申	甲辰	癸酉	19
戊申	戊寅	丁未	丁丑	丙午	乙亥	乙巳	甲戌	甲辰	癸酉	乙巳	甲戌	20
己酉	己卯	戊申	戊寅	丁未	丙子	丙午	乙亥	乙巳	甲戌	丙午	乙亥	21
庚戌	庚辰	己酉	己卯	戊申	丁丑	丁未	丙子	丙午	乙亥	丁未	丙子	22
十二月 辛亥	十一月 辛巳	庚戌	庚辰	己酉	戊寅	戊申	丁丑	丁未	丙子	戊申	丁丑	23
壬子	壬午	十月 辛亥	辛巳	庚戌	己卯	己酉	戊寅	戊申	丁丑	己酉	戊寅	24
癸丑	癸未	壬子	九月 壬午	辛亥	庚辰	庚戌	己卯	己酉	戊寅	庚戌	己卯	25
甲寅	甲申	癸丑	癸未	壬子	辛巳	辛亥	庚辰	庚戌	己卯	辛亥	庚辰	26
乙卯	乙酉	甲寅	甲申	八月 癸丑	壬午	壬子	辛巳	辛亥	庚辰	壬子	辛巳	27
丙辰	丙戌	乙卯	乙酉	甲寅	七月 癸未	癸丑	壬午	壬子	辛巳	癸丑	壬午	28
丁巳	丁亥	丙辰	丙戌	乙卯	甲申	六月 甲寅	癸未	癸丑	壬午		癸未	29
戊午	戊子	丁巳	丁亥	丙辰	乙酉	乙卯	甲申	甲寅	癸未		甲申	30
己未		戊午		丁巳	丙戌		五月 乙酉		甲申		乙酉	31

農曆初一　農曆十五

西曆一九六六年

12月	11月	10月	9月	8月	7月	6月	5月	4月	3月	2月	1月	月／日
甲午	甲子	癸巳	癸亥	壬辰	辛酉	辛卯	庚申	庚寅	己未	辛卯	庚申	1
乙未	乙丑	甲午	甲子	癸巳	壬戌	壬辰	辛酉	辛卯	庚申	壬辰	辛酉	2
丙申	丙寅	乙未	乙丑	甲午	癸亥	癸巳	壬戌	壬辰	辛酉	癸巳	壬戌	3
丁酉	丁卯	丙申	丙寅	乙未	甲子	甲午	癸亥	癸巳	壬戌	甲午	癸亥	4
戊戌	戊辰	丁酉	丁卯	丙申	乙丑	乙未	甲子	甲午	癸亥	乙未	甲子	5
己亥	己巳	戊戌	戊辰	丁酉	丙寅	丙申	乙丑	乙未	甲子	丙申	乙丑	6
庚子	庚午	己亥	己巳	戊戌	丁卯	丁酉	丙寅	丙申	乙丑	丁酉	丙寅	7
辛丑	辛未	庚子	庚午	己亥	戊辰	戊戌	丁卯	丁酉	丙寅	戊戌	丁卯	8
壬寅	壬申	辛丑	辛未	庚子	己巳	己亥	戊辰	戊戌	丁卯	己亥	戊辰	9
癸卯	癸酉	壬寅	壬申	辛丑	庚午	庚子	己巳	己亥	戊辰	庚子	己巳	10
甲辰	甲戌	癸卯	癸酉	壬寅	辛未	辛丑	庚午	庚子	己巳	辛丑	庚午	11
十一月 乙巳	十月 乙亥	甲辰	甲戌	癸卯	壬申	壬寅	辛未	辛丑	庚午	壬寅	辛未	12
丙午	丙子	乙巳	乙亥	甲辰	癸酉	癸卯	壬申	壬寅	辛未	癸卯	壬申	13
丁未	丁丑	九月 丙午	丙子	乙巳	甲戌	甲辰	癸酉	癸卯	壬申	甲辰	癸酉	14
戊申	戊寅	丁未	八月 丁丑	丙午	乙亥	乙巳	甲戌	甲辰	癸酉	乙巳	甲戌	15
己酉	己卯	戊申	戊寅	十月 丁未	丙子	丙午	乙亥	乙巳	甲戌	丙午	乙亥	16
庚戌	庚辰	己酉	己卯	戊申	丁丑	丁未	丙子	丙午	乙亥	丁未	丙子	17
辛亥	辛巳	庚戌	庚辰	己酉	六月 戊寅	戊申	丁丑	丁未	丙子	戊申	丁丑	18
壬子	壬午	辛亥	辛巳	庚戌	己卯	五月 己酉	戊寅	戊申	丁丑	己酉	戊寅	19
癸丑	癸未	壬子	壬午	辛亥	庚辰	庚戌	四月 己卯	己酉	戊寅	二月 庚戌	己卯	20
甲寅	甲申	癸丑	癸未	壬子	辛巳	辛亥	庚辰	閏三月 庚戌	己卯	辛亥	正月 庚辰	21
乙卯	乙酉	甲寅	甲申	癸丑	壬午	壬子	辛巳	辛亥	三月 庚辰	壬子	辛巳	22
丙辰	丙戌	乙卯	乙酉	甲寅	癸未	癸丑	壬午	壬子	辛巳	癸丑	壬午	23
丁巳	丁亥	丙辰	丙戌	乙卯	甲申	甲寅	癸未	癸丑	壬午	甲寅	癸未	24
戊午	戊子	丁巳	丁亥	丙辰	乙酉	乙卯	甲申	甲寅	癸未	乙卯	甲申	25
己未	己丑	戊午	戊子	丁巳	丙戌	丙辰	乙酉	乙卯	甲申	丙辰	乙酉	26
庚申	庚寅	己未	己丑	戊午	丁亥	丁巳	丙戌	丙辰	乙酉	丁巳	丙戌	27
辛酉	辛卯	庚申	庚寅	己未	戊子	戊午	丁亥	丁巳	丙戌	戊午	丁亥	28
壬戌	壬辰	辛酉	辛卯	庚申	己丑	己未	戊子	戊午	丁亥		戊子	29
癸亥	癸巳	壬戌	壬辰	辛酉	庚寅	庚申	己丑	己未	戊子		己丑	30
甲子		癸亥		壬戌	辛卯		庚寅		己丑		庚寅	31

農曆初一　農曆十五

西曆一九六七年

12月	11月	10月	9月	8月	7月	6月	5月	4月	3月	2月	1月	月／日
己亥	己巳	戊戌	戊辰	丁酉	丙寅	丙申	乙丑	乙未	甲子	丙申	乙丑	1
十一月 庚子	十月 庚午	己亥	己巳	戊戌	丁卯	丁酉	丙寅	丙申	乙丑	丁酉	丙寅	2
辛丑	辛未	庚子	庚午	己亥	戊辰	戊戌	丁卯	丁酉	丙寅	戊戌	丁卯	3
壬寅	壬申	九月 辛丑	八月 辛未	庚子	己巳	己亥	戊辰	戊戌	丁卯	己亥	戊辰	4
癸卯	癸酉	壬寅	壬申	辛丑	庚午	庚子	己巳	己亥	戊辰	庚子	己巳	5
甲辰	甲戌	癸卯	癸酉	七月 壬寅	辛未	辛丑	庚午	庚子	己巳	辛丑	庚午	6
乙巳	乙亥	甲辰	甲戌	癸卯	壬申	壬寅	辛未	辛丑	庚午	壬寅	辛未	7
丙午	丙子	乙巳	乙亥	甲辰	六月 癸酉	五月 癸卯	壬申	壬寅	辛未	癸卯	壬申	8
丁未	丁丑	丙午	丙子	乙巳	甲戌	甲辰	四月 癸酉	癸卯	壬申	正月 甲辰	癸酉	9
戊申	戊寅	丁未	丁丑	丙午	乙亥	乙巳	甲戌	三月 甲辰	癸酉	乙巳	甲戌	10
己酉	己卯	戊申	戊寅	丁未	丙子	丙午	乙亥	乙巳	二月 甲戌	丙午	十二月 乙亥	11
庚戌	庚辰	己酉	己卯	戊申	丁丑	丁未	丙子	丙午	乙亥	丁未	丙子	12
辛亥	辛巳	庚戌	庚辰	己酉	戊寅	戊申	丁丑	丁未	丙子	戊申	丁丑	13
壬子	壬午	辛亥	辛巳	庚戌	己卯	己酉	戊寅	戊申	丁丑	己酉	戊寅	14
癸丑	癸未	壬子	壬午	辛亥	庚辰	庚戌	己卯	己酉	戊寅	庚戌	己卯	15
甲寅	甲申	癸丑	癸未	壬子	辛巳	辛亥	庚辰	庚戌	己卯	辛亥	庚辰	16
乙卯	乙酉	甲寅	甲申	癸丑	壬午	壬子	辛巳	辛亥	庚辰	壬子	辛巳	17
丙辰	丙戌	乙卯	乙酉	甲寅	癸未	癸丑	壬午	壬子	辛巳	癸丑	壬午	18
丁巳	丁亥	丙辰	丙戌	乙卯	甲申	甲寅	癸未	癸丑	壬午	甲寅	癸未	19
戊午	戊子	丁巳	丁亥	丙辰	乙酉	乙卯	甲申	甲寅	癸未	乙卯	甲申	20
己未	己丑	戊午	戊子	丁巳	丙戌	丙辰	乙酉	乙卯	甲申	丙辰	乙酉	21
庚申	庚寅	己未	己丑	戊午	丁亥	丁巳	丙戌	丙辰	乙酉	丁巳	丙戌	22
辛酉	辛卯	庚申	庚寅	己未	戊子	戊午	丁亥	丁巳	丙戌	戊午	丁亥	23
壬戌	壬辰	辛酉	辛卯	庚申	己丑	己未	戊子	戊午	丁亥	己未	戊子	24
癸亥	癸巳	壬戌	壬辰	辛酉	庚寅	庚申	己丑	己未	戊子	庚申	己丑	25
甲子	甲午	癸亥	癸巳	壬戌	辛卯	辛酉	庚寅	庚申	己丑	辛酉	庚寅	26
乙丑	乙未	甲子	甲午	癸亥	壬辰	壬戌	辛卯	辛酉	庚寅	壬戌	辛卯	27
丙寅	丙申	乙丑	乙未	甲子	癸巳	癸亥	壬辰	壬戌	辛卯	癸亥	壬辰	28
丁卯	丁酉	丙寅	丙申	乙丑	甲午	甲子	癸巳	癸亥	壬辰		癸巳	29
戊辰	戊戌	丁卯	丁酉	丙寅	乙未	乙丑	甲午	甲子	癸巳		甲午	30
十二月 己巳		戊辰		丁卯	丙申		乙未		甲午		乙未	31

農曆初一　農曆十五

西曆一九六八年

12月	11月	10月	9月	8月	7月	6月	5月	4月	3月	2月	1月	月/日
乙巳	乙亥	甲辰	甲戌	癸卯	壬申	壬寅	辛未	辛丑	庚午	辛丑	庚午	1
丙午	丙子	乙巳	乙亥	甲辰	癸酉	癸卯	壬申	壬寅	辛未	壬寅	辛未	2
丁未	丁丑	丙午	丙子	乙巳	甲戌	甲辰	癸酉	癸卯	壬申	癸卯	壬申	3
戊申	戊寅	丁未	丁丑	丙午	乙亥	乙巳	甲戌	甲辰	癸酉	甲辰	癸酉	4
己酉	己卯	戊申	戊寅	丁未	丙子	丙午	乙亥	乙巳	甲戌	乙巳	甲戌	5
庚戌	庚辰	己酉	己卯	戊申	丁丑	丁未	丙子	丙午	乙亥	丙午	乙亥	6
辛亥	辛巳	庚戌	庚辰	己酉	戊寅	戊申	丁丑	丁未	丙子	丁未	丙子	7
壬子	壬午	辛亥	辛巳	庚戌	己卯	己酉	戊寅	戊申	丁丑	戊申	丁丑	8
癸丑	癸未	壬子	壬午	辛亥	庚辰	庚戌	己卯	己酉	戊寅	己酉	戊寅	9
甲寅	甲申	癸丑	癸未	壬子	辛巳	辛亥	庚辰	庚戌	己卯	庚戌	己卯	10
乙卯	乙酉	甲寅	甲申	癸丑	壬午	壬子	辛巳	辛亥	庚辰	辛亥	庚辰	11
丙辰	丙戌	乙卯	乙酉	甲寅	癸未	癸丑	壬午	壬子	辛巳	壬子	辛巳	12
丁巳	丁亥	丙辰	丙戌	乙卯	甲申	甲寅	癸未	癸丑	壬午	癸丑	壬午	13
戊午	戊子	丁巳	丁亥	丙辰	乙酉	乙卯	甲申	甲寅	癸未	甲寅	癸未	14
己未	己丑	戊午	戊子	丁巳	丙戌	丙辰	乙酉	乙卯	甲申	乙卯	甲申	15
庚申	庚寅	己未	己丑	戊午	丁亥	丁巳	丙戌	丙辰	乙酉	丙辰	乙酉	16
辛酉	辛卯	庚申	庚寅	己未	戊子	戊午	丁亥	丁巳	丙戌	丁巳	丙戌	17
壬戌	壬辰	辛酉	辛卯	庚申	己丑	己未	戊子	戊午	丁亥	戊午	丁亥	18
癸亥	癸巳	壬戌	壬辰	辛酉	庚寅	庚申	己丑	己未	戊子	己未	戊子	19
十一月 甲子	十月 甲午	癸亥	癸巳	壬戌	辛卯	辛酉	庚寅	庚申	己丑	庚申	己丑	20
乙丑	乙未	甲子	甲午	癸亥	壬辰	壬戌	辛卯	辛酉	庚寅	辛酉	庚寅	21
丙寅	丙申	九月 乙丑	八月 乙未	甲子	癸巳	癸亥	壬辰	壬戌	辛卯	壬戌	辛卯	22
丁卯	丁酉	丙寅	丙申	乙丑	甲午	甲子	癸巳	癸亥	壬辰	癸亥	壬辰	23
戊辰	戊戌	丁卯	丁酉	閏七月 丙寅	乙未	乙丑	甲午	甲子	癸巳	甲子	癸巳	24
己巳	己亥	戊辰	戊戌	丁卯	七月 丙申	丙寅	乙未	乙丑	甲午	乙丑	甲午	25
庚午	庚子	己巳	己亥	戊辰	丁酉	六月 丁卯	丙申	丙寅	乙未	丙寅	乙未	26
辛未	辛丑	庚午	庚子	己巳	戊戌	戊辰	五月 丁酉	四月 丁卯	丙申	丁卯	丙申	27
壬申	壬寅	辛未	辛丑	庚午	己亥	己巳	戊戌	戊辰	丁酉	二月 戊辰	丁酉	28
癸酉	癸卯	壬申	壬寅	辛未	庚子	庚午	己亥	己巳	三月 戊戌	己巳	戊戌	29
甲戌	甲辰	癸酉	癸卯	壬申	辛丑	辛未	庚子	庚午	己亥		正月 己亥	30
乙亥		甲戌		癸酉	壬寅		辛丑		庚子		庚子	31

農曆初一　農曆十五

西曆一九六九年

12月	11月	10月	9月	8月	7月	6月	5月	4月	3月	2月	1月	月/日
庚戌	庚辰	己酉	己卯	戊申	丁丑	丁未	丙子	丙午	乙亥	丁未	丙子	1
辛亥	辛巳	庚戌	庚辰	己酉	戊寅	戊申	丁丑	丁未	丙子	戊申	丁丑	2
壬子	壬午	辛亥	辛巳	庚戌	己卯	己酉	戊寅	戊申	丁丑	己酉	戊寅	3
癸丑	癸未	壬子	壬午	辛亥	庚辰	庚戌	己卯	己酉	戊寅	庚戌	己卯	4
甲寅	甲申	癸丑	癸未	壬子	辛巳	辛亥	庚辰	庚戌	己卯	辛亥	庚辰	5
乙卯	乙酉	甲寅	甲申	癸丑	壬午	壬子	辛巳	辛亥	庚辰	壬子	辛巳	6
丙辰	丙戌	乙卯	乙酉	甲寅	癸未	癸丑	壬午	壬子	辛巳	癸丑	壬午	7
丁巳	丁亥	丙辰	丙戌	乙卯	甲申	甲寅	癸未	癸丑	壬午	甲寅	癸未	8
十一月 戊午	戊子	丁巳	丁亥	丙辰	乙酉	乙卯	甲申	甲寅	癸未	乙卯	甲申	9
己未	十月 己丑	戊午	戊子	丁巳	丙戌	丙辰	乙酉	乙卯	甲申	丙辰	乙酉	10
庚申	庚寅	九月 己未	己丑	戊午	丁亥	丁巳	丙戌	丙辰	乙酉	丁巳	丙戌	11
辛酉	辛卯	庚申	八月 庚寅	己未	戊子	戊午	丁亥	丁巳	丙戌	戊午	丁亥	12
壬戌	壬辰	辛酉	辛卯	七月 庚申	己丑	己未	戊子	戊午	丁亥	己未	戊子	13
癸亥	癸巳	壬戌	壬辰	辛酉	六月 庚寅	庚申	己丑	己未	戊子	庚申	己丑	14
甲子	甲午	癸亥	癸巳	壬戌	辛卯	五月 辛酉	庚寅	庚申	己丑	辛酉	庚寅	15
乙丑	乙未	甲子	甲午	癸亥	壬辰	壬戌	四月 辛卯	辛酉	庚寅	壬戌	辛卯	16
丙寅	丙申	乙丑	乙未	甲子	癸巳	癸亥	壬辰	三月 壬戌	辛卯	正月 癸亥	壬辰	17
丁卯	丁酉	丙寅	丙申	乙丑	甲午	甲子	癸巳	癸亥	二月 壬辰	甲子	十二月 癸巳	18
戊辰	戊戌	丁卯	丁酉	丙寅	乙未	乙丑	甲午	甲子	癸巳	乙丑	甲午	19
己巳	己亥	戊辰	戊戌	丁卯	丙申	丙寅	乙未	乙丑	甲午	丙寅	乙未	20
庚午	庚子	己巳	己亥	戊辰	丁酉	丁卯	丙申	丙寅	乙未	丁卯	丙申	21
辛未	辛丑	庚午	庚子	己巳	戊戌	戊辰	丁酉	丁卯	丙申	戊辰	丁酉	22
壬申	壬寅	辛未	辛丑	庚午	己亥	己巳	戊戌	戊辰	丁酉	己巳	戊戌	23
癸酉	癸卯	壬申	壬寅	辛未	庚子	庚午	己亥	己巳	戊戌	庚午	己亥	24
甲戌	甲辰	癸酉	癸卯	壬申	辛丑	辛未	庚子	庚午	己亥	辛未	庚子	25
乙亥	乙巳	甲戌	甲辰	癸酉	壬寅	壬申	辛丑	辛未	庚子	壬申	辛丑	26
丙子	丙午	乙亥	乙巳	甲戌	癸卯	癸酉	壬寅	壬申	辛丑	癸酉	壬寅	27
丁丑	丁未	丙子	丙午	乙亥	甲辰	甲戌	癸卯	癸酉	壬寅	甲戌	癸卯	28
戊寅	戊申	丁丑	丁未	丙子	乙巳	乙亥	甲辰	甲戌	癸卯		甲辰	29
己卯	己酉	戊寅	戊申	丁丑	丙午	丙子	乙巳	乙亥	甲辰		乙巳	30
庚辰		己卯		戊寅	丁未		丙午		乙巳		丙午	31

農曆初一　農曆十五

西曆一九七〇年

12月	11月	10月	9月	8月	7月	6月	5月	4月	3月	2月	1月	月/日
乙卯	乙酉	甲寅	八月 甲申	癸丑	壬午	壬子	辛巳	辛亥	庚辰	壬子	辛巳	1
丙辰	丙戌	乙卯	乙酉	七月 甲寅	癸未	癸丑	壬午	壬子	辛巳	癸丑	壬午	2
丁巳	丁亥	丙辰	丙戌	乙卯	六月 甲申	甲寅	癸未	癸丑	壬午	甲寅	癸未	3
戊午	戊子	丁巳	丁亥	丙辰	乙酉	五月 乙卯	甲申	甲寅	癸未	乙卯	甲申	4
己未	己丑	戊午	戊子	丁巳	丙戌	丙辰	四月 乙酉	乙卯	甲申	丙辰	乙酉	5
庚申	庚寅	己未	己丑	戊午	丁亥	丁巳	丙戌	三月 丙辰	乙酉	正月 丁巳	丙戌	6
辛酉	辛卯	庚申	庚寅	己未	戊子	戊午	丁亥	丁巳	丙戌	戊午	丁亥	7
壬戌	壬辰	辛酉	辛卯	庚申	己丑	己未	戊子	戊午	二月 丁亥	己未	十二月 戊子	8
癸亥	癸巳	壬戌	壬辰	辛酉	庚寅	庚申	己丑	己未	戊子	庚申	己丑	9
甲子	甲午	癸亥	癸巳	壬戌	辛卯	辛酉	庚寅	庚申	己丑	辛酉	庚寅	10
乙丑	乙未	甲子	甲午	癸亥	壬辰	壬戌	辛卯	辛酉	庚寅	壬戌	辛卯	11
丙寅	丙申	乙丑	乙未	甲子	癸巳	癸亥	壬辰	壬戌	辛卯	癸亥	壬辰	12
丁卯	丁酉	丙寅	丙申	乙丑	甲午	甲子	癸巳	癸亥	壬辰	甲子	癸巳	13
戊辰	戊戌	丁卯	丁酉	丙寅	乙未	乙丑	甲午	甲子	癸巳	乙丑	甲午	14
己巳	己亥	戊辰	戊戌	丁卯	丙申	丙寅	乙未	乙丑	甲午	丙寅	乙未	15
庚午	庚子	己巳	己亥	戊辰	丁酉	丁卯	丙申	丙寅	乙未	丁卯	丙申	16
辛未	辛丑	庚午	庚子	己巳	戊戌	戊辰	丁酉	丁卯	丙申	戊辰	丁酉	17
壬申	壬寅	辛未	辛丑	庚午	己亥	己巳	戊戌	戊辰	丁酉	己巳	戊戌	18
癸酉	癸卯	壬申	壬寅	辛未	庚子	庚午	己亥	己巳	戊戌	庚午	己亥	19
甲戌	甲辰	癸酉	癸卯	壬申	辛丑	辛未	庚子	庚午	己亥	辛未	庚子	20
乙亥	乙巳	甲戌	甲辰	癸酉	壬寅	壬申	辛丑	辛未	庚子	壬申	辛丑	21
丙子	丙午	乙亥	乙巳	甲戌	癸卯	癸酉	壬寅	壬申	辛丑	癸酉	壬寅	22
丁丑	丁未	丙子	丙午	乙亥	甲辰	甲戌	癸卯	癸酉	壬寅	甲戌	癸卯	23
戊寅	戊申	丁丑	丁未	丙子	乙巳	乙亥	甲辰	甲戌	癸卯	乙亥	甲辰	24
己卯	己酉	戊寅	戊申	丁丑	丙午	丙子	乙巳	乙亥	甲辰	丙子	乙巳	25
庚辰	庚戌	己卯	己酉	戊寅	丁未	丁丑	丙午	丙子	乙巳	丁丑	丙午	26
辛巳	辛亥	庚辰	庚戌	己卯	戊申	戊寅	丁未	丁丑	丙午	戊寅	丁未	27
十二月 壬午	壬子	辛巳	辛亥	庚辰	己酉	己卯	戊申	戊寅	丁未	己卯	戊申	28
癸未	十一月 癸丑	壬午	壬子	辛巳	庚戌	庚辰	己酉	己卯	戊申		己酉	29
甲申	甲寅	十月 癸未	九月 癸丑	壬午	辛亥	辛巳	庚戌	庚辰	己酉		庚戌	30
乙酉		甲申		癸未	壬子		辛亥		庚戌		辛亥	31

農曆初一　農曆十五

西曆一九七一年

12月	11月	10月	9月	8月	7月	6月	5月	4月	3月	2月	1月	月／日
庚申	庚寅	己未	己丑	戊午	丁亥	丁巳	丙戌	丙辰	乙酉	丁巳	丙戌	1
辛酉	辛卯	庚申	庚寅	己未	戊子	戊午	丁亥	丁巳	丙戌	戊午	丁亥	2
壬戌	壬辰	辛酉	辛卯	庚申	己丑	己未	戊子	戊午	丁亥	己未	戊子	3
癸亥	癸巳	壬戌	壬辰	辛酉	庚寅	庚申	己丑	己未	戊子	庚申	己丑	4
甲子	甲午	癸亥	癸巳	壬戌	辛卯	辛酉	庚寅	庚申	己丑	辛酉	庚寅	5
乙丑	乙未	甲子	甲午	癸亥	壬辰	壬戌	辛卯	辛酉	庚寅	壬戌	辛卯	6
丙寅	丙申	乙丑	乙未	甲子	癸巳	癸亥	壬辰	壬戌	辛卯	癸亥	壬辰	7
丁卯	丁酉	丙寅	丙申	乙丑	甲午	甲子	癸巳	癸亥	壬辰	甲子	癸巳	8
戊辰	戊戌	丁卯	丁酉	丙寅	乙未	乙丑	甲午	甲子	癸巳	乙丑	甲午	9
己巳	己亥	戊辰	戊戌	丁卯	丙申	丙寅	乙未	乙丑	甲午	丙寅	乙未	10
庚午	庚子	己巳	己亥	戊辰	丁酉	丁卯	丙申	丙寅	乙未	丁卯	丙申	11
辛未	辛丑	庚午	庚子	己巳	戊戌	戊辰	丁酉	丁卯	丙申	戊辰	丁酉	12
壬申	壬寅	辛未	辛丑	庚午	己亥	己巳	戊戌	戊辰	丁酉	己巳	戊戌	13
癸酉	癸卯	壬申	壬寅	辛未	庚子	庚午	己亥	己巳	戊戌	庚午	己亥	14
甲戌	甲辰	癸酉	癸卯	壬申	辛丑	辛未	庚子	庚午	己亥	辛未	庚子	15
乙亥	乙巳	甲戌	甲辰	癸酉	壬寅	壬申	辛丑	辛未	庚子	壬申	辛丑	16
丙子	丙午	乙亥	乙巳	甲戌	癸卯	癸酉	壬寅	壬申	辛丑	癸酉	壬寅	17
十一月 丁丑	十月 丁未	丙子	丙午	乙亥	甲辰	甲戌	癸卯	癸酉	壬寅	甲戌	癸卯	18
戊寅	戊申	九月 丁丑	八月 丁未	丙子	乙巳	乙亥	甲辰	甲戌	癸卯	乙亥	甲辰	19
己卯	己酉	戊寅	戊申	丁丑	丙午	丙子	乙巳	乙亥	甲辰	丙子	乙巳	20
庚辰	庚戌	己卯	己酉	七月 戊寅	丁未	丁丑	丙午	丙子	乙巳	丁丑	丙午	21
辛巳	辛亥	庚辰	庚戌	己卯	六月 戊申	戊寅	丁未	丁丑	丙午	戊寅	丁未	22
壬午	壬子	辛巳	辛亥	庚辰	己酉	閏五月 己卯	戊申	戊寅	丁未	己卯	戊申	23
癸未	癸丑	壬午	壬子	辛巳	庚戌	庚辰	五月 己酉	己卯	戊申	庚辰	己酉	24
甲申	甲寅	癸未	癸丑	壬午	辛亥	辛巳	庚戌	四月 庚辰	己酉	二月 辛巳	庚戌	25
乙酉	乙卯	甲申	甲寅	癸未	壬子	壬午	辛亥	辛巳	庚戌	壬午	辛亥	26
丙戌	丙辰	乙酉	乙卯	甲申	癸丑	癸未	壬子	壬午	三月 辛亥	癸未	正月 壬子	27
丁亥	丁巳	丙戌	丙辰	乙酉	甲寅	甲申	癸丑	癸未	壬子	甲申	癸丑	28
戊子	戊午	丁亥	丁巳	丙戌	乙卯	乙酉	甲寅	甲申	癸丑		甲寅	29
己丑	己未	戊子	戊午	丁亥	丙辰	丙戌	乙卯	乙酉	甲寅		乙卯	30
庚寅		己丑		戊子	丁巳		丙辰		乙卯		丙辰	31

農曆初一　農曆十五

西曆一九七二年

12月	11月	10月	9月	8月	7月	6月	5月	4月	3月	2月	1月	月/日
丙寅	丙申	乙丑	乙未	甲子	癸巳	癸亥	壬辰	壬戌	辛卯	壬戌	辛卯	1
丁卯	丁酉	丙寅	丙申	乙丑	甲午	甲子	癸巳	癸亥	壬辰	癸亥	壬辰	2
戊辰	戊戌	丁卯	丁酉	丙寅	乙未	乙丑	甲午	甲子	癸巳	甲子	癸巳	3
己巳	己亥	戊辰	戊戌	丁卯	丙申	丙寅	乙未	乙丑	甲午	乙丑	甲午	4
庚午	庚子	己巳	己亥	戊辰	丁酉	丁卯	丙申	丙寅	乙未	丙寅	乙未	5
十一月 辛未	十月 辛丑	庚午	庚子	己巳	戊戌	戊辰	丁酉	丁卯	丙申	丁卯	丙申	6
壬申	壬寅	九月 辛未	辛丑	庚午	己亥	己巳	戊戌	戊辰	丁酉	戊辰	丁酉	7
癸酉	癸卯	壬申	八月 壬寅	辛未	庚子	庚午	己亥	己巳	戊戌	己巳	戊戌	8
甲戌	甲辰	癸酉	癸卯	七月 壬申	辛丑	辛未	庚子	庚午	己亥	庚午	己亥	9
乙亥	乙巳	甲戌	甲辰	癸酉	壬寅	壬申	辛丑	辛未	庚子	辛未	庚子	10
丙子	丙午	乙亥	乙巳	甲戌	六月 癸卯	五月 癸酉	壬寅	壬申	辛丑	壬申	辛丑	11
丁丑	丁未	丙子	丙午	乙亥	甲辰	甲戌	癸卯	癸酉	壬寅	癸酉	壬寅	12
戊寅	戊申	丁丑	丁未	丙子	乙巳	乙亥	四月 甲辰	甲戌	癸卯	甲戌	癸卯	13
己卯	己酉	戊寅	戊申	丁丑	丙午	丙子	乙巳	三月 乙亥	甲辰	乙亥	甲辰	14
庚辰	庚戌	己卯	己酉	戊寅	丁未	丁丑	丙午	丙子	二月 乙巳	正月 丙子	乙巳	15
辛巳	辛亥	庚辰	庚戌	己卯	戊申	戊寅	丁未	丁丑	丙午	丁丑	十二月 丙午	16
壬午	壬子	辛巳	辛亥	庚辰	己酉	己卯	戊申	戊寅	丁未	戊寅	丁未	17
癸未	癸丑	壬午	壬子	辛巳	庚戌	庚辰	己酉	己卯	戊申	己卯	戊申	18
甲申	甲寅	癸未	癸丑	壬午	辛亥	辛巳	庚戌	庚辰	己酉	庚辰	己酉	19
乙酉	乙卯	甲申	甲寅	癸未	壬子	壬午	辛亥	辛巳	庚戌	辛巳	庚戌	20
丙戌	丙辰	乙酉	乙卯	甲申	癸丑	癸未	壬子	壬午	辛亥	壬午	辛亥	21
丁亥	丁巳	丙戌	丙辰	乙酉	甲寅	甲申	癸丑	癸未	壬子	癸未	壬子	22
戊子	戊午	丁亥	丁巳	丙戌	乙卯	乙酉	甲寅	甲申	癸丑	甲申	癸丑	23
己丑	己未	戊子	戊午	丁亥	丙辰	丙戌	乙卯	乙酉	甲寅	乙酉	甲寅	24
庚寅	庚申	己丑	己未	戊子	丁巳	丁亥	丙辰	丙戌	乙卯	丙戌	乙卯	25
辛卯	辛酉	庚寅	庚申	己丑	戊午	戊子	丁巳	丁亥	丙辰	丁亥	丙辰	26
壬辰	壬戌	辛卯	辛酉	庚寅	己未	己丑	戊午	戊子	丁巳	戊子	丁巳	27
癸巳	癸亥	壬辰	壬戌	辛卯	庚申	庚寅	己未	己丑	戊午	己丑	戊午	28
甲午	甲子	癸巳	癸亥	壬辰	辛酉	辛卯	庚申	庚寅	己未	庚寅	己未	29
乙未	乙丑	甲午	甲子	癸巳	壬戌	壬辰	辛酉	辛卯	庚申		庚申	30
丙申		乙未		甲午	癸亥		壬戌		辛酉		辛酉	31

農曆初一　農曆十五

西曆一九七三年

12月	11月	10月	9月	8月	7月	6月	5月	4月	3月	2月	1月	月/日
辛未	辛丑	庚午	庚子	己巳	戊戌	五月 戊辰	丁酉	丁卯	丙申	戊辰	丁酉	1
壬申	壬寅	辛未	辛丑	庚午	己亥	己巳	戊戌	戊辰	丁酉	己巳	戊戌	2
癸酉	癸卯	壬申	壬寅	辛未	庚子	庚午	四月 己亥	三月 己巳	戊戌	正月 庚午	己亥	3
甲戌	甲辰	癸酉	癸卯	壬申	辛丑	辛未	庚子	庚午	己亥	辛未	十二月 庚子	4
乙亥	乙巳	甲戌	甲辰	癸酉	壬寅	壬申	辛丑	辛未	二月 庚子	壬申	辛丑	5
丙子	丙午	乙亥	乙巳	甲戌	癸卯	癸酉	壬寅	壬申	辛丑	癸酉	壬寅	6
丁丑	丁未	丙子	丙午	乙亥	甲辰	甲戌	癸卯	癸酉	壬寅	甲戌	癸卯	7
戊寅	戊申	丁丑	丁未	丙子	乙巳	乙亥	甲辰	甲戌	癸卯	乙亥	甲辰	8
己卯	己酉	戊寅	戊申	丁丑	丙午	丙子	乙巳	乙亥	甲辰	丙子	乙巳	9
庚辰	庚戌	己卯	己酉	戊寅	丁未	丁丑	丙午	丙子	乙巳	丁丑	丙午	10
辛巳	辛亥	庚辰	庚戌	己卯	戊申	戊寅	丁未	丁丑	丙午	戊寅	丁未	11
壬午	壬子	辛巳	辛亥	庚辰	己酉	己卯	戊申	戊寅	丁未	己卯	戊申	12
癸未	癸丑	壬午	壬子	辛巳	庚戌	庚辰	己酉	己卯	戊申	庚辰	己酉	13
甲申	甲寅	癸未	癸丑	壬午	辛亥	辛巳	庚戌	庚辰	己酉	辛巳	庚戌	14
乙酉	乙卯	甲申	甲寅	癸未	壬子	壬午	辛亥	辛巳	庚戌	壬午	辛亥	15
丙戌	丙辰	乙酉	乙卯	甲申	癸丑	癸未	壬子	壬午	辛亥	癸未	壬子	16
丁亥	丁巳	丙戌	丙辰	乙酉	甲寅	甲申	癸丑	癸未	壬子	甲申	癸丑	17
戊子	戊午	丁亥	丁巳	丙戌	乙卯	乙酉	甲寅	甲申	癸丑	乙酉	甲寅	18
己丑	己未	戊子	戊午	丁亥	丙辰	丙戌	乙卯	乙酉	甲寅	丙戌	乙卯	19
庚寅	庚申	己丑	己未	戊子	丁巳	丁亥	丙辰	丙戌	乙卯	丁亥	丙辰	20
辛卯	辛酉	庚寅	庚申	己丑	戊午	戊子	丁巳	丁亥	丙辰	戊子	丁巳	21
壬辰	壬戌	辛卯	辛酉	庚寅	己未	己丑	戊午	戊子	丁巳	己丑	戊午	22
癸巳	癸亥	壬辰	壬戌	辛卯	庚申	庚寅	己未	己丑	戊午	庚寅	己未	23
十二月 甲午	甲子	癸巳	癸亥	壬辰	辛酉	辛卯	庚申	庚寅	己未	辛卯	庚申	24
乙未	十一月 乙丑	甲午	甲子	癸巳	壬戌	壬辰	辛酉	辛卯	庚申	壬辰	辛酉	25
丙申	丙寅	十月 乙未	九月 乙丑	甲午	癸亥	癸巳	壬戌	壬辰	辛酉	癸巳	壬戌	26
丁酉	丁卯	丙申	丙寅	乙未	甲子	甲午	癸亥	癸巳	壬戌	甲午	癸亥	27
戊戌	戊辰	丁酉	丁卯	八月 丙申	乙丑	乙未	甲子	甲午	癸亥	乙未	甲子	28
己亥	己巳	戊戌	戊辰	丁酉	丙寅	丙申	乙丑	乙未	甲子		乙丑	29
庚子	庚午	己亥	己巳	戊戌	七月 丁卯	六月 丁酉	丙寅	丙申	乙丑		丙寅	30
辛丑		庚子		己亥	戊辰		丁卯		丙寅		丁卯	31

農曆初一　農曆十五

西曆一九七四年

12月	11月	10月	9月	8月	7月	6月	5月	4月	3月	2月	1月	月/日
丙子	丙午	乙亥	乙巳	甲戌	癸卯	癸酉	壬寅	壬申	辛丑	癸酉	壬寅	1
丁丑	丁未	丙子	丙午	乙亥	甲辰	甲戌	癸卯	癸酉	壬寅	甲戌	癸卯	2
戊寅	戊申	丁丑	丁未	丙子	乙巳	乙亥	甲辰	甲戌	癸卯	乙亥	甲辰	3
己卯	己酉	戊寅	戊申	丁丑	丙午	丙子	乙巳	乙亥	甲辰	丙子	乙巳	4
庚辰	庚戌	己卯	己酉	戊寅	丁未	丁丑	丙午	丙子	乙巳	丁丑	丙午	5
辛巳	辛亥	庚辰	庚戌	己卯	戊申	戊寅	丁未	丁丑	丙午	戊寅	丁未	6
壬午	壬子	辛巳	辛亥	庚辰	己酉	己卯	戊申	戊寅	丁未	己卯	戊申	7
癸未	癸丑	壬午	壬子	辛巳	庚戌	庚辰	己酉	己卯	戊申	庚辰	己酉	8
甲申	甲寅	癸未	癸丑	壬午	辛亥	辛巳	庚戌	庚辰	己酉	辛巳	庚戌	9
乙酉	乙卯	甲申	甲寅	癸未	壬子	壬午	辛亥	辛巳	庚戌	壬午	辛亥	10
丙戌	丙辰	乙酉	乙卯	甲申	癸丑	癸未	壬子	壬午	辛亥	癸未	壬子	11
丁亥	丁巳	丙戌	丙辰	乙酉	甲寅	甲申	癸丑	癸未	壬子	甲申	癸丑	12
戊子	戊午	丁亥	丁巳	丙戌	乙卯	乙酉	甲寅	甲申	癸丑	乙酉	甲寅	13
十一月 己丑	十月 己未	戊子	戊午	丁亥	丙辰	丙戌	乙卯	乙酉	甲寅	丙戌	乙卯	14
庚寅	庚申	九月 己丑	己未	戊子	丁巳	丁亥	丙辰	丙戌	乙卯	丁亥	丙辰	15
辛卯	辛酉	庚寅	八月 庚申	己丑	戊午	戊子	丁巳	丁亥	丙辰	戊子	丁巳	16
壬辰	壬戌	辛卯	辛酉	庚寅	己未	己丑	戊午	戊子	丁巳	己丑	戊午	17
癸巳	癸亥	壬辰	壬戌	七月 辛卯	庚申	庚寅	己未	己丑	戊午	庚寅	己未	18
甲午	甲子	癸巳	癸亥	壬辰	六月 辛酉	辛卯	庚申	庚寅	己未	辛卯	庚申	19
乙未	乙丑	甲午	甲子	癸巳	壬戌	五月 壬辰	辛酉	辛卯	庚申	壬辰	辛酉	20
丙申	丙寅	乙未	乙丑	甲午	癸亥	癸巳	壬戌	壬辰	辛酉	癸巳	壬戌	21
丁酉	丁卯	丙申	丙寅	乙未	甲子	甲午	閏四月 癸亥	四月 癸巳	壬戌	二月 甲午	癸亥	22
戊戌	戊辰	丁酉	丁卯	丙申	乙丑	乙未	甲子	甲午	癸亥	乙未	正月 甲子	23
己亥	己巳	戊戌	戊辰	丁酉	丙寅	丙申	乙丑	乙未	三月 甲子	丙申	乙丑	24
庚子	庚午	己亥	己巳	戊戌	丁卯	丁酉	丙寅	丙申	乙丑	丁酉	丙寅	25
辛丑	辛未	庚子	庚午	己亥	戊辰	戊戌	丁卯	丁酉	丙寅	戊戌	丁卯	26
壬寅	壬申	辛丑	辛未	庚子	己巳	己亥	戊辰	戊戌	丁卯	己亥	戊辰	27
癸卯	癸酉	壬寅	壬申	辛丑	庚午	庚子	己巳	己亥	戊辰	庚子	己巳	28
甲辰	甲戌	癸卯	癸酉	壬寅	辛未	辛丑	庚午	庚子	己巳		庚午	29
乙巳	乙亥	甲辰	甲戌	癸卯	壬申	壬寅	辛未	辛丑	庚午		辛未	30
丙午		乙巳		甲辰	癸酉		壬申		辛未		壬申	31

農曆初一　農曆十五

西曆一九七五年

12月	11月	10月	9月	8月	7月	6月	5月	4月	3月	2月	1月	月/日
辛巳	辛亥	庚辰	庚戌	己卯	戊申	戊寅	丁未	丁丑	丙午	戊寅	丁未	1
壬午	壬子	辛巳	辛亥	庚辰	己酉	己卯	戊申	戊寅	丁未	己卯	戊申	2
十一月 癸未	十月 癸丑	壬午	壬子	辛巳	庚戌	庚辰	己酉	己卯	戊申	庚辰	己酉	3
甲申	甲寅	癸未	癸丑	壬午	辛亥	辛巳	庚戌	庚辰	己酉	辛巳	庚戌	4
乙酉	乙卯	九月 甲申	甲寅	癸未	壬子	壬午	辛亥	辛巳	庚戌	壬午	辛亥	5
丙戌	丙辰	乙酉	八月 乙卯	甲申	癸丑	癸未	壬子	壬午	辛亥	癸未	壬子	6
丁亥	丁巳	丙戌	丙辰	七月 乙酉	甲寅	甲申	癸丑	癸未	壬子	甲申	癸丑	7
戊子	戊午	丁亥	丁巳	丙戌	乙卯	乙酉	甲寅	甲申	癸丑	乙酉	甲寅	8
己丑	己未	戊子	戊午	丁亥	六月 丙辰	丙戌	乙卯	乙酉	甲寅	丙戌	乙卯	9
庚寅	庚申	己丑	己未	戊子	丁巳	五月 丁亥	丙辰	丙戌	乙卯	丁亥	丙辰	10
辛卯	辛酉	庚寅	庚申	己丑	戊午	戊子	四月 丁巳	丁亥	丙辰	正月 戊子	丁巳	11
壬辰	壬戌	辛卯	辛酉	庚寅	己未	己丑	戊午	三月 戊子	丁巳	己丑	十二月 戊午	12
癸巳	癸亥	壬辰	壬戌	辛卯	庚申	庚寅	己未	己丑	二月 戊午	庚寅	己未	13
甲午	甲子	癸巳	癸亥	壬辰	辛酉	辛卯	庚申	庚寅	己未	辛卯	庚申	14
乙未	乙丑	甲午	甲子	癸巳	壬戌	壬辰	辛酉	辛卯	庚申	壬辰	辛酉	15
丙申	丙寅	乙未	乙丑	甲午	癸亥	癸巳	壬戌	壬辰	辛酉	癸巳	壬戌	16
丁酉	丁卯	丙申	丙寅	乙未	甲子	甲午	癸亥	癸巳	壬戌	甲午	癸亥	17
戊戌	戊辰	丁酉	丁卯	丙申	乙丑	乙未	甲子	甲午	癸亥	乙未	甲子	18
己亥	己巳	戊戌	戊辰	丁酉	丙寅	丙申	乙丑	乙未	甲子	丙申	乙丑	19
庚子	庚午	己亥	己巳	戊戌	丁卯	丁酉	丙寅	丙申	乙丑	丁酉	丙寅	20
辛丑	辛未	庚子	庚午	己亥	戊辰	戊戌	丁卯	丁酉	丙寅	戊戌	丁卯	21
壬寅	壬申	辛丑	辛未	庚子	己巳	己亥	戊辰	戊戌	丁卯	己亥	戊辰	22
癸卯	癸酉	壬寅	壬申	辛丑	庚午	庚子	己巳	己亥	戊辰	庚子	己巳	23
甲辰	甲戌	癸卯	癸酉	壬寅	辛未	辛丑	庚午	庚子	己巳	辛丑	庚午	24
乙巳	乙亥	甲辰	甲戌	癸卯	壬申	壬寅	辛未	辛丑	庚午	壬寅	辛未	25
丙午	丙子	乙巳	乙亥	甲辰	癸酉	癸卯	壬申	壬寅	辛未	癸卯	壬申	26
丁未	丁丑	丙午	丙子	乙巳	甲戌	甲辰	癸酉	癸卯	壬申	甲辰	癸酉	27
戊申	戊寅	丁未	丁丑	丙午	乙亥	乙巳	甲戌	甲辰	癸酉	乙巳	甲戌	28
己酉	己卯	戊申	戊寅	丁未	丙子	丙午	乙亥	乙巳	甲戌		乙亥	29
庚戌	庚辰	己酉	己卯	戊申	丁丑	丁未	丙子	丙午	乙亥		丙子	30
辛亥		庚戌		己酉	戊寅		丁丑		丙子		丁丑	31

農曆初一　農曆十五

西曆一九七六年

12月	11月	10月	9月	8月	7月	6月	5月	4月	3月	2月	1月	月/日
丁亥	丁巳	丙戌	丙辰	乙酉	甲寅	甲申	癸丑	癸未	二月 壬子	癸未	十二月 壬子	1
戊子	戊午	丁亥	丁巳	丙戌	乙卯	乙酉	甲寅	甲申	癸丑	甲申	癸丑	2
己丑	己未	戊子	戊午	丁亥	丙辰	丙戌	乙卯	乙酉	甲寅	乙酉	甲寅	3
庚寅	庚申	己丑	己未	戊子	丁巳	丁亥	丙辰	丙戌	乙卯	丙戌	乙卯	4
辛卯	辛酉	庚寅	庚申	己丑	戊午	戊子	丁巳	丁亥	丙辰	丁亥	丙辰	5
壬辰	壬戌	辛卯	辛酉	庚寅	己未	己丑	戊午	戊子	丁巳	戊子	丁巳	6
癸巳	癸亥	壬辰	壬戌	辛卯	庚申	庚寅	己未	己丑	戊午	己丑	戊午	7
甲午	甲子	癸巳	癸亥	壬辰	辛酉	辛卯	庚申	庚寅	己未	庚寅	己未	8
乙未	乙丑	甲午	甲子	癸巳	壬戌	壬辰	辛酉	辛卯	庚申	辛卯	庚申	9
丙申	丙寅	乙未	乙丑	甲午	癸亥	癸巳	壬戌	壬辰	辛酉	壬辰	辛酉	10
丁酉	丁卯	丙申	丙寅	乙未	甲子	甲午	癸亥	癸巳	壬戌	癸巳	壬戌	11
戊戌	戊辰	丁酉	丁卯	丙申	乙丑	乙未	甲子	甲午	癸亥	甲午	癸亥	12
己亥	己巳	戊戌	戊辰	丁酉	丙寅	丙申	乙丑	乙未	甲子	乙未	甲子	13
庚子	庚午	己亥	己巳	戊戌	丁卯	丁酉	丙寅	丙申	乙丑	丙申	乙丑	14
辛丑	辛未	庚子	庚午	己亥	戊辰	戊戌	丁卯	丁酉	丙寅	丁酉	丙寅	15
壬寅	壬申	辛丑	辛未	庚子	己巳	己亥	戊辰	戊戌	丁卯	戊戌	丁卯	16
癸卯	癸酉	壬寅	壬申	辛丑	庚午	庚子	己巳	己亥	戊辰	己亥	戊辰	17
甲辰	甲戌	癸卯	癸酉	壬寅	辛未	辛丑	庚午	庚子	己巳	庚子	己巳	18
乙巳	乙亥	甲辰	甲戌	癸卯	壬申	壬寅	辛未	辛丑	庚午	辛丑	庚午	19
丙午	丙子	乙巳	乙亥	甲辰	癸酉	癸卯	壬申	壬寅	辛未	壬寅	辛未	20
十一月 丁未	十月 丁丑	丙午	丙子	乙巳	甲戌	甲辰	癸酉	癸卯	壬申	癸卯	壬申	21
戊申	戊寅	丁未	丁丑	丙午	乙亥	乙巳	甲戌	甲辰	癸酉	甲辰	癸酉	22
己酉	己卯	九月 戊申	戊寅	丁未	丙子	丙午	乙亥	乙巳	甲戌	乙巳	甲戌	23
庚戌	庚辰	己酉	閏八月 己卯	戊申	丁丑	丁未	丙子	丙午	乙亥	丙午	乙亥	24
辛亥	辛巳	庚戌	庚辰	八月 己酉	戊寅	戊申	丁丑	丁未	丙子	丁未	丙子	25
壬子	壬午	辛亥	辛巳	庚戌	己卯	己酉	戊寅	戊申	丁丑	戊申	丁丑	26
癸丑	癸未	壬子	壬午	辛亥	七月 庚辰	六月 庚戌	己卯	己酉	戊寅	己酉	戊寅	27
甲寅	甲申	癸丑	癸未	壬子	辛巳	辛亥	庚辰	庚戌	己卯	庚戌	己卯	28
乙卯	乙酉	甲寅	甲申	癸丑	壬午	壬子	五月 辛巳	四月 辛亥	庚辰	辛亥	庚辰	29
丙辰	丙戌	乙卯	乙酉	甲寅	癸未	癸丑	壬午	壬子	辛巳		辛巳	30
丁巳		丙辰		乙卯	甲申		癸未		三月 壬午		正月 壬午	31

農曆初一  農曆十五

西曆一九七七年

12月	11月	10月	9月	8月	7月	6月	5月	4月	3月	2月	1月	月/日
壬辰	壬戌	辛卯	辛酉	庚寅	己未	己丑	戊午	戊子	丁巳	己丑	戊午	1
癸巳	癸亥	壬辰	壬戌	辛卯	庚申	庚寅	己未	己丑	戊午	庚寅	己未	2
甲午	甲子	癸巳	癸亥	壬辰	辛酉	辛卯	庚申	庚寅	己未	辛卯	庚申	3
乙未	乙丑	甲午	甲子	癸巳	壬戌	壬辰	辛酉	辛卯	庚申	壬辰	辛酉	4
丙申	丙寅	乙未	乙丑	甲午	癸亥	癸巳	壬戌	壬辰	辛酉	癸巳	壬戌	5
丁酉	丁卯	丙申	丙寅	乙未	甲子	甲午	癸亥	癸巳	壬戌	甲午	癸亥	6
戊戌	戊辰	丁酉	丁卯	丙申	乙丑	乙未	甲子	甲午	癸亥	乙未	甲子	7
己亥	己巳	戊戌	戊辰	丁酉	丙寅	丙申	乙丑	乙未	甲子	丙申	乙丑	8
庚子	庚午	己亥	己巳	戊戌	丁卯	丁酉	丙寅	丙申	乙丑	丁酉	丙寅	9
辛丑	辛未	庚子	庚午	己亥	戊辰	戊戌	丁卯	丁酉	丙寅	戊戌	丁卯	10
十一月 壬寅	十月 壬申	辛丑	辛未	庚子	己巳	己亥	戊辰	戊戌	丁卯	己亥	戊辰	11
癸卯	癸酉	壬寅	壬申	辛丑	庚午	庚子	己巳	己亥	戊辰	庚子	己巳	12
甲辰	甲戌	九月 癸卯	八月 癸酉	壬寅	辛未	辛丑	庚午	庚子	己巳	辛丑	庚午	13
乙巳	乙亥	甲辰	甲戌	癸卯	壬申	壬寅	辛未	辛丑	庚午	壬寅	辛未	14
丙午	丙子	乙巳	乙亥	七月 甲辰	癸酉	癸卯	壬申	壬寅	辛未	癸卯	壬申	15
丁未	丁丑	丙午	丙子	乙巳	六月 甲戌	甲辰	癸酉	癸卯	壬申	甲辰	癸酉	16
戊申	戊寅	丁未	丁丑	丙午	乙亥	五月 乙巳	甲戌	甲辰	癸酉	乙巳	甲戌	17
己酉	己卯	戊申	戊寅	丁未	丙子	丙午	四月 乙亥	三月 乙巳	甲戌	正月 丙午	乙亥	18
庚戌	庚辰	己酉	己卯	戊申	丁丑	丁未	丙子	丙午	乙亥	丁未	十二月 丙子	19
辛亥	辛巳	庚戌	庚辰	己酉	戊寅	戊申	丁丑	丁未	二月 丙子	戊申	丁丑	20
壬子	壬午	辛亥	辛巳	庚戌	己卯	己酉	戊寅	戊申	丁丑	己酉	戊寅	21
癸丑	癸未	壬子	壬午	辛亥	庚辰	庚戌	己卯	己酉	戊寅	庚戌	己卯	22
甲寅	甲申	癸丑	癸未	壬子	辛巳	辛亥	庚辰	庚戌	己卯	辛亥	庚辰	23
乙卯	乙酉	甲寅	甲申	癸丑	壬午	壬子	辛巳	辛亥	庚辰	壬子	辛巳	24
丙辰	丙戌	乙卯	乙酉	甲寅	癸未	癸丑	壬午	壬子	辛巳	癸丑	壬午	25
丁巳	丁亥	丙辰	丙戌	乙卯	甲申	甲寅	癸未	癸丑	壬午	甲寅	癸未	26
戊午	戊子	丁巳	丁亥	丙辰	乙酉	乙卯	甲申	甲寅	癸未	乙卯	甲申	27
己未	己丑	戊午	戊子	丁巳	丙戌	丙辰	乙酉	乙卯	甲申	丙辰	乙酉	28
庚申	庚寅	己未	己丑	戊午	丁亥	丁巳	丙戌	丙辰	乙酉		丙戌	29
辛酉	辛卯	庚申	庚寅	己未	戊子	戊午	丁亥	丁巳	丙戌		丁亥	30
壬戌		辛酉		庚申	己丑		戊子		丁亥		戊子	31

農曆初一　農曆十五

西曆一九七八年

12月	11月	10月	9月	8月	7月	6月	5月	4月	3月	2月	1月	月/日
丁酉	十月丁卯	丙申	丙寅	乙未	甲子	甲午	癸亥	癸巳	壬戌	甲午	癸亥	1
戊戌	戊辰	九月丁酉	丁卯	丙申	乙丑	乙未	甲子	甲午	癸亥	乙未	甲子	2
己亥	己巳	戊戌	八月戊辰	丁酉	丙寅	丙申	乙丑	乙未	甲子	丙申	乙丑	3
庚子	庚午	己亥	己巳	七月戊戌	丁卯	丁酉	丙寅	丙申	乙丑	丁酉	丙寅	4
辛丑	辛未	庚子	庚午	己亥	六月戊辰	戊戌	丁卯	丁酉	丙寅	戊戌	丁卯	5
壬寅	壬申	辛丑	辛未	庚子	己巳	五月己亥	戊辰	戊戌	丁卯	己亥	戊辰	6
癸卯	癸酉	壬寅	壬申	辛丑	庚午	庚子	四月己巳	三月己亥	戊辰	正月庚子	己巳	7
甲辰	甲戌	癸卯	癸酉	壬寅	辛未	辛丑	庚午	庚子	己巳	辛丑	庚午	8
乙巳	乙亥	甲辰	甲戌	癸卯	壬申	壬寅	辛未	辛丑	二月庚午	壬寅	十二月辛未	9
丙午	丙子	乙巳	乙亥	甲辰	癸酉	癸卯	壬申	壬寅	辛未	癸卯	壬申	10
丁未	丁丑	丙午	丙子	乙巳	甲戌	甲辰	癸酉	癸卯	壬申	甲辰	癸酉	11
戊申	戊寅	丁未	丁丑	丙午	乙亥	乙巳	甲戌	甲辰	癸酉	乙巳	甲戌	12
己酉	己卯	戊申	戊寅	丁未	丙子	丙午	乙亥	乙巳	甲戌	丙午	乙亥	13
庚戌	庚辰	己酉	己卯	戊申	丁丑	丁未	丙子	丙午	乙亥	丁未	丙子	14
辛亥	辛巳	庚戌	庚辰	己酉	戊寅	戊申	丁丑	丁未	丙子	戊申	丁丑	15
壬子	壬午	辛亥	辛巳	庚戌	己卯	己酉	戊寅	戊申	丁丑	己酉	戊寅	16
癸丑	癸未	壬子	壬午	辛亥	庚辰	庚戌	己卯	己酉	戊寅	庚戌	己卯	17
甲寅	甲申	癸丑	癸未	壬子	辛巳	辛亥	庚辰	庚戌	己卯	辛亥	庚辰	18
乙卯	乙酉	甲寅	甲申	癸丑	壬午	壬子	辛巳	辛亥	庚辰	壬子	辛巳	19
丙辰	丙戌	乙卯	乙酉	甲寅	癸未	癸丑	壬午	壬子	辛巳	癸丑	壬午	20
丁巳	丁亥	丙辰	丙戌	乙卯	甲申	甲寅	癸未	癸丑	壬午	甲寅	癸未	21
戊午	戊子	丁巳	丁亥	丙辰	乙酉	乙卯	甲申	甲寅	癸未	乙卯	甲申	22
己未	己丑	戊午	戊子	丁巳	丙戌	丙辰	乙酉	乙卯	甲申	丙辰	乙酉	23
庚申	庚寅	己未	己丑	戊午	丁亥	丁巳	丙戌	丙辰	乙酉	丁巳	丙戌	24
辛酉	辛卯	庚申	庚寅	己未	戊子	戊午	丁亥	丁巳	丙戌	戊午	丁亥	25
壬戌	壬辰	辛酉	辛卯	庚申	己丑	己未	戊子	戊午	丁亥	己未	戊子	26
癸亥	癸巳	壬戌	壬辰	辛酉	庚寅	庚申	己丑	己未	戊子	庚申	己丑	27
甲子	甲午	癸亥	癸巳	壬戌	辛卯	辛酉	庚寅	庚申	己丑	辛酉	庚寅	28
乙丑	乙未	甲子	甲午	癸亥	壬辰	壬戌	辛卯	辛酉	庚寅		辛卯	29
十二月丙寅	十一月丙申	乙丑	乙未	甲子	癸巳	癸亥	壬辰	壬戌	辛卯		壬辰	30
丁卯		丙寅		乙丑	甲午		癸巳		壬辰		癸巳	31

農曆初一　農曆十五

西曆一九七九年

12月	11月	10月	9月	8月	7月	6月	5月	4月	3月	2月	1月	月/日
壬寅	壬申	辛丑	辛未	庚子	己巳	己亥	戊辰	戊戌	丁卯	己亥	戊辰	1
癸卯	癸酉	壬寅	壬申	辛丑	庚午	庚子	己巳	己亥	戊辰	庚子	己巳	2
甲辰	甲戌	癸卯	癸酉	壬寅	辛未	辛丑	庚午	庚子	己巳	辛丑	庚午	3
乙巳	乙亥	甲辰	甲戌	癸卯	壬申	壬寅	辛未	辛丑	庚午	壬寅	辛未	4
丙午	丙子	乙巳	乙亥	甲辰	癸酉	癸卯	壬申	壬寅	辛未	癸卯	壬申	5
丁未	丁丑	丙午	丙子	乙巳	甲戌	甲辰	癸酉	癸卯	壬申	甲辰	癸酉	6
戊申	戊寅	丁未	丁丑	丙午	乙亥	乙巳	甲戌	甲辰	癸酉	乙巳	甲戌	7
己酉	己卯	戊申	戊寅	丁未	丙子	丙午	乙亥	乙巳	甲戌	丙午	乙亥	8
庚戌	庚辰	己酉	己卯	戊申	丁丑	丁未	丙子	丙午	乙亥	丁未	丙子	9
辛亥	辛巳	庚戌	庚辰	己酉	戊寅	戊申	丁丑	丁未	丙子	戊申	丁丑	10
壬子	壬午	辛亥	辛巳	庚戌	己卯	己酉	戊寅	戊申	丁丑	己酉	戊寅	11
癸丑	癸未	壬子	壬午	辛亥	庚辰	庚戌	己卯	己酉	戊寅	庚戌	己卯	12
甲寅	甲申	癸丑	癸未	壬子	辛巳	辛亥	庚辰	庚戌	己卯	辛亥	庚辰	13
乙卯	乙酉	甲寅	甲申	癸丑	壬午	壬子	辛巳	辛亥	庚辰	壬子	辛巳	14
丙辰	丙戌	乙卯	乙酉	甲寅	癸未	癸丑	壬午	壬子	辛巳	癸丑	壬午	15
丁巳	丁亥	丙辰	丙戌	乙卯	甲申	甲寅	癸未	癸丑	壬午	甲寅	癸未	16
戊午	戊子	丁巳	丁亥	丙辰	乙酉	乙卯	甲申	甲寅	癸未	乙卯	甲申	17
己未	己丑	戊午	戊子	丁巳	丙戌	丙辰	乙酉	乙卯	甲申	丙辰	乙酉	18
十一月 庚申	庚寅	己未	己丑	戊午	丁亥	丁巳	丙戌	丙辰	乙酉	丁巳	丙戌	19
辛酉	十月 辛卯	庚申	庚寅	己未	戊子	戊午	丁亥	丁巳	丙戌	戊午	丁亥	20
壬戌	壬辰	九月 辛酉	八月 辛卯	庚申	己丑	己未	戊子	戊午	丁亥	己未	戊子	21
癸亥	癸巳	壬戌	壬辰	辛酉	庚寅	庚申	己丑	己未	戊子	庚申	己丑	22
甲子	甲午	癸亥	癸巳	七月 壬戌	辛卯	辛酉	庚寅	庚申	己丑	辛酉	庚寅	23
乙丑	乙未	甲子	甲午	癸亥	閏六月 壬辰	六月 壬戌	辛卯	辛酉	庚寅	壬戌	辛卯	24
丙寅	丙申	乙丑	乙未	甲子	癸巳	癸亥	壬辰	壬戌	辛卯	癸亥	壬辰	25
丁卯	丁酉	丙寅	丙申	乙丑	甲午	甲子	五月 癸巳	四月 癸亥	壬辰	甲子	癸巳	26
戊辰	戊戌	丁卯	丁酉	丙寅	乙未	乙丑	甲午	甲子	癸巳	二月 乙丑	甲午	27
己巳	己亥	戊辰	戊戌	丁卯	丙申	丙寅	乙未	乙丑	三月 甲午	丙寅	正月 乙未	28
庚午	庚子	己巳	己亥	戊辰	丁酉	丁卯	丙申	丙寅	乙未		丙申	29
辛未	辛丑	庚午	庚子	己巳	戊戌	戊辰	丁酉	丁卯	丙申		丁酉	30
壬申		辛未		庚午	己亥		戊戌		丁酉		戊戌	31

農曆初一　農曆十五

西曆一九八〇年

12月	11月	10月	9月	8月	7月	6月	5月	4月	3月	2月	1月	月/日
戊申	戊寅	丁未	丁丑	丙午	乙亥	乙巳	甲戌	甲辰	癸酉	甲辰	癸酉	1
己酉	己卯	戊申	戊寅	丁未	丙子	丙午	乙亥	乙巳	甲戌	乙巳	甲戌	2
庚戌	庚辰	己酉	己卯	戊申	丁丑	丁未	丙子	丙午	乙亥	丙午	乙亥	3
辛亥	辛巳	庚戌	庚辰	己酉	戊寅	戊申	丁丑	丁未	丙子	丁未	丙子	4
壬子	壬午	辛亥	辛巳	庚戌	己卯	己酉	戊寅	戊申	丁丑	戊申	丁丑	5
癸丑	癸未	壬子	壬午	辛亥	庚辰	庚戌	己卯	己酉	戊寅	己酉	戊寅	6
十一月 甲寅	甲申	癸丑	癸未	壬子	辛巳	辛亥	庚辰	庚戌	己卯	庚戌	己卯	7
乙卯	十月 乙酉	甲寅	甲申	癸丑	壬午	壬子	辛巳	辛亥	庚辰	辛亥	庚辰	8
丙辰	丙戌	九月 乙卯	八月 乙酉	甲寅	癸未	癸丑	壬午	壬子	辛巳	壬子	辛巳	9
丁巳	丁亥	丙辰	丙戌	乙卯	甲申	甲寅	癸未	癸丑	壬午	癸丑	壬午	10
戊午	戊子	丁巳	丁亥	七月 丙辰	乙酉	乙卯	甲申	甲寅	癸未	甲寅	癸未	11
己未	己丑	戊午	戊子	丁巳	六月 丙戌	丙辰	乙酉	乙卯	甲申	乙卯	甲申	12
庚申	庚寅	己未	己丑	戊午	丁亥	五月 丁巳	丙戌	丙辰	乙酉	丙辰	乙酉	13
辛酉	辛卯	庚申	庚寅	己未	戊子	戊午	四月 丁亥	丁巳	丙戌	丁巳	丙戌	14
壬戌	壬辰	辛酉	辛卯	庚申	己丑	己未	戊子	三月 戊午	丁亥	戊午	丁亥	15
癸亥	癸巳	壬戌	壬辰	辛酉	庚寅	庚申	己丑	己未	戊子	正月 己未	戊子	16
甲子	甲午	癸亥	癸巳	壬戌	辛卯	辛酉	庚寅	庚申	二月 己丑	庚申	己丑	17
乙丑	乙未	甲子	甲午	癸亥	壬辰	壬戌	辛卯	辛酉	庚寅	辛酉	十二月 庚寅	18
丙寅	丙申	乙丑	乙未	甲子	癸巳	癸亥	壬辰	壬戌	辛卯	壬戌	辛卯	19
丁卯	丁酉	丙寅	丙申	乙丑	甲午	甲子	癸巳	癸亥	壬辰	癸亥	壬辰	20
戊辰	戊戌	丁卯	丁酉	丙寅	乙未	乙丑	甲午	甲子	癸巳	甲子	癸巳	21
己巳	己亥	戊辰	戊戌	丁卯	丙申	丙寅	乙未	乙丑	甲午	乙丑	甲午	22
庚午	庚子	己巳	己亥	戊辰	丁酉	丁卯	丙申	丙寅	乙未	丙寅	乙未	23
辛未	辛丑	庚午	庚子	己巳	戊戌	戊辰	丁酉	丁卯	丙申	丁卯	丙申	24
壬申	壬寅	辛未	辛丑	庚午	己亥	己巳	戊戌	戊辰	丁酉	戊辰	丁酉	25
癸酉	癸卯	壬申	壬寅	辛未	庚子	庚午	己亥	己巳	戊戌	己巳	戊戌	26
甲戌	甲辰	癸酉	癸卯	壬申	辛丑	辛未	庚子	庚午	己亥	庚午	己亥	27
乙亥	乙巳	甲戌	甲辰	癸酉	壬寅	壬申	辛丑	辛未	庚子	辛未	庚子	28
丙子	丙午	乙亥	乙巳	甲戌	癸卯	癸酉	壬寅	壬申	辛丑	壬申	辛丑	29
丁丑	丁未	丙子	丙午	乙亥	甲辰	甲戌	癸卯	癸酉	壬寅		壬寅	30
戊寅		丁丑		丙子	乙巳		甲辰		癸卯		癸卯	31

農曆初一　農曆十五

西曆一九八一年

12月	11月	10月	9月	8月	7月	6月	5月	4月	3月	2月	1月	月/日
癸丑	癸未	壬子	壬午	辛亥	庚辰	庚戌	己卯	己酉	戊寅	庚戌	己卯	1
甲寅	甲申	癸丑	癸未	壬子	六月 辛巳	五月 辛亥	庚辰	庚戌	己卯	辛亥	庚辰	2
乙卯	乙酉	甲寅	甲申	癸丑	壬午	壬子	辛巳	辛亥	庚辰	壬子	辛巳	3
丙辰	丙戌	乙卯	乙酉	甲寅	癸未	癸丑	四月 壬午	壬子	辛巳	癸丑	壬午	4
丁巳	丁亥	丙辰	丙戌	乙卯	甲申	甲寅	癸未	三月 癸丑	壬午	正月 甲寅	癸未	5
戊午	戊子	丁巳	丁亥	丙辰	乙酉	乙卯	甲申	甲寅	二月 癸未	乙卯	十二月 甲申	6
己未	己丑	戊午	戊子	丁巳	丙戌	丙辰	乙酉	乙卯	甲申	丙辰	乙酉	7
庚申	庚寅	己未	己丑	戊午	丁亥	丁巳	丙戌	丙辰	乙酉	丁巳	丙戌	8
辛酉	辛卯	庚申	庚寅	己未	戊子	戊午	丁亥	丁巳	丙戌	戊午	丁亥	9
壬戌	壬辰	辛酉	辛卯	庚申	己丑	己未	戊子	戊午	丁亥	己未	戊子	10
癸亥	癸巳	壬戌	壬辰	辛酉	庚寅	庚申	己丑	己未	戊子	庚申	己丑	11
甲子	甲午	癸亥	癸巳	壬戌	辛卯	辛酉	庚寅	庚申	己丑	辛酉	庚寅	12
乙丑	乙未	甲子	甲午	癸亥	壬辰	壬戌	辛卯	辛酉	庚寅	壬戌	辛卯	13
丙寅	丙申	乙丑	乙未	甲子	癸巳	癸亥	壬辰	壬戌	辛卯	癸亥	壬辰	14
丁卯	丁酉	丙寅	丙申	乙丑	甲午	甲子	癸巳	癸亥	壬辰	甲子	癸巳	15
戊辰	戊戌	丁卯	丁酉	丙寅	乙未	乙丑	甲午	甲子	癸巳	乙丑	甲午	16
己巳	己亥	戊辰	戊戌	丁卯	丙申	丙寅	乙未	乙丑	甲午	丙寅	乙未	17
庚午	庚子	己巳	己亥	戊辰	丁酉	丁卯	丙申	丙寅	乙未	丁卯	丙申	18
辛未	辛丑	庚午	庚子	己巳	戊戌	戊辰	丁酉	丁卯	丙申	戊辰	丁酉	19
壬申	壬寅	辛未	辛丑	庚午	己亥	己巳	戊戌	戊辰	丁酉	己巳	戊戌	20
癸酉	癸卯	壬申	壬寅	辛未	庚子	庚午	己亥	己巳	戊戌	庚午	己亥	21
甲戌	甲辰	癸酉	癸卯	壬申	辛丑	辛未	庚子	庚午	己亥	辛未	庚子	22
乙亥	乙巳	甲戌	甲辰	癸酉	壬寅	壬申	辛丑	辛未	庚子	壬申	辛丑	23
丙子	丙午	乙亥	乙巳	甲戌	癸卯	癸酉	壬寅	壬申	辛丑	癸酉	壬寅	24
丁丑	丁未	丙子	丙午	乙亥	甲辰	甲戌	癸卯	癸酉	壬寅	甲戌	癸卯	25
十二月 戊寅	十一月 戊申	丁丑	丁未	丙子	乙巳	乙亥	甲辰	甲戌	癸卯	乙亥	甲辰	26
己卯	己酉	戊寅	戊申	丁丑	丙午	丙子	乙巳	乙亥	甲辰	丙子	乙巳	27
庚辰	庚戌	十月 己卯	九月 己酉	戊寅	丁未	丁丑	丙午	丙子	乙巳	丁丑	丙午	28
辛巳	辛亥	庚辰	庚戌	八月 己卯	戊申	戊寅	丁未	丁丑	丙午		丁未	29
壬午	壬子	辛巳	辛亥	庚辰	己酉	己卯	戊申	戊寅	丁未		戊申	30
癸未		壬午		辛巳	七月 庚戌		己酉		戊申		己酉	31

農曆初一　農曆十五

西曆一九八二年

12月	11月	10月	9月	8月	7月	6月	5月	4月	3月	2月	1月	月/日
戊午	戊子	丁巳	丁亥	丙辰	乙酉	乙卯	甲申	甲寅	癸未	乙卯	甲申	1
己未	己丑	戊午	戊子	丁巳	丙戌	丙辰	乙酉	乙卯	甲申	丙辰	乙酉	2
庚申	庚寅	己未	己丑	戊午	丁亥	丁巳	丙戌	丙辰	乙酉	丁巳	丙戌	3
辛酉	辛卯	庚申	庚寅	己未	戊子	戊午	丁亥	丁巳	丙戌	戊午	丁亥	4
壬戌	壬辰	辛酉	辛卯	庚申	己丑	己未	戊子	戊午	丁亥	己未	戊子	5
癸亥	癸巳	壬戌	壬辰	辛酉	庚寅	庚申	己丑	己未	戊子	庚申	己丑	6
甲子	甲午	癸亥	癸巳	壬戌	辛卯	辛酉	庚寅	庚申	己丑	辛酉	庚寅	7
乙丑	乙未	甲子	甲午	癸亥	壬辰	壬戌	辛卯	辛酉	庚寅	壬戌	辛卯	8
丙寅	丙申	乙丑	乙未	甲子	癸巳	癸亥	壬辰	壬戌	辛卯	癸亥	壬辰	9
丁卯	丁酉	丙寅	丙申	乙丑	甲午	甲子	癸巳	癸亥	壬辰	甲子	癸巳	10
戊辰	戊戌	丁卯	丁酉	丙寅	乙未	乙丑	甲午	甲子	癸巳	乙丑	甲午	11
己巳	己亥	戊辰	戊戌	丁卯	丙申	丙寅	乙未	乙丑	甲午	丙寅	乙未	12
庚午	庚子	己巳	己亥	戊辰	丁酉	丁卯	丙申	丙寅	乙未	丁卯	丙申	13
辛未	辛丑	庚午	庚子	己巳	戊戌	戊辰	丁酉	丁卯	丙申	戊辰	丁酉	14
十一月 壬申	十月 壬寅	辛未	辛丑	庚午	己亥	己巳	戊戌	戊辰	丁酉	己巳	戊戌	15
癸酉	癸卯	壬申	壬寅	辛未	庚子	庚午	己亥	己巳	戊戌	庚午	己亥	16
甲戌	甲辰	九月 癸酉	八月 癸卯	壬申	辛丑	辛未	庚子	庚午	己亥	辛未	庚子	17
乙亥	乙巳	甲戌	甲辰	癸酉	壬寅	壬申	辛丑	辛未	庚子	壬申	辛丑	18
丙子	丙午	乙亥	乙巳	七月 甲戌	癸卯	癸酉	壬寅	壬申	辛丑	癸酉	壬寅	19
丁丑	丁未	丙子	丙午	乙亥	甲辰	甲戌	癸卯	癸酉	壬寅	甲戌	癸卯	20
戊寅	戊申	丁丑	丁未	丙子	六月 乙巳	五月 乙亥	甲辰	甲戌	癸卯	乙亥	甲辰	21
己卯	己酉	戊寅	戊申	丁丑	丙午	丙子	乙巳	乙亥	甲辰	丙子	乙巳	22
庚辰	庚戌	己卯	己酉	戊寅	丁未	丁丑	閏四月 丙午	丙子	乙巳	丁丑	丙午	23
辛巳	辛亥	庚辰	庚戌	己卯	戊申	戊寅	丁未	四月 丁丑	丙午	二月 戊寅	丁未	24
壬午	壬子	辛巳	辛亥	庚辰	己酉	己卯	戊申	戊寅	三月 丁未	己卯	正月 戊申	25
癸未	癸丑	壬午	壬子	辛巳	庚戌	庚辰	己酉	己卯	戊申	庚辰	己酉	26
甲申	甲寅	癸未	癸丑	壬午	辛亥	辛巳	庚戌	庚辰	己酉	辛巳	庚戌	27
乙酉	乙卯	甲申	甲寅	癸未	壬子	壬午	辛亥	辛巳	庚戌	壬午	辛亥	28
丙戌	丙辰	乙酉	乙卯	甲申	癸丑	癸未	壬子	壬午	辛亥		壬子	29
丁亥	丁巳	丙戌	丙辰	乙酉	甲寅	甲申	癸丑	癸未	壬子		癸丑	30
戊子		丁亥		丙戌	乙卯		甲寅		癸丑		甲寅	31

農曆初一　農曆十五

西曆一九八三年

12月	11月	10月	9月	8月	7月	6月	5月	4月	3月	2月	1月	月／日
癸亥	癸巳	壬戌	壬辰	辛酉	庚寅	庚申	己丑	己未	戊子	庚申	己丑	1
甲子	甲午	癸亥	癸巳	壬戌	辛卯	辛酉	庚寅	庚申	己丑	辛酉	庚寅	2
乙丑	乙未	甲子	甲午	癸亥	壬辰	壬戌	辛卯	辛酉	庚寅	壬戌	辛卯	3
十一月 丙寅	丙申	乙丑	乙未	甲子	癸巳	癸亥	壬辰	壬戌	辛卯	癸亥	壬辰	4
丁卯	十月 丁酉	丙寅	丙申	乙丑	甲午	甲子	癸巳	癸亥	壬辰	甲子	癸巳	5
戊辰	戊戌	九月 丁卯	丁酉	丙寅	乙未	乙丑	甲午	甲子	癸巳	乙丑	甲午	6
己巳	己亥	戊辰	八月 戊戌	丁卯	丙申	丙寅	乙未	乙丑	甲午	丙寅	乙未	7
庚午	庚子	己巳	己亥	戊辰	丁酉	丁卯	丙申	丙寅	乙未	丁卯	丙申	8
辛未	辛丑	庚午	庚子	七月 己巳	戊戌	戊辰	丁酉	丁卯	丙申	戊辰	丁酉	9
壬申	壬寅	辛未	辛丑	庚午	六月 己亥	己巳	戊戌	戊辰	丁酉	己巳	戊戌	10
癸酉	癸卯	壬申	壬寅	辛未	庚子	五月 庚午	己亥	己巳	戊戌	庚午	己亥	11
甲戌	甲辰	癸酉	癸卯	壬申	辛丑	辛未	庚子	庚午	己亥	辛未	庚子	12
乙亥	乙巳	甲戌	甲辰	癸酉	壬寅	壬申	四月 辛丑	三月 辛未	庚子	正月 壬申	辛丑	13
丙子	丙午	乙亥	乙巳	甲戌	癸卯	癸酉	壬寅	壬申	辛丑	癸酉	十二月 壬寅	14
丁丑	丁未	丙子	丙午	乙亥	甲辰	甲戌	癸卯	癸酉	二月 壬寅	甲戌	癸卯	15
戊寅	戊申	丁丑	丁未	丙子	乙巳	乙亥	甲辰	甲戌	癸卯	乙亥	甲辰	16
己卯	己酉	戊寅	戊申	丁丑	丙午	丙子	乙巳	乙亥	甲辰	丙子	乙巳	17
庚辰	庚戌	己卯	己酉	戊寅	丁未	丁丑	丙午	丙子	乙巳	丁丑	丙午	18
辛巳	辛亥	庚辰	庚戌	己卯	戊申	戊寅	丁未	丁丑	丙午	戊寅	丁未	19
壬午	壬子	辛巳	辛亥	庚辰	己酉	己卯	戊申	戊寅	丁未	己卯	戊申	20
癸未	癸丑	壬午	壬子	辛巳	庚戌	庚辰	己酉	己卯	戊申	庚辰	己酉	21
甲申	甲寅	癸未	癸丑	壬午	辛亥	辛巳	庚戌	庚辰	己酉	辛巳	庚戌	22
乙酉	乙卯	甲申	甲寅	癸未	壬子	壬午	辛亥	辛巳	庚戌	壬午	辛亥	23
丙戌	丙辰	乙酉	乙卯	甲申	癸丑	癸未	壬子	壬午	辛亥	癸未	壬子	24
丁亥	丁巳	丙戌	丙辰	乙酉	甲寅	甲申	癸丑	癸未	壬子	甲申	癸丑	25
戊子	戊午	丁亥	丁巳	丙戌	乙卯	乙酉	甲寅	甲申	癸丑	乙酉	甲寅	26
己丑	己未	戊子	戊午	丁亥	丙辰	丙戌	乙卯	乙酉	甲寅	丙戌	乙卯	27
庚寅	庚申	己丑	己未	戊子	丁巳	丁亥	丙辰	丙戌	乙卯	丁亥	丙辰	28
辛卯	辛酉	庚寅	庚申	己丑	戊午	戊子	丁巳	丁亥	丙辰		丁巳	29
壬辰	壬戌	辛卯	辛酉	庚寅	己未	己丑	戊午	戊子	丁巳		戊午	30
癸巳		壬辰		辛卯	庚申		己未		戊午		己未	31

農曆初一　農曆十五

西曆一九八四年

12月	11月	10月	9月	8月	7月	6月	5月	4月	3月	2月	1月	月/日
己巳	己亥	戊辰	戊戌	丁卯	丙申	丙寅	四月 乙未	三月 乙丑	甲午	乙丑	甲午	1
庚午	庚子	己巳	己亥	戊辰	丁酉	丁卯	丙申	丙寅	乙未	正月 丙寅	乙未	2
辛未	辛丑	庚午	庚子	己巳	戊戌	戊辰	丁酉	丁卯	二月 丙申	丁卯	十二月 丙申	3
壬申	壬寅	辛未	辛丑	庚午	己亥	己巳	戊戌	戊辰	丁酉	戊辰	丁酉	4
癸酉	癸卯	壬申	壬寅	辛未	庚子	庚午	己亥	己巳	戊戌	己巳	戊戌	5
甲戌	甲辰	癸酉	癸卯	壬申	辛丑	辛未	庚子	庚午	己亥	庚午	己亥	6
乙亥	乙巳	甲戌	甲辰	癸酉	壬寅	壬申	辛丑	辛未	庚子	辛未	庚子	7
丙子	丙午	乙亥	乙巳	甲戌	癸卯	癸酉	壬寅	壬申	辛丑	壬申	辛丑	8
丁丑	丁未	丙子	丙午	乙亥	甲辰	甲戌	癸卯	癸酉	壬寅	癸酉	壬寅	9
戊寅	戊申	丁丑	丁未	丙子	乙巳	乙亥	甲辰	甲戌	癸卯	甲戌	癸卯	10
己卯	己酉	戊寅	戊申	丁丑	丙午	丙子	乙巳	乙亥	甲辰	乙亥	甲辰	11
庚辰	庚戌	己卯	己酉	戊寅	丁未	丁丑	丙午	丙子	乙巳	丙子	乙巳	12
辛巳	辛亥	庚辰	庚戌	己卯	戊申	戊寅	丁未	丁丑	丙午	丁丑	丙午	13
壬午	壬子	辛巳	辛亥	庚辰	己酉	己卯	戊申	戊寅	丁未	戊寅	丁未	14
癸未	癸丑	壬午	壬子	辛巳	庚戌	庚辰	己酉	己卯	戊申	己卯	戊申	15
甲申	甲寅	癸未	癸丑	壬午	辛亥	辛巳	庚戌	庚辰	己酉	庚辰	己酉	16
乙酉	乙卯	甲申	甲寅	癸未	壬子	壬午	辛亥	辛巳	庚戌	辛巳	庚戌	17
丙戌	丙辰	乙酉	乙卯	甲申	癸丑	癸未	壬子	壬午	辛亥	壬午	辛亥	18
丁亥	丁巳	丙戌	丙辰	乙酉	甲寅	甲申	癸丑	癸未	壬子	癸未	壬子	19
戊子	戊午	丁亥	丁巳	丙戌	乙卯	乙酉	甲寅	甲申	癸丑	甲申	癸丑	20
己丑	己未	戊子	戊午	丁亥	丙辰	丙戌	乙卯	乙酉	甲寅	乙酉	甲寅	21
十一月 庚寅	庚申	己丑	己未	戊子	丁巳	丁亥	丙辰	丙戌	乙卯	丙戌	乙卯	22
辛卯	閏十月 辛酉	庚寅	庚申	己丑	戊午	戊子	丁巳	丁亥	丙辰	丁亥	丙辰	23
壬辰	壬戌	十月 辛卯	辛酉	庚寅	己未	己丑	戊午	戊子	丁巳	戊子	丁巳	24
癸巳	癸亥	壬辰	九月 壬戌	辛卯	庚申	庚寅	己未	己丑	戊午	己丑	戊午	25
甲午	甲子	癸巳	癸亥	壬辰	辛酉	辛卯	庚申	庚寅	己未	庚寅	己未	26
乙未	乙丑	甲午	甲子	八月 癸巳	壬戌	壬辰	辛酉	辛卯	庚申	辛卯	庚申	27
丙申	丙寅	乙未	乙丑	甲午	七月 癸亥	癸巳	壬戌	壬辰	辛酉	壬辰	辛酉	28
丁酉	丁卯	丙申	丙寅	乙未	甲子	六月 甲午	癸亥	癸巳	壬戌	癸巳	壬戌	29
戊戌	戊辰	丁酉	丁卯	丙申	乙丑	乙未	甲子	甲午	癸亥		癸亥	30
己亥		戊戌		丁酉	丙寅		五月 乙丑		甲子		甲子	31

農曆初一　農曆十五

西曆一九八五年

12月	11月	10月	9月	8月	7月	6月	5月	4月	3月	2月	1月	月/日
甲戌	甲辰	癸酉	癸卯	壬申	辛丑	辛未	庚子	庚午	己亥	辛未	庚子	1
乙亥	乙巳	甲戌	甲辰	癸酉	壬寅	壬申	辛丑	辛未	庚子	壬申	辛丑	2
丙子	丙午	乙亥	乙巳	甲戌	癸卯	癸酉	壬寅	壬申	辛丑	癸酉	壬寅	3
丁丑	丁未	丙子	丙午	乙亥	甲辰	甲戌	癸卯	癸酉	壬寅	甲戌	癸卯	4
戊寅	戊申	丁丑	丁未	丙子	乙巳	乙亥	甲辰	甲戌	癸卯	乙亥	甲辰	5
己卯	己酉	戊寅	戊申	丁丑	丙午	丙子	乙巳	乙亥	甲辰	丙子	乙巳	6
庚辰	庚戌	己卯	己酉	戊寅	丁未	丁丑	丙午	丙子	乙巳	丁丑	丙午	7
辛巳	辛亥	庚辰	庚戌	己卯	戊申	戊寅	丁未	丁丑	丙午	戊寅	丁未	8
壬午	壬子	辛巳	辛亥	庚辰	己酉	己卯	戊申	戊寅	丁未	己卯	戊申	9
癸未	癸丑	壬午	壬子	辛巳	庚戌	庚辰	己酉	己卯	戊申	庚辰	己酉	10
甲申	甲寅	癸未	癸丑	壬午	辛亥	辛巳	庚戌	庚辰	己酉	辛巳	庚戌	11
十一月 乙酉	十月 乙卯	甲申	甲寅	癸未	壬子	壬午	辛亥	辛巳	庚戌	壬午	辛亥	12
丙戌	丙辰	乙酉	乙卯	甲申	癸丑	癸未	壬子	壬午	辛亥	癸未	壬子	13
丁亥	丁巳	九月 丙戌	丙辰	乙酉	甲寅	甲申	癸丑	癸未	壬子	甲申	癸丑	14
戊子	戊午	丁亥	八月 丁巳	丙戌	乙卯	乙酉	甲寅	甲申	癸丑	乙酉	甲寅	15
己丑	己未	戊子	戊午	七月 丁亥	丙辰	丙戌	乙卯	乙酉	甲寅	丙戌	乙卯	16
庚寅	庚申	己丑	己未	戊子	丁巳	丁亥	丙辰	丙戌	乙卯	丁亥	丙辰	17
辛卯	辛酉	庚寅	庚申	己丑	六月 戊午	五月 戊子	丁巳	丁亥	丙辰	戊子	丁巳	18
壬辰	壬戌	辛卯	辛酉	庚寅	己未	己丑	戊午	戊子	丁巳	己丑	戊午	19
癸巳	癸亥	壬辰	壬戌	辛卯	庚申	庚寅	四月 己未	三月 己丑	戊午	正月 庚寅	己未	20
甲午	甲子	癸巳	癸亥	壬辰	辛酉	辛卯	庚申	庚寅	二月 己未	辛卯	十二月 庚申	21
乙未	乙丑	甲午	甲子	癸巳	壬戌	壬辰	辛酉	辛卯	庚申	壬辰	辛酉	22
丙申	丙寅	乙未	乙丑	甲午	癸亥	癸巳	壬戌	壬辰	辛酉	癸巳	壬戌	23
丁酉	丁卯	丙申	丙寅	乙未	甲子	甲午	癸亥	癸巳	壬戌	甲午	癸亥	24
戊戌	戊辰	丁酉	丁卯	丙申	乙丑	乙未	甲子	甲午	癸亥	乙未	甲子	25
己亥	己巳	戊戌	戊辰	丁酉	丙寅	丙申	乙丑	乙未	甲子	丙申	乙丑	26
庚子	庚午	己亥	己巳	戊戌	丁卯	丁酉	丙寅	丙申	乙丑	丁酉	丙寅	27
辛丑	辛未	庚子	庚午	己亥	戊辰	戊戌	丁卯	丁酉	丙寅	戊戌	丁卯	28
壬寅	壬申	辛丑	辛未	庚子	己巳	己亥	戊辰	戊戌	丁卯		戊辰	29
癸卯	癸酉	壬寅	壬申	辛丑	庚午	庚子	己巳	己亥	戊辰		己巳	30
甲辰		癸卯		壬寅	辛未		庚午		己巳		庚午	31

農曆初一　農曆十五

西曆一九八六年

12月	11月	10月	9月	8月	7月	6月	5月	4月	3月	2月	1月	月/日
己卯	己酉	戊寅	戊申	丁丑	丙午	丙子	乙巳	乙亥	甲辰	丙子	乙巳	1
十一月 庚辰	十月 庚戌	己卯	己酉	戊寅	丁未	丁丑	丙午	丙子	乙巳	丁丑	丙午	2
辛巳	辛亥	庚辰	庚戌	己卯	戊申	戊寅	丁未	丁丑	丙午	戊寅	丁未	3
壬午	壬子	九月 辛巳	八月 辛亥	庚辰	己酉	己卯	戊申	戊寅	丁未	己卯	戊申	4
癸未	癸丑	壬午	壬子	辛巳	庚戌	庚辰	己酉	己卯	戊申	庚辰	己酉	5
甲申	甲寅	癸未	癸丑	七月 壬午	辛亥	辛巳	庚戌	庚辰	己酉	辛巳	庚戌	6
乙酉	乙卯	甲申	甲寅	癸未	六月 壬子	五月 壬午	辛亥	辛巳	庚戌	壬午	辛亥	7
丙戌	丙辰	乙酉	乙卯	甲申	癸丑	癸未	壬子	壬午	辛亥	癸未	壬子	8
丁亥	丁巳	丙戌	丙辰	乙酉	甲寅	甲申	四月 癸丑	三月 癸未	壬子	正月 甲申	癸丑	9
戊子	戊午	丁亥	丁巳	丙戌	乙卯	乙酉	甲寅	甲申	二月 癸丑	乙酉	十二月 甲寅	10
己丑	己未	戊子	戊午	丁亥	丙辰	丙戌	乙卯	乙酉	甲寅	丙戌	乙卯	11
庚寅	庚申	己丑	己未	戊子	丁巳	丁亥	丙辰	丙戌	乙卯	丁亥	丙辰	12
辛卯	辛酉	庚寅	庚申	己丑	戊午	戊子	丁巳	丁亥	丙辰	戊子	丁巳	13
壬辰	壬戌	辛卯	辛酉	庚寅	己未	己丑	戊午	戊子	丁巳	己丑	戊午	14
癸巳	癸亥	壬辰	壬戌	辛卯	庚申	庚寅	己未	己丑	戊午	庚寅	己未	15
甲午	甲子	癸巳	癸亥	壬辰	辛酉	辛卯	庚申	庚寅	己未	辛卯	庚申	16
乙未	乙丑	甲午	甲子	癸巳	壬戌	壬辰	辛酉	辛卯	庚申	壬辰	辛酉	17
丙申	丙寅	乙未	乙丑	甲午	癸亥	癸巳	壬戌	壬辰	辛酉	癸巳	壬戌	18
丁酉	丁卯	丙申	丙寅	乙未	甲子	甲午	癸亥	癸巳	壬戌	甲午	癸亥	19
戊戌	戊辰	丁酉	丁卯	丙申	乙丑	乙未	甲子	甲午	癸亥	乙未	甲子	20
己亥	己巳	戊戌	戊辰	丁酉	丙寅	丙申	乙丑	乙未	甲子	丙申	乙丑	21
庚子	庚午	己亥	己巳	戊戌	丁卯	丁酉	丙寅	丙申	乙丑	丁酉	丙寅	22
辛丑	辛未	庚子	庚午	己亥	戊辰	戊戌	丁卯	丁酉	丙寅	戊戌	丁卯	23
壬寅	壬申	辛丑	辛未	庚子	己巳	己亥	戊辰	戊戌	丁卯	己亥	戊辰	24
癸卯	癸酉	壬寅	壬申	辛丑	庚午	庚子	己巳	己亥	戊辰	庚子	己巳	25
甲辰	甲戌	癸卯	癸酉	壬寅	辛未	辛丑	庚午	庚子	己巳	辛丑	庚午	26
乙巳	乙亥	甲辰	甲戌	癸卯	壬申	壬寅	辛未	辛丑	庚午	壬寅	辛未	27
丙午	丙子	乙巳	乙亥	甲辰	癸酉	癸卯	壬申	壬寅	辛未	癸卯	壬申	28
丁未	丁丑	丙午	丙子	乙巳	甲戌	甲辰	癸酉	癸卯	壬申		癸酉	29
戊申	戊寅	丁未	丁丑	丙午	乙亥	乙巳	甲戌	甲辰	癸酉		甲戌	30
十二月 己酉		戊申		丁未	丙子		乙亥		甲戌		乙亥	31

農曆初一　農曆十五

西曆一九八七年

12月	11月	10月	9月	8月	7月	6月	5月	4月	3月	2月	1月	月/日
甲申	甲寅	癸未	癸丑	壬午	辛亥	辛巳	庚戌	庚辰	己酉	辛巳	庚戌	1
乙酉	乙卯	甲申	甲寅	癸未	壬子	壬午	辛亥	辛巳	庚戌	壬午	辛亥	2
丙戌	丙辰	乙酉	乙卯	甲申	癸丑	癸未	壬子	壬午	辛亥	癸未	壬子	3
丁亥	丁巳	丙戌	丙辰	乙酉	甲寅	甲申	癸丑	癸未	壬子	甲申	癸丑	4
戊子	戊午	丁亥	丁巳	丙戌	乙卯	乙酉	甲寅	甲申	癸丑	乙酉	甲寅	5
己丑	己未	戊子	戊午	丁亥	丙辰	丙戌	乙卯	乙酉	甲寅	丙戌	乙卯	6
庚寅	庚申	己丑	己未	戊子	丁巳	丁亥	丙辰	丙戌	乙卯	丁亥	丙辰	7
辛卯	辛酉	庚寅	庚申	己丑	戊午	戊子	丁巳	丁亥	丙辰	戊子	丁巳	8
壬辰	壬戌	辛卯	辛酉	庚寅	己未	己丑	戊午	戊子	丁巳	己丑	戊午	9
癸巳	癸亥	壬辰	壬戌	辛卯	庚申	庚寅	己未	己丑	戊午	庚寅	己未	10
甲午	甲子	癸巳	癸亥	壬辰	辛酉	辛卯	庚申	庚寅	己未	辛卯	庚申	11
乙未	乙丑	甲午	甲子	癸巳	壬戌	壬辰	辛酉	辛卯	庚申	壬辰	辛酉	12
丙申	丙寅	乙未	乙丑	甲午	癸亥	癸巳	壬戌	壬辰	辛酉	癸巳	壬戌	13
丁酉	丁卯	丙申	丙寅	乙未	甲子	甲午	癸亥	癸巳	壬戌	甲午	癸亥	14
戊戌	戊辰	丁酉	丁卯	丙申	乙丑	乙未	甲子	甲午	癸亥	乙未	甲子	15
己亥	己巳	戊戌	戊辰	丁酉	丙寅	丙申	乙丑	乙未	甲子	丙申	乙丑	16
庚子	庚午	己亥	己巳	戊戌	丁卯	丁酉	丙寅	丙申	乙丑	丁酉	丙寅	17
辛丑	辛未	庚子	庚午	己亥	戊辰	戊戌	丁卯	丁酉	丙寅	戊戌	丁卯	18
壬寅	壬申	辛丑	辛未	庚子	己巳	己亥	戊辰	戊戌	丁卯	己亥	戊辰	19
癸卯	癸酉	壬寅	壬申	辛丑	庚午	庚子	己巳	己亥	戊辰	庚子	己巳	20
十一月 甲辰	十月 甲戌	癸卯	癸酉	壬寅	辛未	辛丑	庚午	庚子	己巳	辛丑	庚午	21
乙巳	乙亥	甲辰	甲戌	癸卯	壬申	壬寅	辛未	辛丑	庚午	壬寅	辛未	22
丙午	丙子	九月 乙巳	八月 乙亥	甲辰	癸酉	癸卯	壬申	壬寅	辛未	癸卯	壬申	23
丁未	丁丑	丙午	丙子	七月 乙巳	甲戌	甲辰	癸酉	癸卯	壬申	甲辰	癸酉	24
戊申	戊寅	丁未	丁丑	丙午	乙亥	乙巳	甲戌	甲辰	癸酉	乙巳	甲戌	25
己酉	己卯	戊申	戊寅	丁未	閏六月 丙子	六月 丙午	乙亥	乙巳	甲戌	丙午	乙亥	26
庚戌	庚辰	己酉	己卯	戊申	丁丑	丁未	五月 丙子	丙午	乙亥	丁未	丙子	27
辛亥	辛巳	庚戌	庚辰	己酉	戊寅	戊申	丁丑	四月 丁未	丙子	二月 戊申	丁丑	28
壬子	壬午	辛亥	辛巳	庚戌	己卯	己酉	戊寅	戊申	三月 丁丑		正月 戊寅	29
癸丑	癸未	壬子	壬午	辛亥	庚辰	庚戌	己卯	己酉	戊寅		己卯	30
甲寅		癸丑		壬子	辛巳		庚辰		己卯		庚辰	31

農曆初一　農曆十五

西曆一九八八年

12月	11月	10月	9月	8月	7月	6月	5月	4月	3月	2月	1月	月/日
庚寅	庚申	己丑	己未	戊子	丁巳	丁亥	丙辰	丙戌	乙卯	丙戌	乙卯	1
辛卯	辛酉	庚寅	庚申	己丑	戊午	戊子	丁巳	丁亥	丙辰	丁亥	丙辰	2
壬辰	壬戌	辛卯	辛酉	庚寅	己未	己丑	戊午	戊子	丁巳	戊子	丁巳	3
癸巳	癸亥	壬辰	壬戌	辛卯	庚申	庚寅	己未	己丑	戊午	己丑	戊午	4
甲午	甲子	癸巳	癸亥	壬辰	辛酉	辛卯	庚申	庚寅	己未	庚寅	己未	5
乙未	乙丑	甲午	甲子	癸巳	壬戌	壬辰	辛酉	辛卯	庚申	辛卯	庚申	6
丙申	丙寅	乙未	乙丑	甲午	癸亥	癸巳	壬戌	壬辰	辛酉	壬辰	辛酉	7
丁酉	丁卯	丙申	丙寅	乙未	甲子	甲午	癸亥	癸巳	壬戌	癸巳	壬戌	8
十一月 戊戌	十月 戊辰	丁酉	丁卯	丙申	乙丑	乙未	甲子	甲午	癸亥	甲午	癸亥	9
己亥	己巳	戊戌	戊辰	丁酉	丙寅	丙申	乙丑	乙未	甲子	乙未	甲子	10
庚子	庚午	九月 己亥	八月 己巳	戊戌	丁卯	丁酉	丙寅	丙申	乙丑	丙申	乙丑	11
辛丑	辛未	庚子	庚午	七月 己亥	戊辰	戊戌	丁卯	丁酉	丙寅	丁酉	丙寅	12
壬寅	壬申	辛丑	辛未	庚子	己巳	己亥	戊辰	戊戌	丁卯	戊戌	丁卯	13
癸卯	癸酉	壬寅	壬申	辛丑	六月 庚午	五月 庚子	己巳	己亥	戊辰	己亥	戊辰	14
甲辰	甲戌	癸卯	癸酉	壬寅	辛未	辛丑	庚午	庚子	己巳	庚子	己巳	15
乙巳	乙亥	甲辰	甲戌	癸卯	壬申	壬寅	四月 辛未	三月 辛丑	庚午	辛丑	庚午	16
丙午	丙子	乙巳	乙亥	甲辰	癸酉	癸卯	壬申	壬寅	辛未	正月 壬寅	辛未	17
丁未	丁丑	丙午	丙子	乙巳	甲戌	甲辰	癸酉	癸卯	二月 壬申	癸卯	壬申	18
戊申	戊寅	丁未	丁丑	丙午	乙亥	乙巳	甲戌	甲辰	癸酉	甲辰	十二月 癸酉	19
己酉	己卯	戊申	戊寅	丁未	丙子	丙午	乙亥	乙巳	甲戌	乙巳	甲戌	20
庚戌	庚辰	己酉	己卯	戊申	丁丑	丁未	丙子	丙午	乙亥	丙午	乙亥	21
辛亥	辛巳	庚戌	庚辰	己酉	戊寅	戊申	丁丑	丁未	丙子	丁未	丙子	22
壬子	壬午	辛亥	辛巳	庚戌	己卯	己酉	戊寅	戊申	丁丑	戊申	丁丑	23
癸丑	癸未	壬子	壬午	辛亥	庚辰	庚戌	己卯	己酉	戊寅	己酉	戊寅	24
甲寅	甲申	癸丑	癸未	壬子	辛巳	辛亥	庚辰	庚戌	己卯	庚戌	己卯	25
乙卯	乙酉	甲寅	甲申	癸丑	壬午	壬子	辛巳	辛亥	庚辰	辛亥	庚辰	26
丙辰	丙戌	乙卯	乙酉	甲寅	癸未	癸丑	壬午	壬子	辛巳	壬子	辛巳	27
丁巳	丁亥	丙辰	丙戌	乙卯	甲申	甲寅	癸未	癸丑	壬午	癸丑	壬午	28
戊午	戊子	丁巳	丁亥	丙辰	乙酉	乙卯	甲申	甲寅	癸未	甲寅	癸未	29
己未	己丑	戊午	戊子	丁巳	丙戌	丙辰	乙酉	乙卯	甲申		甲申	30
庚申		己未		戊午	丁亥		丙戌		乙酉		乙酉	31

農曆初一　農曆十五

西曆一九八九年

12月	11月	10月	9月	8月	7月	6月	5月	4月	3月	2月	1月	月/日
乙未	乙丑	甲午	甲子	七月癸巳	壬戌	壬辰	辛酉	辛卯	庚申	壬辰	辛酉	1
丙申	丙寅	乙未	乙丑	甲午	癸亥	癸巳	壬戌	壬辰	辛酉	癸巳	壬戌	2
丁酉	丁卯	丙申	丙寅	乙未	六月甲子	甲午	癸亥	癸巳	壬戌	甲午	癸亥	3
戊戌	戊辰	丁酉	丁卯	丙申	乙丑	五月乙未	甲子	甲午	癸亥	乙未	甲子	4
己亥	己巳	戊戌	戊辰	丁酉	丙寅	丙申	四月乙丑	乙未	甲子	丙申	乙丑	5
庚子	庚午	己亥	己巳	戊戌	丁卯	丁酉	丙寅	三月丙申	乙丑	正月丁酉	丙寅	6
辛丑	辛未	庚子	庚午	己亥	戊辰	戊戌	丁卯	丁酉	丙寅	戊戌	丁卯	7
壬寅	壬申	辛丑	辛未	庚子	己巳	己亥	戊辰	戊戌	二月丁卯	己亥	十二月戊辰	8
癸卯	癸酉	壬寅	壬申	辛丑	庚午	庚子	己巳	己亥	戊辰	庚子	己巳	9
甲辰	甲戌	癸卯	癸酉	壬寅	辛未	辛丑	庚午	庚子	己巳	辛丑	庚午	10
乙巳	乙亥	甲辰	甲戌	癸卯	壬申	壬寅	辛未	辛丑	庚午	壬寅	辛未	11
丙午	丙子	乙巳	乙亥	甲辰	癸酉	癸卯	壬申	壬寅	辛未	癸卯	壬申	12
丁未	丁丑	丙午	丙子	乙巳	甲戌	甲辰	癸酉	癸卯	壬申	甲辰	癸酉	13
戊申	戊寅	丁未	丁丑	丙午	乙亥	乙巳	甲戌	甲辰	癸酉	乙巳	甲戌	14
己酉	己卯	戊申	戊寅	丁未	丙子	丙午	乙亥	乙巳	甲戌	丙午	乙亥	15
庚戌	庚辰	己酉	己卯	戊申	丁丑	丁未	丙子	丙午	乙亥	丁未	丙子	16
辛亥	辛巳	庚戌	庚辰	己酉	戊寅	戊申	丁丑	丁未	丙子	戊申	丁丑	17
壬子	壬午	辛亥	辛巳	庚戌	己卯	己酉	戊寅	戊申	丁丑	己酉	戊寅	18
癸丑	癸未	壬子	壬午	辛亥	庚辰	庚戌	己卯	己酉	戊寅	庚戌	己卯	19
甲寅	甲申	癸丑	癸未	壬子	辛巳	辛亥	庚辰	庚戌	己卯	辛亥	庚辰	20
乙卯	乙酉	甲寅	甲申	癸丑	壬午	壬子	辛巳	辛亥	庚辰	壬子	辛巳	21
丙辰	丙戌	乙卯	乙酉	甲寅	癸未	癸丑	壬午	壬子	辛巳	癸丑	壬午	22
丁巳	丁亥	丙辰	丙戌	乙卯	甲申	甲寅	癸未	癸丑	壬午	甲寅	癸未	23
戊午	戊子	丁巳	丁亥	丙辰	乙酉	乙卯	甲申	甲寅	癸未	乙卯	甲申	24
己未	己丑	戊午	戊子	丁巳	丙戌	丙辰	乙酉	乙卯	甲申	丙辰	乙酉	25
庚申	庚寅	己未	己丑	戊午	丁亥	丁巳	丙戌	丙辰	乙酉	丁巳	丙戌	26
辛酉	辛卯	庚申	庚寅	己未	戊子	戊午	丁亥	丁巳	丙戌	戊午	丁亥	27
十二月壬戌	十一月壬辰	辛酉	辛卯	庚申	己丑	己未	戊子	戊午	丁亥	己未	戊子	28
癸亥	癸巳	十月壬戌	壬辰	辛酉	庚寅	庚申	己丑	己未	戊子		己丑	29
甲子	甲午	癸亥	九月癸巳	壬戌	辛卯	辛酉	庚寅	庚申	己丑		庚寅	30
乙丑		甲子		八月癸亥	壬辰		辛卯		庚寅		辛卯	31

農曆初一　農曆十五

西曆一九九〇年

12月	11月	10月	9月	8月	7月	6月	5月	4月	3月	2月	1月	月/日
庚子	庚午	己亥	己巳	戊戌	丁卯	丁酉	丙寅	丙申	乙丑	丁酉	丙寅	1
辛丑	辛未	庚子	庚午	己亥	戊辰	戊戌	丁卯	丁酉	丙寅	戊戌	丁卯	2
壬寅	壬申	辛丑	辛未	庚子	己巳	己亥	戊辰	戊戌	丁卯	己亥	戊辰	3
癸卯	癸酉	壬寅	壬申	辛丑	庚午	庚子	己巳	己亥	戊辰	庚子	己巳	4
甲辰	甲戌	癸卯	癸酉	壬寅	辛未	辛丑	庚午	庚子	己巳	辛丑	庚午	5
乙巳	乙亥	甲辰	甲戌	癸卯	壬申	壬寅	辛未	辛丑	庚午	壬寅	辛未	6
丙午	丙子	乙巳	乙亥	甲辰	癸酉	癸卯	壬申	壬寅	辛未	癸卯	壬申	7
丁未	丁丑	丙午	丙子	乙巳	甲戌	甲辰	癸酉	癸卯	壬申	甲辰	癸酉	8
戊申	戊寅	丁未	丁丑	丙午	乙亥	乙巳	甲戌	甲辰	癸酉	乙巳	甲戌	9
己酉	己卯	戊申	戊寅	丁未	丙子	丙午	乙亥	乙巳	甲戌	丙午	乙亥	10
庚戌	庚辰	己酉	己卯	戊申	丁丑	丁未	丙子	丙午	乙亥	丁未	丙子	11
辛亥	辛巳	庚戌	庚辰	己酉	戊寅	戊申	丁丑	丁未	丙子	戊申	丁丑	12
壬子	壬午	辛亥	辛巳	庚戌	己卯	己酉	戊寅	戊申	丁丑	己酉	戊寅	13
癸丑	癸未	壬子	壬午	辛亥	庚辰	庚戌	己卯	己酉	戊寅	庚戌	己卯	14
甲寅	甲申	癸丑	癸未	壬子	辛巳	辛亥	庚辰	庚戌	己卯	辛亥	庚辰	15
乙卯	乙酉	甲寅	甲申	癸丑	壬午	壬子	辛巳	辛亥	庚辰	壬子	辛巳	16
十一月 丙辰	十月 丙戌	乙卯	乙酉	甲寅	癸未	癸丑	壬午	壬子	辛巳	癸丑	壬午	17
丁巳	丁亥	九月 丙辰	丙戌	乙卯	甲申	甲寅	癸未	癸丑	壬午	甲寅	癸未	18
戊午	戊子	丁巳	八月 丁亥	丙辰	乙酉	乙卯	甲申	甲寅	癸未	乙卯	甲申	19
己未	己丑	戊午	戊子	七月 丁巳	丙戌	丙辰	乙酉	乙卯	甲申	丙辰	乙酉	20
庚申	庚寅	己未	己丑	戊午	丁亥	丁巳	丙戌	丙辰	乙酉	丁巳	丙戌	21
辛酉	辛卯	庚申	庚寅	己未	六月 戊子	戊午	丁亥	丁巳	丙戌	戊午	丁亥	22
壬戌	壬辰	辛酉	辛卯	庚申	己丑	閏五月 己未	戊子	戊午	丁亥	己未	戊子	23
癸亥	癸巳	壬戌	壬辰	辛酉	庚寅	庚申	五月 己丑	己未	戊子	庚申	己丑	24
甲子	甲午	癸亥	癸巳	壬戌	辛卯	辛酉	庚寅	四月 庚申	己丑	二月 辛酉	庚寅	25
乙丑	乙未	甲子	甲午	癸亥	壬辰	壬戌	辛卯	辛酉	庚寅	壬戌	辛卯	26
丙寅	丙申	乙丑	乙未	甲子	癸巳	癸亥	壬辰	壬戌	三月 辛卯	癸亥	正月 壬辰	27
丁卯	丁酉	丙寅	丙申	乙丑	甲午	甲子	癸巳	癸亥	壬辰	甲子	癸巳	28
戊辰	戊戌	丁卯	丁酉	丙寅	乙未	乙丑	甲午	甲子	癸巳		甲午	29
己巳	己亥	戊辰	戊戌	丁卯	丙申	丙寅	乙未	乙丑	甲午		乙未	30
庚午		己巳		戊辰	丁酉		丙申		乙未		丙申	31

農曆初一

農曆十五

西曆一九九一年

12月	11月	10月	9月	8月	7月	6月	5月	4月	3月	2月	1月	月/日
乙巳	乙亥	甲辰	甲戌	癸卯	壬申	壬寅	辛未	辛丑	庚午	壬寅	辛未	1
丙午	丙子	乙巳	乙亥	甲辰	癸酉	癸卯	壬申	壬寅	辛未	癸卯	壬申	2
丁未	丁丑	丙午	丙子	乙巳	甲戌	甲辰	癸酉	癸卯	壬申	甲辰	癸酉	3
戊申	戊寅	丁未	丁丑	丙午	乙亥	乙巳	甲戌	甲辰	癸酉	乙巳	甲戌	4
己酉	己卯	戊申	戊寅	丁未	丙子	丙午	乙亥	乙巳	甲戌	丙午	乙亥	5
十一月 庚戌	十月 庚辰	己酉	己卯	戊申	丁丑	丁未	丙子	丙午	乙亥	丁未	丙子	6
辛亥	辛巳	庚戌	庚辰	己酉	戊寅	戊申	丁丑	丁未	丙子	戊申	丁丑	7
壬子	壬午	九月 辛亥	八月 辛巳	庚戌	己卯	己酉	戊寅	戊申	丁丑	己酉	戊寅	8
癸丑	癸未	壬子	壬午	辛亥	庚辰	庚戌	己卯	己酉	戊寅	庚戌	己卯	9
甲寅	甲申	癸丑	癸未	七月 壬子	辛巳	辛亥	庚辰	庚戌	己卯	辛亥	庚辰	10
乙卯	乙酉	甲寅	甲申	癸丑	壬午	壬子	辛巳	辛亥	庚辰	壬子	辛巳	11
丙辰	丙戌	乙卯	乙酉	甲寅	六月 癸未	五月 癸丑	壬午	壬子	辛巳	癸丑	壬午	12
丁巳	丁亥	丙辰	丙戌	乙卯	甲申	甲寅	癸未	癸丑	壬午	甲寅	癸未	13
戊午	戊子	丁巳	丁亥	丙辰	乙酉	乙卯	四月 甲申	甲寅	癸未	乙卯	甲申	14
己未	己丑	戊午	戊子	丁巳	丙戌	丙辰	乙酉	三月 乙卯	甲申	正月 丙辰	乙酉	15
庚申	庚寅	己未	己丑	戊午	丁亥	丁巳	丙戌	丙辰	二月 乙酉	丁巳	十二月 丙戌	16
辛酉	辛卯	庚申	庚寅	己未	戊子	戊午	丁亥	丁巳	丙戌	戊午	丁亥	17
壬戌	壬辰	辛酉	辛卯	庚申	己丑	己未	戊子	戊午	丁亥	己未	戊子	18
癸亥	癸巳	壬戌	壬辰	辛酉	庚寅	庚申	己丑	己未	戊子	庚申	己丑	19
甲子	甲午	癸亥	癸巳	壬戌	辛卯	辛酉	庚寅	庚申	己丑	辛酉	庚寅	20
乙丑	乙未	甲子	甲午	癸亥	壬辰	壬戌	辛卯	辛酉	庚寅	壬戌	辛卯	21
丙寅	丙申	乙丑	乙未	甲子	癸巳	癸亥	壬辰	壬戌	辛卯	癸亥	壬辰	22
丁卯	丁酉	丙寅	丙申	乙丑	甲午	甲子	癸巳	癸亥	壬辰	甲子	癸巳	23
戊辰	戊戌	丁卯	丁酉	丙寅	乙未	乙丑	甲午	甲子	癸巳	乙丑	甲午	24
己巳	己亥	戊辰	戊戌	丁卯	丙申	丙寅	乙未	乙丑	甲午	丙寅	乙未	25
庚午	庚子	己巳	己亥	戊辰	丁酉	丁卯	丙申	丙寅	乙未	丁卯	丙申	26
辛未	辛丑	庚午	庚子	己巳	戊戌	戊辰	丁酉	丁卯	丙申	戊辰	丁酉	27
壬申	壬寅	辛未	辛丑	庚午	己亥	己巳	戊戌	戊辰	丁酉	己巳	戊戌	28
癸酉	癸卯	壬申	壬寅	辛未	庚子	庚午	己亥	己巳	戊戌		己亥	29
甲戌	甲辰	癸酉	癸卯	壬申	辛丑	辛未	庚子	庚午	己亥		庚子	30
乙亥		甲戌		癸酉	壬寅		辛丑		庚子		辛丑	31

農曆初一　農曆十五

西曆一九九二年

12月	11月	10月	9月	8月	7月	6月	5月	4月	3月	2月	1月	月/日
辛亥	辛巳	庚戌	庚辰	己酉	戊寅	五月 戊申	丁丑	丁未	丙子	丁未	丙子	1
壬子	壬午	辛亥	辛巳	庚戌	己卯	己酉	戊寅	戊申	丁丑	戊申	丁丑	2
癸丑	癸未	壬子	壬午	辛亥	庚辰	庚戌	四月 己卯	三月 己酉	戊寅	己酉	戊寅	3
甲寅	甲申	癸丑	癸未	壬子	辛巳	辛亥	庚辰	庚戌	二月 己卯	正月 庚戌	己卯	4
乙卯	乙酉	甲寅	甲申	癸丑	壬午	壬子	辛巳	辛亥	庚辰	辛亥	十二月 庚辰	5
丙辰	丙戌	乙卯	乙酉	甲寅	癸未	癸丑	壬午	壬子	辛巳	壬子	辛巳	6
丁巳	丁亥	丙辰	丙戌	乙卯	甲申	甲寅	癸未	癸丑	壬午	癸丑	壬午	7
戊午	戊子	丁巳	丁亥	丙辰	乙酉	乙卯	甲申	甲寅	癸未	甲寅	癸未	8
己未	己丑	戊午	戊子	丁巳	丙戌	丙辰	乙酉	乙卯	甲申	乙卯	甲申	9
庚申	庚寅	己未	己丑	戊午	丁亥	丁巳	丙戌	丙辰	乙酉	丙辰	乙酉	10
辛酉	辛卯	庚申	庚寅	己未	戊子	戊午	丁亥	丁巳	丙戌	丁巳	丙戌	11
壬戌	壬辰	辛酉	辛卯	庚申	己丑	己未	戊子	戊午	丁亥	戊午	丁亥	12
癸亥	癸巳	壬戌	壬辰	辛酉	庚寅	庚申	己丑	己未	戊子	己未	戊子	13
甲子	甲午	癸亥	癸巳	壬戌	辛卯	辛酉	庚寅	庚申	己丑	庚申	己丑	14
乙丑	乙未	甲子	甲午	癸亥	壬辰	壬戌	辛卯	辛酉	庚寅	辛酉	庚寅	15
丙寅	丙申	乙丑	乙未	甲子	癸巳	癸亥	壬辰	壬戌	辛卯	壬戌	辛卯	16
丁卯	丁酉	丙寅	丙申	乙丑	甲午	甲子	癸巳	癸亥	壬辰	癸亥	壬辰	17
戊辰	戊戌	丁卯	丁酉	丙寅	乙未	乙丑	甲午	甲子	癸巳	甲子	癸巳	18
己巳	己亥	戊辰	戊戌	丁卯	丙申	丙寅	乙未	乙丑	甲午	乙丑	甲午	19
庚午	庚子	己巳	己亥	戊辰	丁酉	丁卯	丙申	丙寅	乙未	丙寅	乙未	20
辛未	辛丑	庚午	庚子	己巳	戊戌	戊辰	丁酉	丁卯	丙申	丁卯	丙申	21
壬申	壬寅	辛未	辛丑	庚午	己亥	己巳	戊戌	戊辰	丁酉	戊辰	丁酉	22
癸酉	癸卯	壬申	壬寅	辛未	庚子	庚午	己亥	己巳	戊戌	己巳	戊戌	23
十二月 甲戌	十一月 甲辰	癸酉	癸卯	壬申	辛丑	辛未	庚子	庚午	己亥	庚午	己亥	24
乙亥	乙巳	甲戌	甲辰	癸酉	壬寅	壬申	辛丑	辛未	庚子	辛未	庚子	25
丙子	丙午	十月 乙亥	九月 乙巳	甲戌	癸卯	癸酉	壬寅	壬申	辛丑	壬申	辛丑	26
丁丑	丁未	丙子	丙午	乙亥	甲辰	甲戌	癸卯	癸酉	壬寅	癸酉	壬寅	27
戊寅	戊申	丁丑	丁未	八月 丙子	乙巳	乙亥	甲辰	甲戌	癸卯	甲戌	癸卯	28
己卯	己酉	戊寅	戊申	丁丑	丙午	丙子	乙巳	乙亥	甲辰	乙亥	甲辰	29
庚辰	庚戌	己卯	己酉	戊寅	七月 丁未	六月 丁丑	丙午	丙子	乙巳		乙巳	30
辛巳		庚辰		己卯	戊申		丁未		丙午		丙午	31

農曆初一　農曆十五

西曆一九九三年

12月	11月	10月	9月	8月	7月	6月	5月	4月	3月	2月	1月	月/日
丙辰	丙戌	乙卯	乙酉	甲寅	癸未	癸丑	壬午	壬子	辛巳	癸丑	壬午	1
丁巳	丁亥	丙辰	丙戌	乙卯	甲申	甲寅	癸未	癸丑	壬午	甲寅	癸未	2
戊午	戊子	丁巳	丁亥	丙辰	乙酉	乙卯	甲申	甲寅	癸未	乙卯	甲申	3
己未	己丑	戊午	戊子	丁巳	丙戌	丙辰	乙酉	乙卯	甲申	丙辰	乙酉	4
庚申	庚寅	己未	己丑	戊午	丁亥	丁巳	丙戌	丙辰	乙酉	丁巳	丙戌	5
辛酉	辛卯	庚申	庚寅	己未	戊子	戊午	丁亥	丁巳	丙戌	戊午	丁亥	6
壬戌	壬辰	辛酉	辛卯	庚申	己丑	己未	戊子	戊午	丁亥	己未	戊子	7
癸亥	癸巳	壬戌	壬辰	辛酉	庚寅	庚申	己丑	己未	戊子	庚申	己丑	8
甲子	甲午	癸亥	癸巳	壬戌	辛卯	辛酉	庚寅	庚申	己丑	辛酉	庚寅	9
乙丑	乙未	甲子	甲午	癸亥	壬辰	壬戌	辛卯	辛酉	庚寅	壬戌	辛卯	10
丙寅	丙申	乙丑	乙未	甲子	癸巳	癸亥	壬辰	壬戌	辛卯	癸亥	壬辰	11
丁卯	丁酉	丙寅	丙申	乙丑	甲午	甲子	癸巳	癸亥	壬辰	甲子	癸巳	12
十一月 戊辰	戊戌	丁卯	丁酉	丙寅	乙未	乙丑	甲午	甲子	癸巳	乙丑	甲午	13
己巳	十月 己亥	戊辰	戊戌	丁卯	丙申	丙寅	乙未	乙丑	甲午	丙寅	乙未	14
庚午	庚子	九月 己巳	己亥	戊辰	丁酉	丁卯	丙申	丙寅	乙未	丁卯	丙申	15
辛未	辛丑	庚午	八月 庚子	己巳	戊戌	戊辰	丁酉	丁卯	丙申	戊辰	丁酉	16
壬申	壬寅	辛未	辛丑	庚午	己亥	己巳	戊戌	戊辰	丁酉	己巳	戊戌	17
癸酉	癸卯	壬申	壬寅	七月 辛未	庚子	庚午	己亥	己巳	戊戌	庚午	己亥	18
甲戌	甲辰	癸酉	癸卯	壬申	六月 辛丑	辛未	庚子	庚午	己亥	辛未	庚子	19
乙亥	乙巳	甲戌	甲辰	癸酉	壬寅	五月 壬申	辛丑	辛未	庚子	壬申	辛丑	20
丙子	丙午	乙亥	乙巳	甲戌	癸卯	癸酉	四月 壬寅	壬申	辛丑	二月 癸酉	壬寅	21
丁丑	丁未	丙子	丙午	乙亥	甲辰	甲戌	癸卯	閏三月 癸酉	壬寅	甲戌	癸卯	22
戊寅	戊申	丁丑	丁未	丙子	乙巳	乙亥	甲辰	甲戌	三月 癸卯	乙亥	正月 甲辰	23
己卯	己酉	戊寅	戊申	丁丑	丙午	丙子	乙巳	乙亥	甲辰	丙子	乙巳	24
庚辰	庚戌	己卯	己酉	戊寅	丁未	丁丑	丙午	丙子	乙巳	丁丑	丙午	25
辛巳	辛亥	庚辰	庚戌	己卯	戊申	戊寅	丁未	丁丑	丙午	戊寅	丁未	26
壬午	壬子	辛巳	辛亥	庚辰	己酉	己卯	戊申	戊寅	丁未	己卯	戊申	27
癸未	癸丑	壬午	壬子	辛巳	庚戌	庚辰	己酉	己卯	戊申	庚辰	己酉	28
甲申	甲寅	癸未	癸丑	壬午	辛亥	辛巳	庚戌	庚辰	己酉		庚戌	29
乙酉	乙卯	甲申	甲寅	癸未	壬子	壬午	辛亥	辛巳	庚戌		辛亥	30
丙戌		乙酉		甲申	癸丑		壬子		辛亥		壬子	31

農曆初一　農曆十五

西曆一九九四年

12月	11月	10月	9月	8月	7月	6月	5月	4月	3月	2月	1月	月/日
辛酉	辛卯	庚申	庚寅	己未	戊子	戊午	丁亥	丁巳	丙戌	戊午	丁亥	1
壬戌	壬辰	辛酉	辛卯	庚申	己丑	己未	戊子	戊午	丁亥	己未	戊子	2
癸亥（十一月）	癸巳（十月）	壬戌	壬辰	辛酉	庚寅	庚申	己丑	己未	戊子	庚申	己丑	3
甲子	甲午	癸亥	癸巳	壬戌	辛卯	辛酉	庚寅	庚申	己丑	辛酉	庚寅	4
乙丑	乙未	甲子（九月）	甲午	癸亥	壬辰	壬戌	辛卯	辛酉	庚寅	壬戌	辛卯	5
丙寅	丙申	乙丑	乙未（八月）	甲子	癸巳	癸亥	壬辰	壬戌	辛卯	癸亥	壬辰	6
丁卯	丁酉	丙寅	丙申	乙丑（七月）	甲午	甲子	癸巳	癸亥	壬辰	甲子	癸巳	7
戊辰	戊戌	丁卯	丁酉	丙寅	乙未	乙丑	甲午	甲子	癸巳	乙丑	甲午	8
己巳	己亥	戊辰	戊戌	丁卯	丙申（六月）	丙寅（五月）	乙未	乙丑	甲午	丙寅	乙未	9
庚午	庚子	己巳	己亥	戊辰	丁酉	丁卯	丙申	丙寅	乙未	丁卯（正月）	丙申	10
辛未	辛丑	庚午	庚子	己巳	戊戌	戊辰	丁酉（四月）	丁卯（三月）	丙申	戊辰	丁酉	11
壬申	壬寅	辛未	辛丑	庚午	己亥	己巳	戊戌	戊辰	丁酉（二月）	己巳	戊戌（十二月）	12
癸酉	癸卯	壬申	壬寅	辛未	庚子	庚午	己亥	己巳	戊戌	庚午	己亥	13
甲戌	甲辰	癸酉	癸卯	壬申	辛丑	辛未	庚子	庚午	己亥	辛未	庚子	14
乙亥	乙巳	甲戌	甲辰	癸酉	壬寅	壬申	辛丑	辛未	庚子	壬申	辛丑	15
丙子	丙午	乙亥	乙巳	甲戌	癸卯	癸酉	壬寅	壬申	辛丑	癸酉	壬寅	16
丁丑	丁未	丙子	丙午	乙亥	甲辰	甲戌	癸卯	癸酉	壬寅	甲戌	癸卯	17
戊寅	戊申	丁丑	丁未	丙子	乙巳	乙亥	甲辰	甲戌	癸卯	乙亥	甲辰	18
己卯	己酉	戊寅	戊申	丁丑	丙午	丙子	乙巳	乙亥	甲辰	丙子	乙巳	19
庚辰	庚戌	己卯	己酉	戊寅	丁未	丁丑	丙午	丙子	乙巳	丁丑	丙午	20
辛巳	辛亥	庚辰	庚戌	己卯	戊申	戊寅	丁未	丁丑	丙午	戊寅	丁未	21
壬午	壬子	辛巳	辛亥	庚辰	己酉	己卯	戊申	戊寅	丁未	己卯	戊申	22
癸未	癸丑	壬午	壬子	辛巳	庚戌	庚辰	己酉	己卯	戊申	庚辰	己酉	23
甲申	甲寅	癸未	癸丑	壬午	辛亥	辛巳	庚戌	庚辰	己酉	辛巳	庚戌	24
乙酉	乙卯	甲申	甲寅	癸未	壬子	壬午	辛亥	辛巳	庚戌	壬午	辛亥	25
丙戌	丙辰	乙酉	乙卯	甲申	癸丑	癸未	壬子	壬午	辛亥	癸未	壬子	26
丁亥	丁巳	丙戌	丙辰	乙酉	甲寅	甲申	癸丑	癸未	壬子	甲申	癸丑	27
戊子	戊午	丁亥	丁巳	丙戌	乙卯	乙酉	甲寅	甲申	癸丑	乙酉	甲寅	28
己丑	己未	戊子	戊午	丁亥	丙辰	丙戌	乙卯	乙酉	甲寅		乙卯	29
庚寅	庚申	己丑	己未	戊子	丁巳	丁亥	丙辰	丙戌	乙卯		丙辰	30
辛卯		庚寅		己丑	戊午		丁巳		丙辰		丁巳	31

農曆初一　農曆十五

西曆一九九五年

12月	11月	10月	9月	8月	7月	6月	5月	4月	3月	2月	1月	月/日
丙寅	丙申	乙丑	乙未	甲子	癸巳	癸亥	壬辰	壬戌	二月 辛卯	癸亥	十二月 壬辰	1
丁卯	丁酉	丙寅	丙申	乙丑	甲午	甲子	癸巳	癸亥	壬辰	甲子	癸巳	2
戊辰	戊戌	丁卯	丁酉	丙寅	乙未	乙丑	甲午	甲子	癸巳	乙丑	甲午	3
己巳	己亥	戊辰	戊戌	丁卯	丙申	丙寅	乙未	乙丑	甲午	丙寅	乙未	4
庚午	庚子	己巳	己亥	戊辰	丁酉	丁卯	丙申	丙寅	乙未	丁卯	丙申	5
辛未	辛丑	庚午	庚子	己巳	戊戌	戊辰	丁酉	丁卯	丙申	戊辰	丁酉	6
壬申	壬寅	辛未	辛丑	庚午	己亥	己巳	戊戌	戊辰	丁酉	己巳	戊戌	7
癸酉	癸卯	壬申	壬寅	辛未	庚子	庚午	己亥	己巳	戊戌	庚午	己亥	8
甲戌	甲辰	癸酉	癸卯	壬申	辛丑	辛未	庚子	庚午	己亥	辛未	庚子	9
乙亥	乙巳	甲戌	甲辰	癸酉	壬寅	壬申	辛丑	辛未	庚子	壬申	辛丑	10
丙子	丙午	乙亥	乙巳	甲戌	癸卯	癸酉	壬寅	壬申	辛丑	癸酉	壬寅	11
丁丑	丁未	丙子	丙午	乙亥	甲辰	甲戌	癸卯	癸酉	壬寅	甲戌	癸卯	12
戊寅	戊申	丁丑	丁未	丙子	乙巳	乙亥	甲辰	甲戌	癸卯	乙亥	甲辰	13
己卯	己酉	戊寅	戊申	丁丑	丙午	丙子	乙巳	乙亥	甲辰	丙子	乙巳	14
庚辰	庚戌	己卯	己酉	戊寅	丁未	丁丑	丙午	丙子	乙巳	丁丑	丙午	15
辛巳	辛亥	庚辰	庚戌	己卯	戊申	戊寅	丁未	丁丑	丙午	戊寅	丁未	16
壬午	壬子	辛巳	辛亥	庚辰	己酉	己卯	戊申	戊寅	丁未	己卯	戊申	17
癸未	癸丑	壬午	壬子	辛巳	庚戌	庚辰	己酉	己卯	戊申	庚辰	己酉	18
甲申	甲寅	癸未	癸丑	壬午	辛亥	辛巳	庚戌	庚辰	己酉	辛巳	庚戌	19
乙酉	乙卯	甲申	甲寅	癸未	壬子	壬午	辛亥	辛巳	庚戌	壬午	辛亥	20
丙戌	丙辰	乙酉	乙卯	甲申	癸丑	癸未	壬子	壬午	辛亥	癸未	壬子	21
十一月 丁亥	十月 丁巳	丙戌	丙辰	乙酉	甲寅	甲申	癸丑	癸未	壬子	甲申	癸丑	22
戊子	戊午	丁亥	丁巳	丙戌	乙卯	乙酉	甲寅	甲申	癸丑	乙酉	甲寅	23
己丑	己未	九月 戊子	戊午	丁亥	丙辰	丙戌	乙卯	乙酉	甲寅	丙戌	乙卯	24
庚寅	庚申	己丑	閏八月 己未	戊子	丁巳	丁亥	丙辰	丙戌	乙卯	丁亥	丙辰	25
辛卯	辛酉	庚寅	庚申	八月 己丑	戊午	戊子	丁巳	丁亥	丙辰	戊子	丁巳	26
壬辰	壬戌	辛卯	辛酉	庚寅	七月 己未	己丑	戊午	戊子	丁巳	己丑	戊午	27
癸巳	癸亥	壬辰	壬戌	辛卯	庚申	六月 庚寅	己未	己丑	戊午	庚寅	己未	28
甲午	甲子	癸巳	癸亥	壬辰	辛酉	辛卯	五月 庚申	庚寅	己未		庚申	29
乙未	乙丑	甲午	甲子	癸巳	壬戌	壬辰	辛酉	四月 辛卯	庚申		辛酉	30
丙申		乙未		甲午	癸亥		壬戌		三月 辛酉		正月 壬戌	31

農曆初一　農曆十五

西曆一九九六年

12月	11月	10月	9月	8月	7月	6月	5月	4月	3月	2月	1月	月/日
壬申	壬寅	辛未	辛丑	庚午	己亥	己巳	戊戌	戊辰	丁酉	戊辰	丁酉	1
癸酉	癸卯	壬申	壬寅	辛未	庚子	庚午	己亥	己巳	戊戌	己巳	戊戌	2
甲戌	甲辰	癸酉	癸卯	壬申	辛丑	辛未	庚子	庚午	己亥	庚午	己亥	3
乙亥	乙巳	甲戌	甲辰	癸酉	壬寅	壬申	辛丑	辛未	庚子	辛未	庚子	4
丙子	丙午	乙亥	乙巳	甲戌	癸卯	癸酉	壬寅	壬申	辛丑	壬申	辛丑	5
丁丑	丁未	丙子	丙午	乙亥	甲辰	甲戌	癸卯	癸酉	壬寅	癸酉	壬寅	6
戊寅	戊申	丁丑	丁未	丙子	乙巳	乙亥	甲辰	甲戌	癸卯	甲戌	癸卯	7
己卯	己酉	戊寅	戊申	丁丑	丙午	丙子	乙巳	乙亥	甲辰	乙亥	甲辰	8
庚辰	庚戌	己卯	己酉	戊寅	丁未	丁丑	丙午	丙子	乙巳	丙子	乙巳	9
辛巳	辛亥	庚辰	庚戌	己卯	戊申	戊寅	丁未	丁丑	丙午	丁丑	丙午	10
十一月 壬午	十月 壬子	辛巳	辛亥	庚辰	己酉	己卯	戊申	戊寅	丁未	戊寅	丁未	11
癸未	癸丑	九月 壬午	壬子	辛巳	庚戌	庚辰	己酉	己卯	戊申	己卯	戊申	12
甲申	甲寅	癸未	八月 癸丑	壬午	辛亥	辛巳	庚戌	庚辰	己酉	庚辰	己酉	13
乙酉	乙卯	甲申	甲寅	七月 癸未	壬子	壬午	辛亥	辛巳	庚戌	辛巳	庚戌	14
丙戌	丙辰	乙酉	乙卯	甲申	癸丑	癸未	壬子	壬午	辛亥	壬午	辛亥	15
丁亥	丁巳	丙戌	丙辰	乙酉	六月 甲寅	五月 甲申	癸丑	癸未	壬子	癸未	壬子	16
戊子	戊午	丁亥	丁巳	丙戌	乙卯	乙酉	四月 甲寅	甲申	癸丑	甲申	癸丑	17
己丑	己未	戊子	戊午	丁亥	丙辰	丙戌	乙卯	三月 乙酉	甲寅	乙酉	甲寅	18
庚寅	庚申	己丑	己未	戊子	丁巳	丁亥	丙辰	丙戌	二月 乙卯	正月 丙戌	乙卯	19
辛卯	辛酉	庚寅	庚申	己丑	戊午	戊子	丁巳	丁亥	丙辰	丁亥	十二月 丙辰	20
壬辰	壬戌	辛卯	辛酉	庚寅	己未	己丑	戊午	戊子	丁巳	戊子	丁巳	21
癸巳	癸亥	壬辰	壬戌	辛卯	庚申	庚寅	己未	己丑	戊午	己丑	戊午	22
甲午	甲子	癸巳	癸亥	壬辰	辛酉	辛卯	庚申	庚寅	己未	庚寅	己未	23
乙未	乙丑	甲午	甲子	癸巳	壬戌	壬辰	辛酉	辛卯	庚申	辛卯	庚申	24
丙申	丙寅	乙未	乙丑	甲午	癸亥	癸巳	壬戌	壬辰	辛酉	壬辰	辛酉	25
丁酉	丁卯	丙申	丙寅	乙未	甲子	甲午	癸亥	癸巳	壬戌	癸巳	壬戌	26
戊戌	戊辰	丁酉	丁卯	丙申	乙丑	乙未	甲子	甲午	癸亥	甲午	癸亥	27
己亥	己巳	戊戌	戊辰	丁酉	丙寅	丙申	乙丑	乙未	甲子	乙未	甲子	28
庚子	庚午	己亥	己巳	戊戌	丁卯	丁酉	丙寅	丙申	乙丑	丙申	乙丑	29
辛丑	辛未	庚子	庚午	己亥	戊辰	戊戌	丁卯	丁酉	丙寅		丙寅	30
壬寅		辛丑		庚子	己巳		戊辰		丁卯		丁卯	31

農曆初一

農曆十五

西曆一九九七年

12月	11月	10月	9月	8月	7月	6月	5月	4月	3月	2月	1月	月/日
丁丑	丁未	丙子	丙午	乙亥	甲辰	甲戌	癸卯	癸酉	壬寅	甲戌	癸卯	1
戊寅	戊申	九月 丁丑	八月 丁未	丙子	乙巳	乙亥	甲辰	甲戌	癸卯	乙亥	甲辰	2
己卯	己酉	戊寅	戊申	七月 丁丑	丙午	丙子	乙巳	乙亥	甲辰	丙子	乙巳	3
庚辰	庚戌	己卯	己酉	戊寅	丁未	丁丑	丙午	丙子	乙巳	丁丑	丙午	4
辛巳	辛亥	庚辰	庚戌	己卯	六月 戊申	五月 戊寅	丁未	丁丑	丙午	戊寅	丁未	5
壬午	壬子	辛巳	辛亥	庚辰	己酉	己卯	戊申	戊寅	丁未	己卯	戊申	6
癸未	癸丑	壬午	壬子	辛巳	庚戌	庚辰	四月 己酉	三月 己卯	戊申	正月 庚辰	己酉	7
甲申	甲寅	癸未	癸丑	壬午	辛亥	辛巳	庚戌	庚辰	己酉	辛巳	庚戌	8
乙酉	乙卯	甲申	甲寅	癸未	壬子	壬午	辛亥	辛巳	二月 庚戌	壬午	十二月 辛亥	9
丙戌	丙辰	乙酉	乙卯	甲申	癸丑	癸未	壬子	壬午	辛亥	癸未	壬子	10
丁亥	丁巳	丙戌	丙辰	乙酉	甲寅	甲申	癸丑	癸未	壬子	甲申	癸丑	11
戊子	戊午	丁亥	丁巳	丙戌	乙卯	乙酉	甲寅	甲申	癸丑	乙酉	甲寅	12
己丑	己未	戊子	戊午	丁亥	丙辰	丙戌	乙卯	乙酉	甲寅	丙戌	乙卯	13
庚寅	庚申	己丑	己未	戊子	丁巳	丁亥	丙辰	丙戌	乙卯	丁亥	丙辰	14
辛卯	辛酉	庚寅	庚申	己丑	戊午	戊子	丁巳	丁亥	丙辰	戊子	丁巳	15
壬辰	壬戌	辛卯	辛酉	庚寅	己未	己丑	戊午	戊子	丁巳	己丑	戊午	16
癸巳	癸亥	壬辰	壬戌	辛卯	庚申	庚寅	己未	己丑	戊午	庚寅	己未	17
甲午	甲子	癸巳	癸亥	壬辰	辛酉	辛卯	庚申	庚寅	己未	辛卯	庚申	18
乙未	乙丑	甲午	甲子	癸巳	壬戌	壬辰	辛酉	辛卯	庚申	壬辰	辛酉	19
丙申	丙寅	乙未	乙丑	甲午	癸亥	癸巳	壬戌	壬辰	辛酉	癸巳	壬戌	20
丁酉	丁卯	丙申	丙寅	乙未	甲子	甲午	癸亥	癸巳	壬戌	甲午	癸亥	21
戊戌	戊辰	丁酉	丁卯	丙申	乙丑	乙未	甲子	甲午	癸亥	乙未	甲子	22
己亥	己巳	戊戌	戊辰	丁酉	丙寅	丙申	乙丑	乙未	甲子	丙申	乙丑	23
庚子	庚午	己亥	己巳	戊戌	丁卯	丁酉	丙寅	丙申	乙丑	丁酉	丙寅	24
辛丑	辛未	庚子	庚午	己亥	戊辰	戊戌	丁卯	丁酉	丙寅	戊戌	丁卯	25
壬寅	壬申	辛丑	辛未	庚子	己巳	己亥	戊辰	戊戌	丁卯	己亥	戊辰	26
癸卯	癸酉	壬寅	壬申	辛丑	庚午	庚子	己巳	己亥	戊辰	庚子	己巳	27
甲辰	甲戌	癸卯	癸酉	壬寅	辛未	辛丑	庚午	庚子	己巳	辛丑	庚午	28
乙巳	乙亥	甲辰	甲戌	癸卯	壬申	壬寅	辛未	辛丑	庚午		辛未	29
十二月 丙午	十一月 丙子	乙巳	乙亥	甲辰	癸酉	癸卯	壬申	壬寅	辛未		壬申	30
丁未		十月 丙午		乙巳	甲戌		癸酉		壬申		癸酉	31

農曆初一　農曆十五

西曆一九九八年

12月	11月	10月	9月	8月	7月	6月	5月	4月	3月	2月	1月	月/日
壬午	壬子	辛巳	辛亥	庚辰	己酉	己卯	戊申	戊寅	丁未	己卯	戊申	1
癸未	癸丑	壬午	壬子	辛巳	庚戌	庚辰	己酉	己卯	戊申	庚辰	己酉	2
甲申	甲寅	癸未	癸丑	壬午	辛亥	辛巳	庚戌	庚辰	己酉	辛巳	庚戌	3
乙酉	乙卯	甲申	甲寅	癸未	壬子	壬午	辛亥	辛巳	庚戌	壬午	辛亥	4
丙戌	丙辰	乙酉	乙卯	甲申	癸丑	癸未	壬子	壬午	辛亥	癸未	壬子	5
丁亥	丁巳	丙戌	丙辰	乙酉	甲寅	甲申	癸丑	癸未	壬子	甲申	癸丑	6
戊子	戊午	丁亥	丁巳	丙戌	乙卯	乙酉	甲寅	甲申	癸丑	乙酉	甲寅	7
己丑	己未	戊子	戊午	丁亥	丙辰	丙戌	乙卯	乙酉	甲寅	丙戌	乙卯	8
庚寅	庚申	己丑	己未	戊子	丁巳	丁亥	丙辰	丙戌	乙卯	丁亥	丙辰	9
辛卯	辛酉	庚寅	庚申	己丑	戊午	戊子	丁巳	丁亥	丙辰	戊子	丁巳	10
壬辰	壬戌	辛卯	辛酉	庚寅	己未	己丑	戊午	戊子	丁巳	己丑	戊午	11
癸巳	癸亥	壬辰	壬戌	辛卯	庚申	庚寅	己未	己丑	戊午	庚寅	己未	12
甲午	甲子	癸巳	癸亥	壬辰	辛酉	辛卯	庚申	庚寅	己未	辛卯	庚申	13
乙未	乙丑	甲午	甲子	癸巳	壬戌	壬辰	辛酉	辛卯	庚申	壬辰	辛酉	14
丙申	丙寅	乙未	乙丑	甲午	癸亥	癸巳	壬戌	壬辰	辛酉	癸巳	壬戌	15
丁酉	丁卯	丙申	丙寅	乙未	甲子	甲午	癸亥	癸巳	壬戌	甲午	癸亥	16
戊戌	戊辰	丁酉	丁卯	丙申	乙丑	乙未	甲子	甲午	癸亥	乙未	甲子	17
己亥	己巳	戊戌	戊辰	丁酉	丙寅	丙申	乙丑	乙未	甲子	丙申	乙丑	18
十一月 庚子	十月 庚午	己亥	己巳	戊戌	丁卯	丁酉	丙寅	丙申	乙丑	丁酉	丙寅	19
辛丑	辛未	九月 庚子	庚午	己亥	戊辰	戊戌	丁卯	丁酉	丙寅	戊戌	丁卯	20
壬寅	壬申	辛丑	八月 辛未	庚子	己巳	己亥	戊辰	戊戌	丁卯	己亥	戊辰	21
癸卯	癸酉	壬寅	壬申	七月 辛丑	庚午	庚子	己巳	己亥	戊辰	庚子	己巳	22
甲辰	甲戌	癸卯	癸酉	壬寅	六月 辛未	辛丑	庚午	庚子	己巳	辛丑	庚午	23
乙巳	乙亥	甲辰	甲戌	癸卯	壬申	閏五月 壬寅	辛未	辛丑	庚午	壬寅	辛未	24
丙午	丙子	乙巳	乙亥	甲辰	癸酉	癸卯	壬申	壬寅	辛未	癸卯	壬申	25
丁未	丁丑	丙午	丙子	乙巳	甲戌	甲辰	五月 癸酉	四月 癸卯	壬申	甲辰	癸酉	26
戊申	戊寅	丁未	丁丑	丙午	乙亥	乙巳	甲戌	甲辰	癸酉	二月 乙巳	甲戌	27
己酉	己卯	戊申	戊寅	丁未	丙子	丙午	乙亥	乙巳	三月 甲戌	丙午	正月 乙亥	28
庚戌	庚辰	己酉	己卯	戊申	丁丑	丁未	丙子	丙午	乙亥		丙子	29
辛亥	辛巳	庚戌	庚辰	己酉	戊寅	戊申	丁丑	丁未	丙子		丁丑	30
壬子		辛亥		庚戌	己卯		戊寅		丁丑		戊寅	31

農曆初一　農曆十五

西曆一九九九年

12月	11月	10月	9月	8月	7月	6月	5月	4月	3月	2月	1月	月/日
丁亥	丁巳	丙戌	丙辰	乙酉	甲寅	甲申	癸丑	癸未	壬子	甲申	癸丑	1
戊子	戊午	丁亥	丁巳	丙戌	乙卯	乙酉	甲寅	甲申	癸丑	乙酉	甲寅	2
己丑	己未	戊子	戊午	丁亥	丙辰	丙戌	乙卯	乙酉	甲寅	丙戌	乙卯	3
庚寅	庚申	己丑	己未	戊子	丁巳	丁亥	丙辰	丙戌	乙卯	丁亥	丙辰	4
辛卯	辛酉	庚寅	庚申	己丑	戊午	戊子	丁巳	丁亥	丙辰	戊子	丁巳	5
壬辰	壬戌	辛卯	辛酉	庚寅	己未	己丑	戊午	戊子	丁巳	己丑	戊午	6
癸巳	癸亥	壬辰	壬戌	辛卯	庚申	庚寅	己未	己丑	戊午	庚寅	己未	7
十一月 甲午	十月 甲子	癸巳	癸亥	壬辰	辛酉	辛卯	庚申	庚寅	己未	辛卯	庚申	8
乙未	乙丑	九月 甲午	甲子	癸巳	壬戌	壬辰	辛酉	辛卯	庚申	壬辰	辛酉	9
丙申	丙寅	乙未	八月 乙丑	甲午	癸亥	癸巳	壬戌	壬辰	辛酉	癸巳	壬戌	10
丁酉	丁卯	丙申	丙寅	七月 乙未	甲子	甲午	癸亥	癸巳	壬戌	甲午	癸亥	11
戊戌	戊辰	丁酉	丁卯	丙申	乙丑	乙未	甲子	甲午	癸亥	乙未	甲子	12
己亥	己巳	戊戌	戊辰	丁酉	六月 丙寅	丙申	乙丑	乙未	甲子	丙申	乙丑	13
庚子	庚午	己亥	己巳	戊戌	丁卯	五月 丁酉	丙寅	丙申	乙丑	丁酉	丙寅	14
辛丑	辛未	庚子	庚午	己亥	戊辰	戊戌	四月 丁卯	丁酉	丙寅	戊戌	丁卯	15
壬寅	壬申	辛丑	辛未	庚子	己巳	己亥	戊辰	三月 戊戌	丁卯	正月 己亥	戊辰	16
癸卯	癸酉	壬寅	壬申	辛丑	庚午	庚子	己巳	己亥	戊辰	庚子	十二月 己巳	17
甲辰	甲戌	癸卯	癸酉	壬寅	辛未	辛丑	庚午	庚子	二月 己巳	辛丑	庚午	18
乙巳	乙亥	甲辰	甲戌	癸卯	壬申	壬寅	辛未	辛丑	庚午	壬寅	辛未	19
丙午	丙子	乙巳	乙亥	甲辰	癸酉	癸卯	壬申	壬寅	辛未	癸卯	壬申	20
丁未	丁丑	丙午	丙子	乙巳	甲戌	甲辰	癸酉	癸卯	壬申	甲辰	癸酉	21
戊申	戊寅	丁未	丁丑	丙午	乙亥	乙巳	甲戌	甲辰	癸酉	乙巳	甲戌	22
己酉	己卯	戊申	戊寅	丁未	丙子	丙午	乙亥	乙巳	甲戌	丙午	乙亥	23
庚戌	庚辰	己酉	己卯	戊申	丁丑	丁未	丙子	丙午	乙亥	丁未	丙子	24
辛亥	辛巳	庚戌	庚辰	己酉	戊寅	戊申	丁丑	丁未	丙子	戊申	丁丑	25
壬子	壬午	辛亥	辛巳	庚戌	己卯	己酉	戊寅	戊申	丁丑	己酉	戊寅	26
癸丑	癸未	壬子	壬午	辛亥	庚辰	庚戌	己卯	己酉	戊寅	庚戌	己卯	27
甲寅	甲申	癸丑	癸未	壬子	辛巳	辛亥	庚辰	庚戌	己卯	辛亥	庚辰	28
乙卯	乙酉	甲寅	甲申	癸丑	壬午	壬子	辛巳	辛亥	庚辰		辛巳	29
丙辰	丙戌	乙卯	乙酉	甲寅	癸未	癸丑	壬午	壬子	辛巳		壬午	30
丁巳		丙辰		乙卯	甲申		癸未				癸未	31

農曆初一　農曆十五

西曆二〇〇〇年

12月	11月	10月	9月	8月	7月	6月	5月	4月	3月	2月	1月	月/日
癸巳	癸亥	壬辰	壬戌	辛卯	庚申	庚寅	己未	己丑	戊午	己丑	戊午	1
甲午	甲子	癸巳	癸亥	壬辰	六月 辛酉	五月 辛卯	庚申	庚寅	己未	庚寅	己未	2
乙未	乙丑	甲午	甲子	癸巳	壬戌	壬辰	辛酉	辛卯	庚申	辛卯	庚申	3
丙申	丙寅	乙未	乙丑	甲午	癸亥	癸巳	四月 壬戌	壬辰	辛酉	壬辰	辛酉	4
丁酉	丁卯	丙申	丙寅	乙未	甲子	甲午	癸亥	三月 癸巳	壬戌	正月 癸巳	壬戌	5
戊戌	戊辰	丁酉	丁卯	丙申	乙丑	乙未	甲子	甲午	二月 癸亥	甲午	癸亥	6
己亥	己巳	戊戌	戊辰	丁酉	丙寅	丙申	乙丑	乙未	甲子	乙未	十二月 甲子	7
庚子	庚午	己亥	己巳	戊戌	丁卯	丁酉	丙寅	丙申	乙丑	丙申	乙丑	8
辛丑	辛未	庚子	庚午	己亥	戊辰	戊戌	丁卯	丁酉	丙寅	丁酉	丙寅	9
壬寅	壬申	辛丑	辛未	庚子	己巳	己亥	戊辰	戊戌	丁卯	戊戌	丁卯	10
癸卯	癸酉	壬寅	壬申	辛丑	庚午	庚子	己巳	己亥	戊辰	己亥	戊辰	11
甲辰	甲戌	癸卯	癸酉	壬寅	辛未	辛丑	庚午	庚子	己巳	庚子	己巳	12
乙巳	乙亥	甲辰	甲戌	癸卯	壬申	壬寅	辛未	辛丑	庚午	辛丑	庚午	13
丙午	丙子	乙巳	乙亥	甲辰	癸酉	癸卯	壬申	壬寅	辛未	壬寅	辛未	14
丁未	丁丑	丙午	丙子	乙巳	甲戌	甲辰	癸酉	癸卯	壬申	癸卯	壬申	15
戊申	戊寅	丁未	丁丑	丙午	乙亥	乙巳	甲戌	甲辰	癸酉	甲辰	癸酉	16
己酉	己卯	戊申	戊寅	丁未	丙子	丙午	乙亥	乙巳	甲戌	乙巳	甲戌	17
庚戌	庚辰	己酉	己卯	戊申	丁丑	丁未	丙子	丙午	乙亥	丙午	乙亥	18
辛亥	辛巳	庚戌	庚辰	己酉	戊寅	戊申	丁丑	丁未	丙子	丁未	丙子	19
壬子	壬午	辛亥	辛巳	庚戌	己卯	己酉	戊寅	戊申	丁丑	戊申	丁丑	20
癸丑	癸未	壬子	壬午	辛亥	庚辰	庚戌	己卯	己酉	戊寅	己酉	戊寅	21
甲寅	甲申	癸丑	癸未	壬子	辛巳	辛亥	庚辰	庚戌	己卯	庚戌	己卯	22
乙卯	乙酉	甲寅	甲申	癸丑	壬午	壬子	辛巳	辛亥	庚辰	辛亥	庚辰	23
丙辰	丙戌	乙卯	乙酉	甲寅	癸未	癸丑	壬午	壬子	辛巳	壬子	辛巳	24
丁巳	丁亥	丙辰	丙戌	乙卯	甲申	甲寅	癸未	癸丑	壬午	癸丑	壬午	25
十二月 戊午	十一月 戊子	丁巳	丁亥	丙辰	乙酉	乙卯	甲申	甲寅	癸未	甲寅	癸未	26
己未	己丑	十月 戊午	戊子	丁巳	丙戌	丙辰	乙酉	乙卯	甲申	乙卯	甲申	27
庚申	庚寅	己未	九月 己丑	戊午	丁亥	丁巳	丙戌	丙辰	乙酉	丙辰	乙酉	28
辛酉	辛卯	庚申	庚寅	八月 己未	戊子	戊午	丁亥	丁巳	丙戌	丁巳	丙戌	29
壬戌	壬辰	辛酉	辛卯	庚申	己丑	己未	戊子	戊午	丁亥		丁亥	30
癸亥		壬戌		辛酉	七月 庚寅		己丑		戊子		戊子	31

農曆初一　農曆十五

西曆二〇〇一年

12月	11月	10月	9月	8月	7月	6月	5月	4月	3月	2月	1月	月/日
戊戌	戊辰	丁酉	丁卯	丙申	乙丑	乙未	甲子	甲午	癸亥	乙未	甲子	1
己亥	己巳	戊戌	戊辰	丁酉	丙寅	丙申	乙丑	乙未	甲子	丙申	乙丑	2
庚子	庚午	己亥	己巳	戊戌	丁卯	丁酉	丙寅	丙申	乙丑	丁酉	丙寅	3
辛丑	辛未	庚子	庚午	己亥	戊辰	戊戌	丁卯	丁酉	丙寅	戊戌	丁卯	4
壬寅	壬申	辛丑	辛未	庚子	己巳	己亥	戊辰	戊戌	丁卯	己亥	戊辰	5
癸卯	癸酉	壬寅	壬申	辛丑	庚午	庚子	己巳	己亥	戊辰	庚子	己巳	6
甲辰	甲戌	癸卯	癸酉	壬寅	辛未	辛丑	庚午	庚子	己巳	辛丑	庚午	7
乙巳	乙亥	甲辰	甲戌	癸卯	壬申	壬寅	辛未	辛丑	庚午	壬寅	辛未	8
丙午	丙子	乙巳	乙亥	甲辰	癸酉	癸卯	壬申	壬寅	辛未	癸卯	壬申	9
丁未	丁丑	丙午	丙子	乙巳	甲戌	甲辰	癸酉	癸卯	壬申	甲辰	癸酉	10
戊申	戊寅	丁未	丁丑	丙午	乙亥	乙巳	甲戌	甲辰	癸酉	乙巳	甲戌	11
己酉	己卯	戊申	戊寅	丁未	丙子	丙午	乙亥	乙巳	甲戌	丙午	乙亥	12
庚戌	庚辰	己酉	己卯	戊申	丁丑	丁未	丙子	丙午	乙亥	丁未	丙子	13
辛亥	辛巳	庚戌	庚辰	己酉	戊寅	戊申	丁丑	丁未	丙子	戊申	丁丑	14
(十一月) 壬子	(十月) 壬午	辛亥	辛巳	庚戌	己卯	己酉	戊寅	戊申	丁丑	己酉	戊寅	15
癸丑	癸未	壬子	壬午	辛亥	庚辰	庚戌	己卯	己酉	戊寅	庚戌	己卯	16
甲寅	甲申	(九月) 癸丑	(八月) 癸未	壬子	辛巳	辛亥	庚辰	庚戌	己卯	辛亥	庚辰	17
乙卯	乙酉	甲寅	甲申	癸丑	壬午	壬子	辛巳	辛亥	庚辰	壬子	辛巳	18
丙辰	丙戌	乙卯	乙酉	(七月) 甲寅	癸未	癸丑	壬午	壬子	辛巳	癸丑	壬午	19
丁巳	丁亥	丙辰	丙戌	乙卯	甲申	甲寅	癸未	癸丑	壬午	甲寅	癸未	20
戊午	戊子	丁巳	丁亥	丙辰	(六月) 乙酉	(五月) 乙卯	甲申	甲寅	癸未	乙卯	甲申	21
己未	己丑	戊午	戊子	丁巳	丙戌	丙辰	乙酉	乙卯	甲申	丙辰	乙酉	22
庚申	庚寅	己未	己丑	戊午	丁亥	丁巳	(閏四月) 丙戌	(四月) 丙辰	乙酉	(二月) 丁巳	丙戌	23
辛酉	辛卯	庚申	庚寅	己未	戊子	戊午	丁亥	丁巳	丙戌	戊午	(正月) 丁亥	24
壬戌	壬辰	辛酉	辛卯	庚申	己丑	己未	戊子	戊午	(三月) 丁亥	己未	戊子	25
癸亥	癸巳	壬戌	壬辰	辛酉	庚寅	庚申	己丑	己未	戊子	庚申	己丑	26
甲子	甲午	癸亥	癸巳	壬戌	辛卯	辛酉	庚寅	庚申	己丑	辛酉	庚寅	27
乙丑	乙未	甲子	甲午	癸亥	壬辰	壬戌	辛卯	辛酉	庚寅	壬戌	辛卯	28
丙寅	丙申	乙丑	乙未	甲子	癸巳	癸亥	壬辰	壬戌	辛卯		壬辰	29
丁卯	丁酉	丙寅	丙申	乙丑	甲午	甲子	癸巳	癸亥	壬辰		癸巳	30
戊辰		丁卯		丙寅	乙未		甲午		癸巳		甲午	31

農曆初一　農曆十五

西曆二〇〇二年

12月	11月	10月	9月	8月	7月	6月	5月	4月	3月	2月	1月	月／日
癸卯	癸酉	壬寅	壬申	辛丑	庚午	庚子	己巳	己亥	戊辰	庚子	己巳	1
甲辰	甲戌	癸卯	癸酉	壬寅	辛未	辛丑	庚午	庚子	己巳	辛丑	庚午	2
乙巳	乙亥	甲辰	甲戌	癸卯	壬申	壬寅	辛未	辛丑	庚午	壬寅	辛未	3
十一月 丙午	丙子	乙巳	乙亥	甲辰	癸酉	癸卯	壬申	壬寅	辛未	癸卯	壬申	4
丁未	十月 丁丑	丙午	丙子	乙巳	甲戌	甲辰	癸酉	癸卯	壬申	甲辰	癸酉	5
戊申	戊寅	九月 丁未	丁丑	丙午	乙亥	乙巳	甲戌	甲辰	癸酉	乙巳	甲戌	6
己酉	己卯	戊申	八月 戊寅	丁未	丙子	丙午	乙亥	乙巳	甲戌	丙午	乙亥	7
庚戌	庚辰	己酉	己卯	戊申	丁丑	丁未	丙子	丙午	乙亥	丁未	丙子	8
辛亥	辛巳	庚戌	庚辰	七月 己酉	戊寅	戊申	丁丑	丁未	丙子	戊申	丁丑	9
壬子	壬午	辛亥	辛巳	庚戌	六月 己卯	己酉	戊寅	戊申	丁丑	己酉	戊寅	10
癸丑	癸未	壬子	壬午	辛亥	庚辰	五月 庚戌	己卯	己酉	戊寅	庚戌	己卯	11
甲寅	甲申	癸丑	癸未	壬子	辛巳	辛亥	四月 庚辰	庚戌	己卯	正月 辛亥	戊辰	12
乙卯	乙酉	甲寅	甲申	癸丑	壬午	壬子	辛巳	三月 辛亥	庚辰	壬子	十二月 辛巳	13
丙辰	丙戌	乙卯	乙酉	甲寅	癸未	癸丑	壬午	壬子	二月 辛巳	癸丑	壬午	14
丁巳	丁亥	丙辰	丙戌	乙卯	甲申	甲寅	癸未	癸丑	壬午	甲寅	癸未	15
戊午	戊子	丁巳	丁亥	丙辰	乙酉	乙卯	甲申	甲寅	癸未	乙卯	甲申	16
己未	己丑	戊午	戊子	丁巳	丙戌	丙辰	乙酉	乙卯	甲申	丙辰	乙酉	17
庚申	庚寅	己未	己丑	戊午	丁亥	丁巳	丙戌	丙辰	乙酉	丁巳	丙戌	18
辛酉	辛卯	庚申	庚寅	己未	戊子	戊午	丁亥	丁巳	丙戌	戊午	丁亥	19
壬戌	壬辰	辛酉	辛卯	庚申	己丑	己未	戊子	戊午	丁亥	己未	戊子	20
癸亥	癸巳	壬戌	壬辰	辛酉	庚寅	庚申	己丑	己未	戊子	庚申	己丑	21
甲子	甲午	癸亥	癸巳	壬戌	辛卯	辛酉	庚寅	庚申	己丑	辛酉	庚寅	22
乙丑	乙未	甲子	甲午	癸亥	壬辰	壬戌	辛卯	辛酉	庚寅	壬戌	辛卯	23
丙寅	丙申	乙丑	乙未	甲子	癸巳	癸亥	壬辰	壬戌	辛卯	癸亥	壬辰	24
丁卯	丁酉	丙寅	丙申	乙丑	甲午	甲子	癸巳	癸亥	壬辰	甲子	癸巳	25
戊辰	戊戌	丁卯	丁酉	丙寅	乙未	乙丑	甲午	甲子	癸巳	乙丑	甲午	26
己巳	己亥	戊辰	戊戌	丁卯	丙申	丙寅	乙未	乙丑	甲午	丙寅	乙未	27
庚午	庚子	己巳	己亥	戊辰	丁酉	丁卯	丙申	丙寅	乙未	丁卯	丙申	28
辛未	辛丑	庚午	庚子	己巳	戊戌	戊辰	丁酉	丁卯	丙申		丁酉	29
壬申	壬寅	辛未	辛丑	庚午	己亥	己巳	戊戌	戊辰	丁酉		戊戌	30
癸酉		壬申		辛未	庚子		己亥		戊戌		己亥	31

農曆初一　農曆十五

西曆二〇〇三年

12月	11月	10月	9月	8月	7月	6月	5月	4月	3月	2月	1月	月/日
戊申	戊寅	丁未	丁丑	丙午	乙亥	乙巳	四月 甲戌	甲辰	癸酉	正月 乙巳	甲戌	1
己酉	己卯	戊申	戊寅	丁未	丙子	丙午	乙亥	三月 乙巳	甲戌	丙午	乙亥	2
庚戌	庚辰	己酉	己卯	戊申	丁丑	丁未	丙子	丙午	二月 乙亥	丁未	十二月 丙子	3
辛亥	辛巳	庚戌	庚辰	己酉	戊寅	戊申	丁丑	丁未	丙子	戊申	丁丑	4
壬子	壬午	辛亥	辛巳	庚戌	己卯	己酉	戊寅	戊申	丁丑	己酉	戊寅	5
癸丑	癸未	壬子	壬午	辛亥	庚辰	庚戌	己卯	己酉	戊寅	庚戌	己卯	6
甲寅	甲申	癸丑	癸未	壬子	辛巳	辛亥	庚辰	庚戌	己卯	辛亥	庚辰	7
乙卯	乙酉	甲寅	甲申	癸丑	壬午	壬子	辛巳	辛亥	庚辰	壬子	辛巳	8
丙辰	丙戌	乙卯	乙酉	甲寅	癸未	癸丑	壬午	壬子	辛巳	癸丑	壬午	9
丁巳	丁亥	丙辰	丙戌	乙卯	甲申	甲寅	癸未	癸丑	壬午	甲寅	癸未	10
戊午	戊子	丁巳	丁亥	丙辰	乙酉	乙卯	甲申	甲寅	癸未	乙卯	甲申	11
己未	己丑	戊午	戊子	丁巳	丙戌	丙辰	乙酉	乙卯	甲申	丙辰	乙酉	12
庚申	庚寅	己未	己丑	戊午	丁亥	丁巳	丙戌	丙辰	乙酉	丁巳	丙戌	13
辛酉	辛卯	庚申	庚寅	己未	戊子	戊午	丁亥	丁巳	丙戌	戊午	丁亥	14
壬戌	壬辰	辛酉	辛卯	庚申	己丑	己未	戊子	戊午	丁亥	己未	戊子	15
癸亥	癸巳	壬戌	壬辰	辛酉	庚寅	庚申	己丑	己未	戊子	庚申	己丑	16
甲子	甲午	癸亥	癸巳	壬戌	辛卯	辛酉	庚寅	庚申	己丑	辛酉	庚寅	17
乙丑	乙未	甲子	甲午	癸亥	壬辰	壬戌	辛卯	辛酉	庚寅	壬戌	辛卯	18
丙寅	丙申	乙丑	乙未	甲子	癸巳	癸亥	壬辰	壬戌	辛卯	癸亥	壬辰	19
丁卯	丁酉	丙寅	丙申	乙丑	甲午	甲子	癸巳	癸亥	壬辰	甲子	癸巳	20
戊辰	戊戌	丁卯	丁酉	丙寅	乙未	乙丑	甲午	甲子	癸巳	乙丑	甲午	21
己巳	己亥	戊辰	戊戌	丁卯	丙申	丙寅	乙未	乙丑	甲午	丙寅	乙未	22
十二月 庚午	庚子	己巳	己亥	戊辰	丁酉	丁卯	丙申	丙寅	乙未	丁卯	丙申	23
辛未	十一月 辛丑	庚午	庚子	己巳	戊戌	戊辰	丁酉	丁卯	丙申	戊辰	丁酉	24
壬申	壬寅	十月 辛未	辛丑	庚午	己亥	己巳	戊戌	戊辰	丁酉	己巳	戊戌	25
癸酉	癸卯	壬申	九月 壬寅	辛未	庚子	庚午	己亥	己巳	戊戌	庚午	己亥	26
甲戌	甲辰	癸酉	癸卯	壬申	辛丑	辛未	庚子	庚午	己亥	辛未	庚子	27
乙亥	乙巳	甲戌	甲辰	八月 癸酉	壬寅	壬申	辛丑	辛未	庚子	壬申	辛丑	28
丙子	丙午	乙亥	乙巳	甲戌	七月 癸卯	癸酉	壬寅	壬申	辛丑		壬寅	29
丁丑	丁未	丙子	丙午	乙亥	甲辰	六月 甲戌	癸卯	癸酉	壬寅		癸卯	30
戊寅		丁丑		丙子	乙巳		五月 甲辰		癸卯		甲辰	31

農曆初一　農曆十五

西曆二〇〇四年

12月	11月	10月	9月	8月	7月	6月	5月	4月	3月	2月	1月	月/日
甲寅	甲申	癸丑	癸未	壬子	辛巳	辛亥	庚辰	庚戌	己卯	庚戌	己卯	1
乙卯	乙酉	甲寅	甲申	癸丑	壬午	壬子	辛巳	辛亥	庚辰	辛亥	庚辰	2
丙辰	丙戌	乙卯	乙酉	甲寅	癸未	癸丑	壬午	壬子	辛巳	壬子	辛巳	3
丁巳	丁亥	丙辰	丙戌	乙卯	甲申	甲寅	癸未	癸丑	壬午	癸丑	壬午	4
戊午	戊子	丁巳	丁亥	丙辰	乙酉	乙卯	甲申	甲寅	癸未	甲寅	癸未	5
己未	己丑	戊午	戊子	丁巳	丙戌	丙辰	乙酉	乙卯	甲申	乙卯	甲申	6
庚申	庚寅	己未	己丑	戊午	丁亥	丁巳	丙戌	丙辰	乙酉	丙辰	乙酉	7
辛酉	辛卯	庚申	庚寅	己未	戊子	戊午	丁亥	丁巳	丙戌	丁巳	丙戌	8
壬戌	壬辰	辛酉	辛卯	庚申	己丑	己未	戊子	戊午	丁亥	戊午	丁亥	9
癸亥	癸巳	壬戌	壬辰	辛酉	庚寅	庚申	己丑	己未	戊子	己未	戊子	10
甲子	甲午	癸亥	癸巳	壬戌	辛卯	辛酉	庚寅	庚申	己丑	庚申	己丑	11
十一月 乙丑	十月 乙未	甲子	甲午	癸亥	壬辰	壬戌	辛卯	辛酉	庚寅	辛酉	庚寅	12
丙寅	丙申	乙丑	乙未	甲子	癸巳	癸亥	壬辰	壬戌	辛卯	壬戌	辛卯	13
丁卯	丁酉	九月 丙寅	八月 丙申	乙丑	甲午	甲子	癸巳	癸亥	壬辰	癸亥	壬辰	14
戊辰	戊戌	丁卯	丁酉	丙寅	乙未	乙丑	甲午	甲子	癸巳	甲子	癸巳	15
己巳	己亥	戊辰	戊戌	七月 丁卯	丙申	丙寅	乙未	乙丑	甲午	乙丑	甲午	16
庚午	庚子	己巳	己亥	戊辰	六月 丁酉	丁卯	丙申	丙寅	乙未	丙寅	乙未	17
辛未	辛丑	庚午	庚子	己巳	戊戌	五月 戊辰	丁酉	丁卯	丙申	丁卯	丙申	18
壬申	壬寅	辛未	辛丑	庚午	己亥	己巳	四月 戊戌	三月 戊辰	丁酉	戊辰	丁酉	19
癸酉	癸卯	壬申	壬寅	辛未	庚子	庚午	己亥	己巳	戊戌	二月 己巳	戊戌	20
甲戌	甲辰	癸酉	癸卯	壬申	辛丑	辛未	庚子	庚午	閏二月 己亥	庚午	己亥	21
乙亥	乙巳	甲戌	甲辰	癸酉	壬寅	壬申	辛丑	辛未	庚子	辛未	正月 庚子	22
丙子	丙午	乙亥	乙巳	甲戌	癸卯	癸酉	壬寅	壬申	辛丑	壬申	辛丑	23
丁丑	丁未	丙子	丙午	乙亥	甲辰	甲戌	癸卯	癸酉	壬寅	癸酉	壬寅	24
戊寅	戊申	丁丑	丁未	丙子	乙巳	乙亥	甲辰	甲戌	癸卯	甲戌	癸卯	25
己卯	己酉	戊寅	戊申	丁丑	丙午	丙子	乙巳	乙亥	甲辰	乙亥	甲辰	26
庚辰	庚戌	己卯	己酉	戊寅	丁未	丁丑	丙午	丙子	乙巳	丙子	乙巳	27
辛巳	辛亥	庚辰	庚戌	己卯	戊申	戊寅	丁未	丁丑	丙午	丁丑	丙午	28
壬午	壬子	辛巳	辛亥	庚辰	己酉	己卯	戊申	戊寅	丁未	戊寅	丁未	29
癸未	癸丑	壬午	壬子	辛巳	庚戌	庚辰	己酉	己卯	戊申		戊申	30
甲申		癸未		壬午	辛亥		庚戌		己酉		己酉	31

農曆初一　 農曆十五

西曆二〇〇五年

12月	11月	10月	9月	8月	7月	6月	5月	4月	3月	2月	1月	月／日
十一月 己未	己丑	戊午	戊子	丁巳	丙戌	丙辰	乙酉	乙卯	甲申	丙辰	乙酉	1
庚申	十月 庚寅	己未	己丑	戊午	丁亥	丁巳	丙戌	丙辰	乙酉	丁巳	丙戌	2
辛酉	辛卯	九月 庚申	庚寅	己未	戊子	戊午	丁亥	丁巳	丙戌	戊午	丁亥	3
壬戌	壬辰	辛酉	八月 辛卯	庚申	己丑	己未	戊子	戊午	丁亥	己未	戊子	4
癸亥	癸巳	壬戌	壬辰	七月 辛酉	庚寅	庚申	己丑	己未	戊子	庚申	己丑	5
甲子	甲午	癸亥	癸巳	壬戌	六月 辛卯	辛酉	庚寅	庚申	己丑	辛酉	庚寅	6
乙丑	乙未	甲子	甲午	癸亥	壬辰	五月 壬戌	辛卯	辛酉	庚寅	壬戌	辛卯	7
丙寅	丙申	乙丑	乙未	甲子	癸巳	癸亥	四月 壬辰	壬戌	辛卯	癸亥	壬辰	8
丁卯	丁酉	丙寅	丙申	乙丑	甲午	甲子	癸巳	三月 癸亥	壬辰	正月 甲子	癸巳	9
戊辰	戊戌	丁卯	丁酉	丙寅	乙未	乙丑	甲午	甲子	二月 癸巳	乙丑	十二月 甲午	10
己巳	己亥	戊辰	戊戌	丁卯	丙申	丙寅	乙未	乙丑	甲午	丙寅	乙未	11
庚午	庚子	己巳	己亥	戊辰	丁酉	丁卯	丙申	丙寅	乙未	丁卯	丙申	12
辛未	辛丑	庚午	庚子	己巳	戊戌	戊辰	丁酉	丁卯	丙申	戊辰	丁酉	13
壬申	壬寅	辛未	辛丑	庚午	己亥	己巳	戊戌	戊辰	丁酉	己巳	戊戌	14
癸酉	癸卯	壬申	壬寅	辛未	庚子	庚午	己亥	己巳	戊戌	庚午	己亥	15
甲戌	甲辰	癸酉	癸卯	壬申	辛丑	辛未	庚子	庚午	己亥	辛未	庚子	16
乙亥	乙巳	甲戌	甲辰	癸酉	壬寅	壬申	辛丑	辛未	庚子	壬申	辛丑	17
丙子	丙午	乙亥	乙巳	甲戌	癸卯	癸酉	壬寅	壬申	辛丑	癸酉	壬寅	18
丁丑	丁未	丙子	丙午	乙亥	甲辰	甲戌	癸卯	癸酉	壬寅	甲戌	癸卯	19
戊寅	戊申	丁丑	丁未	丙子	乙巳	乙亥	甲辰	甲戌	癸卯	乙亥	甲辰	20
己卯	己酉	戊寅	戊申	丁丑	丙午	丙子	乙巳	乙亥	甲辰	丙子	乙巳	21
庚辰	庚戌	己卯	己酉	戊寅	丁未	丁丑	丙午	丙子	乙巳	丁丑	丙午	22
辛巳	辛亥	庚辰	庚戌	己卯	戊申	戊寅	丁未	丁丑	丙午	戊寅	丁未	23
壬午	壬子	辛巳	辛亥	庚辰	己酉	己卯	戊申	戊寅	丁未	己卯	戊申	24
癸未	癸丑	壬午	壬子	辛巳	庚戌	庚辰	己酉	己卯	戊申	庚辰	己酉	25
甲申	甲寅	癸未	癸丑	壬午	辛亥	辛巳	庚戌	庚辰	己酉	辛巳	庚戌	26
乙酉	乙卯	甲申	甲寅	癸未	壬子	壬午	辛亥	辛巳	庚戌	壬午	辛亥	27
丙戌	丙辰	乙酉	乙卯	甲申	癸丑	癸未	壬子	壬午	辛亥	癸未	壬子	28
丁亥	丁巳	丙戌	丙辰	乙酉	甲寅	甲申	癸丑	癸未	壬子		癸丑	29
戊子	戊午	丁亥	丁巳	丙戌	乙卯	乙酉	甲寅	甲申	癸丑		甲寅	30
十二月 己丑		戊子		丁亥	丙辰		乙卯		甲寅		乙卯	31

農曆初一　農曆十五

西曆二〇〇六年

12月	11月	10月	9月	8月	7月	6月	5月	4月	3月	2月	1月	月/日
甲子	甲午	癸亥	癸巳	壬戌	辛卯	辛酉	庚寅	庚申	己丑	辛酉	庚寅	1
乙丑	乙未	甲子	甲午	癸亥	壬辰	壬戌	辛卯	辛酉	庚寅	壬戌	辛卯	2
丙寅	丙申	乙丑	乙未	甲子	癸巳	癸亥	壬辰	壬戌	辛卯	癸亥	壬辰	3
丁卯	丁酉	丙寅	丙申	乙丑	甲午	甲子	癸巳	癸亥	壬辰	甲子	癸巳	4
戊辰	戊戌	丁卯	丁酉	丙寅	乙未	乙丑	甲午	甲子	癸巳	乙丑	甲午	5
己巳	己亥	戊辰	戊戌	丁卯	丙申	丙寅	乙未	乙丑	甲午	丙寅	乙未	6
庚午	庚子	己巳	己亥	戊辰	丁酉	丁卯	丙申	丙寅	乙未	丁卯	丙申	7
辛未	辛丑	庚午	庚子	己巳	戊戌	戊辰	丁酉	丁卯	丙申	戊辰	丁酉	8
壬申	壬寅	辛未	辛丑	庚午	己亥	己巳	戊戌	戊辰	丁酉	己巳	戊戌	9
癸酉	癸卯	壬申	壬寅	辛未	庚子	庚午	己亥	己巳	戊戌	庚午	己亥	10
甲戌	甲辰	癸酉	癸卯	壬申	辛丑	辛未	庚子	庚午	己亥	辛未	庚子	11
乙亥	乙巳	甲戌	甲辰	癸酉	壬寅	壬申	辛丑	辛未	庚子	壬申	辛丑	12
丙子	丙午	乙亥	乙巳	甲戌	癸卯	癸酉	壬寅	壬申	辛丑	癸酉	壬寅	13
丁丑	丁未	丙子	丙午	乙亥	甲辰	甲戌	癸卯	癸酉	壬寅	甲戌	癸卯	14
戊寅	戊申	丁丑	丁未	丙子	乙巳	乙亥	甲辰	甲戌	癸卯	乙亥	甲辰	15
己卯	己酉	戊寅	戊申	丁丑	丙午	丙子	乙巳	乙亥	甲辰	丙子	乙巳	16
庚辰	庚戌	己卯	己酉	戊寅	丁未	丁丑	丙午	丙子	乙巳	丁丑	丙午	17
辛巳	辛亥	庚辰	庚戌	己卯	戊申	戊寅	丁未	丁丑	丙午	戊寅	丁未	18
壬午	壬子	辛巳	辛亥	庚辰	己酉	己卯	戊申	戊寅	丁未	己卯	戊申	19
十一月 癸未	癸丑	壬午	壬子	辛巳	庚戌	庚辰	己酉	己卯	戊申	庚辰	己酉	20
甲申	十月 甲寅	癸未	癸丑	壬午	辛亥	辛巳	庚戌	庚辰	己酉	辛巳	庚戌	21
乙酉	乙卯	九月 甲申	八月 甲寅	癸未	壬子	壬午	辛亥	辛巳	庚戌	壬午	辛亥	22
丙戌	丙辰	乙酉	乙卯	甲申	癸丑	癸未	壬子	壬午	辛亥	癸未	壬子	23
丁亥	丁巳	丙戌	丙辰	閏七月 乙酉	甲寅	甲申	癸丑	癸未	壬子	甲申	癸丑	24
戊子	戊午	丁亥	丁巳	丙戌	七月 乙卯	乙酉	甲寅	甲申	癸丑	乙酉	甲寅	25
己丑	己未	戊子	戊午	丁亥	丙辰	六月 丙戌	乙卯	乙酉	甲寅	丙戌	乙卯	26
庚寅	庚申	己丑	己未	戊子	丁巳	丁亥	五月 丙辰	丙戌	乙卯	丁亥	丙辰	27
辛卯	辛酉	庚寅	庚申	己丑	戊午	戊子	丁巳	四月 丁亥	丙辰	二月 戊子	丁巳	28
壬辰	壬戌	辛卯	辛酉	庚寅	己未	己丑	戊午	戊子	三月 丁巳		正月 戊午	29
癸巳	癸亥	壬辰	壬戌	辛卯	庚申	庚寅	己未	己丑	戊午		己未	30
甲午		癸巳		壬辰	辛酉		庚申		己未		庚申	31

農曆初一　農曆十五

西曆二〇〇七年

12月	11月	10月	9月	8月	7月	6月	5月	4月	3月	2月	1月	月／日
己巳	己亥	戊辰	戊戌	丁卯	丙申	丙寅	乙未	乙丑	甲午	丙寅	乙未	1
庚午	庚子	己巳	己亥	戊辰	丁酉	丁卯	丙申	丙寅	乙未	丁卯	丙申	2
辛未	辛丑	庚午	庚子	己巳	戊戌	戊辰	丁酉	丁卯	丙申	戊辰	丁酉	3
壬申	壬寅	辛未	辛丑	庚午	己亥	己巳	戊戌	戊辰	丁酉	己巳	戊戌	4
癸酉	癸卯	壬申	壬寅	辛未	庚子	庚午	己亥	己巳	戊戌	庚午	己亥	5
甲戌	甲辰	癸酉	癸卯	壬申	辛丑	辛未	庚子	庚午	己亥	辛未	庚子	6
乙亥	乙巳	甲戌	甲辰	癸酉	壬寅	壬申	辛丑	辛未	庚子	壬申	辛丑	7
丙子	丙午	乙亥	乙巳	甲戌	癸卯	癸酉	壬寅	壬申	辛丑	癸酉	壬寅	8
丁丑	丁未	丙子	丙午	乙亥	甲辰	甲戌	癸卯	癸酉	壬寅	甲戌	癸卯	9
十一月 戊寅	十月 戊申	丁丑	丁未	丙子	乙巳	乙亥	甲辰	甲戌	癸卯	乙亥	甲辰	10
己卯	己酉	九月 戊寅	八月 戊申	丁丑	丙午	丙子	乙巳	乙亥	甲辰	丙子	乙巳	11
庚辰	庚戌	己卯	己酉	戊寅	丁未	丁丑	丙午	丙子	乙巳	丁丑	丙午	12
辛巳	辛亥	庚辰	庚戌	七月 己卯	戊申	戊寅	丁未	丁丑	丙午	戊寅	丁未	13
壬午	壬子	辛巳	辛亥	庚辰	六月 己酉	己卯	戊申	戊寅	丁未	己卯	戊申	14
癸未	癸丑	壬午	壬子	辛巳	庚戌	五月 庚辰	己酉	己卯	戊申	庚辰	己酉	15
甲申	甲寅	癸未	癸丑	壬午	辛亥	辛巳	庚戌	庚辰	己酉	辛巳	庚戌	16
乙酉	乙卯	甲申	甲寅	癸未	壬子	壬午	四月 辛亥	三月 辛巳	庚戌	壬午	辛亥	17
丙戌	丙辰	乙酉	乙卯	甲申	癸丑	癸未	壬子	壬午	辛亥	正月 癸未	壬子	18
丁亥	丁巳	丙戌	丙辰	乙酉	甲寅	甲申	癸丑	癸未	二月 壬子	甲申	十二月 癸丑	19
戊子	戊午	丁亥	丁巳	丙戌	乙卯	乙酉	甲寅	甲申	癸丑	乙酉	甲寅	20
己丑	己未	戊子	戊午	丁亥	丙辰	丙戌	乙卯	乙酉	甲寅	丙戌	乙卯	21
庚寅	庚申	己丑	己未	戊子	丁巳	丁亥	丙辰	丙戌	乙卯	丁亥	丙辰	22
辛卯	辛酉	庚寅	庚申	己丑	戊午	戊子	丁巳	丁亥	丙辰	戊子	丁巳	23
壬辰	壬戌	辛卯	辛酉	庚寅	己未	己丑	戊午	戊子	丁巳	己丑	戊午	24
癸巳	癸亥	壬辰	壬戌	辛卯	庚申	庚寅	己未	己丑	戊午	庚寅	己未	25
甲午	甲子	癸巳	癸亥	壬辰	辛酉	辛卯	庚申	庚寅	己未	辛卯	庚申	26
乙未	乙丑	甲午	甲子	癸巳	壬戌	壬辰	辛酉	辛卯	庚申	壬辰	辛酉	27
丙申	丙寅	乙未	乙丑	甲午	癸亥	癸巳	壬戌	壬辰	辛酉	癸巳	壬戌	28
丁酉	丁卯	丙申	丙寅	乙未	甲子	甲午	癸亥	癸巳	壬戌		癸亥	29
戊戌	戊辰	丁酉	丁卯	丙申	乙丑	乙未	甲子	甲午	癸亥		甲子	30
己亥		戊戌		丁酉	丙寅		乙丑		甲子		乙丑	31

農曆初一　農曆十五

西曆二〇〇八年

12月	11月	10月	9月	8月	7月	6月	5月	4月	3月	2月	1月	月／日
乙亥	乙巳	甲戌	甲辰	七月 癸酉	壬寅	壬申	辛丑	辛未	庚子	辛未	庚子	1
丙子	丙午	乙亥	乙巳	甲戌	癸卯	癸酉	壬寅	壬申	辛丑	壬申	辛丑	2
丁丑	丁未	丙子	丙午	乙亥	六月 甲辰	甲戌	癸卯	癸酉	壬寅	癸酉	壬寅	3
戊寅	戊申	丁丑	丁未	丙子	乙巳	五月 乙亥	甲辰	甲戌	癸卯	甲戌	癸卯	4
己卯	己酉	戊寅	戊申	丁丑	丙午	丙子	四月 乙巳	乙亥	甲辰	乙亥	甲辰	5
庚辰	庚戌	己卯	己酉	戊寅	丁未	丁丑	丙午	三月 丙子	乙巳	丙子	乙巳	6
辛巳	辛亥	庚辰	庚戌	己卯	戊申	戊寅	丁未	丁丑	丙午	正月 丁丑	丙午	7
壬午	壬子	辛巳	辛亥	庚辰	己酉	己卯	戊申	戊寅	二月 丁未	戊寅	十二月 丁未	8
癸未	癸丑	壬午	壬子	辛巳	庚戌	庚辰	己酉	己卯	戊申	己卯	戊申	9
甲申	甲寅	癸未	癸丑	壬午	辛亥	辛巳	庚戌	庚辰	己酉	庚辰	己酉	10
乙酉	乙卯	甲申	甲寅	癸未	壬子	壬午	辛亥	辛巳	庚戌	辛巳	庚戌	11
丙戌	丙辰	乙酉	乙卯	甲申	癸丑	癸未	壬子	壬午	辛亥	壬午	辛亥	12
丁亥	丁巳	丙戌	丙辰	乙酉	甲寅	甲申	癸丑	癸未	壬子	癸未	壬子	13
戊子	戊午	丁亥	丁巳	丙戌	乙卯	乙酉	甲寅	甲申	癸丑	甲申	癸丑	14
己丑	己未	戊子	戊午	丁亥	丙辰	丙戌	乙卯	乙酉	甲寅	乙酉	甲寅	15
庚寅	庚申	己丑	己未	戊子	丁巳	丁亥	丙辰	丙戌	乙卯	丙戌	乙卯	16
辛卯	辛酉	庚寅	庚申	己丑	戊午	戊子	丁巳	丁亥	丙辰	丁亥	丙辰	17
壬辰	壬戌	辛卯	辛酉	庚寅	己未	己丑	戊午	戊子	丁巳	戊子	丁巳	18
癸巳	癸亥	壬辰	壬戌	辛卯	庚申	庚寅	己未	己丑	戊午	己丑	戊午	19
甲午	甲子	癸巳	癸亥	壬辰	辛酉	辛卯	庚申	庚寅	己未	庚寅	己未	20
乙未	乙丑	甲午	甲子	癸巳	壬戌	壬辰	辛酉	辛卯	庚申	辛卯	庚申	21
丙申	丙寅	乙未	乙丑	甲午	癸亥	癸巳	壬戌	壬辰	辛酉	壬辰	辛酉	22
丁酉	丁卯	丙申	丙寅	乙未	甲子	甲午	癸亥	癸巳	壬戌	癸巳	壬戌	23
戊戌	戊辰	丁酉	丁卯	丙申	乙丑	乙未	甲子	甲午	癸亥	甲午	癸亥	24
己亥	己巳	戊戌	戊辰	丁酉	丙寅	丙申	乙丑	乙未	甲子	乙未	甲子	25
庚子	庚午	己亥	己巳	戊戌	丁卯	丁酉	丙寅	丙申	乙丑	丙申	乙丑	26
十二月 辛丑	辛未	庚子	庚午	己亥	戊辰	戊戌	丁卯	丁酉	丙寅	丁酉	丙寅	27
壬寅	十一月 壬申	辛丑	辛未	庚子	己巳	己亥	戊辰	戊戌	丁卯	戊戌	丁卯	28
癸卯	癸酉	十月 壬寅	九月 壬申	辛丑	庚午	庚子	己巳	己亥	戊辰	己亥	戊辰	29
甲辰	甲戌	癸卯	癸酉	壬寅	辛未	辛丑	庚午	庚子	己巳		己巳	30
乙巳		甲辰		八月 癸卯	壬申		辛未		庚午		庚午	31

農曆初一　農曆十五

西曆二〇〇九年

12月	11月	10月	9月	8月	7月	6月	5月	4月	3月	2月	1月	月/日
庚辰	庚戌	己卯	己酉	戊寅	丁未	丁丑	丙午	丙子	乙巳	丁丑	丙午	1
辛巳	辛亥	庚辰	庚戌	己卯	戊申	戊寅	丁未	丁丑	丙午	戊寅	丁未	2
壬午	壬子	辛巳	辛亥	庚辰	己酉	己卯	戊申	戊寅	丁未	己卯	戊申	3
癸未	癸丑	壬午	壬子	辛巳	庚戌	庚辰	己酉	己卯	戊申	庚辰	己酉	4
甲申	甲寅	癸未	癸丑	壬午	辛亥	辛巳	庚戌	庚辰	己酉	辛巳	庚戌	5
乙酉	乙卯	甲申	甲寅	癸未	壬子	壬午	辛亥	辛巳	庚戌	壬午	辛亥	6
丙戌	丙辰	乙酉	乙卯	甲申	癸丑	癸未	壬子	壬午	辛亥	癸未	壬子	7
丁亥	丁巳	丙戌	丙辰	乙酉	甲寅	甲申	癸丑	癸未	壬子	甲申	癸丑	8
戊子	戊午	丁亥	丁巳	丙戌	乙卯	乙酉	甲寅	甲申	癸丑	乙酉	甲寅	9
己丑	己未	戊子	戊午	丁亥	丙辰	丙戌	乙卯	乙酉	甲寅	丙戌	乙卯	10
庚寅	庚申	己丑	己未	戊子	丁巳	丁亥	丙辰	丙戌	乙卯	丁亥	丙辰	11
辛卯	辛酉	庚寅	庚申	己丑	戊午	戊子	丁巳	丁亥	丙辰	戊子	丁巳	12
壬辰	壬戌	辛卯	辛酉	庚寅	己未	己丑	戊午	戊子	丁巳	己丑	戊午	13
癸巳	癸亥	壬辰	壬戌	辛卯	庚申	庚寅	己未	己丑	戊午	庚寅	己未	14
甲午	甲子	癸巳	癸亥	壬辰	辛酉	辛卯	庚申	庚寅	己未	辛卯	庚申	15
十一月 乙未	乙丑	甲午	甲子	癸巳	壬戌	壬辰	辛酉	辛卯	庚申	壬辰	辛酉	16
丙申	十月 丙寅	乙未	乙丑	甲午	癸亥	癸巳	壬戌	壬辰	辛酉	癸巳	壬戌	17
丁酉	丁卯	九月 丙申	丙寅	乙未	甲子	甲午	癸亥	癸巳	壬戌	甲午	癸亥	18
戊戌	戊辰	丁酉	八月 丁卯	丙申	乙丑	乙未	甲子	甲午	癸亥	乙未	甲子	19
己亥	己巳	戊戌	戊辰	七月 丁酉	丙寅	丙申	乙丑	乙未	甲子	丙申	乙丑	20
庚子	庚午	己亥	己巳	戊戌	丁卯	丁酉	丙寅	丙申	乙丑	丁酉	丙寅	21
辛丑	辛未	庚子	庚午	己亥	六月 戊辰	戊戌	丁卯	丁酉	丙寅	戊戌	丁卯	22
壬寅	壬申	辛丑	辛未	庚子	己巳	閏五月 己亥	戊辰	戊戌	丁卯	己亥	戊辰	23
癸卯	癸酉	壬寅	壬申	辛丑	庚午	庚子	五月 己巳	己亥	戊辰	庚子	己巳	24
甲辰	甲戌	癸卯	癸酉	壬寅	辛未	辛丑	庚午	四月 庚子	己巳	二月 辛丑	庚午	25
乙巳	乙亥	甲辰	甲戌	癸卯	壬申	壬寅	辛未	辛丑	庚午	壬寅	正月 辛未	26
丙午	丙子	乙巳	乙亥	甲辰	癸酉	癸卯	壬申	壬寅	三月 辛未	癸卯	壬申	27
丁未	丁丑	丙午	丙子	乙巳	甲戌	甲辰	癸酉	癸卯	壬申	甲辰	癸酉	28
戊申	戊寅	丁未	丁丑	丙午	乙亥	乙巳	甲戌	甲辰	癸酉		甲戌	29
己酉	己卯	戊申	戊寅	丁未	丙子	丙午	乙亥	乙巳	甲戌		乙亥	30
庚戌		己酉		戊申	丁丑		丙子		乙亥		丙子	31

農曆初一　農曆十五

西曆二〇一〇年

12月	11月	10月	9月	8月	7月	6月	5月	4月	3月	2月	1月	月/日
乙酉	乙卯	甲申	甲寅	癸未	壬子	壬午	辛亥	辛巳	庚戌	壬午	辛亥	1
丙戌	丙辰	乙酉	乙卯	甲申	癸丑	癸未	壬子	壬午	辛亥	癸未	壬子	2
丁亥	丁巳	丙戌	丙辰	乙酉	甲寅	甲申	癸丑	癸未	壬子	甲申	癸丑	3
戊子	戊午	丁亥	丁巳	丙戌	乙卯	乙酉	甲寅	甲申	癸丑	乙酉	甲寅	4
己丑	己未	戊子	戊午	丁亥	丙辰	丙戌	乙卯	乙酉	甲寅	丙戌	乙卯	5
十一月 庚寅	十月 庚申	己丑	己未	戊子	丁巳	丁亥	丙辰	丙戌	乙卯	丁亥	丙辰	6
辛卯	辛酉	庚寅	庚申	己丑	戊午	戊子	丁巳	丁亥	丙辰	戊子	丁巳	7
壬辰	壬戌	九月 辛卯	八月 辛酉	庚寅	己未	己丑	戊午	戊子	丁巳	己丑	戊午	8
癸巳	癸亥	壬辰	壬戌	辛卯	庚申	庚寅	己未	己丑	戊午	庚寅	己未	9
甲午	甲子	癸巳	癸亥	七月 壬辰	辛酉	辛卯	庚申	庚寅	己未	辛卯	庚申	10
乙未	乙丑	甲午	甲子	癸巳	壬戌	壬辰	辛酉	辛卯	庚申	壬辰	辛酉	11
丙申	丙寅	乙未	乙丑	甲午	六月 癸亥	五月 癸巳	壬戌	壬辰	辛酉	癸巳	壬戌	12
丁酉	丁卯	丙申	丙寅	乙未	甲子	甲午	癸亥	癸巳	壬戌	甲午	癸亥	13
戊戌	戊辰	丁酉	丁卯	丙申	乙丑	乙未	四月 甲子	三月 甲午	癸亥	正月 乙未	甲子	14
己亥	己巳	戊戌	戊辰	丁酉	丙寅	丙申	乙丑	乙未	甲子	丙申	十二月 乙丑	15
庚子	庚午	己亥	己巳	戊戌	丁卯	丁酉	丙寅	丙申	二月 乙丑	丁酉	丙寅	16
辛丑	辛未	庚子	庚午	己亥	戊辰	戊戌	丁卯	丁酉	丙寅	戊戌	丁卯	17
壬寅	壬申	辛丑	辛未	庚子	己巳	己亥	戊辰	戊戌	丁卯	己亥	戊辰	18
癸卯	癸酉	壬寅	壬申	辛丑	庚午	庚子	己巳	己亥	戊辰	庚子	己巳	19
甲辰	甲戌	癸卯	癸酉	壬寅	辛未	辛丑	庚午	庚子	己巳	辛丑	庚午	20
乙巳	乙亥	甲辰	甲戌	癸卯	壬申	壬寅	辛未	辛丑	庚午	壬寅	辛未	21
丙午	丙子	乙巳	乙亥	甲辰	癸酉	癸卯	壬申	壬寅	辛未	癸卯	壬申	22
丁未	丁丑	丙午	丙子	乙巳	甲戌	甲辰	癸酉	癸卯	壬申	甲辰	癸酉	23
戊申	戊寅	丁未	丁丑	丙午	乙亥	乙巳	甲戌	甲辰	癸酉	乙巳	甲戌	24
己酉	己卯	戊申	戊寅	丁未	丙子	丙午	乙亥	乙巳	甲戌	丙午	乙亥	25
庚戌	庚辰	己酉	己卯	戊申	丁丑	丁未	丙子	丙午	乙亥	丁未	丙子	26
辛亥	辛巳	庚戌	庚辰	己酉	戊寅	戊申	丁丑	丁未	丙子	戊申	丁丑	27
壬子	壬午	辛亥	辛巳	庚戌	己卯	己酉	戊寅	戊申	丁丑	己酉	戊寅	28
癸丑	癸未	壬子	壬午	辛亥	庚辰	庚戌	己卯	己酉	戊寅		己卯	29
甲寅	甲申	癸丑	癸未	壬子	辛巳	辛亥	庚辰	庚戌	己卯		庚辰	30
乙卯		甲寅		癸丑	壬午		辛巳		庚辰		辛巳	31

農曆初一　農曆十五

西曆二〇二一年

12月	11月	10月	9月	8月	7月	6月	5月	4月	3月	2月	1月	月/日
庚寅	庚申	己丑	己未	戊子	六月 丁巳	丁亥	丙辰	丙戌	乙卯	丁亥	丙辰	1
辛卯	辛酉	庚寅	庚申	己丑	戊午	五月 戊子	丁巳	丁亥	丙辰	戊子	丁巳	2
壬辰	壬戌	辛卯	辛酉	庚寅	己未	己丑	四月 戊午	三月 戊子	丁巳	正月 己丑	戊午	3
癸巳	癸亥	壬辰	壬戌	辛卯	庚申	庚寅	己未	己丑	戊午	庚寅	十二月 己未	4
甲午	甲子	癸巳	癸亥	壬辰	辛酉	辛卯	庚申	庚寅	二月 己未	辛卯	庚申	5
乙未	乙丑	甲午	甲子	癸巳	壬戌	壬辰	辛酉	辛卯	庚申	壬辰	辛酉	6
丙申	丙寅	乙未	乙丑	甲午	癸亥	癸巳	壬戌	壬辰	辛酉	癸巳	壬戌	7
丁酉	丁卯	丙申	丙寅	乙未	甲子	甲午	癸亥	癸巳	壬戌	甲午	癸亥	8
戊戌	戊辰	丁酉	丁卯	丙申	乙丑	乙未	甲子	甲午	癸亥	乙未	甲子	9
己亥	己巳	戊戌	戊辰	丁酉	丙寅	丙申	乙丑	乙未	甲子	丙申	乙丑	10
庚子	庚午	己亥	己巳	戊戌	丁卯	丁酉	丙寅	丙申	乙丑	丁酉	丙寅	11
辛丑	辛未	庚子	庚午	己亥	戊辰	戊戌	丁卯	丁酉	丙寅	戊戌	丁卯	12
壬寅	壬申	辛丑	辛未	庚子	己巳	己亥	戊辰	戊戌	丁卯	己亥	戊辰	13
癸卯	癸酉	壬寅	壬申	辛丑	庚午	庚子	己巳	己亥	戊辰	庚子	己巳	14
甲辰	甲戌	癸卯	癸酉	壬寅	辛未	辛丑	庚午	庚子	己巳	辛丑	庚午	15
乙巳	乙亥	甲辰	甲戌	癸卯	壬申	壬寅	辛未	辛丑	庚午	壬寅	辛未	16
丙午	丙子	乙巳	乙亥	甲辰	癸酉	癸卯	壬申	壬寅	辛未	癸卯	壬申	17
丁未	丁丑	丙午	丙子	乙巳	甲戌	甲辰	癸酉	癸卯	壬申	甲辰	癸酉	18
戊申	戊寅	丁未	丁丑	丙午	乙亥	乙巳	甲戌	甲辰	癸酉	乙巳	甲戌	19
己酉	己卯	戊申	戊寅	丁未	丙子	丙午	乙亥	乙巳	甲戌	丙午	乙亥	20
庚戌	庚辰	己酉	己卯	戊申	丁丑	丁未	丙子	丙午	乙亥	丁未	丙子	21
辛亥	辛巳	庚戌	庚辰	己酉	戊寅	戊申	丁丑	丁未	丙子	戊申	丁丑	22
壬子	壬午	辛亥	辛巳	庚戌	己卯	己酉	戊寅	戊申	丁丑	己酉	戊寅	23
癸丑	癸未	壬子	壬午	辛亥	庚辰	庚戌	己卯	己酉	戊寅	庚戌	己卯	24
十二月 甲寅	十一月 甲申	癸丑	癸未	壬子	辛巳	辛亥	庚辰	庚戌	己卯	辛亥	庚辰	25
乙卯	乙酉	甲寅	甲申	癸丑	壬午	壬子	辛巳	辛亥	庚辰	壬子	辛巳	26
丙辰	丙戌	十月 乙卯	九月 乙酉	甲寅	癸未	癸丑	壬午	壬子	辛巳	癸丑	壬午	27
丁巳	丁亥	丙辰	丙戌	乙卯	甲申	甲寅	癸未	癸丑	壬午	甲寅	癸未	28
戊午	戊子	丁巳	丁亥	八月 丙辰	乙酉	乙卯	甲申	甲寅	癸未		甲申	29
己未	己丑	戊午	戊子	丁巳	丙戌	丙辰	乙酉	乙卯	甲申		乙酉	30
庚申		己未		戊午	七月 丁亥		丙戌		乙酉		丙戌	31

農曆初一　農曆十五

西曆二〇二一年

12月	11月	10月	9月	8月	7月	6月	5月	4月	3月	2月	1月	月/日
丙申	丙寅	乙未	乙丑	甲午	癸亥	癸巳	壬戌	壬辰	辛酉	壬辰	辛酉	1
丁酉	丁卯	丙申	丙寅	乙未	甲子	甲午	癸亥	癸巳	壬戌	癸巳	壬戌	2
戊戌	戊辰	丁酉	丁卯	丙申	乙丑	乙未	甲子	甲午	癸亥	甲午	癸亥	3
己亥	己巳	戊戌	戊辰	丁酉	丙寅	丙申	乙丑	乙未	甲子	乙未	甲子	4
庚子	庚午	己亥	己巳	戊戌	丁卯	丁酉	丙寅	丙申	乙丑	丙申	乙丑	5
辛丑	辛未	庚子	庚午	己亥	戊辰	戊戌	丁卯	丁酉	丙寅	丁酉	丙寅	6
壬寅	壬申	辛丑	辛未	庚子	己巳	己亥	戊辰	戊戌	丁卯	戊戌	丁卯	7
癸卯	癸酉	壬寅	壬申	辛丑	庚午	庚子	己巳	己亥	戊辰	己亥	戊辰	8
甲辰	甲戌	癸卯	癸酉	壬寅	辛未	辛丑	庚午	庚子	己巳	庚子	己巳	9
乙巳	乙亥	甲辰	甲戌	癸卯	壬申	壬寅	辛未	辛丑	庚午	辛丑	庚午	10
丙午	丙子	乙巳	乙亥	甲辰	癸酉	癸卯	壬申	壬寅	辛未	壬寅	辛未	11
丁未	丁丑	丙午	丙子	乙巳	甲戌	甲辰	癸酉	癸卯	壬申	癸卯	壬申	12
十一月 戊申	戊寅	丁未	丁丑	丙午	乙亥	乙巳	甲戌	甲辰	癸酉	甲辰	癸酉	13
己酉	十月 己卯	戊申	戊寅	丁未	丙子	丙午	乙亥	乙巳	甲戌	乙巳	甲戌	14
庚戌	庚辰	九月 己酉	己卯	戊申	丁丑	丁未	丙子	丙午	乙亥	丙午	乙亥	15
辛亥	辛巳	庚戌	八月 庚辰	己酉	戊寅	戊申	丁丑	丁未	丙子	丁未	丙子	16
壬子	壬午	辛亥	辛巳	七月 庚戌	己卯	己酉	戊寅	戊申	丁丑	戊申	丁丑	17
癸丑	癸未	壬子	壬午	辛亥	庚辰	庚戌	己卯	己酉	戊寅	己酉	戊寅	18
甲寅	甲申	癸丑	癸未	壬子	六月 辛巳	五月 辛亥	庚辰	庚戌	己卯	庚戌	己卯	19
乙卯	乙酉	甲寅	甲申	癸丑	壬午	壬子	辛巳	辛亥	庚辰	辛亥	庚辰	20
丙辰	丙戌	乙卯	乙酉	甲寅	癸未	癸丑	閏四月 壬午	四月 壬子	辛巳	壬子	辛巳	21
丁巳	丁亥	丙辰	丙戌	乙卯	甲申	甲寅	癸未	癸丑	三月 壬午	二月 癸丑	壬午	22
戊午	戊子	丁巳	丁亥	丙辰	乙酉	乙卯	甲申	甲寅	癸未	甲寅	正月 癸未	23
己未	己丑	戊午	戊子	丁巳	丙戌	丙辰	乙酉	乙卯	甲申	乙卯	甲申	24
庚申	庚寅	己未	己丑	戊午	丁亥	丁巳	丙戌	丙辰	乙酉	丙辰	乙酉	25
辛酉	辛卯	庚申	庚寅	己未	戊子	戊午	丁亥	丁巳	丙戌	丁巳	丙戌	26
壬戌	壬辰	辛酉	辛卯	庚申	己丑	己未	戊子	戊午	丁亥	戊午	丁亥	27
癸亥	癸巳	壬戌	壬辰	辛酉	庚寅	庚申	己丑	己未	戊子	己未	戊子	28
甲子	甲午	癸亥	癸巳	壬戌	辛卯	辛酉	庚寅	庚申	己丑	庚申	己丑	29
乙丑	乙未	甲子	甲午	癸亥	壬辰	壬戌	辛卯	辛酉	庚寅		庚寅	30
丙寅		乙丑		甲子	癸巳		壬辰		辛卯		辛卯	31

農曆初一　農曆十五

西曆二〇一三年

12月	11月	10月	9月	8月	7月	6月	5月	4月	3月	2月	1月	月/日
辛丑	辛未	庚子	庚午	己亥	戊辰	戊戌	丁卯	丁酉	丙寅	戊戌	丁卯	1
壬寅	壬申	辛丑	辛未	庚子	己巳	己亥	戊辰	戊戌	丁卯	己亥	戊辰	2
十一月 癸卯	十月 癸酉	壬寅	壬申	辛丑	庚午	庚子	己巳	己亥	戊辰	庚子	己巳	3
甲辰	甲戌	癸卯	癸酉	壬寅	辛未	辛丑	庚午	庚子	己巳	辛丑	庚午	4
乙巳	乙亥	九月 甲辰	八月 甲戌	癸卯	壬申	壬寅	辛未	辛丑	庚午	壬寅	辛未	5
丙午	丙子	乙巳	乙亥	甲辰	癸酉	癸卯	壬申	壬寅	辛未	癸卯	壬申	6
丁未	丁丑	丙午	丙子	七月 乙巳	甲戌	甲辰	癸酉	癸卯	壬申	甲辰	癸酉	7
戊申	戊寅	丁未	丁丑	丙午	六月 乙亥	五月 乙巳	甲戌	甲辰	癸酉	乙巳	甲戌	8
己酉	己卯	戊申	戊寅	丁未	丙子	丙午	乙亥	乙巳	甲戌	丙午	乙亥	9
庚戌	庚辰	己酉	己卯	戊申	丁丑	丁未	四月 丙子	三月 丙午	乙亥	正月 丁未	丙子	10
辛亥	辛巳	庚戌	庚辰	己酉	戊寅	戊申	丁丑	丁未	丙子	戊申	丁丑	11
壬子	壬午	辛亥	辛巳	庚戌	己卯	己酉	戊寅	戊申	二月 丁丑	己酉	十二月 戊寅	12
癸丑	癸未	壬子	壬午	辛亥	庚辰	庚戌	己卯	己酉	戊寅	庚戌	己卯	13
甲寅	甲申	癸丑	癸未	壬子	辛巳	辛亥	庚辰	庚戌	己卯	辛亥	庚辰	14
乙卯	乙酉	甲寅	甲申	癸丑	壬午	壬子	辛巳	辛亥	庚辰	壬子	辛巳	15
丙辰	丙戌	乙卯	乙酉	甲寅	癸未	癸丑	壬午	壬子	辛巳	癸丑	壬午	16
丁巳	丁亥	丙辰	丙戌	乙卯	甲申	甲寅	癸未	癸丑	壬午	甲寅	癸未	17
戊午	戊子	丁巳	丁亥	丙辰	乙酉	乙卯	甲申	甲寅	癸未	乙卯	甲申	18
己未	己丑	戊午	戊子	丁巳	丙戌	丙辰	乙酉	乙卯	甲申	丙辰	乙酉	19
庚申	庚寅	己未	己丑	戊午	丁亥	丁巳	丙戌	丙辰	乙酉	丁巳	丙戌	20
辛酉	辛卯	庚申	庚寅	己未	戊子	戊午	丁亥	丁巳	丙戌	戊午	丁亥	21
壬戌	壬辰	辛酉	辛卯	庚申	己丑	己未	戊子	戊午	丁亥	己未	戊子	22
癸亥	癸巳	壬戌	壬辰	辛酉	庚寅	庚申	己丑	己未	戊子	庚申	己丑	23
甲子	甲午	癸亥	癸巳	壬戌	辛卯	辛酉	庚寅	庚申	己丑	辛酉	庚寅	24
乙丑	乙未	甲子	甲午	癸亥	壬辰	壬戌	辛卯	辛酉	庚寅	壬戌	辛卯	25
丙寅	丙申	乙丑	乙未	甲子	癸巳	癸亥	壬辰	壬戌	辛卯	癸亥	壬辰	26
丁卯	丁酉	丙寅	丙申	乙丑	甲午	甲子	癸巳	癸亥	壬辰	甲子	癸巳	27
戊辰	戊戌	丁卯	丁酉	丙寅	乙未	乙丑	甲午	甲子	癸巳	乙丑	甲午	28
己巳	己亥	戊辰	戊戌	丁卯	丙申	丙寅	乙未	乙丑	甲午		乙未	29
庚午	庚子	己巳	己亥	戊辰	丁酉	丁卯	丙申	丙寅	乙未		丙申	30
辛未		庚午		己巳	戊戌		丁酉		丙申		丁酉	31

農曆初一　農曆十五

西曆二〇一四年

12月	11月	10月	9月	8月	7月	6月	5月	4月	3月	2月	1月	月/日
丙午	丙子	乙巳	乙亥	甲辰	癸酉	癸卯	壬申	壬寅	二月 辛未	癸卯	十二月 壬申	1
丁未	丁丑	丙午	丙子	乙巳	甲戌	甲辰	癸酉	癸卯	壬申	甲辰	癸酉	2
戊申	戊寅	丁未	丁丑	丙午	乙亥	乙巳	甲戌	甲辰	癸酉	乙巳	甲戌	3
己酉	己卯	戊申	戊寅	丁未	丙子	丙午	乙亥	乙巳	甲戌	丙午	乙亥	4
庚戌	庚辰	己酉	己卯	戊申	丁丑	丁未	丙子	丙午	乙亥	丁未	丙子	5
辛亥	辛巳	庚戌	庚辰	己酉	戊寅	戊申	丁丑	丁未	丙子	戊申	丁丑	6
壬子	壬午	辛亥	辛巳	庚戌	己卯	己酉	戊寅	戊申	丁丑	己酉	戊寅	7
癸丑	癸未	壬子	壬午	辛亥	庚辰	庚戌	己卯	己酉	戊寅	庚戌	己卯	8
甲寅	甲申	癸丑	癸未	壬子	辛巳	辛亥	庚辰	庚戌	己卯	辛亥	庚辰	9
乙卯	乙酉	甲寅	甲申	癸丑	壬午	壬子	辛巳	辛亥	庚辰	壬子	辛巳	10
丙辰	丙戌	乙卯	乙酉	甲寅	癸未	癸丑	壬午	壬子	辛巳	癸丑	壬午	11
丁巳	丁亥	丙辰	丙戌	乙卯	甲申	甲寅	癸未	癸丑	壬午	甲寅	癸未	12
戊午	戊子	丁巳	丁亥	丙辰	乙酉	乙卯	甲申	甲寅	癸未	乙卯	甲申	13
己未	己丑	戊午	戊子	丁巳	丙戌	丙辰	乙酉	乙卯	甲申	丙辰	乙酉	14
庚申	庚寅	己未	己丑	戊午	丁亥	丁巳	丙戌	丙辰	乙酉	丁巳	丙戌	15
辛酉	辛卯	庚申	庚寅	己未	戊子	戊午	丁亥	丁巳	丙戌	戊午	丁亥	16
壬戌	壬辰	辛酉	辛卯	庚申	己丑	己未	戊子	戊午	丁亥	己未	戊子	17
癸亥	癸巳	壬戌	壬辰	辛酉	庚寅	庚申	己丑	己未	戊子	庚申	己丑	18
甲子	甲午	癸亥	癸巳	壬戌	辛卯	辛酉	庚寅	庚申	己丑	辛酉	庚寅	19
乙丑	乙未	甲子	甲午	癸亥	壬辰	壬戌	辛卯	辛酉	庚寅	壬戌	辛卯	20
丙寅	丙申	乙丑	乙未	甲子	癸巳	癸亥	壬辰	壬戌	辛卯	癸亥	壬辰	21
十一月 丁卯	十月 丁酉	丙寅	丙申	乙丑	甲午	甲子	癸巳	癸亥	壬辰	甲子	癸巳	22
戊辰	戊戌	丁卯	丁酉	丙寅	乙未	乙丑	甲午	甲子	癸巳	乙丑	甲午	23
己巳	己亥	閏九月 戊辰	九月 戊戌	丁卯	丙申	丙寅	乙未	乙丑	甲午	丙寅	乙未	24
庚午	庚子	己巳	己亥	八月 戊辰	丁酉	丁卯	丙申	丙寅	乙未	丁卯	丙申	25
辛未	辛丑	庚午	庚子	己巳	戊戌	戊辰	丁酉	丁卯	丙申	戊辰	丁酉	26
壬申	壬寅	辛未	辛丑	庚午	七月 己亥	六月 己巳	戊戌	戊辰	丁酉	己巳	戊戌	27
癸酉	癸卯	壬申	壬寅	辛未	庚子	庚午	己亥	己巳	戊戌	庚午	己亥	28
甲戌	甲辰	癸酉	癸卯	壬申	辛丑	辛未	五月 庚子	四月 庚午	己亥		庚子	29
乙亥	乙巳	甲戌	甲辰	癸酉	壬寅	壬申	辛丑	辛未	庚子		辛丑	30
丙子		乙亥		甲戌	癸卯		壬寅		三月 辛丑		正月 壬寅	31

農曆初一　農曆十五

西曆二〇一五年

12月	11月	10月	9月	8月	7月	6月	5月	4月	3月	2月	1月	月/日
辛亥	辛巳	庚戌	庚辰	己酉	戊寅	戊申	丁丑	丁未	丙子	戊申	丁丑	1
壬子	壬午	辛亥	辛巳	庚戌	己卯	己酉	戊寅	戊申	丁丑	己酉	戊寅	2
癸丑	癸未	壬子	壬午	辛亥	庚辰	庚戌	己卯	己酉	戊寅	庚戌	己卯	3
甲寅	甲申	癸丑	癸未	壬子	辛巳	辛亥	庚辰	庚戌	己卯	辛亥	庚辰	4
乙卯	乙酉	甲寅	甲申	癸丑	壬午	壬子	辛巳	辛亥	庚辰	壬子	辛巳	5
丙辰	丙戌	乙卯	乙酉	甲寅	癸未	癸丑	壬午	壬子	辛巳	癸丑	壬午	6
丁巳	丁亥	丙辰	丙戌	乙卯	甲申	甲寅	癸未	癸丑	壬午	甲寅	癸未	7
戊午	戊子	丁巳	丁亥	丙辰	乙酉	乙卯	甲申	甲寅	癸未	乙卯	甲申	8
己未	己丑	戊午	戊子	丁巳	丙戌	丙辰	乙酉	乙卯	甲申	丙辰	乙酉	9
庚申	庚寅	己未	己丑	戊午	丁亥	丁巳	丙戌	丙辰	乙酉	丁巳	丙戌	10
十一月 辛酉	辛卯	庚申	庚寅	己未	戊子	戊午	丁亥	丁巳	丙戌	戊午	丁亥	11
壬戌	十月 壬辰	辛酉	辛卯	庚申	己丑	己未	戊子	戊午	丁亥	己未	戊子	12
癸亥	癸巳	九月 壬戌	八月 壬辰	辛酉	庚寅	庚申	己丑	己未	戊子	庚申	己丑	13
甲子	甲午	癸亥	癸巳	七月 壬戌	辛卯	辛酉	庚寅	庚申	己丑	辛酉	庚寅	14
乙丑	乙未	甲子	甲午	癸亥	壬辰	壬戌	辛卯	辛酉	庚寅	壬戌	辛卯	15
丙寅	丙申	乙丑	乙未	甲子	六月 癸巳	五月 癸亥	壬辰	壬戌	辛卯	癸亥	壬辰	16
丁卯	丁酉	丙寅	丙申	乙丑	甲午	甲子	癸巳	癸亥	壬辰	甲子	癸巳	17
戊辰	戊戌	丁卯	丁酉	丙寅	乙未	乙丑	四月 甲午	甲子	癸巳	乙丑	甲午	18
己巳	己亥	戊辰	戊戌	丁卯	丙申	丙寅	乙未	三月 乙丑	甲午	正月 丙寅	乙未	19
庚午	庚子	己巳	己亥	戊辰	丁酉	丁卯	丙申	丙寅	二月 乙未	丁卯	十二月 丙申	20
辛未	辛丑	庚午	庚子	己巳	戊戌	戊辰	丁酉	丁卯	丙申	戊辰	丁酉	21
壬申	壬寅	辛未	辛丑	庚午	己亥	己巳	戊戌	戊辰	丁酉	己巳	戊戌	22
癸酉	癸卯	壬申	壬寅	辛未	庚子	庚午	己亥	己巳	戊戌	庚午	己亥	23
甲戌	甲辰	癸酉	癸卯	壬申	辛丑	辛未	庚子	庚午	己亥	辛未	庚子	24
乙亥	乙巳	甲戌	甲辰	癸酉	壬寅	壬申	辛丑	辛未	庚子	壬申	辛丑	25
丙子	丙午	乙亥	乙巳	甲戌	癸卯	癸酉	壬寅	壬申	辛丑	癸酉	壬寅	26
丁丑	丁未	丙子	丙午	乙亥	甲辰	甲戌	癸卯	癸酉	壬寅	甲戌	癸卯	27
戊寅	戊申	丁丑	丁未	丙子	乙巳	乙亥	甲辰	甲戌	癸卯	乙亥	甲辰	28
己卯	己酉	戊寅	戊申	丁丑	丙午	丙子	乙巳	乙亥	甲辰		乙巳	29
庚辰	庚戌	己卯	己酉	戊寅	丁未	丁丑	丙午	丙子	乙巳		丙午	30
辛巳		庚辰		己卯	戊申		丁未		丙午		丁未	31

農曆初一　農曆十五

西曆二〇一六年

12月	11月	10月	9月	8月	7月	6月	5月	4月	3月	2月	1月	月/日
丁巳	丁亥	(九月) 丙辰	(八月) 丙戌	乙卯	甲申	甲寅	癸未	癸丑	壬午	癸丑	壬午	1
戊午	戊子	丁巳	丁亥	丙辰	乙酉	乙卯	甲申	甲寅	癸未	甲寅	癸未	2
己未	己丑	戊午	戊子	(七月) 丁巳	丙戌	丙辰	乙酉	乙卯	甲申	乙卯	甲申	3
庚申	庚寅	己未	己丑	戊午	(六月) 丁亥	丁巳	丙戌	丙辰	乙酉	丙辰	乙酉	4
辛酉	辛卯	庚申	庚寅	己未	戊子	(五月) 戊午	丁亥	丁巳	丙戌	丁巳	丙戌	5
壬戌	壬辰	辛酉	辛卯	庚申	己丑	己未	戊子	戊午	丁亥	戊午	丁亥	6
癸亥	癸巳	壬戌	壬辰	辛酉	庚寅	庚申	(四月) 己丑	(三月) 己未	戊子	己未	戊子	7
甲子	甲午	癸亥	癸巳	壬戌	辛卯	辛酉	庚寅	庚申	己丑	(一月) 庚申	己丑	8
乙丑	乙未	甲子	甲午	癸亥	壬辰	壬戌	辛卯	辛酉	(二月) 庚寅	辛酉	庚寅	9
丙寅	丙申	乙丑	乙未	甲子	癸巳	癸亥	壬辰	壬戌	辛卯	壬戌	(十二月) 辛卯	10
丁卯	丁酉	丙寅	丙申	乙丑	甲午	甲子	癸巳	癸亥	壬辰	癸亥	壬辰	11
戊辰	戊戌	丁卯	丁酉	丙寅	乙未	乙丑	甲午	甲子	癸巳	甲子	癸巳	12
己巳	己亥	戊辰	戊戌	丁卯	丙申	丙寅	乙未	乙丑	甲午	乙丑	甲午	13
庚午	庚子	己巳	己亥	戊辰	丁酉	丁卯	丙申	丙寅	乙未	丙寅	乙未	14
辛未	辛丑	庚午	庚子	己巳	戊戌	戊辰	丁酉	丁卯	丙申	丁卯	丙申	15
壬申	壬寅	辛未	辛丑	庚午	己亥	己巳	戊戌	戊辰	丁酉	戊辰	丁酉	16
癸酉	癸卯	壬申	壬寅	辛未	庚子	庚午	己亥	己巳	戊戌	己巳	戊戌	17
甲戌	甲辰	癸酉	癸卯	壬申	辛丑	辛未	庚子	庚午	己亥	庚午	己亥	18
乙亥	乙巳	甲戌	甲辰	癸酉	壬寅	壬申	辛丑	辛未	庚子	辛未	庚子	19
丙子	丙午	乙亥	乙巳	甲戌	癸卯	癸酉	壬寅	壬申	辛丑	壬申	辛丑	20
丁丑	丁未	丙子	丙午	乙亥	甲辰	甲戌	癸卯	癸酉	壬寅	癸酉	壬寅	21
戊寅	戊申	丁丑	丁未	丙子	乙巳	乙亥	甲辰	甲戌	癸卯	甲戌	癸卯	22
己卯	己酉	戊寅	戊申	丁丑	丙午	丙子	乙巳	乙亥	甲辰	乙亥	甲辰	23
庚辰	庚戌	已卯	己酉	戊寅	丁未	丁丑	丙午	丙子	乙巳	丙子	乙巳	24
辛巳	辛亥	庚辰	庚戌	己卯	戊申	戊寅	丁未	丁丑	丙午	丁丑	丙午	25
壬午	壬子	辛巳	辛亥	庚辰	己酉	已卯	戊申	戊寅	丁未	戊寅	丁未	26
癸未	癸丑	壬午	壬子	辛巳	庚戌	庚辰	己酉	己卯	戊申	己卯	戊申	27
甲申	甲寅	癸未	癸丑	壬午	辛亥	辛巳	庚戌	庚辰	己酉	庚辰	己酉	28
(十二月) 乙酉	(十一月) 乙卯	甲申	甲寅	癸未	壬子	壬午	辛亥	辛巳	庚戌	辛巳	庚戌	29
丙戌	丙辰	乙酉	乙卯	甲申	癸丑	癸未	壬子	壬午	辛亥		辛亥	30
丁亥		(十月) 丙戌		乙酉	甲寅		癸丑		壬子		壬子	31

農曆初一　農曆十五

西曆二〇一七年

12月	11月	10月	9月	8月	7月	6月	5月	4月	3月	2月	1月	月/日
壬戌	壬辰	辛酉	辛卯	庚申	己丑	己未	戊子	戊午	丁亥	己未	戊子	1
癸亥	癸巳	壬戌	壬辰	辛酉	庚寅	庚申	己丑	己未	戊子	庚申	己丑	2
甲子	甲午	癸亥	癸巳	壬戌	辛卯	辛酉	庚寅	庚申	己丑	辛酉	庚寅	3
乙丑	乙未	甲子	甲午	癸亥	壬辰	壬戌	辛卯	辛酉	庚寅	壬戌	辛卯	4
丙寅	丙申	乙丑	乙未	甲子	癸巳	癸亥	壬辰	壬戌	辛卯	癸亥	壬辰	5
丁卯	丁酉	丙寅	丙申	乙丑	甲午	甲子	癸巳	癸亥	壬辰	甲子	癸巳	6
戊辰	戊戌	丁卯	丁酉	丙寅	乙未	乙丑	甲午	甲子	癸巳	乙丑	甲午	7
己巳	己亥	戊辰	戊戌	丁卯	丙申	丙寅	乙未	乙丑	甲午	丙寅	乙未	8
庚午	庚子	己巳	己亥	戊辰	丁酉	丁卯	丙申	丙寅	乙未	丁卯	丙申	9
辛未	辛丑	庚午	庚子	己巳	戊戌	戊辰	丁酉	丁卯	丙申	戊辰	丁酉	10
壬申	壬寅	辛未	辛丑	庚午	己亥	己巳	戊戌	戊辰	丁酉	己巳	戊戌	11
癸酉	癸卯	壬申	壬寅	辛未	庚子	庚午	己亥	己巳	戊戌	庚午	己亥	12
甲戌	甲辰	癸酉	癸卯	壬申	辛丑	辛未	庚子	庚午	己亥	辛未	庚子	13
乙亥	乙巳	甲戌	甲辰	癸酉	壬寅	壬申	辛丑	辛未	庚子	壬申	辛丑	14
丙子	丙午	乙亥	乙巳	甲戌	癸卯	癸酉	壬寅	壬申	辛丑	癸酉	壬寅	15
丁丑	丁未	丙子	丙午	乙亥	甲辰	甲戌	癸卯	癸酉	壬寅	甲戌	癸卯	16
戊寅	戊申	丁丑	丁未	丙子	乙巳	乙亥	甲辰	甲戌	癸卯	乙亥	甲辰	17
十一月 己卯	十月 己酉	戊寅	戊申	丁丑	丙午	丙子	乙巳	乙亥	甲辰	丙子	乙巳	18
庚辰	庚戌	已卯	己酉	戊寅	丁未	丁丑	丙午	丙子	乙巳	丁丑	丙午	19
辛巳	辛亥	九月 庚辰	八月 庚戌	己卯	戊申	戊寅	丁未	丁丑	丙午	戊寅	丁未	20
壬午	壬子	辛巳	辛亥	庚辰	己酉	已卯	戊申	戊寅	丁未	已卯	戊申	21
癸未	癸丑	壬午	壬子	七月 辛巳	庚戌	庚辰	己酉	己卯	戊申	庚辰	己酉	22
甲申	甲寅	癸未	癸丑	壬午	閏六月 辛亥	辛巳	庚戌	庚辰	己酉	辛巳	庚戌	23
乙酉	乙卯	甲申	甲寅	癸未	壬子	六月 壬午	辛亥	辛巳	庚戌	壬午	辛亥	24
丙戌	丙辰	乙酉	乙卯	甲申	癸丑	癸未	壬子	壬午	辛亥	癸未	壬子	25
丁亥	丁巳	丙戌	丙辰	乙酉	甲寅	甲申	五月 癸丑	四月 癸未	壬子	二月 甲申	癸丑	26
戊子	戊午	丁亥	丁巳	丙戌	乙卯	乙酉	甲寅	甲申	癸丑	乙酉	甲寅	27
己丑	己未	戊子	戊午	丁亥	丙辰	丙戌	乙卯	乙酉	三月 甲寅	丙戌	正月 乙卯	28
庚寅	庚申	己丑	己未	戊子	丁巳	丁亥	丙辰	丙戌	乙卯		丙辰	29
辛卯	辛酉	庚寅	庚申	己丑	戊午	戊子	丁巳	丁亥	丙辰		丁巳	30
壬辰		辛卯		庚寅	己未		戊午		丁巳		戊午	31

農曆初一　農曆十五

西曆二〇一八年

12月	11月	10月	9月	8月	7月	6月	5月	4月	3月	2月	1月	月/日
丁卯	丁酉	丙寅	丙申	乙丑	甲午	甲子	癸巳	癸亥	壬辰	甲子	癸巳	1
戊辰	戊戌	丁卯	丁酉	丙寅	乙未	乙丑	甲午	甲子	癸巳	乙丑	甲午	2
己巳	己亥	戊辰	戊戌	丁卯	丙申	丙寅	乙未	乙丑	甲午	丙寅	乙未	3
庚午	庚子	己巳	己亥	戊辰	丁酉	丁卯	丙申	丙寅	乙未	丁卯	丙申	4
辛未	辛丑	庚午	庚子	己巳	戊戌	戊辰	丁酉	丁卯	丙申	戊辰	丁酉	5
壬申	壬寅	辛未	辛丑	庚午	己亥	己巳	戊戌	戊辰	丁酉	己巳	戊戌	6
十一月 癸酉	癸卯	壬申	壬寅	辛未	庚子	庚午	己亥	己巳	戊戌	庚午	己亥	7
甲戌	十月 甲辰	癸酉	癸卯	壬申	辛丑	辛未	庚子	庚午	己亥	辛未	庚子	8
乙亥	乙巳	九月 甲戌	甲辰	癸酉	壬寅	壬申	辛丑	辛未	庚子	壬申	辛丑	9
丙子	丙午	乙亥	八月 乙巳	甲戌	癸卯	癸酉	壬寅	壬申	辛丑	癸酉	壬寅	10
丁丑	丁未	丙子	丙午	七月 乙亥	甲辰	甲戌	癸卯	癸酉	壬寅	甲戌	癸卯	11
戊寅	戊申	丁丑	丁未	丙子	乙巳	乙亥	甲辰	甲戌	癸卯	乙亥	甲辰	12
己卯	己酉	戊寅	戊申	丁丑	六月 丙午	丙子	乙巳	乙亥	甲辰	丙子	乙巳	13
庚辰	庚戌	己卯	己酉	戊寅	丁未	五月 丁丑	丙午	丙子	乙巳	丁丑	丙午	14
辛巳	辛亥	庚辰	庚戌	己卯	戊申	戊寅	四月 丁未	丁丑	丙午	戊寅	丁未	15
壬午	壬子	辛巳	辛亥	庚辰	己酉	己卯	戊申	三月 戊寅	丁未	正月 己卯	戊申	16
癸未	癸丑	壬午	壬子	辛巳	庚戌	庚辰	己酉	己卯	二月 戊申	庚辰	十二月 己酉	17
甲申	甲寅	癸未	癸丑	壬午	辛亥	辛巳	庚戌	庚辰	己酉	辛巳	庚戌	18
乙酉	乙卯	甲申	甲寅	癸未	壬子	壬午	辛亥	辛巳	庚戌	壬午	辛亥	19
丙戌	丙辰	乙酉	乙卯	甲申	癸丑	癸未	壬子	壬午	辛亥	癸未	壬子	20
丁亥	丁巳	丙戌	丙辰	乙酉	甲寅	甲申	癸丑	癸未	壬子	甲申	癸丑	21
戊子	戊午	丁亥	丁巳	丙戌	乙卯	乙酉	甲寅	甲申	癸丑	乙酉	甲寅	22
己丑	己未	戊子	戊午	丁亥	丙辰	丙戌	乙卯	乙酉	甲寅	丙戌	乙卯	23
庚寅	庚申	己丑	己未	戊子	丁巳	丁亥	丙辰	丙戌	乙卯	丁亥	丙辰	24
辛卯	辛酉	庚寅	庚申	己丑	戊午	戊子	丁巳	丁亥	丙辰	戊子	丁巳	25
壬辰	壬戌	辛卯	辛酉	庚寅	己未	己丑	戊午	戊子	丁巳	己丑	戊午	26
癸巳	癸亥	壬辰	壬戌	辛卯	庚申	庚寅	己未	己丑	戊午	庚寅	己未	27
甲午	甲子	癸巳	癸亥	壬辰	辛酉	辛卯	庚申	庚寅	己未	辛卯	庚申	28
乙未	乙丑	甲午	甲子	癸巳	壬戌	壬辰	辛酉	辛卯	庚申		辛酉	29
丙申	丙寅	乙未	乙丑	甲午	癸亥	癸巳	壬戌	壬辰	辛酉		壬戌	30
丁酉		丙申		乙未	甲子		癸亥		壬戌		癸亥	31

農曆初一　農曆十五

西曆二〇一九年

12月	11月	10月	9月	8月	7月	6月	5月	4月	3月	2月	1月	月/日
壬申	壬寅	辛未	辛丑	(七月)庚午	己亥	己巳	戊戌	戊辰	丁酉	己巳	戊戌	1
癸酉	癸卯	壬申	壬寅	辛未	庚子	庚午	己亥	己巳	戊戌	庚午	己亥	2
甲戌	甲辰	癸酉	癸卯	壬申	(六月)辛丑	(五月)辛未	庚子	庚午	己亥	辛未	庚子	3
乙亥	乙巳	甲戌	甲辰	癸酉	壬寅	壬申	辛丑	辛未	庚子	壬申	辛丑	4
丙子	丙午	乙亥	乙巳	甲戌	癸卯	癸酉	(四月)壬寅	(三月)壬申	辛丑	(正月)癸酉	壬寅	5
丁丑	丁未	丙子	丙午	乙亥	甲辰	甲戌	癸卯	癸酉	壬寅	甲戌	(十二月)癸卯	6
戊寅	戊申	丁丑	丁未	丙子	乙巳	乙亥	甲辰	甲戌	(二月)癸卯	乙亥	甲辰	7
己卯	己酉	戊寅	戊申	丁丑	丙午	丙子	乙巳	乙亥	甲辰	丙子	乙巳	8
庚辰	庚戌	己卯	己酉	戊寅	丁未	丁丑	丙午	丙子	乙巳	丁丑	丙午	9
辛巳	辛亥	庚辰	庚戌	己卯	戊申	戊寅	丁未	丁丑	丙午	戊寅	丁未	10
壬午	壬子	辛巳	辛亥	庚辰	己酉	己卯	戊申	戊寅	丁未	己卯	戊申	11
癸未	癸丑	壬午	壬子	辛巳	庚戌	庚辰	己酉	己卯	戊申	庚辰	己酉	12
甲申	甲寅	癸未	癸丑	壬午	辛亥	辛巳	庚戌	庚辰	己酉	辛巳	庚戌	13
乙酉	乙卯	甲申	甲寅	癸未	壬子	壬午	辛亥	辛巳	庚戌	壬午	辛亥	14
丙戌	丙辰	乙酉	乙卯	甲申	癸丑	癸未	壬子	壬午	辛亥	癸未	壬子	15
丁亥	丁巳	丙戌	丙辰	乙酉	甲寅	甲申	癸丑	癸未	壬子	甲申	癸丑	16
戊子	戊午	丁亥	丁巳	丙戌	乙卯	乙酉	甲寅	甲申	癸丑	乙酉	甲寅	17
己丑	己未	戊子	戊午	丁亥	丙辰	丙戌	乙卯	乙酉	甲寅	丙戌	乙卯	18
庚寅	庚申	己丑	己未	戊子	丁巳	丁亥	丙辰	丙戌	乙卯	丁亥	丙辰	19
辛卯	辛酉	庚寅	庚申	己丑	戊午	戊子	丁巳	丁亥	丙辰	戊子	丁巳	20
壬辰	壬戌	辛卯	辛酉	庚寅	己未	己丑	戊午	戊子	丁巳	己丑	戊午	21
癸巳	癸亥	壬辰	壬戌	辛卯	庚申	庚寅	己未	己丑	戊午	庚寅	己未	22
甲午	甲子	癸巳	癸亥	壬辰	辛酉	辛卯	庚申	庚寅	己未	辛卯	庚申	23
乙未	乙丑	甲午	甲子	癸巳	壬戌	壬辰	辛酉	辛卯	庚申	壬辰	辛酉	24
丙申	丙寅	乙未	乙丑	甲午	癸亥	癸巳	壬戌	壬辰	辛酉	癸巳	壬戌	25
(十二月)丁酉	(十一月)丁卯	丙申	丙寅	乙未	甲子	甲午	癸亥	癸巳	壬戌	甲午	癸亥	26
戊戌	戊辰	丁酉	丁卯	丙申	乙丑	乙未	甲子	甲午	癸亥	乙未	甲子	27
己亥	己巳	(十月)戊戌	戊辰	丁酉	丙寅	丙申	乙丑	乙未	甲子	丙申	乙丑	28
庚子	庚午	己亥	(九月)己巳	戊戌	丁卯	丁酉	丙寅	丙申	乙丑		丙寅	29
辛丑	辛未	庚子	庚午	(八月)己亥	戊辰	戊戌	丁卯	丁酉	丙寅		丁卯	30
壬寅		辛丑		庚子	己巳		戊辰		丁卯		戊辰	31

農曆初一　農曆十五

西曆二〇二〇年

12月	11月	10月	9月	8月	7月	6月	5月	4月	3月	2月	1月	月/日
戊寅	戊申	丁丑	丁未	丙子	乙巳	乙亥	甲辰	甲戌	癸卯	甲戌	癸卯	1
己卯	己酉	戊寅	戊申	丁丑	丙午	丙子	乙巳	乙亥	甲辰	乙亥	甲辰	2
庚辰	庚戌	己卯	己酉	戊寅	丁未	丁丑	丙午	丙子	乙巳	丙子	乙巳	3
辛巳	辛亥	庚辰	庚戌	己卯	戊申	戊寅	丁未	丁丑	丙午	丁丑	丙午	4
壬午	壬子	辛巳	辛亥	庚辰	己酉	己卯	戊申	戊寅	丁未	戊寅	丁未	5
癸未	癸丑	壬午	壬子	辛巳	庚戌	庚辰	己酉	己卯	戊申	己卯	戊申	6
甲申	甲寅	癸未	癸丑	壬午	辛亥	辛巳	庚戌	庚辰	己酉	庚辰	己酉	7
乙酉	乙卯	甲申	甲寅	癸未	壬子	壬午	辛亥	辛巳	庚戌	辛巳	庚戌	8
丙戌	丙辰	乙酉	乙卯	甲申	癸丑	癸未	壬子	壬午	辛亥	壬午	辛亥	9
丁亥	丁巳	丙戌	丙辰	乙酉	甲寅	甲申	癸丑	癸未	壬子	癸未	壬子	10
戊子	戊午	丁亥	丁巳	丙戌	乙卯	乙酉	甲寅	甲申	癸丑	甲申	癸丑	11
己丑	己未	戊子	戊午	丁亥	丙辰	丙戌	乙卯	乙酉	甲寅	乙酉	甲寅	12
庚寅	庚申	己丑	己未	戊子	丁巳	丁亥	丙辰	丙戌	乙卯	丙戌	乙卯	13
辛卯	辛酉	庚寅	庚申	己丑	戊午	戊子	丁巳	丁亥	丙辰	丁亥	丙辰	14
十一月 壬辰	十月 壬戌	辛卯	辛酉	庚寅	己未	己丑	戊午	戊子	丁巳	戊子	丁巳	15
癸巳	癸亥	壬辰	壬戌	辛卯	庚申	庚寅	己未	己丑	戊午	己丑	戊午	16
甲午	甲子	九月 癸巳	八月 癸亥	壬辰	辛酉	辛卯	庚申	庚寅	己未	庚寅	己未	17
乙未	乙丑	甲午	甲子	癸巳	壬戌	壬辰	辛酉	辛卯	庚申	辛卯	庚申	18
丙申	丙寅	乙未	乙丑	七月 甲午	癸亥	癸巳	壬戌	壬辰	辛酉	壬辰	辛酉	19
丁酉	丁卯	丙申	丙寅	乙未	甲子	甲午	癸亥	癸巳	壬戌	癸巳	壬戌	20
戊戌	戊辰	丁酉	丁卯	丙申	六月 乙丑	五月 乙未	甲子	甲午	癸亥	甲午	癸亥	21
己亥	己巳	戊戌	戊辰	丁酉	丙寅	丙申	乙丑	乙未	甲子	乙未	甲子	22
庚子	庚午	己亥	己巳	戊戌	丁卯	丁酉	閏四月 丙寅	四月 丙申	乙丑	二月 丙申	乙丑	23
辛丑	辛未	庚子	庚午	己亥	戊辰	戊戌	丁卯	丁酉	三月 丙寅	丁酉	丙寅	24
壬寅	壬申	辛丑	辛未	庚子	己巳	己亥	戊辰	戊戌	丁卯	戊戌	正月 丁卯	25
癸卯	癸酉	壬寅	壬申	辛丑	庚午	庚子	己巳	己亥	戊辰	己亥	戊辰	26
甲辰	甲戌	癸卯	癸酉	壬寅	辛未	辛丑	庚午	庚子	己巳	庚子	己巳	27
乙巳	乙亥	甲辰	甲戌	癸卯	壬申	壬寅	辛未	辛丑	庚午	辛丑	庚午	28
丙午	丙子	乙巳	乙亥	甲辰	癸酉	癸卯	壬申	壬寅	辛未	壬寅	辛未	29
丁未	丁丑	丙午	丙子	乙巳	甲戌	甲辰	癸酉	癸卯	壬申		壬申	30
戊申		丁未		丙午	乙亥		甲戌		癸酉		癸酉	31

農曆初一　農曆十五

西曆二〇二一年

12月	11月	10月	9月	8月	7月	6月	5月	4月	3月	2月	1月	月/日
癸未	癸丑	壬午	壬子	辛巳	庚戌	庚辰	己酉	己卯	戊申	庚辰	己酉	1
甲申	甲寅	癸未	癸丑	壬午	辛亥	辛巳	庚戌	庚辰	己酉	辛巳	庚戌	2
乙酉	乙卯	甲申	甲寅	癸未	壬子	壬午	辛亥	辛巳	庚戌	壬午	辛亥	3
十一月 丙戌	丙辰	乙酉	乙卯	甲申	癸丑	癸未	壬子	壬午	辛亥	癸未	壬子	4
丁亥	十月 丁巳	丙戌	丙辰	乙酉	甲寅	甲申	癸丑	癸未	壬子	甲申	癸丑	5
戊子	戊午	九月 丁亥	丁巳	丙戌	乙卯	乙酉	甲寅	甲申	癸丑	乙酉	甲寅	6
己丑	己未	戊子	八月 戊午	丁亥	丙辰	丙戌	乙卯	乙酉	甲寅	丙戌	乙卯	7
庚寅	庚申	己丑	己未	七月 戊子	丁巳	丁亥	丙辰	丙戌	乙卯	丁亥	丙辰	8
辛卯	辛酉	庚寅	庚申	己丑	戊午	戊子	丁巳	丁亥	丙辰	戊子	丁巳	9
壬辰	壬戌	辛卯	辛酉	庚寅	六月 己未	五月 己丑	戊午	戊子	丁巳	己丑	戊午	10
癸巳	癸亥	壬辰	壬戌	辛卯	庚申	庚寅	己未	己丑	戊午	庚寅	己未	11
甲午	甲子	癸巳	癸亥	壬辰	辛酉	辛卯	四月 庚申	三月 庚寅	己未	正月 辛卯	庚申	12
乙未	乙丑	甲午	甲子	癸巳	壬戌	壬辰	辛酉	辛卯	二月 庚申	壬辰	十二月 辛酉	13
丙申	丙寅	乙未	乙丑	甲午	癸亥	癸巳	壬戌	壬辰	辛酉	癸巳	壬戌	14
丁酉	丁卯	丙申	丙寅	乙未	甲子	甲午	癸亥	癸巳	壬戌	甲午	癸亥	15
戊戌	戊辰	丁酉	丁卯	丙申	乙丑	乙未	甲子	甲午	癸亥	乙未	甲子	16
己亥	己巳	戊戌	戊辰	丁酉	丙寅	丙申	乙丑	乙未	甲子	丙申	乙丑	17
庚子	庚午	己亥	己巳	戊戌	丁卯	丁酉	丙寅	丙申	乙丑	丁酉	丙寅	18
辛丑	辛未	庚子	庚午	己亥	戊辰	戊戌	丁卯	丁酉	丙寅	戊戌	丁卯	19
壬寅	壬申	辛丑	辛未	庚子	己巳	己亥	戊辰	戊戌	丁卯	己亥	戊辰	20
癸卯	癸酉	壬寅	壬申	辛丑	庚午	庚子	己巳	己亥	戊辰	庚子	己巳	21
甲辰	甲戌	癸卯	癸酉	壬寅	辛未	辛丑	庚午	庚子	己巳	辛丑	庚午	22
乙巳	乙亥	甲辰	甲戌	癸卯	壬申	壬寅	辛未	辛丑	庚午	壬寅	辛未	23
丙午	丙子	乙巳	乙亥	甲辰	癸酉	癸卯	壬申	壬寅	辛未	癸卯	壬申	24
丁未	丁丑	丙午	丙子	乙巳	甲戌	甲辰	癸酉	癸卯	壬申	甲辰	癸酉	25
戊申	戊寅	丁未	丁丑	丙午	乙亥	乙巳	甲戌	甲辰	癸酉	乙巳	甲戌	26
己酉	己卯	戊申	戊寅	丁未	丙子	丙午	乙亥	乙巳	甲戌	丙午	乙亥	27
庚戌	庚辰	己酉	己卯	戊申	丁丑	丁未	丙子	丙午	乙亥	丁未	丙子	28
辛亥	辛巳	庚戌	庚辰	己酉	戊寅	戊申	丁丑	丁未	丙子		丁丑	29
壬子	壬午	辛亥	辛巳	庚戌	己卯	己酉	戊寅	戊申	丁丑		戊寅	30
癸丑		壬子		辛亥	庚辰		己卯		戊寅		己卯	31

農曆初一　農曆十五

❶ 甲子日

日腳相合 財運波動靜觀其變

【財運方面】

受「甲庚沖」影響，庚子年難免有較多人事爭拗及是非口舌；來到辛丑年原則上人際關係有好轉，但仍有子丑合「合日腳」的衝擊，財運始終較為波動，表面看似順遂，實行時卻一波三折，或有機會臨門出現變數，屬先難後易的年份。建議甲子日出生者要有心理準備迎難而上，以耐性克服問題。由於「合日腳」令財運起落變化較大，辛丑年的投資方向宜穩健保守，面對不熟悉的範疇不宜沾手，亦要避免大手投資，謹守崗位為佳。

由於流年的「丑土」是個人的財星，加上春天（農曆正月至三月）出生者命格木強，行土運的年份財運頗為順心，能有賺錢機會亦容易有盈餘。夏天（農曆四月至六月）出世者則多屬火旺，行「濕土」的金水運財運算是中規中矩，可有錢財進帳但比較難聚財。至於秋天（農曆七月至九月）出生者命格木弱，辛丑年的財運只屬過眼雲煙，甚至會出現入不敷支情況。而冬天（農曆十月至十二月）出生者本身的甲木偏弱，再受「子丑合」影響，要有心理準備賺錢過程較為勞碌，故財運方面亦宜守不宜攻。

【事業方面】

辛丑年的天干是甲子日出生者的事業星，加上新一年人際關係有改善，事業運將有不俗發展；惟始終受到「合日腳」影響，做事仍有輕微阻滯，尤其長輩運較弱，有機會因為上司或老闆變動而令壓力大增，工作亦會較為艱辛，需要以毅力面對。可幸整體事業運仍屬上揚，可有升職加薪機會，只是凡事需要親力親為，不能假手於人。如欲轉工者則不宜輕舉妄動，建議隨遇而安，亦可考慮進修增值自己；若堅持跳槽需靜待年底，以免現實與預期有所落差。

【感情方面】

「合日腳」代表合「夫妻宮」，感情運會較受衝擊，新一年與伴侶誤會、爭拗頻繁，建議相處時互相忍讓，亦宜達到共識尋找新方向。若談

流月運勢

♥吉 ♡中吉 ♡平 ♥凶

♡	2021年2月3日至3月4日	踏入正月有輕微相沖，尤其關節容易受傷，愛運動者要特別提防。可幸是工作運不俗，宜積極把握。
♡	2021年3月5日至4月3日	健康運一般，亦有打針食藥之象，必須多加注意養生。感情運可望有進展，有機會遇上短暫桃花。
♥	2021年4月4日至5月4日	本月貴人運順遂，可望有得力的長輩支持，連帶財運亦穩步上揚，不妨勇往直前把握機會。
♡	2021年5月5日至6月4日	貴人運持續向好，惟有人事爭拗及是非口舌，行事宜盡量低調，以免鋒芒太露遭受攻擊。
♡	2021年6月5日至7月6日	傳統相沖月份，雙手及腳部最容易受傷跌傷，亦有機會無辜破財，凡事必須格外謹慎保守。
♥	2021年7月7日至8月6日	本月財運有「一得一失」之象，不宜為他人作借貸擔保，亦要留心是非口舌影響心情。
♥	2021年8月7日至9月6日	事業運強勁的月份，惟能力愈大、工作壓力也愈大，同時要留心健康上容易出現瑣碎問題。
♡	2021年9月7日至10月7日	此月的桃花順遂，惟事業上會有「四面楚歌」情況，待人處事時應格外謙遜低調。
♡	2021年10月8日至11月6日	財運順遂，尤其春天出生者最能受惠，秋天出生者則有「財來財去」情況，需要謹慎理財。
♡	2021年11月7日至12月6日	健康運一般，雙手及頭部容易受傷，影響睡眠質素，若時間許可不妨多往外走動助運。
♡	2021年12月7日至2022年1月4日	本月有升遷運，職場的是非及人事爭拗較為頻繁，建議多往外走動提升運勢。
♥	2022年1月5日至2月3日	容易破財的月份，切記不宜大手投資，亦要留心長輩健康，遇有不適應立即陪同就醫。

戀愛已久、關係成熟者可考慮組織家庭，尤其甲子日出生的女性適合於牛年落實感情，有結婚打算者不妨積極籌備；惟關係未及再進一步的情侶就要提防有「不結即分」情況，原地踏步容易令關係出現變化；已婚者則可計劃添丁，以沖喜來應驗運勢。至於單身者亦有機會遇上心儀對象，可望開展一段新戀情。

【健康方面】

「合日腳」的年份需要提防瑣碎的健康毛病，尤其「子丑合」代表腸胃、膀胱及腎臟，農曆七月、八月及九月出生者本身命格木弱，再行「金土運」健康最受衝擊，建議多往東面出發，亦可選用綠色物品助運。而「甲木」見「丑土」代表容易受傷跌傷，謹記避開攀山、爬石等高危活動，亦要留心因為工作壓力影響睡眠質素，甚或有精神緊張、神經衰弱問題。既然新一年有「懸針煞」，不妨多作針灸保健，並多關心女性長輩健康，遇有不適應立即陪同就醫。

❷ 乙丑日

運勢回穩 事業順遂宜多走動

【財運方面】

庚子年的「天合地合」令乙丑日出生者經歷較多變化，若曾有結婚、添丁或置業沖喜，則新一年可望承接好運；未有沖喜者則屬重新開始的年份，而且乙丑日出生者天干屬木、地支屬土，遇上天干屬金、地支屬土的流年，原則上財運會逐步回穩，惟賺錢後能否順利守財，仍要視乎本身的命格屬身強或身弱。

由於乙丑地支屬土，再行土運令土過盛，故農曆三月、六月、九月及十二月出生者雖有不俗收入但破財機會亦高，財運只屬「一得一失」，建議多購買實物保值。農曆正月及二月出生者命格木旺，新一年財運反而頗為順遂，既有錢財進帳又可守財；農曆四月及五月出生者多屬火重，行「濕土」收入尚算穩定。至於農曆七月及八月出生者命格中金較弱，行土運削弱財運，聚財能力較差。農曆十月及十一月出生者弱木再行土運，財運欠佳、做事亦多波折，雖未有大破財之勢，但賺錢較為艱辛，需要親力親為。另外，由於乙與辛沖，無論任何月份出生也要保持低調，以免惹來人事爭拗，從商者亦要留心文件、合約細節，行事宜謹慎保守。

【事業方面】

事業走勢向好，加上個人鬥志強盛，能於職場上大展拳腳，可望有不俗的升職加薪機會；惟工作較為艱辛，從事服務業者人事爭拗頻繁，需要謹言慎行。另外，天干相沖亦代表變動，若新一年有轉工、轉崗位或出差機會不妨積極把握，尤其春、夏兩季（農曆正月至六月）出生、從事武職或大機構者更可主動出擊或報考升職試，將有突出表現。至於秋、冬（農曆七月至十二月）出生者工作壓力較大，薪酬加幅平平，故變動前要較為謹慎，或於下半年落實較理想。

【感情方面】

乙丑日出生的女性桃花暢旺，加上長輩運不俗，有望透過長輩介紹或相親場合認識合眼緣對象，不妨積極把握開展良緣。而乙丑日出生的男

流月運勢

♥吉 ♡中吉 ♡平 ♥凶

♡	2021年2月3日至3月4日	踏入正月精神緊張、神經衰弱，容易影響睡眠質素。可幸是事業發展良好，可主動出擊。
♡	**2021年3月5日至4月3日**	**人事爭拗頻繁，待人處事宜盡量低調，以免遭受攻擊。本月雙手容易受傷，必須多留意家居陷阱。**
♥	2021年4月4日至5月4日	本月運勢強勁，尤其財運及貴人運順遂，投資方面可以略為進取，將有不俗進帳。
♥	**2021年5月5日至6月4日**	**麻煩阻滯較多，人事爭拗不斷，做事亦容易一波三折，需要多花時間、耐心克服。**
♡	**2021年6月5日至7月6日**	**容易有傷風、感冒等瑣碎毛病，遇有不適應立即求醫。財運亦有損耗，不宜大手投資。**
♡	**2021年7月7日至8月6日**	**相沖月份雙腳容易扭傷跌傷，夫妻之間亦有較多爭拗，不妨多走動或採取「聚少離多」的方式相處，減少磨擦。**
♥	2021年8月7日至9月6日	事業運向好，有升職或擴大職權機會，惟不宜鋒芒太露，必須注意口舌是非，謹言慎行。
♡	2021年9月7日至10月7日	本月將有新的合作機會出現，不妨「小試牛刀」，惟不宜輕舉妄動大手投資。
♡	**2021年10月8日至11月6日**	**情緒低落、家宅亦有煩惱事，需要多注意長輩健康。可幸是財運極佳，有望獲得意外之財。**
♡	2021年11月7日至12月6日	本月的財運來自遠方，故適宜多往外走動。桃花運不俗，尤其男士有望認識心儀對象，宜好好把握。
♥	**2021年12月7日至2022年1月4日**	**天合地合的月份較多麻煩阻滯，人事爭拗頻繁、工作上變化不斷，建議本月不宜作重大決定。**
♡	2022年1月5日至2月3日	本月仍有輕微的人事糾紛，可幸是財運有進步，投資上將有斬獲。健康一般，需要留心腸胃及皮膚敏感。

性則較為轉注於事業發展，談戀愛的意欲不高，面對心儀對象亦較難投入。蜜運中的情侶則有輕微爭拗，需要互相忍讓，亦可以「聚少離多」的方式相處，小別勝新婚更加甜蜜。另外，受庚子年「天合地合」影響，若於鼠年已成家立室，新一年可望有添丁機會，惟需要跟足傳統、未滿三個月不宜向外公布，以免驚動胎神。

【健康方面】

擺脫了庚子年「天合地合」的影響，乙丑日出生者的健康運將大有改善，惟「乙辛沖」加上丑土過盛代表頭部易出問題，若本身有偏頭痛者不能掉以輕心，亦要留意頭部及雙手關節容易受傷。另外，辛丑年的腸胃及消化系統較弱，容易有食物中毒、腸胃敏感或輕微皮膚敏感情況，亦要提防體重上升，建議恆常運動及均衡飲食，多用藍、綠兩色物品助運，尤其秋天（農曆七月至九月）出生者最為合適。新一年亦要多關注男性長輩健康，遇有不適應立即陪同就醫。

3 丙寅日

財運向上 拓展業務不熟不做

【財運方面】

丙寅日出生的人於辛丑年，由於流年天干「辛金」是自己的財星，所以整體財運不俗，賺錢能力較以往強，營商者會有不少新的合作機遇，但不能過分大興土木拓展新的項目，謹記不熟不做。雖然辛丑年財運順暢，但不宜作高風險的投資；如果手握現金更有機會因突如其來的支出而花掉，不如將現金轉作實物投資，例如買物業或黃金更能保值。

丙寅日本身屬木火，對在夏天（農曆四月至六月）火重月份出生者最為有利，因流年的「辛金」與「丑土」可調節命格，所以既能賺錢亦容易有盈餘，財運最順暢。春天（農曆正月至三月）出生者命格木旺，流年行金運亦可助旺財運；而出生於秋天（農曆七月至九月）之人，流年「辛金」雖能強化個人的財星，但慎防財來財去，賺錢能力強但花錢的機會亦十分多。至於冬天（農曆十月至十二月）出生者本身水旺，遇上出生日的「丙火」不算強，令財運不穩，屬辛苦得財的一群；而且冬天出生者更需要留心健康問題，尤其是喉嚨氣管等毛病，情緒亦容易受壓，不妨多花點錢在贈醫施藥，應驗健康破財。

【事業方面】

打工一族的事業運只能以不過不失形容，雖有流年地支「丑土」幫助，只能有輕微的升遷運，幸好財運順暢，所以加薪幅度尚算滿意。丙寅日出生者的天干與流年的天干相合，牛年應酬特別多，人際關係和諧，對於「以口得財」的行業如銷售、公關等尤為有利。

至於任職管理階層，便要提防下屬運不穩，凡事要親力親為與客戶聯絡，才能有理想回報。打工一族不宜將目標訂得太高；計劃轉工的人，未必有理想機會，只能謹守崗位，不妨報讀對事業有幫助的進修課程，為未來鋪路。

【感情方面】

單身男士牛年桃花盛開，感情運多姿多采，會遇到不少合眼緣的異性，不妨積極進取一點，有很大機會開展一段穩定關係。至於單身女士遇

流月運勢

♥吉 ♡中吉 ♡平 ♥凶

♥	2021年2月3日至3月4日	財運穩步上揚，但提防關節出現小毛病，注意身體健康。
♥	2021年3月5日至4月3日	天合地合的月份，做事一波三折，宜做好兩手準備，加倍耐性應付難題。
♡	2021年4月4日至5月4日	運勢出現相沖，要注意文件合約的細節，以免一時不慎惹上官非訴訟。
♡	2021年5月5日至6月4日	事業運順暢，但運動時需要加倍小心，以免扭傷膝頭及腰骨。
♡	2021年6月5日至7月6日	容易受傷的月份，駕車人士要留心道路安全，以免受金屬所傷而留下疤痕。
♥	2021年7月7日至8月6日	貴人運不俗，人際關係亦和諧，不妨借機打通人脈，對未來發展更佳。
♡	2021年8月7日至9月6日	此月適合往外地公幹或旅行，應動中生財。
♥	2021年9月7日至10月7日	劫財的月份，高風險投資可免則免，更要提防財來財去。
♥	2021年10月8日至11月6日	學習運強勁，不妨報讀與工作有關的課程，為未來鋪路。
♡	2021年11月7日至12月6日	運勢只屬表面風光，如有人提出新的合作大計，要考慮周詳一點，以免招致損失。
♥	2021年12月7日至2022年1月4日	財運順暢，事業運亦不俗，可以把握機會大展拳腳。
♡	2022年1月5日至2月3日	喉嚨氣管、呼吸系統容易敏感，要小心身體，此月適宜出外旅行，提升健康運。要小心喉嚨氣管毛病，做事放鬆一點，不妨出門旅行散心。

到的多是曖昧情緣，就算認識了有好感的異性，心情也會忐忑不安，憂慮對方是否適合自己，建議多花時間互相了解才開展戀情，切忌過分急進。

已婚男女感情平穩，雖然間中會為家事出現輕微爭執，幸好沒有太大分歧；牛年是適合有喜的年份，不妨落實添丁大計，為家中添喜慶。

【健康方面】

丙寅日出生者在辛丑年出現「丙辛合」，所以喉嚨氣管、呼吸系統及肺部會經常出現毛病；尤其是夏天出生的人命格缺金，平時不妨多用白色、金色的物品，佩戴一點金器或白金飾物，都可以助旺健康運；而冬天出生者則要提防傷風感冒。牛年容易有因壓力引致的輕微失眠，神經衰弱等問題，多做紓緩運動減壓，如緩步跑、太極等，及多接觸大自然，有助放鬆心情。家宅中要多關心小朋友的健康，培養他們做運動的興趣，增加免疫力，才能減少瑣碎煩擾的小毛病。

4 丁卯日 ◆ 偏財暢旺 春夏出生運勢較佳

【財運方面】

丁卯日出生者踏入辛丑年的財運整體算是不俗，由於流年的天干「辛金」是一顆偏財星，加上丁卯日屬木火，遇上流年的金土，尤以春夏（農曆正月至六月）出生者的運勢最為平穩順暢，既可以有賺錢機會，亦容易有盈餘。至於秋天（農曆七月至九月）的人只屬中規中矩，本身命格金強，再遇上金土，財運容易一得一失，建議不宜將太多現金留在身邊，不妨轉作實物投資，例如買物業或黃金，投資方面亦要以中長線為主，短炒萬萬不能，以免見財化水。而出生於冬天（農曆十月至十二月）的人，則最為辛苦勞累。

受流年偏財星影響，丁卯日人在牛年有不俗的投資運，往往因為眼光獨到而有進帳；營商者更會遇到不少新的合作機遇，如能把握得宜，可令財源滾滾來。惟牛年必須留心與拍檔的關係變差，容易因意見分歧而各走極端，與合伙人相處時要盡量多聆聽對方的意見，才能令業績更上一層樓。

辛丑年財運容易反覆不定，屬於大上大落的年份，營商者必須做好心理準備，營利時好時壞，如某些月份有可觀進帳，便要好好維持，盡量積穀防饑。

【事業方面】

丁卯日出生者的事業運只屬不過不失，牛年始終以財運為主，自僱人士或從事以銷售見客為主的行業，例如保險、金融或地產等，都會因自己的個人魅力提升而令業績持續向上。

如任職大機構的管理階層，辛丑年穩定性較高，雖然薪酬有不俗加幅，但未見明顯的升遷運。由於人際關係出現變數，謹記沉默是金、多言惹禍；在辦公室必須慎言，切忌口沒遮攔惹來誤會，無端招惹是非口舌。牛年學習運不俗，公餘時間不妨報讀一些興趣課程，增加個人修養。

【感情方面】

辛丑年男士桃花運暢旺，感情可謂多姿多采，容易遇上年紀較自己大一點或年輕十多年的對象，如不介意年齡差距，不妨把握機會發展成長遠感情。已婚男士外在誘惑增加，謹記與異性

流月運勢

♥吉 ♡中吉 ♡平 ♥凶

♡	2021年2月3日至3月4日	相合的月份，財運尚可，但容易出現小波折，此月不宜作重大決定。
♥	2021年3月5日至4月3日	桃花運暢旺，無論男女都有機會結識到心儀異性，發展感情。
♥	2021年4月4日至5月4日	精神容易緊張，身邊出現小人影響情緒，不妨多接觸大自然。
♡	2021年5月5日至6月4日	留心眼睛的小毛病，此月容易破財，宜謹守開支。
♡	2021年6月5日至7月6日	財運不穩，提防財來財去，幸好貴人運不俗。
♡	2021年7月7日至8月6日	如有人提出新的合作大計，在不犯本的情況下可以一試，要避免高風險投資。
♥	2021年8月7日至9月6日	財運不俗，無論偏財或正財都有進帳。
♥	2021年9月7日至10月7日	容易桃花破財的月份，勿與異性有金錢轇轕，合伙做生意也可免則免。
♡	2021年10月8日至11月6日	此月易惹來是非口舌，盡量少説話、多做事，免招人話柄。
♥	2021年11月7日至12月6日	此月運勢順暢，事業上可以把握機會大展拳腳。
♡	2021年12月7日至2022年1月4日	健康響起警號，多休息以免積勞成疾，多接觸大自然亦能紓緩壓力。
♡	2022年1月5日至2月3日	偏財運順暢，可作小額投資，只要不太貪心會有收穫。

相處時，切忌過分熱情。

至於單身女孩子的桃花暗淡，就算結識到理想的男士，但只屬「神女有心、襄王無夢」，感情未必可順利開展，要靠身邊朋友多舉辦聚會，從旁推波助瀾才有機會發展。

已婚男女並無太大的衝擊，相處算是平穩開心，亦較往年更多時間相處，工作與家庭也取得平衡。

【健康方面】

整體健康運不俗，由於丁卯日本身木火旺，遇上辛丑年的金土，五行得以調節平衡，令健康運較之前進步。惟秋天出生者，由於金強火弱，必須提防心臟血管等毛病；而冬天出生的人，命格的水再遇上流年的土，要多留心關節的毛病。由於受「土木相剋」影響，牛年須提防家居陷阱，進行家居清潔維修，如更換燈泡或窗簾時，要加倍小心，提防跌倒受傷。

家宅方面，多注意家中男性長輩的健康，幸好辛丑年無沖無合，毋須過分擔心。

5 戊辰日

劫財重重 注意健康保持低調

【財運方面】

戊辰日出生者在己亥年，由於出生日天干地支同屬土，遇上辛丑年再行金土，便形成劫財之象，牛年財運都傾向動盪不穩，是辛苦得財年份。營商者面對新的合作機會，不宜過分大手投資，「小試牛刀」較為穩妥，亦要避免涉獵不熟悉的範疇，高風險炒賣活動可免則免。

尤其是在農曆三月、六月、九月及十二月土重月份出生的人，財運更容易大上大落，營商者必須加倍謹慎，預早訂下開支計劃，量入為出，以免財政出現赤字；對客戶的還款期要抓緊一點，否則容易被賴帳。

農曆正月及二月出生者木旺，財運較為順暢，但事業難以突破；而農曆四月及五月出生的人，本身火過旺，工作會較為辛勞。出生於農曆七月及八月的人，由於命格的強金，可以令出生日的強土泄出，財運略見優勢，尤其對「以口得財」的行業更有利，但須提防是非口舌。如在寒冷的農曆十月及十一月出生者，命格水重土弱，行強土的年份，財運算是最平穩的一群。

由於地支呈「辰丑破」，屬於破太歲，牛年要留心人際關係的變化，與自己無關的事勿多言，以免惹來是非口舌。

【事業方面】

受破太歲影響，戊辰日出生者的事業運只屬不過不失，如擔任行政工作者，對升職勿抱太大期望，再加上行「傷官」運，工作上出現不少變數，例如突然需要轉換崗位，令自己有點手足無措。計劃轉工的人士，更要提防轉到新環境後，才發覺不如預期而令情緒變差。

破太歲年份代表人際關係變差，提防與同事間的是非口舌增多，與自己無關的事勿強出頭，以免「好心做壞事」，其實辛丑年的學習運不俗，不妨把握機會自我增值，對未來更有幫助。

【感情方面】

無論男女的感情運只屬一般，女士在辛丑年的戀情容易出現變動，提防因感情變淡而出現分手危機，假如剛開始一段關係，仍未完全穩定時，切勿過分高調公開，否則易惹來別人有機可

流月運勢

♥吉 ♡中吉 ♡平 ♥凶

♡	2021年2月3日至3月4日	事業運順暢，有輕微的升遷機會，但提防工作壓力變大。
♡	2021年3月5日至4月3日	工作上出現問題，而且健康亦響起警號，多休息及放鬆心情，以免積勞成疾。
♥	2021年4月4日至5月4日	人際關係倒退，是非口舌增多，平時少説話、多做事，避免無謂爭執。
♡	2021年5月5日至6月4日	有破財迹象，投資方面要以保守為大前提；運動時更要小心，以免扭傷腳。
♥	2021年6月5日至7月6日	貴人運順暢，帶動事業運亦持續向上。
♡	2021年7月7日至8月6日	事業穩定向上，但財運不穩，小心朋友及親人提出借貸要求，凡事量力而為。
♡	2021年8月7日至9月6日	繼續有新的合作機會，而且有長輩幫忙，但處事宜低調一點，否則易招人妒忌。
♡	2021年9月7日至10月7日	腸胃容易出現問題，作息要定時外，飲食亦要以清淡為主。
♥	2021年10月8日至11月6日	留心人際關係倒退，與同事相處時低調一點減少爭拗；此月不宜投機炒賣，否則容易破財。
♥	2021年11月7日至12月6日	財運不俗，而且整體運勢向上，可以進取一點。
♥	2021年12月7日至2022年1月4日	學習運強勁，不妨報讀與工作有關的課程，為未來鋪路。
♡	2022年1月5日至2月3日	此月運勢順暢，可以把握機會大展拳腳；但提防是非口舌，凡事以和為貴。

乘。男士亦會因拍拖意欲降低，加上事業出現瓶頸位，所以更無心發展新戀情，單身男女亦較難認識到合眼緣的異性，只能原地踏步。

已婚男女容易為家中的開支使費而爭執，建議雙方財政獨立，互不干涉才能減少爭拗。同時亦要在教導家中小朋友的方向上取得共識，才可以避免無謂爭拗。

【健康方面】

戊辰日天干地支全屬「土」，腸胃或多或少出現敏感及毛病，提防消化不良、腸胃炎等問題，生冷食物少吃為妙。尤其是農曆三月、六月、九月及十二月出生的人，更要多留心腸胃及皮膚敏感的問題。牛年盡量少用啡色的物品，平時不妨多用綠色、間條的飾物，家居或辦公室亦可以栽種植物，都有效疏導命格中的重土，強化健康運。受破太歲影響，辛丑年容易有悶悶不樂、鬱鬱寡歡之感，多約會朋友傾談，抽時間做運動，接觸陽光、大自然，可以避免情緒受困擾。

6 己巳日

貴人運強 控制開支慎防受傷

【財運方面】

己巳日出生者天干屬土，地支屬火土，遇上辛丑年的地支同樣屬土，行同類型的五行，對弱命人較為有利，如在農曆十月及十一月寒冬出生的人，出生日的濕土再行流年「丑土」，財運尚算不俗，但必須要親力親為才有收穫。如在農曆三月、六月、九月及十二月的出生者，本身土已重，再行土運便形成劫財之象，牛年絕對不能作高風險的投資，否則有破財之虞。至於其他月份出生的人財運總算不過不失，營商者須提防暗湧，即使生意順境也要積穀防饑，多控制成本及開源節流，面對相熟客戶也不宜借貸賒數，以免被拖累而令資金周轉不靈。牛年要預留一筆現金儲備，以應付突如其來的開支。

做生意的人面對新合作機會時，不能因循守舊，必須多構思新噱頭，以冷門奇招謀求突破。由於出生日地支與流年地支呈半會合，而「巳酉丑」代表肖蛇、肖雞及肖牛屬「三合生肖」，如能物色到肖雞的人士合作經營，會擦出火花，有不俗的發展。牛年欠缺明顯的偏財運，不要寄望可以獲得意外之財，所有短炒投機可免則免。

【事業方面】

辛丑年的貴人運不俗，職場上長輩對自己照顧有加，與同事的關係亦漸入佳境，雖然並非行太大的升職加薪運，但工作環境氣氛和諧，團隊合作士氣亦高昂，在職場上有更大的發揮空間。另外，由於下屬運欠佳，面對員工不斷出錯或流失太快，可能令業務出現難題，凡事必須親力親為，減少倚賴別人，否則可能蒙受損失。

有意轉工的人，牛年未必可以成事；由於學習運強勁，不妨落實以往定下的進修大計，儘管可能與工作無關，但亦可作為自我增值。

【感情方面】

單身男女的桃花只屬一般，辛丑年應酬聚會頻繁，雖然可以透過朋友介紹而結識到合眼緣的異性，惟牛年始終不是大桃花年，彼此都處於觀察階段，在欠缺積極性下，感情可能處於原地

流月運勢

♥吉 ♡中吉 ♡平 ♥凶

♡	2021年2月3日至3月4日	容易情緒低落的月份，處理文件時加倍小心，以免惹上官非訴訟。
♡	2021年3月5日至4月3日	事業運尚可，但是非口舌增多，提防身邊小人說三道四。
♥	2021年4月4日至5月4日	此月壓力變大，幸好事業與貴人運不俗。
♡	2021年5月5日至6月4日	腳部容易扭傷的月份，財運疲弱，要提防一得一失。
♥	2021年6月5日至7月6日	做運動及家務時，小心扭傷手，工作壓力亦令自己透不過氣來，要學懂放鬆心情。
♡	2021年7月7日至8月6日	有輕微升職運，但財運疲弱，容易有金錢損失，不宜作任何投機炒賣。
♥	2021年8月7日至9月6日	心情欠佳的月份，做事波折重重，凡事要加倍耐性處理。
♥	2021年9月7日至10月7日	如有人提出新的合作大計，小量投資不妨一試。
♡	2021年10月8日至11月6日	容易財來財去，投資方面以保守為大前提，千萬不能過分冒進。
♥	2021年11月7日至12月6日	驛馬動的月份，爭取機會出外公幹或旅遊，有助動中生財。
♡	2021年12月7日至2022年1月4日	財運不俗，但要留心下屬的表現，以免受拖累而有所損失。
♥	2022年1月5日至2月3日	踏入收成期，過去一年的努力終於出現成果。

踏步。雖然並非行太大的桃花運，但從應酬聚會或學習場合，可以認識不少志同道合的朋友，單身男女可藉此機會擴闊社交圈子，從中物色理想對象。

拍拖中及已婚男女與另一半感情穩定，算是甜蜜的一年；已婚者如有意添丁，牛年亦是適合有喜的年份，不妨認真計劃一下。

【健康方面】

由於健康運受命格及流年強土影響，腸胃或多或少出現敏感及毛病，容易有腸胃炎、胃痛或食物中毒等問題。辛丑年應酬頻繁，難免大吃大喝，亦要提防體重暴升，抽時間多做運動有助改善健康。

己巳日出生者腳部容易受傷，尤其是在農曆七月、八月及九月時，更要打醒十二分精神，駕車者要提防道路安全，以免出意外而受傷。牛年盡量少用啡色及黃色物品，上半年出生者不妨多用藍色、綠色或間條物品；而下半年出生者則用紅色、綠色等物品，可助旺健康運。

7 庚午日

太歲相害 謹言慎行保守前進

【財運方面】

庚午日出生者天干屬金、地支屬火，「午火」與流年的「丑土」屬「害太歲」，「害」有陷害之意，新一年人際關係較受衝擊，尤其從商者要謹言慎行，留心同行之間有中傷或明爭暗鬥情況，或合作伙伴出現爭拗或意見分歧。另外，由於個人與流年的天干同屬金，「劫財」代表財運有所耗損，需要格外謹慎理財。既然財運及人際關係平平，建議新一年不宜將目標訂得太高，避免高風險或大手投資，平穩渡過為佳。

另外，春天（農曆正月至三月）出生者命格木旺，行金運的年份收入尚算穩定，但要提防「財來財去」，建議多購買實物保值，減少現金流。夏天（農曆四月至六月）出生者屬火旺，遇上「濕土」平衡命格，故相對其他季節出生者將較為順遂，惟仍有輕微多勞少得現象。秋天（農曆七月至九月）出生者五行金重，再行金運難免會無辜破財，財運只屬「一得一失」。命格水重的冬天（農曆十月至十二月）出生者則有「厚土埋金」之象，影響個人情緒，建議不熟悉的範疇不宜沾手，盡量穩定前行，亦可多到熱帶地方外遊助運。

【事業方面】

「丑土」是閣下的貴人星，故新一年長輩運不俗，打工一族將可獲提拔及有發揮機會。惟同輩之間助力不足，加上「日犯太歲」是非口舌較多、競爭激烈，建議盡量低調及「少說話、多做事」。而在眾多庚午日出生者當中，農曆四月至六月出生者事業較為理想，反之農曆十月至十二月出生者則較艱辛。雖然努力未有即時回報，可幸工作表現仍受認同，故不妨視之為「播種期」，並報讀進修課程打好基礎。另外，新一年並非轉工的好時機，建議留守原有崗位較佳。

【感情方面】

「日犯太歲」衝擊感情運，新一年無論是情侶或已婚者關係也較為緊張，容易出現小爭拗及小誤會，相處時應坦誠相向，以免因為小事累積而影響感情，處理不當甚或有分手危機。既然感

流月運勢

♥吉 ♡中吉 ♡平 ♥凶

♡	2021年2月3日至3月4日	踏入正月有輕微破財之象，建議量入為出，留心個人理財方向，以免出現入不敷支情況。
♡	2021年3月5日至4月3日	財運屬「一得一失」的月份，面對熟悉的範疇可作小量投資，只要不太貪心可望有回報。
♥	2021年4月4日至5月4日	本月貴人運順遂，惟仍有輕微的口舌是非纏身，行事不宜鋒芒太露，盡量謹言慎行。
♥	2021年5月5日至6月4日	將有新的合作機會出現，若不牽涉大手投資不妨一試；惟個人壓力較大影響情緒，需要調節心態面對。
♡	2021年6月5日至7月6日	人事爭拗頻繁的月份，人際關係亦呈倒退之象，謹記待人處事應以和為貴，免傷和氣。
♥	2021年7月7日至8月6日	「天合地合」的月份做事容易一波三折，凡事須多加忍讓，本月亦不宜作任何重大決定，或多出門走動帶旺運氣。
♥	2021年8月7日至9月6日	事業運極為暢旺，可望有不俗的升職機會，不妨勇往直前積極把握，主動表現自己。
♡	2021年9月7日至10月7日	本月將有輕微的桃花運，但整體只屬曇花一現，關係亦較難長久，不宜過分投入免傷感情。
♥	2021年10月8日至11月6日	貴人運走勢凌厲的月份，可望有得力的貴人扶持，做事事半功倍，故不妨主動爭取機會。
♡	2021年11月7日至12月6日	「厚土埋金」的月份影響情緒，工作壓力較大，建議可多找朋友傾訴減壓，解開心結。
♡	2021年12月7日至2022年1月4日	本月屬相沖月份，如時間許可不妨多往外走動，以「動中生財」的方式助旺運勢。
♡	2022年1月5日至2月3日	健康上出現瑣瑣碎碎問題，尤其要留心腸胃及消化系統較弱，飲食宜盡量清淡，以免出現腸胃毛病。

情運較為波動，若關係未穩定者不宜太早融入對方圈子，否則有機會出現第三者，或因為朋輩間的流言蜚語而影響信心，建議低調處理感情，享受二人世界將更為甜蜜。至於單身一族桃花運平平，即使能結識新對象亦談不上合眼緣，只屬追追逐逐的短暫桃花，屬原地踏步的一年。

【健康方面】

庚子年受「沖日腳」影響，健康運較受衝擊；來到辛丑年運勢轉趨平穩，但「日犯太歲」代表較多瑣碎毛病，尤其農曆三月、六月、九月及十二月出生者命格土旺，而農曆七月及八月出生者則金重，需要特別留意傷風感冒、喉嚨氣管及皮膚問題，可幸整體未見大礙，只要養成良好生活習慣及作息定時則可。惟家宅運一般，宜多關心長輩健康，亦容易因為噪音、漏水等問題而影響情緒，建議可為家居作小量裝修、維修，亦可考慮更換家具、牀褥等助運。

8 辛未日

動中生財 沖日腳宜往外發展

【財運方面】

辛未日出生者來到辛丑年屬「沖日腳」，雖然財運受沖，但亦並非一面倒，需要視乎行業本質而定。若從事需要走動的行業如旅遊業、運輸物流等，財運將較為理想；相反若工作性質較為穩定，如餐飲、人事顧問等則要有心理準備較為艱辛，尤其老闆需要親力親為、不能假手於人，亦要提防突如其來的變化，多留心人事不和問題。另外，土的相沖代表搬遷，新一年有機會因為搬鋪、裝修或維修而有一筆開支，建議從商者預留資金應付。

由於個人與流年五行同屬金土，若日柱身弱者運勢較順遂，身強者則較多波折，故金旺的秋天（農曆七月至九月）出生者難免有「多勞少得」情況，加上「劫財」難免令錢財有所耗損。春天（農曆正月至三月）出生者木旺金弱，辛丑年反而能得貴人扶持，財運亦有不俗進帳。至於夏天（農曆四月至六月）及冬天（農曆十月至十二月）出生者則只屬中規中矩，但求平穩過渡。既然「沖日腳」利走動，辛未日出生者不妨考慮購買海外物業或外匯存款等，惟財運始終受衝擊，高風險的短炒投機少碰為妙。

【事業方面】

「沖日腳」的年份宜多走動，若本身從事的行業流動性較高，如前線銷售、運輸物流等發展機會將較多；倘若從事會計、電腦等靜態工作則難免遇上較多麻煩阻滯，雖然仍可獲上司信任，但同事之間的關係則轉趨緊張，需要多加留心。由於留守原有地方發展平平，故打工一族不妨主動爭取出差機會，亦可考慮轉換位置或駐守海外分公司，不過「日犯太歲」始終較為奔波勞碌，新一年亦並非大進步之年，以平穩渡過為佳，若有意跳槽者則以農曆六月及九月較合適。

【感情方面】

「沖日腳」代表沖夫婦宮，情侶及夫婦之間容易因為小事而爭持不下，處理不當甚至會有分手危機，需要多加忍讓；亦可考慮以「聚少離多」的方式相處，小別勝新婚更為甜蜜。另外，

流月運勢

♥吉 ♡中吉 ♡平 ♥凶

♡	2021年2月3日至3月4日	踏入正月有輕微破財之象，不宜作高風險短炒投機，以免「財來財去」。
♡	2021年3月5日至4月3日	本月有新合作機會出現，錢財亦有進帳；惟健康運稍弱，有輕微打針、食藥運，須注意作息時間。
♥	2021年4月4日至5月4日	能得貴人之助力的月份，工作上亦可有不俗發揮機會，不妨主動表現自己，積極把握眼前機遇。
♡	2021年5月5日至6月4日	本月學習運順遂，惟工作會遇上阻滯，做事一波三折，建議用時間、耐性解決。
♡	2021年6月5日至7月6日	有輕微波折的月份，可幸財運略有好轉，不妨作小量投資，只要不太貪心可望有收穫。
♥	2021年7月7日至8月6日	人事爭拗頻繁，待人處事宜盡量低調；手腳亦容易扭傷、跌傷，有運動習慣者要特別提防。
♡	2021年8月7日至9月6日	健康運平平，尤其喉嚨、氣管及呼吸系統較弱，需要留心咳嗽問題；可幸事業發展不俗，可望有突出表現。
♥	2021年9月7日至10月7日	桃花運旺盛的月份，有望遇上合眼緣對象，有機會開展一段新戀情。
♡	2021年10月8日至11月6日	個人情緒低落，容易影響睡眠質素，時間許可不妨多出門走動，有助帶旺運勢。
♡	2021年11月7日至12月6日	事業有進步的月份，能有大展拳腳機會，不妨主動表現自己，表現將備受認同。
♥	2021年12月7日至2022年1月4日	本月小人當道、是非口舌頻繁，財運亦容易有耗損，凡事必須格外謹慎保守而行。
♡	2022年1月5日至2月3日	「動中生財」的月份，多走動有助帶旺運勢，惟亦有「財來財去」之象，不宜儲存太多現金。

辛未日出生者要多關心伴侶健康，遇有不適應立即陪同就醫。而已婚者新一年亦屬適合有喜的年份，不過「沖日腳」始終較多變化，故懷孕後必須依足傳統未滿三個月不宜向外公布，以免觸動胎神。單身者則有機會開展異地姻緣，尤其出差後遇上合眼緣對象的機會較高，不妨多加留意。

【健康方面】

辛未日遇上辛丑年，「丑未沖」代表雙腳較容易扭傷、跌傷，平日有運動習慣者需要格外提防；若本身有腳部、腰部或膝關節舊患亦要注意，不宜參與攀山、爬石、滑水等高危戶外活動，以免意外受傷。另外，新一年亦要留意有關喉嚨、氣管及呼吸系統毛病，多關心家中女性長輩健康，建議可為家居作小量裝修、維修，亦可考慮更換家具提升家宅運。由於農曆三月、六月、九月及十二月出生者土最旺，可多用米、白兩色，並盡量避開黃、啡兩色，有助增強健康運。

9 壬申日

事業運佳 精神受壓提防失眠

【財運方面】

壬申日出生者於辛丑年的財運不過不失，由於流年無沖無合，算是平穩向上的年份。壬申日天干屬水，地支屬金，辛丑年地支「丑土」是個人的事業星，大部分壬申日出生者的事業都會較財運為優，但由於流年的「辛金」通至出生日的「申金」，個人的情緒容易受壓，多思多慮引致終日惶恐不安。

牛年行思想運，營商者做生意時不能因循守舊，必須多構思新噱頭，以奇招謀求突破。由於貴人運不俗，尤其是女性長輩的助力很大，如遇上難題不妨向對方求助。牛年有輕微官非運，所有與稅局、海關等監管機構的往來文件要小心核對清楚，以免因一時大意惹上官非訴訟而損失不菲。

春天（農曆正月至三月）出生者，命格木旺，流年的金有輕微助力，財運只是表面風光，屬辛苦得財。夏天（農曆四月至六月）出生的人，本身火旺，有流年濕土調節，財運較為樂觀，既能賺錢又可以有盈餘儲蓄；至於出生於秋天（農曆七月至九月）的人，工作壓力最大，幸好貴人運不俗；而冬天（農曆十月至十二月）出生者最輕鬆，財運算是順暢的一群。

【事業方面】

辛丑年的貴人運不俗，職場上女性長輩或女上司對自己照顧有加，可以獲得輕微的晉升機會，不妨把握一下，積極表現自己。另外，牛年的思想運不俗，對進行廣告創作或媒體寫作的人亦有利，由於靈感源源不絕，可謂發展理想；惟從事銷售見客的行業，辛丑年頗為辛苦勞累，收入與付出未必能成正比。

在農曆三月、六月、九月及十二月出生的人工作壓力太大，容易有失眠情況，必須學懂放鬆自己。計劃轉工的人士不宜作出變動，留守原有崗位更佳。

【感情方面】

單身女士比男士的桃花來得暢旺，容易遇上一見傾心的異性，繼而發展一段穩定感情；男士的感情運一般，由於過分專注事業，難有心情物色對象，開展新感情。無論男女，牛年都要多靠

流月運勢

♥吉 ♡中吉 ♡平 ♥凶

♥	2021年2月3日至3月4日	精神緊張，情緒低落的月份，失眠情況似有惡化迹象。
♡	2021年3月5日至4月3日	貴人運順暢，財運亦不俗，投資只要不貪心，會有少許進帳。
♡	2021年4月4日至5月4日	出現少許劫財，如有人邀請合作，不能輕舉妄動，此月只宜守不宜攻。
♡	2021年5月5日至6月4日	此月波折重重，文件合約要小心覆核清楚，以免受人拖累。
♡	2021年6月5日至7月6日	財運不俗，但是非口舌變多，謹記少說話、多做事。
♥	2021年7月7日至8月6日	事業運順暢，努力一點工作表現自己，但工作壓力變大，提防下屬出錯受連累。
♥	2021年8月7日至9月6日	相沖的月份，注意頭部、手腳容易受傷，不宜進行高風險的活動。
♡	2021年9月7日至10月7日	做事一波三折，宜做好兩手準備，更要加倍耐性應付難題。
♡	2021年10月8日至11月6日	事業雖然順暢，但情緒容易受壓，要學懂放鬆心情及作息定時。
♥	2021年11月7日至12月6日	運勢步入平穩向上，之前的麻煩事有解決迹象；此月亦要提防受傷。
♡	2021年12月7日至2022年1月4日	貴人運強勁，但健康出現小問題，宜病向淺中醫。
♥	2022年1月5日至2月3日	事業出現突破，更有不俗的升遷運，但要留心文件合約細節，否則容易惹上官非訴訟。

長輩介紹，或在朋友安排下相親，始能認識到合眼緣的異性。

拍拖中及已婚男女的感情穩定，雖然沒有太大爭執，但慎防由於工作太忙而冷落了另一半，建議多培養共同興趣或抽時間結伴旅遊散心，都會令感情升溫。另外，宜將作息時間好好分配，讓工作與家庭取得平衡。

【健康方面】

由於流年的「辛金」通至出生日的日腳「申金」，令命格的金過強，壬申日出生者容易胡思亂想，會出現因壓力太大引致的失眠症狀及神經衰弱等問題，尤其是農曆三月、六月、九月及十二月出生的人，更容易有焦慮不安情緒，建議多做運動紓緩減壓，如太極、瑜伽等，多接觸大自然、曬太陽都有助放鬆心情。

其實辛丑年整體健康運並無大礙，至少沒有煩瑣的小病小痛；如失眠問題持續嚴重，不妨在牀頭放置銅葫蘆或白玉葫蘆，都有助改善睡眠質素。

⑩ 癸酉日

吉中藏凶 突圍而出宜靠新意

【財運方面】

癸酉日出生的人踏入辛丑年的財運原則上算是平穩，牛年會有不少新的合作機會，由於出生日地支與流年地支呈半會合，「巳酉丑」代表肖蛇、肖雞及肖牛的「三合生肖」，如能找到肖蛇的人合作經營，成功的機會大大增加。

營商者整體運勢不俗，惟必須多花心思，構想新的經營方向才能突圍而出，而且要有心理準備並非即時有成果。由於財運有「吉中藏凶」之勢，進行大手投資時必須小心謹慎，不宜大興土木擴展生意，只能以「刀仔鋸大樹」模式投資，方為上算；幸好貴人運順暢，尤其是女性長輩的助力不少，不妨好好利用這些人際關係，為未來打好基礎。

癸酉日天干屬水、地支屬金，對夏天（農曆四月至六月）出生的人最有利，遇上流年的濕土，可以調和命格的五行，財運最為順暢；冬天（農曆十月至十二月）出生者，必須要親力親為，辛苦經營一點才能有理想回報。至於秋天（農曆七月至十月）出生的人，由於金過旺，情緒容易受困，有難以發揮的感覺；而出生於春天（農曆正月至三月）的人就只能以不過不失來形容。

【事業方面】

流年地支「丑土」是個人的事業星，從事紀律部隊如警察、海關及消防等，可以在職場上大展拳腳，建議不妨報考內部升職試，有機會更進一級。

牛年貴人運強勁，尤其是女性長輩或上司對自己提攜照顧，如從事與女性有關的行業如化妝品、服裝及護膚纖體等更大有可為。

打工一族雖有輕微升職運，令職位權責提升不少，惟加薪幅度未必有理想回報。計劃轉工的人，由於辛丑年並非適合作重大決定之年，雖然有人邀約跳槽，但千萬不要操之過急。

【感情方面】

由於地支出現半會合，單身男女的桃花運均異常暢旺，無論是否已有另一半，牛年都會遇到樣貌出色及背景優勝的異性，容易令自己一見傾心，惟需留心勿過分急進，以免嚇怕對方。

流月運勢

♥吉 ♡中吉 ♡平 ♥凶

♥	2021年2月3日至3月4日	貴人運順暢，帶動事業運亦持續向上；要把握機會突出自己。
♥	2021年3月5日至4月3日	出現輕微相沖，人際關係倒退，平時少説話、多做事，避免無謂爭執。
♡	2021年4月4日至5月4日	健康容易出現問題，作息要定時外，飲食亦要清淡為主。
♡	2021年5月5日至6月4日	出現輕微劫財，財運容易一得一失，要做好收支平衡。
♡	2021年6月5日至7月6日	財運雖然好轉，但對支出要好好規劃，亦要處理好人際關係。
♡	2021年7月7日至8月6日	處理合約文件時要打醒十二分精神，否則容易惹上官非訴訟。
♡	2021年8月7日至9月6日	財運順暢的月份，健康出現小毛病，有輕微打針食藥運。
♡	2021年9月7日至10月7日	精神緊張，情緒低落的月份，不妨出門借地運，改善運勢。
♥	2021年10月8日至11月6日	天合地合的月份，做事波折重重，凡事要加倍耐性處理，不宜將目標定得太高。
♡	2021年11月7日至12月6日	此月運勢順遂，有望打破之前的困局。
♥	2021年12月7日至2022年1月4日	桃花運暢旺，無論男女都有機會結識到心儀異性，發展感情。
♥	2022年1月5日至2月3日	運勢持續向上，之前洽談的新合作計劃有機會落實，是一個突破的月份。

如果已有伴侶或已婚者，外在誘惑增加，如欠缺定力，便容易墮入三角關係，謹記對異性不能過分熱情，以免令人誤會；處理感情要決斷一點，切勿拖泥帶水。已婚男女感情穩定，牛年是適合有喜的年份，不妨落實添丁大計，為家中添喜慶。

【健康方面】

癸酉日出生者的健康運算是平穩向上，但土重的年份，腸胃或多或少出現敏感及毛病，提防消化不良、腸胃炎或食物中毒等問題，生冷食物少吃為妙；出國旅遊或公幹時，慎防水土不服引起的腸胃不適。

另外，亦要提防因壓力而出現失眠焦慮等徵狀，多到郊外接觸大自然；抽時間做一些紓壓活動，例如太極、瑜伽及冥想等。

家宅方面，多留心女性長輩的健康外，亦要留意小朋友的情況，可能出現一些瑣碎麻煩事令自己擔心；為家居進行小型裝修或更換傢俬都有助提升家宅運。

⑪ 甲戌日

財運多變 注意健康保持低調

【財運方面】

因辛丑年的地支「丑土」是自己出生日天干「甲木」的財星，甲戌日出生者原則上財運順遂，惟由於地支「丑戌」出現刑剋，令財運起伏較大，儘管有可觀的收入，但總是財來財去。

牛年儘管賺錢能力足夠，但能否有餘錢儲蓄，便要視乎出生的月份了。如果在農曆正月及二月出生的人，命格木旺，在行金土的年份，財運最理想；而農曆三月、六月、九月及十二月土重月份的出生者，本身已是「財旺身弱」，再行財運便容易破財。農曆四月及五月出生者，本身火旺，有流年濕土調和，亦較易守財；至於農曆七月、八月、十月及十一月出生的人，雖然財運尚可，但工作壓力太大，經常有情緒低落的情況。

由於辛丑年財運易一得一失，如手握現金便有機會因突如其來的支出而花掉，不如將現金轉作實物投資，例如買物業或黃金更能保值。營商者除留心成本控制之外，牛年不宜作任何借貸擔保行為，容易被人「一借無回頭」，新一年人際關係疲弱，留心與拍檔間的關係，與對方相處時態度圓融一點，少做排難解紛的中間人，以免「好心做壞事」。

【事業方面】

辛丑年以行財運為主，事業運只屬中規中矩，牛年對升職勿抱太大期望，反而因為財運不俗，所以打工一族的加薪幅度還算理想。由於受「日腳刑剋」影響，人際關係出現變數，尤其與上司、同事間太多明爭暗鬥，令是非口舌增多，在辦公室內盡量少說話、多做事，處事低調圓融一點，以免被人暗箭所傷。

有意轉工的人，牛年並非一個合適的年份，亦未見有太多機會，宜留守原有公司，只要處理好與同事間的分歧，調節好心態，便無太大難題。

【感情方面】

單身男女在新一年可謂桃花處處開，會有不少機會結識到合眼緣的異性，但遇到的對象可能因相處模式出現問題，而令自己心大心細，甚至難以投入令進展緩慢；建議彼此先觀察清楚，了

流月運勢

♥吉 ♡中吉 ♡平 ♥凶

♡	2021年2月3日至3月4日	出現輕微相沖，易惹來是非口舌，盡量少説話、多做事，如遇上新的合作邀約，勿輕舉妄動。
♡	2021年3月5日至4月3日	運勢出現小波折，幸好有貴人幫助渡過難關。
♥	2021年4月4日至5月4日	財運不俗，而且整體運勢向上，此月多出門走動，應動中生財。
♥	2021年5月5日至6月4日	人際關係倒退，是非口舌增多，少做中間人角色，「以免好心做壞事」。
♡	2021年6月5日至7月6日	出現輕微打針食藥運，要留心身體出現的小毛病。
♡	2021年7月7日至8月6日	劫財的月份，容易一得一失，要做好收支平衡。
♡	2021年8月7日至9月6日	事業運順暢，有輕微的升遷運，但提防工作壓力變大。
♡	2021年9月7日至10月7日	留心人際關係的倒退，與同事頗多爭執，相處時低調一點減少麻煩。
♥	2021年10月8日至11月6日	此月財運順遂，但留心與朋友間的金錢轇轕，以免因財失義。
♥	2021年11月7日至12月6日	手腳容易受傷的月份，做運動時需要加倍小心。
♡	2021年12月7日至2022年1月4日	與身邊人容易出現爭拗，此月適宜往外走動，不妨出門旅遊借地運。
♥	2022年1月5日至2月3日	無論財運與事業運都不俗，留心家宅方面，會受到一些噪音或漏水困擾。

解對方的真實性格才開始新戀情，勿過分急進而令雙方受傷。

受「丑戌刑」影響，拍拖中或夫婦會經常為小事爭執，尤其在對方的家事上容易發生衝突，盡量少介入伴侶的家事外，亦要互相忍讓。另外，夫婦亦會為管教家中小朋友問題而產生分歧，多溝通可以避免雙方鑽入牛角尖。

【健康方面】

由於出生日與流年地支出現刑剋，令健康運受到衝擊，會出現不少小病小痛如皮膚敏感、傷風咳嗽或牙痛等。辛丑年提防一些小毛病會發展成大問題，例如牙痛會惡化成神經線發炎等，謹記「病向淺中醫」，如有不適便要立即求醫，切勿拖延變成大病。

家宅方面，要留心家中的病位，勿亂動或放置帶煞氣的物品；農曆七月、八月出生者，由於命格木弱，呈「剋洩交加」之象，新一年精神壓力較大，不妨多用藍色及綠色的物品，都有利提升健康運。

⑫乙亥日

財運回穩 出門有利異地姻緣

【財運方面】

乙亥日出生者在辛丑年的財運大致向好，由於流年地支「丑土」是自己的財星，所以整體財運算是平穩向上，惟出生日的天干「乙木」與流年的「辛金」相沖，代表人際關係出現變數，做生意的人必須提防與合作伙伴因意見分歧而鬧翻；合約文件要留心細節，以免一時大意惹上官非。另外，不宜作任何借貸擔保行為，對客戶的還款期亦不宜過分寬鬆，否則容易被賴帳而有所損失。

農曆正月及二月出生的人本身木旺，行土的年份強化了個人的運勢，財運最為順暢；而在火重的農曆四月及五月出生者，流年的濕土滋潤了命格，財運亦不俗。出生於七月及八月的人，金旺木弱，牛年提防工作壓力變大，令自己感覺吃力辛勞。而農曆十月及十一月的人，由於水過旺，新一年適合多往外走動，屬愈動愈起勁；至於農曆三月、六月、九月及十二月出生的人，命格的土過重，容易財來財去，更要多留心腸胃的小毛病。

營商者個人鬥志高昂，積極進取，所以賺錢能力較鼠年為佳；加上思路清晰，分析能力出眾，個人投資都會有不俗進帳，只要不太貪心會有理想回報。

【事業方面】

由於事業星相沖，辛丑年事業運明顯受到衝擊，為應驗「動中生財」之象，乙亥日出生者不宜死守在原有地方，要主動出擊，向公司爭取到外地出差的機會，會更有利事業發展。

相沖的年份，容易有靜極思動的心態，有意轉工的人可以留意農曆正月、七月及八月的邀約，成功機會較高。打工一族薪酬加幅理想，但升遷運略為遜色，其實牛年工作環境較鼠年為佳，至少壓力減輕不少，但始終出現相沖，人際關係亦容易發生變化，謹記圓融的人際關係可以減少無謂的爭拗。

【感情方面】

感情運只能以不過不失形容，拍拖中的女士，新一年由於有輕微的分手運，慎防與伴侶因爭執太多而鬧至分手收場。無論情侶或夫婦若經常日夕相對，在大小事情上都容易各持己見，發生衝突，甚至鬧到有分開危機。因此牛年最適合

流月運勢

♥吉 ♡中吉 ♡平 ♥凶

♡	2021年2月3日至3月4日	天合地合的月份，精神容易緊張，雖有轉工機會，但不宜輕舉妄動。
♡	2021年3月5日至4月3日	此月易惹來是非口舌，盡量少説話、多做事，免招人話柄。
♥	2021年4月4日至5月4日	財運順暢，可作小額投資，只要不太貪心會有收穫。
♥	2021年5月5日至6月4日	相沖的月份，與身邊人多爭執，情侶相處要忍讓一點，否則容易分手。
♡	2021年6月5日至7月6日	有破財迹象，此月不宜投資，否則可能有所損失。
♡	2021年7月7日至8月6日	財運雖然不俗，但提防財來財去，要小心收支平衡。
♥	2021年8月7日至9月6日	事業開始向好，有意轉工的人，會出現不少機會，不妨把握一下。
♡	2021年9月7日至10月7日	事業運順暢，有輕微的升遷運，但提防工作壓力變大。
♡	2021年10月8日至11月6日	無論正財與偏財都十分順遂，但盡量不要留太多現金在手，以免花掉。
♥	2021年11月7日至12月6日	多出外走動會提升財運，甚至會遇上異地姻緣，有機會發展成穩定關係。
♥	2021年12月7日至2022年1月4日	失眠情況似乎變嚴重，抽時間多做減壓活動；同時提防手部受傷。
♡	2022年1月5日至2月3日	人事爭拗的月份，幸好財運不俗，亦要留心文件合約的細節。

聚少離多，多留空間給對方，反而對感情有利。

單身男士比女士的桃花來得暢旺，未拍拖的男士會認識到心儀對象，有機會發展一段穩定的感情。由於牛年經常有出國機會，不妨多留意在外地認識的異性，有機會發展一段異地情緣。

【健康方面】

健康運受「乙辛沖」影響，要留心手腳、頭部及關節等舊患容易復發，如有五十肩、網球肘，或經常對電腦工作人士，要留意手腕不適或扭傷，建議多做不傷關節的伸展動作。

另外，乙亥日出生者容易受偏頭痛及失眠等毛病困擾，情況雖較鼠年改善不少，但建議多接觸大自然，盡量放鬆心情。農曆十月及十一月出生者，不妨多到南方或溫暖的地方旅行公幹；而農曆七月及八月出生的人就多往北方走動，都能借地運改善健康。

⑬ 丙子日

天合地合 起落較大放慢腳步

【財運方面】

由於流年的天干地支與個人日柱相合，這種「天合地合」相隔六十年才出現一次，故丙子日出生者將要迎接起落較大的一年。若庚子年曾有結婚、添丁、置業或創業沖喜，則辛丑年仍可承接好運；而新一年亦屬適合籌辦喜事之年，可應驗「破歡喜財」運勢。惟兩年均未有沖喜者則要有心理準備，無論事業、感情及財運也會較為波動，必須謹慎應對。

不同月份出生者所受的衝擊亦各有異，農曆三月、六月、九月及十二月出生者五行忌金土，再行金土運難免較弱勢；而農曆正月、二月、四月及五月出生者命格多屬木火旺，行金土運則仍可中規中矩。由於「天合地合」必有變動，打工一族會蠢蠢欲動開展生意，惟變化年份不宜大手投資，以「刀仔鋸大樹」方式進行較為理想。從商者亦要提防突如其來變化，應預留現金周轉。另外，「關口年」亦容易因為健康或家宅問題破財，不妨主動購買保健品及醫療保險，亦可多贈醫施藥及作全面身體檢查，有助提升運勢。既然運勢前景不明朗，故不宜作重大決定，盡量平穩渡過為佳。

【事業方面】

「天合地合」即所謂的「關口年」，丙子日出生者事業將面臨變化，有機會離開原有崗位，惟相合年份不宜對新工作期望太高，要有心理準備將較為艱辛；亦要提防新環境帶來的壓力，需要自我調節。至於打算開展新生意者則不宜大手投資，「小試牛刀」較為有利。由於運勢存在變數，辛丑年切忌衝動「裸辭」，即使轉工亦務必要簽約落實，以免新公司出現變化而「兩頭不到岸」。若新一年事業難以作出變動則宜放慢腳步，或報讀進修課程增值，輕鬆面對逆境。

【感情方面】

辛丑年是感情上的「關口年」，除非有結婚或添丁沖喜，否則容易出現「不結即分」情況；即使有結婚打算的情侶，在籌備婚事過程中亦要格外忍讓，以免因為瑣事而起爭拗，甚或有分手

流月運勢

♥吉 ♡中吉 ♡平 ♥凶

♥	2021年2月3日至3月4日	踏入正月運勢順遂，可得貴人之助力，財運亦全面向好，不妨積極把握。
♡	2021年3月5日至4月3日	本月人事關係複雜，需要謹言慎行。健康方面喉嚨、氣管及呼吸系統較弱，出入冷氣場所宜添衣。
♥	2021年4月4日至5月4日	相沖月份工作壓力大，雖有新的合作機會出現，但不宜輕舉妄動免招損失。
♡	2021年5月5日至6月4日	事業運暢順的月份，之前遇到的麻煩阻滯可有曙光，只需要多加耐性即可解決。
♡	2021年6月5日至7月6日	相沖月份人事爭拗頻繁，可幸一切只屬先難後易，亦可得貴人之力解決問題。
♥	2021年7月7日至8月6日	小人當道的月份，口舌是非不斷；健康上亦有較多瑣碎毛病，需要留心注意作息時間。
♡	2021年8月7日至9月6日	本月屬「財來財去」的月份，不宜作任何投資投機，否則容易有所耗損。
♡	2021年9月7日至10月7日	財運開始全面向好，惟不宜為他人作借貸擔保，以免無辜破財。
♡	2021年10月8日至11月6日	學習運強勁，不妨報讀進修課程增值自己；惟要提防是非口舌，事不關己不宜多管閒事。
♥	2021年11月7日至12月6日	事業運持續向好，亦可望有不俗的升遷運，惟個人壓力較大，只需調節心態面對即可。
♡	2021年12月7日至2022年1月4日	本月財運順遂，甚至有機會獲得一筆幸運之財，投資方面不妨「小試牛刀」，可望有收穫。
♥	2022年1月5日至2月3日	流年及月份均屬「天合地合」，本月家宅較多煩惱，凡事要做好兩手準備，應付突如其來的變化。

危機。由於運勢不順，若成功懷孕者需要依足傳統，滿三個月待胎兒穩定後才向外公布喜訊。另外，「天合地合」年份亦會有較多外來誘惑，容易捲入三角關係，故不宜對人過分熱情，亦可選擇「聚少離多」的方式相處，惟仍要多關心伴侶健康，坦誠相向即可平安渡過。

【健康方面】

「丙辛合」衝擊喉嚨、氣管，「子丑合」則影響腸胃及皮膚，新一年需要注意瑣瑣碎碎的健康毛病，建議鼠年年底作詳細的身體檢查，立春後捐血或洗牙應驗血光之災，亦可主動購買保健產品及贈醫施藥提升健康運。新一年家宅運亦受衝擊，需要多關心長輩健康，避免觸動家中五黃及二黑病星位置，於牀頭及大門擺放銅器，亦可選擇為家居作小型裝修、維修。既然健康平平，丙子日出生者宜放鬆心情，多接觸大自然或出外旅遊，惟要注意安全，亦可購買旅遊保險保平安。

⑭ 丁丑日

表面風光 親力親為注意情緒

【財運方面】

流年天干的辛金是個人財星，新一年將有輕微的偏財進帳，惟這個「幸運之財」亦代表不穩定財富，故容易有「三更窮、五更富」情況，需要積穀防饑。

丁丑日出生者本身五行土旺，尤其農曆三月、六月、九月及十二月出生者土最重，流年再行土運會泄弱個人運勢，財運難免較為動盪。而農曆七月、八月金旺者及農曆十月及十一月水旺者屬弱命，土旺的年份呈「剋泄交加」，須有心理準備要刻苦經營。至於農曆正月、二月、四月及五月出生者命格火重，行土運反而財運可以力保不失。原則上，上半年出生的人士財運較順遂，下半年則要奔波勞碌，建議盡量避免使用啡、黃兩色物品，以免令土更重。

新一年有「表面風光」之勢，從商者要留心同行間的競爭，凡事保守前行，不宜大興土木，亦要預留現金應付突如其來的裝修、搬遷等開支。生意方向則不宜故步自封，突破傳統另覓新方向成功機會較高。由於下屬運疲弱，人事變動及爭拗頻繁，老闆們亦要親力親為與客戶洽談；投資方面則不宜與人合作或聽信小道消息，經過個人分析方能有利可圖。

【事業方面】

辛丑年的事業運需視乎行業而定，若從事前線銷售如保險、地產、美容化妝等需要與人溝通者，新一年將有不俗發展，可憑藉強大人際網絡拓展業務，惟仍有輕微口舌是非，建議謹言慎行，事不關己不宜給予意見，盡量與同事維持良好關係，面面俱圓將有助事業發展。至於從事行政工作、在大機構或政府部門任職者，行「傷官運」事業較難有發揮，加上人際關係複雜，需要多加忍讓，亦不宜對工作抱有太大期望，不妨進修或報讀興趣課程，放輕腳步為佳。

【感情方面】

單身一族可望結識新朋友、擴闊社交圈子，甚至能發展成情侶，尤其男生遇上心儀對象的機會較高，惟對方可能較自己年長，若不介意「姊弟戀」不妨一試，但仍須謹記循序漸進，不宜過

流月運勢

♥吉 ♡中吉 ♡平 ♥凶

♥	2021年2月3日至3月4日	踏入正月財運暢旺，投資方面不太貪心可有收穫；本月亦可得貴人助力，不妨積極把握。
♡	2021年3月5日至4月3日	財運持續向好，事業亦有不俗發展；惟較多傷風、感冒等瑣碎毛病，需要留心健康。
♡	2021年4月4日至5月4日	精神緊張、神經衰弱的月份，容易影響睡眠質素，建議多接觸大自然，亦可出門借地運提升運勢。
♥	2021年5月5日至6月4日	「一得一失」的月份，有新合作機會但不宜輕舉妄動，亦要提防人事爭拗，較多口舌是非。
♡	2021年6月5日至7月6日	健康運平平，宜爭取作息時間；可幸是貴人運及事業運順遂，不妨主動爭取表現。
♡	2021年7月7日至8月6日	本月屬相沖月份，若有外遊打算則較為順遂，否則要多注意道路安全，尤其手腳較容易受傷。
♡	2021年8月7日至9月6日	財運有新突破的月份，可有一筆錢財進帳，惟需要留意個人理財方向，以免入不敷支。
♥	2021年9月7日至10月7日	本月屬破財月份，不但有較多無謂開支，更有機會投資失利，必須格外謹慎理財。
♡	2021年10月8日至11月6日	是非口舌頻繁，建議「少說話、多做事」，可幸學習運不俗，不妨報讀進修課程或興趣班。
♥	2021年11月7日至12月6日	事業發展暢旺，惟工作壓力大，需要懂得放鬆，遇有困難不妨找朋友傾訴解開心結。
♡	2021年12月7日至2022年1月4日	「吉中藏凶」的月份，容易遇上變化，可幸一切只屬「先難後易」，最終仍可有可觀進帳。
♡	2022年1月5日至2月3日	財運向好的月份，惟個人情緒低落，建議毋須杞人憂天，自我調節即可。

分急進。單身女士則有「神女有心、襄王無夢」情況，較難摸清對方心意，建議多花時間溝通了解再作決定。已婚者容易因為子女或家人問題而起爭拗，凡事需要有商有量，亦不宜多管閒事干涉伴侶家事。至於關係未穩定的情侶則不宜過早融入對方圈子，以免流言蜚語影響觀感。

【健康方面】

丁丑日出生者本身命格已屬土旺，再遇上行土運的流年健康只算平穩，雖未見有大衝擊，惟行「濕土」代表情緒低落，個人憂慮較多，容易因為壓力而影響睡眠質素，建議多找朋友傾訴解開心結，亦可淡化負面情緒。另外，土旺的年份腸胃較弱，出門後須提防水土不服問題，嗜杯中物者亦只宜淺酌。新一年家宅運同樣受影響，宜多關心子女及男性長輩健康，避免觸動家中五黃、二黑病星位置；亦容易出現漏水、噪音等瑣碎問題，建議作小量裝修、維修提升運勢。

⑮ 戊寅日

切忌魯莽 進修增值打穩基礎

【財運方面】

戊寅日出生者新一年的運勢好壞，很大程度視乎其出生月份而定。由於個人天干屬土、地支屬木，而農曆三月、六月、九月及十二月出生者土最重，再遇上行土運的流年錢財難免會有耗損，需要量入為出。農曆正月及二月出生者因為五行土弱，辛丑年行土運反而彌補了本身不足，無論財運及事業運也能有進展。而農曆四月及五月出生者土不算特別強，運勢維持平穩，算是中規中矩。農曆七月及八月出生者多屬金旺，新一年亦算是頗為順暢。至於農曆十月及十一月出生者命格水旺，運勢上可有輕微助力，惟個人則較情緒化。

對於大部分戊寅日出生者而言，辛丑年既無沖也無合，故財運只能說是不過不失，未見有大進帳，又有輕微暗中漏財之勢，故理財方向要格外謹慎保守。尤其從商者更加要開源節流，不宜為他人作借貸擔保，亦要留心同行之間的競爭及是非口舌，簽署文件、合約時需要留心條款細則，以免惹上官非。新一年的投資方向亦只宜「單打獨鬥」，不宜魯莽開展新合作或涉獵陌生範疇，盡量守住本業較為理想。

【事業方面】

新一年事業發展較為兩極，農曆正月及二月出生者五行土弱，行土運的年份發展理想，既有升遷運亦有滿意的薪酬加幅。惟農曆七月及八月出生者命格金旺，需要有心理準備工作較為艱辛，有「多勞少得」情況；農曆十月及十一月出生者事業亦困難重重，要以刻苦耐勞的態度面對。若打算轉工跳槽者，則需依靠同輩的人際網絡幫忙引薦，惟絕不宜衝動「裸辭」，否則將要待一段較長時間始能覓得工作。既然運勢平平，建議視之為播種年份，報讀進修課程自我增值。

【感情方面】

辛丑年的感情運未見有太大突破，屬原地踏步的一年。單身一族雖可交朋結友、擴闊社交圈子，但因為專注力大多集中於事業發展之上，對談戀愛的意欲不高，較難有進一步發展。若單

流月運勢

♥吉 ♡中吉 ♡平 ♥凶

♡	2021年2月3日至3月4日	踏入正月事業運有上揚之勢，工作亦可有發揮；惟個人壓力較大，需要自我調適。
♡	**2021年3月5日至4月3日**	**本月將有新的合作機會出現，惟執行時卻有先難後易之感，需要以無比耐性應對。**
♥	2021年4月4日至5月4日	財運順遂的月份，可有不俗的錢財進帳亦可聚財，不妨購買心頭好獎勵自己。
♥	**2021年5月5日至6月4日**	**個人情緒低落，精神壓力容易影響睡眠質素，建議多往外走動，以「借地運」的方式提升運勢。**
♥	2021年6月5日至7月6日	事業上有新突破機會，亦可得貴人之助力，工作上事半功倍，不妨積極把握眼前機遇。
♡	2021年7月7日至8月6日	事業運持續向好，惟亦有暗中破財機會，需要量入為出，謹慎理財。
♥	**2021年8月7日至9月6日**	**本月屬相沖月份，駕駛者要留心道路安全，容易有輕微的汽車碰撞或關節受傷情況。**
♡	**2021年9月7日至10月7日**	**貴人運旺盛，惟亦有輕微的人事糾紛，建議事不關己不宜多加意見，以免惹是生非。**
♡	2021年10月8日至11月6日	事業上機遇處處，亦可發揮領導才能，不妨主動爭取，工作表現將備受賞識。
♡	**2021年11月7日至12月6日**	**本月較多瑣事困擾，可幸是財運不俗，有機會獲得意外之財。關節容易受傷，有運動習慣者要特別提防。**
♥	**2021年12月7日至2022年1月4日**	**事業運一般，尤其從事管理層者要打醒十二分精神，容易因為下屬工作出錯而遭受牽連。**
♡	2022年1月5日至2月3日	本月有賺錢機會亦能聚財，事業上也算是光芒四射，屬穩步上揚的月份。

身已久、渴望談戀愛者則需要透過同輩或朋友介紹，可惜大多屬追追逐逐的感情，不宜期望過高，建議多作了解再靜待時機。至於戀愛中的情侶及已婚者感情運同屬平穩，需要留意個人情緒起伏較大，容易因為心情欠佳而與伴侶起爭拗，建議互相忍讓、多加溝通，以免無風起浪。

【健康方面】

由於大部分戊寅日出生者五行中的土不算強，遇上辛丑年行土運反而強化了本身命格，健康運相對較為理想；唯獨是農曆三月、六月、九月及十二月出生者因為本身已屬土旺，則要留心腸胃敏感及關節毛病。而行同類型運勢的年份亦要留意體重上升或膽固醇等都市病，建議均衡飲食、作息定時，做好體重管理。另外，由於秋、冬兩季出生者本身土弱再行金運，新一年情緒較為負面，甚或會影響睡眠質素，建議多接觸大自然、多曬太陽或找朋友傾訴解開心結。

16 己卯日 穩健保守 不宜妄動慎防跌傷

【財運方面】

己卯日出生者的財運將各走極端，一半人因為行劫財運而破財，另一半則尚算順遂。其中農曆三月、六月、九月及十二月出生者五行土旺，再行土運錢財最易有耗損，必須提防有「財來財去」情況。農曆四月及五月出生者命格火重，「火生土」令五行火、土過旺，開銷較多之餘財運亦未見有大進帳。反而農曆正月及二月出生者木旺土弱，土運填補了命格不足，除了健康運被強化，個人思路也更清晰，加上鬥志強勁，無論事業及財運均有進步。至於農曆七月及八月出生者由於金過旺，財運只屬平平，亦要多留意口舌是非。可幸是學習運順遂，不妨進修工作相關的課程或興趣班，將有不俗成績。農曆十月及十一月出生者五行水重再遇「濕土」，雖有賺錢機會但負面情緒較多，建議往南邊或熱帶地方散心，以「借地運」方式提升運勢。

由於財運以正財為主，偏財未見起色，故不宜短炒投機，亦不應貿然開展新合作，守住原有範疇較為合適。另外，從商者行劫財運必須開源節流，亦要有心理準備工作較艱辛，凡事宜要親力親為，不能假手於人。

【事業方面】

大部分己卯日出生者新一年行「傷官」運，事業難有突破，除非從事前線銷售較為有利，否則行政人員則未見受惠，加上是非口舌頻繁，難免會有「多勞少得」情況。另外，管理層要多與下屬溝通，以免人事流轉影響工作效率。在芸芸出生月份當中，農曆正月及二月將有升遷機會，農曆十月及十一月薪酬亦有滿意加幅，惟工作壓力較大，需要自我調適。既然新一年並不適宜有大變動，建議留守原有位置，亦可報讀進修課程或興趣班，涉獵不同範疇對事業發展將有裨益。

【感情方面】

感情原地踏步的一年，戀愛中的情侶關係平穩，雖未有重大衝擊但亦不見能更進一步，欲打破悶局不妨與伴侶舊地重遊，重拾昔日溫馨甜蜜片段，亦可考慮發展共同嗜好增加溝通。單身男

流月運勢

♥吉 ♡中吉 ♡平 ♥凶

♡	2021年2月3日至3月4日	踏入正月事業有進步，惟工作壓力較大，感覺亦較為艱辛，可幸一切只屬先難後易，多加耐性即可。
♡	2021年3月5日至4月3日	本月有輕微桃花運，不妨多留意身邊人，惟很大程度屬短暫桃花，不宜寄望過高。
♡	2021年4月4日至5月4日	被瑣碎健康問題困擾，須多爭取作息時間。可幸財運不俗，投資上只要不太貪心可有回報。
♥	2021年5月5日至6月4日	貴人運不俗，不妨把握助力勇往直前。惟健康運平平，尤其容易從高處墮下令雙手受傷，必須留意家居陷阱。
♡	2021年6月5日至7月6日	本月將有官非訴訟纏身，簽署文件、合約時要留意條文細節。手部關節容易受傷，有運動習慣者應特別提防。
♡	2021年7月7日至8月6日	事業運強勁的月份，可有輕微升遷機會；惟財運有耗損，出門時須小心看管個人財物。
♡	2021年8月7日至9月6日	本月可得貴人之助力扶搖直上，惟有輕微是非口舌，建議「少説話、多做事」，不宜鋒芒太露。
♥	2021年9月7日至10月7日	相沖月份人事爭拗頻繁，感情運一波三折，甚至有機會遇上爛桃花，需要小心處理。
♥	2021年10月8日至11月6日	劫財月份宜謹慎理財，可幸工作上有不俗發揮機會，不妨把握機遇，主動表現自己。
♡	2021年11月7日至12月6日	財運「一得一失」的月份，需要量入為出。本月亦容易受傷跌傷，尤其雙腳首當其衝，不宜進行高危活動。
♥	2021年12月7日至2022年1月4日	人際關係進入倒退期，待人處事宜盡量低調，事不關己亦不宜多管閒事，以免開罪他人。
♡	2022年1月5日至2月3日	本月事業運不俗，可望有發揮機會，惟無謂開支較多，需要開源節流，以免「入不敷支」。

士有機會遇上暗桃花，惟多是「神女有心、襄王無夢」較難發展。單身女士雖有聚會應酬、交朋結友機會，惟始終不是桃花年，遇上心儀對象機會渺茫。若想增加戀愛機會，秋季出生者可往東方，冬季出生者則可到南方旅遊，看能否遇上異地姻緣，惟只宜抱平常心，不宜期望過高。

【健康方面】

辛丑年行土運，若命格屬身弱將較為有利，故一半的己卯日出生者健康運也有提升，唯獨是農曆三月、六月、九月及十二月出生者五行土重，農曆四月及五月出生者則火旺，「土木相剋」需要留心關節毛病，尤其容易從高處墮下受傷，宜避開攀山、爬石等高危活動，亦要注意家居安全。土重年份亦要留心腸胃、消化系統及皮膚敏感，若屬土旺者應避用黃色，多用藍、綠兩色及佩戴金、銀飾物助運。另外，農曆十月及十一月出生者情緒較負面，需要自我調節心態。

⑰ 庚辰日

太歲相破 穩健保守慎防口舌

【財運方面】

庚辰日出生者天干屬金、地支屬土，個人天干地支與流年相同，行同類型運勢亦代表行「劫財」運，大部分人財運只算是中規中矩，並不特別有利。另外，由於辰與丑有所刑剋，這個「破太歲」除了會影響財運，也代表人際關係上的破敗，尤其從商者容易與客戶或生意伙伴產生誤會，建議多加溝通，以免進一步削弱財運。

而不同季節出生者的財運走勢也有差異，農曆正月及二月出生者五行木旺金弱，行金、土運反而有進帳亦可聚財。農曆三月、六月、九月及十二月出生者命格土重，新一年有「厚土埋金」之象，財運較難有進展。農曆四月及五月出生者算是平穩，農曆七月及八月出生者因為金過旺，屬最容易破財的一員。農曆十月及十一月出生者受金水相生影響，個人情緒較為負面，要有「多勞少得」的心理準備。

既然大部分庚辰日出生者財運平平，建議不宜將目標訂得太高，加上破財機會較大，不妨購買物業或實物保值，避免儲存太多現金。投資方面則以中長線為主，切忌高風險的短炒投機，否則易有決策錯誤情況。

【事業方面】

事業面臨較大競爭，無論是工作或考試也要付出雙倍努力，惟回報未必能成正比，屬「事倍功半」的年份。新一年之中以農曆四月至六月較有升遷運，若上司為女性則可有輕微助力，惟始終未算是大進步，加上「破太歲」衝擊人際關係，同輩之間的口舌是非頻繁，容易明爭暗鬥甚至遭到陷害，建議「少説話、多做事」為佳。既然新一年運勢不順，留守原有崗位較為合適，亦可爭取短線出差機會，工作則必須格外謹慎，尤其文件、合約細節要核對清楚，以免大意出錯。

【感情方面】

感情發展未如理想，戀愛中的男士容易有第三者介入爭奪伴侶，若關係未及穩定者容易爭執不斷，建議多花時間培養感情，以免被第三者有機可乘，落入分手運勢。戀愛中的女士則與另一

流月運勢

♥吉 ♡中吉 ♡平 ♥凶

♥	2021年2月3日至3月4日	踏入正月屬劫財月份，錢財易有耗損，不宜投資投機，亦不宜為他人作借貸擔保。
♡	2021年3月5日至4月3日	財運稍為回穩，惟仍有「一得一失」之勢，有錢財進帳但仍需要量入為出，謹慎理財。
♡	2021年4月4日至5月4日	人際關係破敗的月份，建議「少說話、多做事」，不宜作中間人排難解紛，以免有「好心做壞事」情況。
♥	2021年5月5日至6月4日	事業極為順遂，可望有表現自己的機會，不妨把握助力主動爭取，顯現個人實力。
♡	2021年6月5日至7月6日	本月將被瑣瑣碎碎事情困擾，人事爭拗頻繁，雙手亦容易受傷，可幸工作運尚算平穩。
♡	2021年7月7日至8月6日	睡眠質素欠佳，容易有精神緊張、神經衰弱問題，其實本月貴人運不俗，只需要放鬆心情即可。
♡	2021年8月7日至9月6日	本月有新合作機會出現，若不牽涉大額金錢不妨一試，惟不宜大手投資。
♡	2021年9月7日至10月7日	腸胃及消化系統較弱，容易有食物中毒問題，需要特別小心，出門後亦要提防有水土不服情況。
♡	2021年10月8日至11月6日	傳統的相沖月份，若能「動中生財」運勢將較為理想，同時亦要保持良好人際關係，不宜與人爭拗。
♥	2021年11月7日至12月6日	事業光芒四射的月份，個人才華有望發揮，尤其從事創作者將會靈感不絕，不妨積極把握。
♡	2021年12月7日至2022年1月4日	有機會受親朋戚友連累，不宜作任何借貸擔保，否則容易有「一去不回頭」情況。
♥	2022年1月5日至2月3日	本月遇有困難可尋求朋友或長輩協助，有望可得助力解決問題，工作亦較易成功。

半有較多誤會，需要多加溝通、坦誠雙向，以免心生嫌隙破壞雙方感情。單身一族反而桃花運較能有突破，可望透過長輩、尤其是女性長輩介紹而結識心儀對象，不妨多出席相親場合，積極把握機遇。至於已婚者有機會因為金錢開支而起爭拗，適量的財政獨立可免事端。

【健康方面】

個人與流年行同類型運勢，健康反而較為有利，尤其是農曆正月、二月、十月及十一月出生者最能受惠，無論身體及精神狀態也有進步，唯獨是有輕微「破太歲」，稍為注意生活習慣即可。至於農曆三月、六月、九月及十二月出生者情緒較為負面，其實身體並無大礙，建議多接觸大自然或找朋友傾訴。農曆七月及八月出生者因為金過旺，需要多留心肝臟及關節毛病，嗜杯中物者須適可而止，亦可多用綠色物品助旺。家宅方面要多關心長輩健康，可幸不是大問題，及早求醫即可。

18 辛巳日 ◆ 運勢平平 肖雞貴人稍有助力

【財運方面】

辛巳日與辛丑年天干同屬「辛金」，日柱與流年行同類型運勢即「劫財」，財運相對會較為疲弱。在一眾出生月份當中，以農曆正月及二月出生者較有得着，有流年的金彌補本身五行不足，雖不算是財源廣進，但仍可有聚財機會。農曆四月及五月出生者命格火旺，行金、土運尚算平衡，心情亦較開朗。農曆七月及八月出生者本身已屬金重，再行金局令金過盛，財運最易有耗損。農曆十月及十一月出生者水重又不見有火平衡，常有鬱鬱寡歡之感。而農曆三月、六月、九月及十二月則因為土太重，運勢較難有發揮。整體而言，辛丑年不算是強勢的年份，故只求平穩過渡，不宜期望太高。

可幸是日腳與流年「巳、酉、丑」有輕微相合，若能與肖雞的朋友合作、不牽涉大手投資不妨一試。惟從商者仍要步步為營，皆因新一年麻煩阻滯較多，需要做好兩手準備，不宜留太多現金流以免破財，又要積穀防饑應付突如其來的開支，建議作好平衡，亦可考慮購買實物保值。另外，健康運會受瑣瑣碎碎問題困擾，不妨多花費於保健產品之上，主動應驗運勢。

【事業方面】

流年的金、土運對辛巳日出生者未見有太大幫助，雖然貴人及同輩運尚可，惟工作上始終較難有發揮，亦不見有大升遷運，故只能求輕微的薪酬加幅或職銜上的進步。其中農曆正月及二月出生者較為順遂，秋天則難免較艱辛，唯有謹守崗位或進修增值靜待時機。另外，新一年屬雞或女性貴人助力較大，若老闆是女性或從事的行業以女性顧客為主，如美容、化妝、時裝等，業績尚算平穩。至於有意轉工者農曆七月、八月較合適，惟並非大進步，以轉換環境心態面對較佳。

【感情方面】

由於日腳與流年屬半合，加上天干出現「比劫」，新一年的感情運將會較為錯綜複雜，處理不好甚至會引發分手危機，需要小心經營。既然桃花陷入混亂狀態，戀愛中情侶或已婚者不宜對

流月運勢

♥吉 ♡中吉 ♡平 ♥凶

♥	2021年2月3日至3月4日	踏入正月容易破財，需要量入為出。本月亦要留心道路上的小碰撞，駕駛人士要打醒十二分精神。
♡	2021年3月5日至4月3日	財運「一得一失」的月份，有一筆錢財進帳、但又容易有財物損失，需要謹慎理財。
♡	2021年4月4日至5月4日	本月是非口舌較多，事不關己不宜多管閒事；可幸能得到長輩幫忙，凡事亦可逢凶化吉。
♡	2021年5月5日至6月4日	容易受傷的月份，尤其雙腳首當其衝，有運動習慣或出門後要特別提防，亦要留心隱藏的家居陷阱。
♥	2021年6月5日至7月6日	財運、事業運均極為暢旺，惟個人感覺壓力較大，需要學懂自我調節放鬆心情。
♡	2021年7月7日至8月6日	傳統相沖月份，爭拗在所難免，可幸一切只屬先難後易，以耐性應對即可解決。
♥	2021年8月7日至9月6日	「天合地合」的月份煩惱困擾較多，做事容易一波三折，需要有兩手準備。
♡	2021年9月7日至10月7日	本月將有新合作機會出現，若不牽涉大手投資不妨一試，可望有不俗回報。
♥	2021年10月8日至11月6日	困難重重、難有發揮的月份，需要無比耐性應付，亦可嘗試找朋友幫忙，問題較容易解決。
♥	2021年11月7日至12月6日	工作頗為順暢，加上本月有「驛馬」適合走動，如情況許可不妨出外旅遊，運勢將更為旺盛。
♡	2021年12月7日至2022年1月4日	本月個人情緒開朗正面，惟財運容易有耗損，亦有「財來財去」情況，需要量入為出。
♥	2022年1月5日至2月3日	跌入打針、食藥運勢，需要多注意身體健康。家宅上亦受瑣碎問題困擾，宜以耐心應對。

人過分熱情，需要冷靜克制、抗拒外來誘惑，以免陷入糾纏不清的三角關係。尤其是辛巳日出生的男性容易有人暗戀自己，若不想惹伴侶誤會，則要減少無謂的應酬或盡量攜眷出席，以免自尋煩惱。至於單身一族的桃花運平平，關係未見有突破，不如專注於事業發展更為理想。

【健康方面】

辛丑年有輕微的打針、食藥運，尤其喉嚨、氣管及呼吸系統較弱，若有鼻敏感問題需要多留意空氣質素，亦要留心有久咳、氣管敏感毛病。另外，雙手及關節容易受傷，不宜進行攀山、爬石等高危活動或劇烈運動，太極、瑜伽等伸展運動將較為合適。由於日腳與流年半合，新一年交際應酬較多，腸胃容易不勝負荷，飲食要適可而止。整體而言，健康並無大礙，只是較多瑣碎問題，加上有「劫財」運，不妨主動花費於保健品或針灸之上，亦可多作贈醫施藥善舉應驗運勢。

19 壬午日

◆ 事業如意 小人當道提防陷害

由於日腳與流年呈午、丑相害，而這個「害」代表陷害，因此「害太歲」之年會衝擊人際關係，身體健康亦會被瑣碎問題困擾，屬跌入困局的一年。

【財運方面】

壬午日出生者天干是水、地支是火，大部分人也屬弱命，而水的特性是流動，辛丑年行土運將水困住，運勢較難有發揮。尤其是三月、六月、九月及十二月出生者五行土重，跌入困水局更為弱勢。而農曆正月及二月命格木旺，亦有「剋洩交加」情況。火旺的農曆四月及五月出生者因水被制衡，難免有悶悶不樂之感。反而農曆七月及八月出生者五行金旺，得流年天干的金生旺水，運勢可有進步。農曆十月及十一月水重，行土運將過旺的水稍為截停，八字得以平衡亦頗為順遂。

總而言之，辛丑年的財運宜守不宜攻，雖未見大破財運，但亦難以從投資炒賣中獲利，收入難有突破。從商者亦要有心理準備工作較艱辛，凡事要親力親為，開創新方向突圍而出始能令財運維持平穩，亦要提防小人。另外，由於水需要流動，新一年可多前往寒冷地方旅遊，並使用大量米色、白色、淺藍或水的擺設助運，避免使用啡色及黃色即可。

【事業方面】

辛丑年的事業運及貴人運俱佳，打工一族能得老闆及上司提攜，尤其女性長輩助力更大，雖然不屬大幅度的薪酬調整，但將有不俗的升遷機會，不妨積極把握。惟個人壓力較大，面對未接觸過的範疇感覺較為陌生，遇有疑問不妨虛心向前輩請教。另外，始終受「害太歲」影響，同輩關係較為緊張，需要提防有小人當道、遭人陷害，待人處事宜低調，盡量「少説話、多做事」為佳。新一年亦不屬有大變動年份，建議留守原有位置，亦可爭取出差或涉獵新的工作範疇。

【感情方面】

女士桃花開遍地的年份，可望遇上心儀對象，無論背景、學識、人品也頗為吸引，不妨積極把握。惟始終屬「害太歲」，剛開展關係者不宜太早融入對方圈子，以免流言蜚語影響觀感，

流月運勢

♥吉 ♡中吉 ♡平 ♥凶

♥	2021年2月3日至3月4日	踏入正月是非口舌頻繁，事不關己不宜多管閒事，始終保持良好的人際關係有助提升運勢。
♡	2021年3月5日至4月3日	貴人運極為順遂，亦有不俗的學習運，惟有機會遇上爛桃花，需要特別提防。
♡	2021年4月4日至5月4日	本月屬「劫財」月份，不宜投資投機，容易有金錢損失；可幸是事業運良好，可把握機遇發展。
♡	2021年5月5日至6月4日	工作遇上困難波折，可幸一切只屬「先難後易」，只要多加耐性，最終也能成功。
♡	2021年6月5日至7月6日	事業有發揮的月份，可望於職場上大展拳腳。惟健康運一般，遇有不適應立即求醫。
♡	2021年7月7日至8月6日	本月有新合作機會，惟不算非常有利，建議多花時間觀察了解，不宜魯莽下決定。
♥	2021年8月7日至9月6日	工作開始回復正軌，財運亦穩步上揚，投資方面只要不太貪心可有得着。
♡	2021年9月7日至10月7日	工作順遂、財運亦有進帳，惟有點精神緊張、神經衰弱，影響睡眠質素，需要放鬆心情。
♡	2021年10月8日至11月6日	本月要提防官非訴訟，文件、合約細節要核對清楚，駕駛人士亦要奉公守法，以免墮入法網。
♡	2021年11月7日至12月6日	運勢拾級而上，個人衝勁十足，做事亦較容易成功。惟本月有機會意外受傷，出入需要特別小心。
♡	2021年12月7日至2022年1月4日	人事紛爭較多，夫妻間亦會有較多無謂爭拗，需要多加溝通。本月亦適宜往外走動，有助帶動運勢。
♥	2022年1月5日至2月3日	能得貴人助力的月份，惟必須注意輕微的腸胃問題，飲食要有節制，凡事適可而止。

甚或有分手危機。至於男士則較為專注事業，談戀愛的意欲不高，較難覓得合眼緣對象。已有伴侶或已婚者亦容易因為工作而冷落另一半，不妨舊地重遊或發展共同嗜好維繫感情。新一年雖然不算是爭拗頻繁的年份，惟仍要提防因伴侶身邊人的瑣事而意見分歧，建議不宜多管閒事以免惹爭端。

【健康方面】

由於個人的水被流年的土所困，困水局較為衝擊健康運，壬午日出生者需要特別留心膀胱、腎臟及內分泌毛病。而且水的個性需要流動始有發揮，新一年情緒難免較為鬱鬱寡歡，甚至影響睡眠質素，建議避免使用啡、黃兩色及不宜佩戴玉器，以免情緒更負面，亦可於牀邊擺放銅製重物，多接觸大自然或多找朋友傾訴解開心結，作適量的打坐、瑜伽等減壓運動，有助放鬆身心。新一年亦可安排出門旅遊，以北方及寒冷地方最為合適，以「借地運」的方式提升運勢。

20 癸未日

動中生財 往外拓展不宜留守

【財運方面】

癸未日出生者來到辛丑年屬「日腳相沖」，這個「丑未沖」代表走動，新一年需要「動中生財」，故打工一族不妨主動爭取出差，從商者亦可拓展海外市場，有助帶動財運向上。另外，土的相沖亦代表田宅變動，辛丑年有機會因為辦公室或家居裝修、搬遷而需要動用金錢，建議預留一筆現金作好準備。

癸未日出生者天干屬水、地支屬土，農曆三月、六月、九月及十二月出生者命格土重、水局受困，賺錢過程難免較為艱辛。農曆正月及二月出生者五行木旺，財運只算是不過不失。反而農曆四月及五月出生者有水平衡火旺命格，財運尚算理想；農曆七月及八月出生者多屬金旺，金生水有助事業發展，但情緒較為負面，容易胡思亂想。至於本身屬水旺的農曆十月及十一月出生者，行土運穩定了個人水局，財運亦會頗為活躍。

不過，由於辛丑年始終不是行財運，不宜作重大投資；「沖日腳」亦要提防人事爭拗，尤其從商者要留心與拍擋之間的關係，盡量親力親為、多往外走動，待人處事亦要多加忍讓，以免因為人事問題而令財運受損。

【事業方面】

流年地支「丑土」是個人的事業星，新一年事業發展順遂，雖然薪酬未見大幅度調整，但職權將有明顯提升。惟需要留意工作壓力較大，尤其三月、六月、九月及十二月出生者下屬運一般，凡事要親力親為，較難有助力。「沖日腳」的年份亦有轉工念頭，但容易一轉再轉，有經濟壓力者不宜衝動「裸辭」，否則要待一段長時間始能覓得合適工作。至於留守原有位置者可主動爭取出差，從事銷售則可拓展海外市場，惟要留心人事爭拗，始終和睦的人際關係對事業發展可有裨益。

【感情方面】

「沖日腳」代表爭拗，而「丑未沖」沖夫妻宮，新一年容易因為意見分歧而令關係陷入僵局，處理不當甚或會有分手危機，故不妨以「聚

流月運勢

♥吉 ♡中吉 ♡平 ♥凶

♥	2021年2月3日至3月4日	踏入正月貴人運順遂，亦有不俗的學習運，不妨報讀與工作相關的課程或興趣班進修增值。
♡	2021年3月5日至4月3日	有輕微桃花運的月份，惟不宜急進開展新感情，建議多溝通了解才考慮發展。
♡	2021年4月4日至5月4日	本月事業運強勁，亦可得貴人之助力，惟工作壓力較大，只要學懂放鬆則可有理想發揮。
♡	2021年5月5日至6月4日	財運「一得一失」的月份，有錢財進帳、但亦又有破財機會，需要謹慎理財，以免「財來財去」。
♥	2021年6月5日至7月6日	本月運勢有「吉中藏凶」之象，做事困難重重，需要有兩手準備應對眼前困境。
♡	2021年7月7日至8月6日	個人情緒負面、心情低落，其實事業有穩步上揚之勢，不妨積極把握向上發展。
♥	2021年8月7日至9月6日	貴人運及財運持續向好，之前所遇到的困難、阻滯可望迎刃而解，毋須杞人憂天。
♡	2021年9月7日至10月7日	本月健康平平，需要留心眼睛發炎、敏感等小毛病；可幸事業運全面向好，領導才能有望發揮。
♥	2021年10月8日至11月6日	精神壓力較大，容易產生焦慮不安情緒、影響睡眠質素，不妨多出門旅遊放鬆心情。
♡	2021年11月7日至12月6日	事業發展順遂的月份，惟容易有受傷跌傷機會，出入或上落交通工具要特別小心。
♥	2021年12月7日至2022年1月4日	本月小人當道，建議「少説話，多做事」，不宜做中間人為他人排難解紛，以免惹是生非。
♡	2022年1月5日至2月3日	本月屬適合「動中生財」的月份，時間許可不妨多出門往外走動，有助帶動財運進帳。

少離多」的方式相處，亦可考慮發展個人嗜好或多出門，所謂「小別勝新婚」，減少見面關係將更為甜蜜。另外，辛丑年的爭拗未必來自二人，有機會因為伴侶家人、朋友而起，建議關係未穩定者不宜太早融入對方圈子，以免閒言閒語影響感情。單身一族則以女士較為有利，有機會於異地遇上心儀對象，出差或旅遊時不妨多加留意。

【健康方面】

「丑未沖」代表容易受傷跌傷，尤其雙腳首當其衝，熱愛運動者要特別提防，亦要避免參與攀山、爬石、跳傘等高危活動，並多留心家居的隱形陷阱。駕駛人士則要時刻打醒十二分精神，注意道路安全，以免發生碰撞。另外，土相沖的年份腸胃及消化系統較弱，尤其農曆三月、六月、九月及十二月出生者土被水困，個人情緒較為負面，建議多接觸大自然或多找朋友傾訴，放鬆心情。其他月份出生者身體並無大礙，只是有輕微工作壓力，注意飲食及作息定時即可。

21 甲申日

財運向上 謹守開支積穀防饑

【財運方面】

甲申日出生者在辛丑年的財運屬平穩向好，由於流年地支「丑土」是自己的財星，無論是哪一個月份出生的人，財運算是順暢。其中農曆正月及二月出生的人本身木旺，行土的年份強化了個人的運勢，財運最優，既可賺錢亦容易有盈餘，不妨進取一點。在農曆四月及五月出生者，由於命格火旺，受流年的濕土滋潤，財運亦不俗。

出生於七月及八月的人，金旺木弱，牛年雖然頗多進帳，但開支同樣多，要提防破財；而農曆十月及十一月的人，由於水過旺，新一年適合多往外走動，屬愈動愈起勁。至於農曆三月、六月、九月及十二月出生的人，命格的土太重，亦容易財來財去，更要多留心腸胃的小毛病。

營商者運勢肯定較鼠年為佳，新一年有機會拓展新的商機，令收入大幅增加，惟牛年財運雖然暢順，但慎防起伏太大，且有時好時壞的情況，如某些月份有可觀進帳，便要好好維持，盡量積穀防饑，以彌補某些月份不足的營業額。辛丑年出現輕微的打針食藥運，過年後不妨多做贈醫施藥之舉，或購買保健產品，應驗健康破財。

【事業方面】

流年天干「辛金」通至出生日地支「申金」，令事業運明顯向好，加上有財星照耀，所以升職加薪有望，其中以農曆正月及二月出生的人最順暢，無論進修及升遷運都不俗；農曆七月及八月的人，由於金過強，工作壓力變大，提防失眠情況變嚴重。

有意轉工的人會有不少機會，但謹記轉去新環境後，未必如自己所預期，工作或會更辛苦。雖然事業運順暢，但由於上司或老闆要求較以往嚴格，變相令工作壓力更大，如遇上不熟悉的新工作範疇，不妨向前輩請教。

【感情方面】

單身女士的桃花運較男士稍強，牛年會遇上背景及外貌均令自己心儀的男士，不妨主動一點，有機會開展一段新情緣。男士的桃花只屬一般，雖然會結識到合眼緣的異性，但由於自

流月運勢

♥吉 ♡中吉 ♡平 ♥凶

♥	2021年2月3日至3月4日	天沖地沖的月份，做事一波三折，宜做好兩手準備，更要提防突如其來的變化。
♡	2021年3月5日至4月3日	出現輕微打針食藥運，但幸好無大礙，只屬虛驚一場。
♥	2021年4月4日至5月4日	貴人與財運都不俗，如遇上新機會不妨放手一試，或會有得着。
♡	2021年5月5日至6月4日	貴人運強勁，但提防情緒變差，容易作繭自縛，多約會朋友傾談心事。
♡	2021年6月5日至7月6日	劫財的月份，是非口舌亦增多，與自己無關的事勿多言。
♡	2021年7月7日至8月6日	財運出現一得一失，要做好收支平衡才能避免破財。
♡	2021年8月7日至9月6日	事業運向上，但工作壓力亦變大，要好好學習紓緩壓力。
♡	2021年9月7日至10月7日	出現新的合作機會，如發現自己力有不逮時，不妨向朋友求助。
♡	2021年10月8日至11月6日	正財及偏財都不俗，但出現輕微打針食藥運，注意身體健康。
♥	2021年11月7日至12月6日	長輩運不俗，不妨借機打通人脈，對未來發展更佳；但提防手部受傷。
♡	2021年12月7日至2022年1月4日	手部及頭部容易受傷的月份，做運動時需要加倍小心，不妨出門旅遊借地運。
♥	2022年1月5日至2月3日	財運順遂，過往的投資有回報，但提防喉嚨氣管等小毛病。

己猶豫不決，所以只能原地踏步，無法出現新突破；不妨借助身邊朋友，多舉辦聚會從中推波助瀾，可以令感情更進一步。

已婚男女感情穩定，沒受到太大衝擊，但慎防因為過分專注工作，而冷落另一半，可考慮與伴侶舊地重遊，或培養共同興趣，維繫感情。

【健康方面】

受「金剋木」影響，農曆七月及八月出生者，健康運只屬一般，容易出現精神緊張，焦慮不安等問題，要多做紓緩壓力的運動如太極、瑜伽及冥想等；平時多用藍色、綠色及間條物品。至於農曆十月及十一月的人可用紅色及綠色的物品，都有助暖和命格。

辛丑年出現「懸針煞」，要多留心喉嚨氣管、關節等毛病，如遇上小毛病，不妨借助針灸方式治療。另外，亦要提防肝臟的毛病，如喜愛杯中物的人，必須淺嘗即止，勿加重肝臟負擔。

22 乙酉日

財運向上 單身女士大利桃花

【財運方面】

乙酉日出生者在辛丑年的財運順暢，由於流年地支「丑土」是個人的財星，所以整體財運算是向好，惟出生日的天干「乙木」與流年的「辛金」相沖，代表人際關係容易出現爭拗，營商者須提防與合作伙伴因意見分歧而鬧翻；對合約文件細節要小心覆核，以免一時大意惹上官非。另外，辛丑年的偏財運亦不俗，可進行小量的投資，只要不太貪心會有理想回報。

農曆正月及二月出生的人本身木旺，辛丑年行土運，強化了個人的運勢，財運最佳，既能賺錢亦有剩錢儲蓄。至於在火重的農曆四月及五月出生者，流年的濕土滋潤了命格，財運亦不俗。而農曆七月及八月出生者，金旺木弱，財運容易一得一失；至於農曆三月、六月、九月及十二月出生的人，雖然命格土重，但由於流年的「辛金」通至出生日的「酉金」，同樣金過強，亦有財來財去的問題。而農曆十月及十一月的人，財運總算不過不失。

由於天干出現相沖，對健康運有一定影響，牛年容易受傷，過年後不妨多做贈醫施藥善舉，或購買保健產品，以「破財擋災」方式提升運勢。

【事業方面】

流年「辛金」是個人的事業星，整體事業運屬不俗，但出現相沖情況，打工一族容易渴望求變，新一年會有不少變遷機會，例如公司架構重組，令你調職到新的工作崗位，或轉工到新公司，尤其是下半年，更有條件優厚的邀約，職位有機會更進一步。

相沖的年份，人際關係存在隱憂，與上司容易因意見分歧而爭拗不斷；另外，亦要提防與同事間的競爭白熱化，與人相處不宜有太多意見，低調一點可免受針對，謹記圓融的人際關係可以令事業更暢順。

【感情方面】

單身女士在辛丑年可謂桃花處處，容易遇上背景及樣貌均出色的異性，雙方有機會開展一段新感情；拍拖中的女士，由於有輕微的分手運，慎防與伴侶因爭執太多而鬧至情變。至於拍

流月運勢

♥吉 ♡中吉 ♡平 ♥凶

♡	2021年2月3日至3月4日	精神緊張、容易失眠的月份，可以多接觸大自然放鬆一點。
♥	2021年3月5日至4月3日	天沖地沖的月份，做事較多變化，凡事做好兩手準備，可安排小休出外旅行。
♥	2021年4月4日至5月4日	貴人運順暢，人際關係好轉，但留心腸胃出現小毛病。
♡	2021年5月5日至6月4日	出現新的合作機會，亦有不少貴人的助力，如果投資不太大的話可以一試。
♡	2021年6月5日至7月6日	劫財的月份，亦要提防是非口舌變多，與自己無關的事勿多言。
♡	2021年7月7日至8月6日	財運容易一得一失，如有朋友要求借貸幫忙，謹記量力而為。
♡	2021年8月7日至9月6日	工作壓力較大，如遇上困難，不妨找朋友傾訴，但投資則宜獨行獨斷。
♥	2021年9月7日至10月7日	手部容易受傷，駕車或從事操作機械工作的人，要打醒十二分精神。
♥	2021年10月8日至11月6日	財運順遂，之前的投資有回報；注意與伴侶間的關係，多關心對方的情緒。
♥	2021年11月7日至12月6日	適宜往外走動的月份，應驗動中生財。
♡	2021年12月7日至2022年1月4日	此月出現爛桃花，小心桃花破財，不宜作出重大決定。
♡	2022年1月5日至2月3日	人際關係變得複雜，幸好做事先難後易，難題會迎刃而解。

拖中的男士，由於外在誘惑增多，要提防因第三者介入而分開，謹記勿對異性過分熱情，以免令人誤會。

已婚者若經常日夕相對，容易為家人及管教小朋友方面各持己見，令爭執不斷，甚至鬧到有分開危機，牛年適合聚少離多，彼此多留空間對感情反而有利。

【健康方面】

健康運受「金木相剋」影響，要留心頭部、手腳及關節等毛病，如有五十肩、網球肘，或經常對電腦工作的人士，要留意手腕不適或扭傷，不妨多做不傷關節的伸展動作如瑜伽及太極等。

如有偏頭痛及失眠等毛病的人，新一年情況可能變差，建議多接觸大自然，盡量放鬆心情。駕車者要打醒十二分精神，提防因意外碰撞而受傷。乙酉日出生者傾向喜歡杯中物，為免增加肝臟負荷，飲酒要節制一點；牛年不妨多用藍色、綠色或間條飾物，多擺放水種植物都有助提升健康運。

23 丙戌日

◆ 日犯太歲 財運不穩注意情緒

【財運方面】

踏入辛丑年，流年「辛金」是自己的財星，但丙戌日出生者天干出現「丙辛合」，地支呈「丑戌刑」，因此財運容易一得一失，只屬表面風光。這種「有合有刑」的年份，對運勢的影響有好有壞，部分人運勢尚算順暢；但部分人做事變化較多，原本簡單的事也會變得異常複雜，運勢可謂吉中藏凶。

尤其營商者在洽談生意過程中容易一波三折，最初可能十分順利，但到後來發展會出現重重阻礙，千萬不能大興土木擴展生意。牛年人際關係緊張，尤其下屬的問題會令自己大為煩惱，凡事必須親力親為，如假手於人容易因下屬失誤而損失不菲。

丙戌日本身屬火土，辛丑年再行土，過多的土便會泄弱運勢，尤其是在農曆三月、六月、九月及十二月出生的人，財運屬多勞少得，更要提防是非口舌。農曆七月及八月出生者命格金旺，財運算是不過不失；至於農曆四月及五月出生的人，則要提防情緒容易低落及焦慮，農曆十月及十一月出生者財運亦未許樂觀，同樣要提防工作壓力太大；至於農曆正月及二月出生的人本身木旺，行土運的年份財運較為順暢。

【事業方面】

受「日犯太歲」影響，事業運只屬中規中矩，對升職勿抱太大期望；加上人際關係出現暗湧，與同事間是非口舌增多，在辦公室內盡量少說話、多做事，免成眾矢之的。辛丑年與上司或下屬的關係變差，經常會有被上司針對的感覺；管理階層要提防有「惡奴欺主」的情況出現。

打工一族會心思思想轉工，但在運勢動盪之年，未必有適合機會；其實辛丑年有不俗的學習運，不妨報讀一些興趣班或技術課程，雖然並非與工作有關，但可視為增加競爭力的部署。

【感情方面】

單身男士的桃花較女士為佳，容易遇上合眼緣的對象，惟未必可以即時發展成情侶，開展感情前先仔細觀察，在未穩定前不宜太高調，否則易生變數。單身女士遇到的多是追追逐逐的

流月運勢

♥吉 ♡中吉 ♡平 ♥凶

♥	2021年2月3日至3月4日	財運順暢，可作小額投資，只要不太貪心會有收獲。
♥	2021年3月5日至4月3日	天合地合的月份，做事一波三折，宜做好兩手準備，不妨多出門借地運改善運勢。
♡	2021年4月4日至5月4日	天沖地沖的月份，困難事仍未解決，亦適宜出外走動，上半年出生者宜往寒冷地方，下半年出生者適合到熱的地方旅行。
♡	2021年5月5日至6月4日	運勢好轉，之前的困境開始出現曙光，事業運亦向上。
♡	2021年6月5日至7月6日	容易受傷的月份，有破相開刀之虞，留心身體健康。
♥	2021年7月7日至8月6日	容易惹來是非口舌，盡量少説話、多做事，免招人話柄。
♥	2021年8月7日至9月6日	財運轉佳，同輩的助力頗大，可以幫手解決難題。
♡	2021年9月7日至10月7日	財運雖然順暢，但恐防一得一失，要做好收支平衡。
♡	2021年10月8日至11月6日	心情煩躁的月份，容易與人爭執，幸好學習運不俗，不妨報讀有興趣的課程。
♡	2021年11月7日至12月6日	事業運向好，但留心身邊人多閒言閒語，低調一點以免受人攻擊。
♥	2021年12月7日至2022年1月4日	財運與事業運均順暢，職位與薪酬都有輕微提升。
♡	2022年1月5日至2月3日	留心喉嚨、呼吸系統的毛病，不妨為家居進行小型裝修，提升運勢。

桃花，未算實在，很多時是「神女有心，襄王無夢」，在一廂情願下未必可以順利開展感情，可能要靠朋友從旁推波助瀾，才能再進一步。

已婚夫婦在牛年容易為家人或小朋友的管教問題出現爭拗，除了少介入對方家事外，相處時多忍讓、多溝通亦可以避免因意見分歧而令衝突加劇。

【健康方面】

「丙辛合」的年份，代表喉嚨氣管、呼吸系統及肺部容易出現毛病，慎防久咳不癒或受鼻敏感纏繞，除留心家居的致敏原外，亦要從食療下手，加強肺部功能。

另外，丙戌日的人本身已是多思多慮，受「丑戌刑」影響，更容易精神緊張、胡思亂想，令失眠情況加劇，不妨多接觸大自然，或報讀一些興趣課程如烹飪、攝影及園藝等，有助減輕生活壓力；如找到宗教信仰，更有助穩定情緒。家宅方面，可以更換家具或裝修等，亦有助提升健康運。

㉔丁亥日

保守為上 做好準備迎接變化

【事業方面】

辛丑年的事業運處於進步狀況，會出現輕微的升遷運，打工一族權責上有增加，但有心理準備薪酬加幅未見樂觀。牛年面對自己不熟悉的工作範疇，無可避免壓力變大；亦要提防與同輩的是非口舌增多，宜少説話、多做事。

計劃轉工的人，牛年未是適合時機，其中農曆四月及十月都有新機會，但謹記二〇二二壬寅虎年是「天合地合」的年份，事業亦會受到衝擊，如在牛年轉換工作，恐防到了來年又要再轉一次，不如靜待虎年變動之年，到時再轉工會較佳。

【感情方面】

單身男士容易遇上一見傾心，但年紀較自己大一點或年輕八至十年的女士，如果不介意年齡差距，大有機會開展一段新感情；惟此段感情

【財運方面】

丁亥日出生者財運只屬不過不失，雖然流年無沖無合，但丁亥日本身金水重，遇上流年的土，對於火旺的農曆四月及五月出生者最為有利，財運較為順暢；次優則是農曆正月、二月出生的人。

而農曆七月及八月出生者，本身金旺，流年天干的「辛金」透落到出生月份的金，金過旺令財運只屬表面風光，屬多勞少得。農曆十月及十一月出生的人，由於命格水重，牛年是辛苦得財的年份，更要提防官非訴訟，與客人的往來文件要小心覆核清楚。至於農曆三月、六月、九月及十二月出生者，需要留心是非口舌特別多，但如從事「以口得財」的行業，不妨主動聯絡舊客戶，業績會有顯著的進步。

由於並非行大財運之年，營商者開拓商機時不能過分心雄，因為丁亥日出生者過了辛丑年到二〇二二壬寅虎年，屆時與流年天干地支出現相合，即所謂「天合地合」年份，無論事業、財運等各方面的變動特別多，有部分人的變化會在二〇二一下半年提早出現，所以在牛年第三季開始，理財要以保守為大前提，以免在牛年下錯決定，到虎年損失才浮現而令自己大傷腦筋。

流月運勢

♥吉 ♡中吉 ♡平 ♥凶

♥	2021年2月3日至3月4日	合日腳的月份，做事一波三折，宜做好兩手準備，以防出錯。
♡	2021年3月5日至4月3日	財運順遂，出現新的合作機會，但要看清楚內容，勿輕舉妄動。
♡	2021年4月4日至5月4日	精神容易緊張，出現輕微失眠，不妨出外旅遊散心；幸好事業運順暢。
♥	2021年5月5日至6月4日	天沖地沖的月份，出現不少麻煩事，做好應變措施才能履險如夷。
♥	2021年6月5日至7月6日	此月運勢順暢，帶動事業運亦持續向上。
♡	2021年7月7日至8月6日	貴人運不俗，事業上有機會大展拳腳，不妨把握一下。
♡	2021年8月7日至9月6日	小心財來財去，此月不宜進行任何投機投資，以免有損失。
♡	2021年9月7日至10月7日	財運不穩，如有朋友及親人提出借貸要求，謹記凡事量力而為。
♡	2021年10月8日至11月6日	學習運強勁，不妨報讀與工作有關的課程，為未來鋪路。
♡	2021年11月7日至12月6日	此月容易惹上官非，除了小心合約文件細節外，駕車者亦要遵守交通規則。
♡	2021年12月7日至2022年1月4日	財運與事業運持續向上，但謹記不要給予自己太大壓力。
♥	2022年1月5日至2月3日	偏財運尚可，可作小額投資，只要不太貪心會有收穫。

屬細水長流模式，需時間先互相觀察，勿操之過急。單身女士的桃花運亦不違多讓，身邊出現不少曖昧情緣，尤其是在職場上更會遇到互有好感的男士，可以慢慢作進一步發展。

已婚男女感情趨向平穩甜蜜，但要提防因過分專注工作而冷落了另一半，不妨多抽時間安排短線旅行，可以令感情持續升溫。

【健康方面】

丁亥日出生者的健康運尚算平穩，惟農曆十月及十一月寒冷月份出生的人，必須注意心臟血管及膽固醇等都市疾病；而農曆三月、六月、九月及十二月出生者由於土過重，要提防腸胃的毛病，亦要留心體重上升的問題。建議下半年出生者，不妨多用鮮艷的紅色、藍色有效助旺命格，改善健康運。

為了迎接壬寅年「天合地合」的變化，建議在辛丑年的年底便要開始部署，不妨早點作詳盡的身體檢查，讓自己安心一點；同時亦可以購買醫療保險以作不時之需。

25 戊子日

財運動盪 調節心態應對危機

【財運方面】

戊子日出生者自坐財星之上，原本對從商者極為有利，但踏入辛丑年，由於地支呈「子丑合」，令財星被合走。做生意的人必須做好心理準備，牛年頗多新的合作商機，但在洽談生意過程中容易一波三折，最初可能十分順利，但到後來發展會出現重重阻礙，千萬不要被表面風光的假象瞞騙，而大興土木擴展生意；一定要以保守為大前提，謹記不熟不做，對客戶亦不能掉以輕心，借貸擔保萬萬不能，否則可能出現被賴帳的情形。

「合日腳」的年份，最適宜置業或添丁，如將金錢花費在喜事上，反而更有利聚財；尤其是農曆三月、六月、九月及十二月出生者，由於命格土過重，財運欠缺穩定性，特別多無謂的開支，建議少留現金在身邊，如有盈餘不妨轉成實物，如置業或投資長線基金等。

而農曆正月及二月出生者事業運較財運為佳，可以在職場上把握一下；農曆四月及五月的人財運雖然一般，但心情較以往輕鬆愉快。出生於農曆七月及八月的人，財運最起伏不定，而且較辛苦勞累。至於農曆十月及十一月的出生者財運算是平穩向好。

【事業方面】

事業運只能以不過不失來形容，流年行「傷官」運，如在大機構或政府部門工作的人事業較多阻礙，要有心理準備與上司及下屬的關係出現暗湧，自己處於夾心階層時兩面不討好，多加溝通才能消除誤會。反而從事銷售見客等中間人角色工作，牛年可發揮所長，營業額會有所提升。

打工一族轉工意欲頗高，但「合日腳」的年份，始終較多阻滯，升遷運未見樂觀，不如謹守崗位，選擇報讀與工作有關的課程，好好裝備自己，為未來打好基礎。

【感情方面】

已拍拖的男士與另一半關係易生變數，相處時容易為小事爭執不斷，令對方有厭倦感覺，如果未有結婚計劃的男士，要提防有第三者「橫刀奪愛」，最終分手收場。至於單身男女感情運並

流月運勢

♥吉 ♡中吉 ♡平 ♥凶

♡	2021年2月3日至3月4日	此月出現輕微官非，處理文件細節要小心一點，以免一時大意而出錯。
♥	2021年3月5日至4月3日	有破財迹象，投資方面要保守為大前提，千萬不要過分冒進。
♡	2021年4月4日至5月4日	偏財運順暢，可作小額投資，只要不太貪心會有收穫。
♡	2021年5月5日至6月4日	情緒容易低落，此月適宜往外走動，不妨出門旅遊借地運。
♡	2021年6月5日至7月6日	相沖的月份，留心人際關係倒退，與人相處時多點包容，幸好事業運不俗。
♡	2021年7月7日至8月6日	是非口舌增多，與自己無關的事勿多言，此月多往外走動有助改善運勢。
♥	2021年8月7日至9月6日	貴人運與學習運順暢，帶動事業運亦持續向上，可以好好把握一下。
♥	2021年9月7日至10月7日	桃花運不俗，單身人士會出現不少合適對象，但只屬短暫桃花勿急着投放感情。
♡	2021年10月8日至11月6日	領導才能可以盡情發揮的月份，但出現輕微劫財之象。
♥	2021年11月7日至12月6日	財運雖然不俗，但提防財來財去，投資實物較易保值。
♡	2021年12月7日至2022年1月4日	管理層容易為下屬問題煩惱，父母亦會為子女事操心，多溝通才能達到共識。
♡	2022年1月5日至2月3日	腸胃容易敏感，留心出外時水土不服，飲食要清淡一點。

無太大突破，雖有機會透過出國旅行或公幹時，遇上輕微的異地桃花，但只屬短暫情緣，未必可以開花結果。

已婚男女容易為家中瑣碎事情而發生爭執，幸好並無太大衝擊，牛年亦是適合計劃添丁；但由於「合日腳」年份易生變化，建議要依足傳統，待懷孕三個月後才公開也未遲。

【健康方面】

總體來說，健康運並無大問題，土重的年份，多留心腸胃的毛病，例如腸胃炎、消化不良或食物中毒等；牛年會有不少應酬飯局，謹記作息定時及避免暴飲暴食，以免腸胃不勝負荷及令體重上升。另外，牛年容易有皮膚敏感問題，除了要注意家居貼身用品的清潔外，轉換護膚品時亦要留心會否有致敏成分。

家宅方面，多留心家中男性長輩的健康；已婚夫婦如有添丁喜事，更可提升運勢，但必須低調一點，待三個月後穩定才可向外公布。

26 己丑日

劫財重重 創業艱難不熟不做

【財運方面】

己丑日天干地支同屬土，遇上辛丑年地支亦屬土，過多的土便形成劫財之象。尤其是農曆三月、六月、九月及十二月土重月份出生者，流年再行土，可謂劫財重重，除了要留心收支平衡外，如果手握現金更有機會因突如其來的支出而花掉，不如將現金轉作實物投資，例如買物業或黃金更能保值。

由於己丑日出生者土過旺，辛丑年千萬不能用啡色、黃色或佩戴玉器，否則令運勢更艱辛。建議於上半年出生者多用藍色物品，多往北方旅行；而下半年出生的人就盡量用綠色物品，疏導命格的重土，出外旅行時可選擇到東方，都有助改善運勢。

無論哪一個月份出生，由於辛丑年財運未見樂觀，如有計劃創業人士，建議勿輕舉妄動，因為土重的年份，特別多突如其來的開支，例如搬遷或裝修等。營商者在牛年屬艱苦經營的年份，一定要留心成本控制，否則容易入不敷支。另外，更不能大興土木拓展新的項目，謹記「不熟不做」。新一年不宜作任何借貸擔保行為，容易被人「一借無回頭」；對客戶的還款期亦要抓緊一點，以免被賴帳而蒙受損失。

【事業方面】

打工一族的事業運只屬不過不失，由於流年行「傷官」及「食神」運，所以經常會胡思亂想，總覺得在職場上競爭太大，難以在同事間突出自己，加上與同輩間的明爭暗鬥特別多，難免悶悶不樂。辛丑年未見有太大的升遷運，薪酬亦只有象徵性的加幅，不宜抱過大期望。但假如從事銷售、見客行業者，牛年發揮較其他工種更順暢。

有意轉工者，牛年並非一個合適的年份，農曆六月雖有輕微機會，但亦未必成事，不如留守原有公司，只要處理好心態，便無太大問題。

【感情方面】

踏入辛丑年，單身男女的桃花可謂平淡如水，感情運只能以原地踏步來形容。單身女士就算遇到合眼緣的男士，但彼此態度曖昧，感情陷入悶局中，難以再進一步。至於已拍拖的男士由

流月運勢

♥吉 ♡中吉 ♡平 ♥凶

♥	2021年2月3日至3月4日	事業運顯著向上，但留意工作壓力變大，要學懂放鬆心情。
♥	2021年3月5日至4月3日	人際關係倒退，是非口舌增多，少做中間人角色，以免好心做壞事。
♡	2021年4月4日至5月4日	有破財迹象，此月不宜作任何投資或投機。
♡	2021年5月5日至6月4日	麻煩事接踵而至，尤其工作上出現不少棘手難題，幸好財運順暢。
♡	2021年6月5日至7月6日	留心合約文件的細節，否則容易惹上官非；另外，要提防手部受傷。
♥	2021年7月7日至8月6日	動盪不安的月份，要注意身體健康，尤其是膝頭、關節等毛病。
♥	2021年8月7日至9月6日	貴人運不俗，此月心情較以往輕鬆，如覺得孤獨，不妨約會朋友傾訴心事。
♥	2021年9月7日至10月7日	承接上月運勢，本月有不少新機會，但如有人提出合作大計，要考慮周詳一點，以免招致損失。
♡	2021年10月8日至11月6日	劫財的月份，要留意收支平衡，否則容易入不敷支。
♡	2021年11月7日至12月6日	財運順遂，但此月容易受傷，運動時必須加倍小心，以免跌倒扭傷。
♡	2021年12月7日至2022年1月4日	做事一波三折，宜做好兩手準備，凡事有後備方案會更容易應付難題。
♡	2022年1月5日至2月3日	情緒容易低落，此月適宜出門旅遊借地運，亦可約會朋友解悶。

於過分投入事業，對另一半態度變得冷淡，建議培養共同興趣，多關注對方感受，才不致讓感情變淡。

已婚男女要多關心另一半的情緒問題，牛年感情穩定，但提防因過分專注在工作上，有時會不自覺冷落伴侶，不妨安排舊地重遊，可以重拾戀愛感覺。

【健康方面】

己丑日本身已屬土重，流年再行土運，腸胃或多或少出現敏感及毛病；尤其是農曆三月、六月、九月及十二月出生者，要提防消化不良、腸胃炎等問題，生冷食物少吃為妙；另外，作息要定時，亦要提防體重暴升。

木弱的年份，亦要留心關節及肝臟等毛病，特別是農曆六月，更要提防膝蓋受傷；而喜歡杯中物人士，只能淺嘗即止，避免加重肝臟負擔。

整體而言，健康運並無大問題，多曬太陽、接觸大自然都有助情緒走出谷底，心情愉悅會有效改善健康運。

27 庚寅日

好壞參半 貴人運旺桃花平平

【財運方面】

庚寅日出生者在辛丑年的財運屬好壞參半，由於自己的天干屬刼財星，而地支是貴人星，雖能助旺個人財運，但能否財星高照，仍要視乎出生的月份了。

其中以農曆正月及二月出生的人最為有利，因命格木旺金弱，流年土可補金的不足，所以財運處於進步的趨勢，既能賺錢亦有盈餘儲蓄；反之農曆七月及八月出生的人本身金旺，流年「辛金」通至出生月份的金，形成金過重，便出現刼財之象，容易無緣無故破財。而農曆三月、六月、九月及十二月土重日子出生的人，出現「厚土埋金」，牛年容易悶悶不樂，經常有難以發揮之感。農曆十月及十一月出生的人，水旺再遇上流年的濕土，財運容易陷入困局，要做好心理準備是一個辛苦得財之年；至於農曆四月及五月出生的人，只屬平穩，財運不過不失而已。

營商者貴人運暢旺，如能親自出馬與客戶洽談業務，成功機會大大增加。牛年不宜作出借貸擔保等行為，否則容易「一借無回頭」，對客戶的還款期亦不能過分寬鬆。而偏財運不濟，不要寄望可以在短炒投機上獲利，必須靠自己實幹才能有機會賺錢。

【事業方面】

事業方面雖然受到貴人眷顧，尤其是女性上司給予的助力更大，令工作運更順暢。如計劃轉工者，不妨多聯絡舊上司或朋友，都可以獲對方居中引薦。農曆七月及八月會出現輕微轉工機會，但慎防一場歡喜一場空；其實牛年無沖無合，與同事間的合作默契較以前進步，工作氣氛亦愉快，倒不如留守舊公司打好基礎，對未來更有好處。

辛丑年並無明顯的升遷運，因為職場上的競爭特別大，想要突圍而出未必容易；不妨利用空餘時間進修一下，自我增值。

【感情方面】

單身一族在辛丑年的桃花運不算理想，雖然可以經長輩介紹，或朋友安排相親場合認識到合眼緣的異性，但進展緩慢，需要付出更大耐性。牛年進修運不俗，不妨報讀一些興趣課程，除了

流月運勢

♥吉 ♡中吉 ♡平 ♥凶

♥	2021年2月3日至3月4日	天干地支完全一樣，困難重重的月份，尤其小心財運，謹記做好收支平衡。
♡	2021年3月5日至4月3日	有破財迹象，任何投資慎防只是表面風光，千萬不要過分冒進。
♥	2021年4月4日至5月4日	貴人運不俗，不妨借機打通人脈，對未來發展更佳。
♡	2021年5月5日至6月4日	留心人際關係倒退，此月心情容易低落，與人相處時多點包容。
♡	2021年6月5日至7月6日	人事爭拗特別多，幸好事業愈趨穩定，宜把握一下盡情發揮。
♡	2021年7月7日至8月6日	精神容易緊張，出現輕微失眠，不妨出外旅遊散心。
♥	2021年8月7日至9月6日	駕車者要留心道路安全，以免因意外而受傷；做運動時亦要提防扭傷腳部。
♡	2021年9月7日至10月7日	此月有暗地漏財之象，盡量減少無謂開支，以免入不敷支。
♥	2021年10月8日至11月6日	貴人運順暢，有意轉工者不妨向長輩求助，也許會有好介紹。
♥	2021年11月7日至12月6日	容易有意外之財的月份，可作小額投資，只要不太貪心會有收穫。
♡	2021年12月7日至2022年1月4日	財運不穩，小心朋友及親人提出借貸要求，凡事量力而為。
♥	2022年1月5日至2月3日	財運與事業運向上，可以把握機會，積極表現自己。

可以學習新技能外，亦可以擴闊社交圈子，但由於不屬一見鍾情的感情，勿操之過急。

拍拖中的男士，更要提防外在誘惑增加，如欠缺定力，便容易墮入三角關係。

已婚男女會為子女或一些繁瑣小事上出現爭執，謹記在無傷大雅的問題上稍作讓步，以免影響雙方感情。

【健康方面】

庚寅日人的健康運算是平穩，出生日天干「庚金」在行土運的年份，有效助旺健康，一些瑣碎的小毛病如傷風感冒、牙痛等都較往年少。不過，在農曆七月及八月出生者由於金過旺，命格中的木受剋制，要留心膝頭、手腳關節的毛病，喜歡運動的人要打醒十二分精神，避免進行攀山、爬石等活動。就算家居方面如更換窗簾、燈泡時，亦要格外小心。

家宅方面，多關心男性長輩健康，不妨為他們主動裝修家居，更換傢俬或作詳盡的身體檢查，都有助改善健康運。

28 辛卯日

破財之象 謹慎理財注意健康

【財運方面】

辛卯日出生者在辛丑年的財運未見樂觀，由於流年與出生日的天干同樣是「辛金」，大部分人的財運只屬一般，甚至有破財之虞。雖然流年地支「丑土」是貴人星，但新一年財運處於起伏不定的狀態。營商者「宜守不宜攻」，在舊有客戶支持下，守着原有的業績並不困難。由於辛丑年女貴人的助力十分大，如從事與女性相關的行業，例如美容、服裝或纖體等，都會有不俗的商機，令收入大大提升。

而農曆正月及二月出生的人本身木旺，受流年金剋制，財運最有利，既能賺錢亦有剩錢儲蓄。至於農曆三月、六月、九月及十二月出生的人，命格土重，出現「厚土埋金」之象，除了在工作上難有發揮之感外，亦有財來財去的問題。

至於在火重的農曆四月及五月出生者，流年的濕土滋潤了命格，相對來説是較順暢愉快的年份。而農曆七月及八月出生者，流年天干「辛金」透到出生月份的金，便形成金過強，財運容易一得一失，盡量不要留現金在手。農曆十月及十一月的人，由於水過旺，新一年容易情緒低落，財運亦屬多勞少得。

【事業方面】

牛年貴人運不俗，尤其是女性長輩或上司對自己照顧有加，如從事與女性有關的行業如化妝品、服裝及護膚纖體等更大有可為。打工一族有輕微升職運，但職位只能微升一級半級，加薪幅度亦未如理想。幸好牛年與同事的關係融洽，合作氣氛較以往佳，少了是非口舌令工作壓力變輕。

渴望轉工的人，不妨求助舊上司或女性長輩，或許有輕微機會，但辛丑年「宜靜不宜動」，毋須刻意求變，留守舊公司，報讀與工作有關的課程打好基礎，對未來更有好處。

【感情方面】

無論男女的感情運只屬一般，拍拖中的男女容易出現競爭對手，提防因感情變淡而出現分手危機；假如剛開始一段關係，仍未完全穩定時，

流月運勢

♥吉 ♡中吉 ♡平 ♥凶

♥	2021年2月3日至3月4日	做事一波三折的月份，凡事有後備方案才能應付突發情況。
♡	2021年3月5日至4月3日	天干地支完全一樣，特別多麻煩事，屬於先難後易的月份。
♥	2021年4月4日至5月4日	人際關係容易出現變化，幸好貴人運不俗，不妨借機打通人脈，對未來發展更佳。
♥	2021年5月5日至6月4日	財運逐步回穩，之前遇到的困難出現解決迹象，心情亦較前開朗。
♡	2021年6月5日至7月6日	財運與事業運同樣暢順，不妨把握一下可以有理想回報。
♡	2021年7月7日至8月6日	頭部、手部容易受傷的月份，做運動時要打醒十二分精神，幸好財運與貴人運不俗。
♡	2021年8月7日至9月6日	傷風感冒或喉嚨氣管容易敏感，出現輕微的打針食藥運，要學懂放鬆心情。
♥	2021年9月7日至10月7日	適合出外的月份，多出外走動會提升事業運，應「動中生財」。
♥	2021年10月8日至11月6日	財運不穩，不要被表面風光瞞騙，此月運勢可謂吉中藏凶。
♡	2021年11月7日至12月6日	是非口舌增多，平時少説話、多做事，與自己無關的事勿多言。
♡	2021年12月7日至2022年1月4日	與伴侶容易發生爭拗，相處時忍讓一點，避免因口舌之爭而傷害感情。
♥	2022年1月5日至2月3日	貴人運順暢，如遇上困難，不妨向長輩請教，難題可迎刃而解。

勿過分高調公開，否則易惹來別人有機可乘，被第三者介入而破壞。單身男女要多靠長輩介紹，或在朋友安排下相親，始能認識到合眼緣的異性開展感情。

已婚男女容易為家中的開支使費而爭執，建議雙方財政獨立，互不干涉才能減少爭執。同時亦要在教導家中小朋友的方向上取得共識，才可以避免無謂爭拗。

【健康方面】

由於天干出現兩個「辛金」，如本身喉嚨氣管、呼吸系統及肺部較弱人士，牛年更要提防久咳不癒、鼻敏感等毛病，尤其是農曆七月及八月出生者，不妨多用紅色、綠色物品，家居或辦公室可放置水種植物，都有效改善健康運。而農曆三月、六月、九月及十二月出生的人，由於命格土已重，辛丑年盡量避免用黃色及啡色物品。

流年出現「懸針煞」，如遇上小毛病，不妨借助針灸方式治療；過年後不妨多做贈醫施藥之舉，或購買保健產品，應驗健康破財。

29 壬辰日

事業理想 量入為出提防人事

【財運方面】

壬辰日出生者來到辛丑年，由於「辰」與「丑」相破，這個「破」代表人際關係上的破敗，新一年容易因為人事糾紛而影響財運，需要特別提防。

大部分壬辰日出生者遇上行金、土運的流年也不算特別有利，尤其農曆十月及十一月冬天出生者更有暗地漏財之勢，建議多到熱帶地方旅遊，以「借地運」方式提升運勢。至於農曆七月及八月秋天出生者財運亦只屬不過不失，個人情緒較為負面，容易胡思亂想。若本身屬熱命、農曆五月及六月夏天出生者命格火旺，行「濕土」反而能彌補五行不足，財運尚算順遂，而農曆正月及二月春天出生者財運亦可望維持平穩。

由於新一年事業運較財運理想，故打工一族相對較能受惠，從商者要有心理準備工作較為艱辛，容易與拍檔意見分歧或與舊客戶關係破裂，建議盡量留守原有業務範疇，不宜魯莽開展新項目，亦要減少現金流、量入為出，避免無辜破財。辛丑年亦會有輕微的官非運，簽署合約或遞交監管機構文件前要核對清楚條文細節，遇有疑問應向專業人士請教，以免因為訴訟而令錢財有所耗損。

【事業方面】

流年「丑土」是壬辰日出生者的事業星，新一年事業發展理想，可有不俗升遷機會，尤其農曆五月及六月出生者最為順遂，農曆正月及二月出生者亦能受惠。惟個人地支屬土，再行土運影響水的流動性，面對新工作範疇壓力較大、思想亦偏向負面，尤其農曆三月、六月、九月及十二月出生者最情緒化，可多用米色、白色及淺藍色助旺水局。其實壬辰日出生者個人能力足以應付眼前挑戰，加上貴人助力，只要能謹守崗位、保持良好人際關係，則事業仍可穩步上揚。

【感情方面】

女士的桃花運較為暢旺，有機會遇上合眼緣對象，惟始終屬「破太歲」年份，人際關係平平，容易因為對方家人、朋友微言而影響觀感，建議結識心儀對象後可先低調交往，多

流月運勢

♥吉 ♡中吉 ♡平 ♥凶

♥	2021年2月3日至3月4日	踏入正月事業運暢旺，亦可得貴人之助力，做事事半功倍，不妨主動爭取表現，可有不俗成果。
♡	2021年3月5日至4月3日	人際關係平平的月份，容易招惹是非；可幸是財運尚算理想，只要提防因無心之失開罪身邊人即可。
♥	2021年4月4日至5月4日	個人與流年的天干、地支相同，容易受瑣瑣碎碎的健康問題困擾，尤其腸胃較弱，飲食宜有節制。本月亦有破財運，需要小心看管個人財物。
♡	2021年5月5日至6月4日	財運「一得一失」的月份，可有一筆錢財進帳，但亦會有破財機會，需要留心個人理財方向。
♡	2021年6月5日至7月6日	本月事業將有所發揮，亦有機會可獲得幸運之財，投資、投機策略可以略為進取。
♡	2021年7月7日至8月6日	工作壓力大、精神緊張的月份，需要懂得自我調節，若時間許可不妨多出門，以「借地運」方式提升運勢。
♡	2021年8月7日至9月6日	本月財運不俗，亦會有新合作機會出現，若不牽涉大額投資不妨一試，惟需留意人事爭拗，凡事宜多加忍讓。
♡	2021年9月7日至10月7日	「天合地合」的月份有「吉中藏凶」之勢，做事容易一波三折，凡事要有兩手準備。
♥	2021年10月8日至11月6日	本月有機會惹上官非訴訟，簽署文件、合約前要釐清細節。個人情緒低落，不妨多找朋友傾訴解開心結。
♥	2021年11月7日至12月6日	事業暢旺的月份，可望有不俗的升遷機會；惟手腳容易受傷，有運動習慣者需要特別提防。
♡	2021年12月7日至2022年1月4日	本月有輕微的人事爭拗，可幸能得貴人之助，一切只屬先難後易，多加耐性應對，問題有望迎刃而解。
♡	2022年1月5日至2月3日	工作有波動的月份，欲作出變化但又並非適當時機，建議「宜靜不宜動」穩守為佳。

作溝通了解，不宜太早融入對方圈子，以免關係未開展已遭破壞。至於男士則會將專注力集中於事業發展之上，加上公務繁重，對談戀愛的意欲不高，較難開展新關係。已婚者則因為工作壓力而影響情緒，容易與伴侶為瑣事而爭拗，建議相處時應坦誠相向，亦可多出門旅遊放鬆心情。

【健康方面】

辛丑年身體並無大礙，惟「破太歲」年份容易有瑣瑣碎碎健康毛病，如皮膚敏感、牙痛及胃痛等，建議於牀頭擺放銅製葫蘆，有助穩定健康運。另外，由於流年土運剋制了個人水局，情緒容易鬱鬱寡歡，甚或影響睡眠質素，壬辰日出生者需要平衡工作與作息時間，亦可多接觸大自然或出門旅遊，做適量運動減壓，凡事以樂觀心態面對即可。而在眾多出生季節當中，農曆十月及十一月最為情緒化，建議多用暖色助運；農曆七月及八月則容易胡思亂想，需要懂得放鬆。

30 癸巳日

拾級而上 貴人相扶升遷在望

【財運方面】

癸巳日天干屬水、地支屬火，大部分人也屬弱命；而辛丑年行「濕土」及輕微金、水運，流年強化了本身命格，原則上運勢能拾級而上，事業發展理想，個人情緒也得以提升。

在一眾出生月份當中，夏天（農曆四月至六月）出生者火旺水弱，流年金生水能為運勢加持，整體最為有利。春天（農曆正月至三月）出生者金、土最旺，「濕土」亦能助旺水局，事業頗為順心。秋天（農曆七月至九月）出生者亦可平穩向上，惟個人焦慮較多。至於冬天（農曆十月至十二月）出生者有流年土運平衡過旺的水，運勢尚算不俗。

整體而言，雖然新一年並非行財運，但聚財能力有進步，個人目標清晰、情緒亦較正面；加上人際關係良好，可望憑人脈而獲得投資的利好消息，不妨「小試牛刀」。若從商者有意開拓新業務則建議與人合伙，尤其巳、丑屬半合，若有肖雞者協調將更理想。不過，辛丑年亦有輕微官非運，簽署文件、合約前要了解條文，遇有疑問可找專業人士釐清細節，尤其農曆三月、六月、九月及十二月出生者要特別提防，亦要留心工作壓力問題。

【事業方面】

辛丑年事業發展暢旺，人際關係理想，可憑藉貴人之助力有所發揮，若老闆是女性更可獲提拔；加上個人鬥志旺盛、分析力強，將有不俗升遷機會，雖然未必是大幅度的薪酬調整，但權責地位必有提升。建議癸巳日出生者主動爭取表現，亦可報考升職試或部門考核，可有傑出成績。雖然年頭工作會稍為遇上波折，個人亦容易焦慮，可幸只屬「先難後易」，困難過後運勢將會全面向好。有意轉工者則以下半年較為合適，尤其農曆七月及八月為最佳時機，不妨多加留意。

【感情方面】

癸巳日出生的女士桃花將會較為暢旺，可望透過朋友或長輩介紹引薦、相親場合等認識心儀對象，雖然雙方也有意發展，惟仍有猶豫不決之象，故不妨花時間溝通了解，亦可多出席朋友聯

流月運勢

♥吉 ♡中吉 ♡平 ♥凶

♡	2021年2月3日至3月4日	有輕微是非口舌的月份，建議「少説話、多做事」，不宜鋒芒太露，以免招人妒忌。
♥	2021年3月5日至4月3日	本月可得貴人之助力，亦有不俗的偏財運，投資、投機方面只要不太貪心可有進帳。
♡	2021年4月4日至5月4日	事業有上揚之勢，不妨把握機遇發展；惟工作壓力較大，容易影響睡眠質素，需要學懂自我放鬆。
♥	2021年5月5日至6月4日	個人與流年天干、地支完全相同的月份，做事困難重重，容易橫生枝節，不宜作重大決定。
♡	2021年6月5日至7月6日	財運有所提升，惟有「財來財去」之象，需要謹慎理財，亦可用多米色、白色及藍色助旺運勢。
♡	2021年7月7日至8月6日	本月是非口舌頻繁，待人處事宜盡量低調，亦要小心文件、合約的條文細節，以免大意出錯惹官非。
♡	2021年8月7日至9月6日	先難後易的月份，做事容易一波三折；可幸是正財、偏財也頗為理想，不妨作小額投資。
♥	2021年9月7日至10月7日	健康備受衝擊，需要留心眼睛及心臟方面的小毛病，遇有不適應立即求醫。本月亦會有新合作機會，惟不宜輕舉妄動。
♡	2021年10月8日至11月6日	個人情緒低落，容易胡思亂想，建議稍作休息放鬆身心，亦可多找朋友聚會傾訴解開心結。
♥	2021年11月7日至12月6日	運勢穩步上揚的月份，做事事半功倍、容易成功，不妨盡量爭取表現自己的機會。
♡	2021年12月7日至2022年1月4日	本月貴人運順遂，能有得力貴人之助；惟容易受傷跌傷，出入或上落交通工具要特別提防。
♡	2022年1月5日至2月3日	工作有新突破，惟凡事要特別謹慎，尤其簽署合約、遞交監管機構文件前要核對清楚，容易有大意出錯情況。

誼聚會培養感情，毋須急於開展關係。至於男士的感情運則較為平淡，談戀愛中的情侶尚可維持現狀，但單身一族則未見有大桃花出現，需要靜待時機。至於已婚者與伴侶關係甜蜜，而且「合日腳」年份較容易有喜，若計劃添丁者不妨落實執行，辛丑年將有機會願望成真。

【健康方面】

癸巳日出生者命格火旺水弱，行「濕土」及金運健康並無大礙，惟農曆三月、六月、九月及十二月月出生者五行土重，再行土運容易心緒不寧、精神緊張，甚或會有失眠情況，建議做適量運動減壓、多接觸大自然或出門旅遊，亦可找朋友傾訴解開心結。至於其他月份出生者需要留意工作壓力，加上應酬較多，腸胃容易超出負荷，飲食要有節制，並爭取作息時間。家宅方面女性長輩容易受瑣碎健康問題困擾，不妨為家居作小量裝修、維修或更換家具，有助提升運勢。

31 甲午日 ◆ 運勢回穩 提防人際關係變差

【財運方面】

甲午日出生者經歷了庚子年天沖地沖的變化，踏入辛丑年運勢可謂逐步回穩。如在鼠年有舉辦人生喜事，如結婚、添丁或置業等，便可承接餘慶，有利牛年運勢重回軌道。

惟出生日與流年地支呈「丑午相害」，屬輕微犯太歲，雖然流年「丑土」是個人的財星，財運算是不俗，但慎防人際關係變弱，尤其營商者，即使發展順利，也要謹記牛年並非大展拳腳的年份。另外，要小心文件合約的細節，以免一時不察而惹上官非訴訟。由於出現輕微打針食藥運勢，不妨預早購買醫療保險或保健食品，能主動應驗健康破財。

甲午日天干屬木、地支屬火，而流年「丑土」是濕潤的土，如在農曆正月、二月、四月及五月出生的人，財運最為順暢，除了有不俗進帳外，亦可以有餘錢儲蓄。農曆八月及九月出生者，容易財來財去，不妨多用綠色及藍色的物品，有助旺運勢之效。而農曆十月及十一月水重月份的出生者，由於工作壓力最大，容易情緒不穩；至於農曆三月、六月、九月及十二月出生者，財運只屬表面風光，盡量少留現金在身邊，不妨購買實物保值。

【事業方面】

整體事業運算平穩向上，流年天干「辛金」是個人的事業星，如在政府機構或大企業工作者，會有不俗的發揮機會，升遷及加薪幅度都會令自己滿意。如在鼠年曾經轉換工作，且有格格不入之感，牛年便能重回軌道，開始融入新環境。

惟由於日犯太歲，人際關係容易出現暗湧，與同事間太多明爭暗鬥，做事不宜過分高調，以免成眾矢之的。從事「以口得財」的工作，如擔任銷售見客等中介角色，更要提防因失言而得罪客戶，行事謙虛一點可令事業更順暢。

【感情方面】

假如在鼠年舉辦了婚禮，牛年是適合有喜的年份，惟須謹守傳統，不宜過早宣布喜訊，待三個月穩定後才公布也未遲。

流月運勢

♥吉 ♡中吉 ♡平 ♥凶

♡	2021年2月3日至3月4日	此月出現輕微相沖，要留心手部及頭部受傷，做運動時要小心一點。
♡	2021年3月5日至4月3日	事業運不俗，單身人士會出現不少合適對象，但只屬短暫桃花勿急着投放感情。
♥	2021年4月4日至5月4日	貴人運與財運順暢，可作小額投資，只要不太貪心會有收穫。
♡	2021年5月5日至6月4日	是非口舌特別多的月份，盡量少説話、多做事。
♥	2021年6月5日至7月6日	天干地支完全相同，財運與健康都出現暗湧，不妨出門借地運改善運勢。
♡	2021年7月7日至8月6日	破財的月份，此月不宜作任何投機及投資活動，以免蒙受損失。
♥	2021年8月7日至9月6日	學習運順暢，帶動事業運亦持續向上，可以好好把握一下。
♥	2021年9月7日至10月7日	事業運強化了不少，身邊出現假桃花，宜觀察清楚才開展。
♥	2021年10月8日至11月6日	財運順遂，風險不高的投資不妨一試，或有進帳。
♡	2021年11月7日至12月6日	此月健康出現瑣碎毛病，留心頭部受傷，多往外走動有助改善健康運。
♥	2021年12月7日至2022年1月4日	天干地支相沖的月份，做事容易一波三折，凡事需要做好兩手準備。
♡	2022年1月5日至2月3日	財運順暢，事業亦逐步向上，多注意作息時間，否則容易受傷風感冒等小毛病困擾。

單身女士桃花運不俗，可以認識到背景及外貌都令自己滿意的男士，有機會發展一段新戀情。至於男士的桃花只屬一般，雖能遇上心儀異性，但多屬曖昧情緣，加上個人專注在工作上，所以較難開展感情。

已婚夫婦感情雖然出現輕微爭拗，但已較庚子年為佳，惟牛年須小心處理伴侶的家人及長輩的問題，否則容易引發爭端。

【健康方面】

辛丑年的健康運尚算理想，至少較庚子年為佳，但因為受「懸針煞」影響，必須留意傷風感冒等小毛病；牛年有打針食藥運勢，如遇上小毛病，不妨借助針灸方式治療；過年後可安排作一個詳盡的身體檢查，或購買保健產品，應驗健康破財。

其中農曆七月及八月出生的人，由於木弱，行金的年份要留意關節、神經系統及肝臟的毛病，其他月份出生者，整體而言並無太大問題，但害太歲的年份，亦要留心情緒問題，保持正面樂觀的心態，有助身心健康。

32 乙未日

天沖地沖 籌辦喜事化解衝擊

【財運方面】

對於乙未日出生者來說，辛丑年可謂一個特別的年份，由於流年的天干出現「乙辛沖」，而地支則呈「丑未沖」，這種「天沖地沖」的年份六十年才會出現一次，因此要做足心理準備，財運、事業與感情等都頗為動盪不穩，屬辛苦得財之年。在「天沖地沖」的年份，最適宜籌辦喜事以作沖喜，例如花錢在結婚、添丁或置業等，應驗破歡喜財。

從商者常有求變心態，但奈何運勢反覆，容易下錯決定，一切要以保守穩健為大前提，投機短炒的虧蝕機會較高，反而選擇置業等實物保值較佳。

「丑未沖」代表財星受到衝擊，但並非所有人的財運都會變差，其中以木旺的農曆正月、二月及水旺的農曆十月及十一月出生者的財運最佳，只要做好風險管理，財運亦算不俗。而農曆七月、八月出生者，由於木弱金強，呈「剋洩交加」之象，做事較為辛苦勞累，容易陷入困局；而農曆四月及五月出生的人，必須多留心人事紛爭；至於農曆三月、六月、九月及十二月土重月份出生的人，亦容易財來財去，必須謹守開支，以免出現財政緊絀問題。

【事業方面】

身處天沖地沖的年份，乙未日出生者容易萌生轉工的念頭，建議不可輕舉妄動，因為轉工過程較多波折，容易到最後關頭才告吹，同時亦要慎防轉工後，對新環境不適應而衍生的焦慮不安，導致要一轉再轉。

為應對牛年的衝擊，不妨主動到外地出差或轉換工作崗位，都有助增強事業運。打工一族提防與同事間的是非口舌變多，令工作壓力太大，凡事勿強出頭，以免令關係變差。牛年不妨以平常心應對難題，抽時間報讀與工作有關的課程，為未來打好基礎。

【感情方面】

對拍拖中的男女來說，辛丑年屬關口年，如已到談婚論嫁階段，不妨考慮辦喜事化解衝擊。但如未到結婚的時機，便要有心理準備會「不結

流月運勢

♥吉 ♡中吉 ♡平 ♥凶

♡	2021年2月3日至3月4日	精神緊張，情緒低落的月份，幸好財運順暢。
♡	2021年3月5日至4月3日	貴人運不俗，但要留心頭部及手部容易受傷，做運動時打醒十二分精神。
♥	2021年4月4日至5月4日	財運順遂，小心情緒受壓，多做減壓運動，可以減少胡思亂想的情況。
♡	2021年5月5日至6月4日	是非口舌特別多的月份，與自己無關的事勿多言，否則容易樹敵。
♥	2021年6月5日至7月6日	破財的月份，此月不宜作任何投機投資活動，人際關係亦容易出現暗湧。
♡	2021年7月7日至8月6日	仍然有破財迹象，此月不宜作借貸擔保行為，凡事要量力而為。
♥	2021年8月7日至9月6日	事業運回穩，但須提防工作壓力太大，平時不妨多做紓緩壓力的運動。
♡	2021年9月7日至10月7日	此月要留心文件合約的細節，以免一時不察而惹上官非訴訟。
♥	2021年10月8日至11月6日	財運不俗，如遇上心情低落之時，不妨相約朋友傾談，避免鑽入牛角尖。
♥	2021年11月7日至12月6日	此月適宜多往外走動，應動中生財，財運屬平穩向上。
♥	2021年12月7日至2022年1月4日	小人當道的月份，精神容易焦慮，提防失眠情況加劇。
♡	2022年1月5日至2月3日	相沖的月份，不妨為家中進行小型裝修，或更換家具，都有助提升運勢。

即分」。就算已決定結婚，亦要提防在籌辦婚禮時為小事不停爭執，到最後可能會不歡而散。

已婚人士的爭拗亦較往年多，不妨在牛年考慮添丁；但相沖年份，建議要依足傳統，待懷孕三個月後才公開也未遲。

單身男女遇上的大部分是短暫桃花，未必適合作長遠發展，不妨先觀察清楚，以免一時衝動而受情傷。

【健康方面】

「天沖地沖」的變化有時會在前一年已逐步顯現，建議在庚子年年尾預先作身體檢查，踏入辛丑年後向慈善團體贈醫施藥，抽時間前往洗牙捐血，主動應驗血光之災。同時要留心家中長輩的健康，不妨為家居進行小型裝修或更換家具，有效提升健康運。

牛年必須提防手腳及頭部受傷，攀石、爬山、跳傘及滑雪等高危活動一概避免；駕車人士要留心道路安全。新一年不妨多到戶外接觸大自然，除了可紓緩壓力，亦可以借大自然的能量，改善健康運。

33 丙申日

財運兩極 未雨綢繆應對變化

【財運方面】

踏入辛丑年，丙申日出生者的財運「吉中藏凶」，流年天干「辛金」是個人的財星，通至出生日的地支「申金」時，令部分人的財運向好，但亦有部分人的財運變差，呈現極端的情況。

當中以農曆四月及五月出生的人最有優勢，本身火旺，所以既能賺錢也有盈餘儲蓄；農曆正月及二月出生者財運亦算順暢。而農曆七月及八月出生的人，本身金過強，再行金土的話便形成「財旺身弱」，雖然有可觀的收入，但總是財來財去；出生於農曆十月及十一月的人，同樣因水過重，提防財運一得一失。至於農曆三月、六月、九月及十二月出生者，會受到是非口舌困擾，做事低調才能減少爭拗。

另外，丙申日出生的人必須留意過了辛丑年到二〇二二壬寅年，到時會出現天沖地沖的運勢，無論感情、事業及財運等的變動特別多，不妨預早計劃在虎年籌辦喜事以作沖喜，花錢在結婚、添丁或置業等，應驗破歡喜財。

由於有部分人的變化會在辛丑年年底提早出現，所以在第三季開始，理財一定要以保守為大前提，以免在牛年下錯決定，到虎年損失才浮現而令自己大失預算。

【事業方面】

事業受「丙辛合」影響，對從事「以口得財」如銷售、見客等行業較有利，由於人緣不俗，可以獲得不少客戶支持，令營業額上升。但如在大機構任職管理層，提防工作壓力大增，經常有吃力不討好的感覺，不妨主動要求出差，多往外地走動對運勢更有利。牛年雖然加薪幅度未見樂觀，但幸好升遷運不俗。

打工一族會心思思想轉工，建議不可輕舉妄動，假如真的要跳槽，亦要先與新公司簽訂合約後才辭職，否則可能出現變數，令自己「兩頭不到岸」。

【感情方面】

拍拖中的男女在二〇二二壬寅年要面對天沖地沖這個關口年，如感情已到談婚論嫁階段，不妨開始部署結婚，待壬寅年落實行禮。如未到結婚關係的男女，便要留意虎年容易「不結即

流月運勢

♥吉 ♡中吉 ♡平 ♥凶

♡	2021年2月3日至3月4日	出現輕微相沖，容易與人發生爭執，盡量少説話、多做事。
♡	2021年3月5日至4月3日	財運與貴人運均不俗，但要留心喉嚨氣管、呼吸系統的小毛病。
♥	2021年4月4日至5月4日	相沖的月份，特別多瑣碎健康小問題，例如傷風感冒及頭痛等；另外，亦要留心文件合約細節，以免出錯。
♡	2021年5月5日至6月4日	出現新的合作機會，但絕不能輕舉妄動，以免下錯決定而有損失。
♡	2021年6月5日至7月6日	做事充滿幹勁，但留心容易受傷，駕車者打醒十二分精神。
♥	2021年7月7日至8月6日	貴人運不俗，惟要提防是非口舌增多，勿多管閒事。
♡	2021年8月7日至9月6日	出現輕微打針食藥運，此月有破財之象，不宜作重大決定。
♥	2021年9月7日至10月7日	財運向上，只要不太貪心，小量投資會有收穫。
♥	2021年10月8日至11月6日	人際關係倒退，是非口舌增多，少做中間人角色，以免好心做壞事。
♥	2021年11月7日至12月6日	事業運平穩向好，如果遇上壓力太大時，不妨向長輩求助。
♡	2021年12月7日至2022年1月4日	財運與事業運順暢，要做好開支監控，否則容易財來財去。
♡	2022年1月5日至2月3日	喉嚨氣管容易敏感，此月要做好部署，以面對虎年天沖地沖的變動。

分」，雙方要好好維繫關係；就算計劃結婚，亦要提防在籌辦過程中出現爭拗而令雙方不歡而散。

單身男士的桃花不俗，有機會遇上合眼緣的異性，感情亦容易有進一步的發展；至於女士的感情運未見有太大突破，加上過分專注在工作上，所以感情處於原地踏步階段。

【健康方面】

受「丙辛合」影響，如果本身肺部及呼吸系統較弱的人，在辛丑年間這個情況會更嚴重，容易有喉嚨痛、氣管敏感、久咳不癒及扁桃腺發炎等毛病，必須多加留意。其中以農曆七月及八月出生的人，由於命格金過強，更要提防心臟血管等問題，建議秋冬兩季出生的人，不妨多用紅色或綠色的物品，可助旺運勢。

為應對壬寅虎年天沖地沖的變化，建議在辛丑牛年年底，作一個詳細身體檢查以防萬一；亦可在牛年年尾為家中作小型裝修，都有助提升健康運。

34 丁酉日

財運順暢 桃花暢旺有利男士

【財運方面】

丁酉日出生的人在辛丑年的財運不俗，因為流年天干「辛金」是個人的財星，所以可謂財運亨通。營商者可以借助自己的人脈關係而拓展商機；由於出生日地支與流年地支呈半會合，「巳酉丑」代表肖蛇、肖雞及肖牛屬「三合生肖」，如能物色到肖蛇的人士合作經營較易擦出火花，有不俗的發展。惟必須留心與拍檔的關係容易出現暗湧，處理問題時要好好溝通。

雖然財運向好，但能否將錢財儲蓄，則要視乎出生的月份了。由於「酉土」是濕潤的土，倘在農曆十月及十一月寒冷月份出生的人，由於火不夠，財運只屬表面風光，恐怕會「左手來右手去」，不妨多用鮮色物品暖和命格。而農曆七月、八月出生的人，屬「財旺身弱」，財運起落太大，收入更是時好時壞，必須做好開支規劃。而出生於火旺的農曆四月及五月的人，行金土的年份，財運最有利，是既能賺錢亦能守財的一群；農曆正月、二月出生者財運亦屬平穩。至於農曆三月、六月、九月及十二月出生的人，由於土過重，財運只算一般，但如從事「以口得財」的行業，則有較佳的發揮。

【事業方面】

事業運整體向好，打工一族除有不俗的升遷運外，薪酬加幅亦會令自己滿意。當中如從事銷售、見客等「以口得財」的行業，業績有機會直線上升，但由於牛年地支出現半會合，提防與客戶在洽談過程中出現一波三折，屬先難後易的年份。計劃轉工的人機會不多，不妨留守原有崗位，靜心等待到下半年才有較佳的邀約。

另外，牛年必須處理好人際關係，提防與同事間的是非口舌增多，與自己無關的事勿強出頭，少做中間人角色，以免「好心做壞事」。

【感情方面】

單身男士的桃花暢旺，有機會遇上合眼緣的異性，無論背景及樣貌都令自己一見傾心，感情亦有進一步的發展，宜好好把握一下。至於女士感情運未見有太大突破，雖然會經朋友介紹認識

流月運勢

♥吉 ♡中吉 ♡平 ♥凶

♥	2021年2月3日至3月4日	財運不俗，可以進行小量投資，不太貪心會有輕微進帳。
♡	**2021年3月5日至4月3日**	**相沖的月份，容易與人發生爭拗，謹記少説話、多做事。**
♥	**2021年4月4日至5月4日**	**天合地合的月份，麻煩事接踵而至，導致情緒低落，不妨出門借地運改善運勢。**
♡	2021年5月5日至6月4日	眼睛出現小毛病，要留心貼身用品的清潔；事業運轉趨強勁。
♡	**2021年6月5日至7月6日**	**財運向上，但有一得一失之象，此月不宜作任何借貸擔保行為。**
♥	2021年7月7日至8月6日	貴人運不俗，惟要提防情緒變差，凡事不要胡思亂想。
♡	2021年8月7日至9月6日	財運逐步向上，出現輕微打針食藥運，注意身體的小毛病。
♡	**2021年9月7日至10月7日**	**做事順暢，獲不少助力，此月容易受金屬所傷，駕車者要萬事小心。**
♥	**2021年10月8日至11月6日**	**人際關係倒退，是非口舌增多，少做中間人角色，以免惹上麻煩。**
♥	2021年11月7日至12月6日	事業運平穩向好，但提防工作壓力變大，此月有輕微升遷運。
♡	2021年12月7日至2022年1月4日	財運順遂，要多留心文件合約的細節，以免一時不察惹上官非。
♥	2022年1月5日至2月3日	出現新的合作機會，如果成本不高不妨一試，或有收穫。

到心儀男士，惟對方未有明確表示，只能維持在朋友階段，未能更進一步；如希望由朋友發展成情侶，便要多加一把勁。

已婚男女並無太大的衝擊，相處算是甜蜜開心；如有意添丁的夫婦，牛年亦是適合有喜的年份，不妨認真計劃一下。

【健康方面】

踏入辛丑年，健康運算是平穩順暢，由於地支半會合，令腸胃變得疲弱，容易有腸胃炎或消化不良等徵狀；加上牛年會有不少應酬飯局，謹記作息定時及避免暴飲暴食，以免腸胃不勝負荷及令體重上升。建議飲食要清淡一點，有效減輕腸胃負擔。

農曆十月及十一月出生的人，要對心臟血管的毛病多加留心；而農曆七月至八月金重月份的出生者，容易有關節的小問題。

家宅方面，多留心家中男性長輩的健康，時加慰問，以免因一時大意而令小病悶成大病。

35 戊戌日

劫財重重 開源節流謹慎投資

【財運方面】

戊戌日出生者的天干地支同屬土，再遇上流年地支「丑土」，無可避免會出現劫財之象。營商者會多了很多瑣碎支出，令財運不穩；必須做好開源節流，以免令資金流轉方面出現問題。對客戶的還款期亦要抓緊一點，否則容易被賴帳而損失慘重。牛年不宜作任何借貸擔保行為，投資方向要以謹慎保守為大前提。過年後多作贈醫施藥、購買一些保健產品，應健康破財之象。

大部分戊戌日出生的人都是土重，當中最易破財的是農曆四月及五月出生者，本身命格火土重，劫財情況最嚴重；農曆正月、二月出生的人，木旺土弱，雖然財運亦屬一般，幸好事業運不俗。而農曆七月、八月出生者金旺，對從事創作等行業最有利，靈感不絕之餘，亦有助名氣提升。出生於農曆十月及十一月的人，雖然財運算是順暢，但慎防情緒焦慮不安，不妨多用綠色或間條物品，有助提升運勢。至於農曆三月、六月、九月及十二月等土重月份的出生者，容易財來財去，盡量不要留太多現金在手，否則會無緣無故花掉，購買實物如黃金或置業等，都有利聚財。

【事業方面】

辛丑年的事業運只屬不過不失，出生日與流年地支同屬土，且出現日腳刑剋，令個人工作表現有患得患失之感，升職機會渺茫，工作過程波折重重，屬辛苦經營的年份。

牛年事業出現「傷官星」，令人際關係充滿暗湧，處事宜低調寬容，不可強出頭為別人排難解紛，以免惹禍上身，謹記圓融的人際關係有助工作順暢。由於事業並非處於一個大進步的年份，牛年不宜作出太大的變動，反而學習運不俗，不妨報讀一些個人興趣課程自我增值，有利強化事業運。

【感情方面】

已婚或拍拖中的男女，牛年與另一半關係容易變淡，雖然未必是大爭拗，但彼此都將不滿收藏心中，久而久之便形成隔膜誤會，令二人有厭

流月運勢

♥吉 ♡中吉 ♡平 ♥凶

♡	2021年2月3日至3月4日	此月出現輕微是非口舌，切忌做中間人角色，否則易惹來麻煩。
♥	2021年3月5日至4月3日	做事一波三折，屬吉中藏凶的月份，凡事要做好兩手準備。
♡	2021年4月4日至5月4日	相沖的月份，麻煩事接踵而至，不妨出門借地運改善運勢。
♡	2021年5月5日至6月4日	運勢尚可，惟情緒容易受壓，不妨多接觸大自然，多用藍色的物品有助紓緩壓力。
♥	2021年6月5日至7月6日	貴人運向上，但財運容易一得一失，要做好規劃開支。
♡	2021年7月7日至8月6日	事業運逐步向上，如遇上心情欠佳的時候，不妨多找朋友聚會散心。
♡	2021年8月7日至9月6日	是非口舌特別多，與自己無關的事勿強出頭，不要插手別人的事。
♥	2021年9月7日至10月7日	出現新的合作機會，但不能輕舉妄動，長輩貴人運暢順，如遇疑難可以向對方請教。
♥	2021年10月8日至11月6日	劫財的月份，除了不能作任何投資外，亦不宜作借貸擔保行為。
♡	2021年11月7日至12月6日	財運容易一得一失，但之前投資的項目開始有回報。
♡	2021年12月7日至2022年1月4日	任職管理層的人要留心下屬問題，需要多花耐性與他們溝通。
♥	2022年1月5日至2月3日	財運與事業運都向好，但提防人際關係變差，謹記少説話、多做事。

倦感覺，建議坦誠相處，多花心思與伴侶溝通，有助拉近雙方距離。已婚男女要提防為家中子女的問題而發生小爭執，各退一步較易解決分歧。

由於辛丑年並非行大桃花年，單身男女雖然有機會在學習場所認識到合眼緣的異性，但感情進展較緩慢，容易陷入悶局，不宜抱太大期望，只能當作是擴闊社交圈子而已。

【健康方面】

受「丑戌刑」影響，辛丑年特別多麻煩瑣碎的小毛病，正所謂「醫得頭來腳抽筋」，建議過年後選擇慈善團體作贈醫施藥，有助提升健康運。日腳刑剋的年份，情緒容易低落焦慮，失眠情況加劇，可多做減壓運動如太極、瑜伽等。

農曆三月、六月、九月及十二月土重月份出生的人，腸胃較疲弱，關節亦會出現毛病，不妨多用綠色或間條花紋的物品，有效疏導命格中的強土。家宅方面，多關心伴侶及孩子的健康問題，留意家中的病位，勿放置帶煞氣的物品。

36 己亥日

不過不失 下屬運弱親力親為

【財運方面】

辛丑年流年地支「丑土」是一顆財星，己亥日天干屬土，地支屬水，大部分出生者屬弱命，兼自坐財星之上，在行土運的年份，財運尚算平穩順暢，但仍要視乎出生的月份而有強弱之分。

當中以農曆十月及十一月出生者最有優勢，由於本身已屬財旺身弱，流年再行土，是既可以賺錢亦能有盈餘的一群；而農曆正月及二月出生的人，本身木旺土弱，命格受流年的土調節，帶動事業運與健康運向上。至於在金旺的農曆七月及八月的出生者，財運亦不俗，屬平穩向上。

至於農曆四月及五月出生的人，本身火土重，出現劫財之象，必須要做好成本監控，否則財運容易一得一失；同樣，農曆三月、六月、九月及十二月出生者，命格的土過重，牛年亦是容易財來財去的年份，不適宜進行高風險的投資。

營商者如要維持原有的營業額，一定要親自出馬與客戶洽談，絕不能假手於人。由於情緒容易受壓，牛年不妨多花金錢在自己有興趣的項目，例如多出門旅行、報讀興趣班自我增值，或花費於購買保健產品之上，主動破歡喜財，提升運勢。

【事業方面】

打工一族事業運只能以原地踏步形容，薪酬加幅輕微外，升職機會亦未見樂觀。如屬管理層，更需要留心下屬運出現阻滯，要慎防員工流失頻繁，拖累工作進度，加上容易有惡奴欺主情況，凡事須親力親為，不要過分倚賴別人。

計劃轉工的人士不宜作出變動，留守原有崗位更佳，雖然未見有太大的升遷運，但由於人事關係較往年進步，少了是非口舌；與同事的合作性亦較以往為佳，同輩的助力亦足夠，牛年只要放鬆情緒，工作上的問題可迎刃而解。

【感情方面】

辛丑年男士的桃花運較暢旺，如遇上合眼緣的異性，不妨主動出擊，有機會發展成長遠感情。至於單身女士桃花只屬一般，就算遇上理想

流月運勢

♥吉 ♡中吉 ♡平 ♥凶

♡	2021年2月3日至3月4日	留意膝頭及關節等部位容易受傷，做運動前謹記做足熱身。
♡	2021年3月5日至4月3日	事業運逐步向上，如感到工作壓力太大，不妨找前輩指點迷津。
♥	2021年4月4日至5月4日	財運向上，不妨作小量投資，不太貪心的話會有收穫。
♡	2021年5月5日至6月4日	相沖的月份，駕車者要留心交通碰撞意外，幸好財運不俗。
♥	2021年6月5日至7月6日	壓力容易變大，令失眠情況加劇，此月亦要留心頭部及手部受傷。
♥	2021年7月7日至8月6日	事業運逐步向上，出現升職機會，不妨把握一下。
♡	2021年8月7日至9月6日	此月受是非口舌纏繞，與自己無關的事勿強出頭，以免受小人暗箭所傷。
♥	2021年9月7日至10月7日	貴人運暢順，此月出現輕微桃花，或有機會作進一步發展。
♡	2021年10月8日至11月6日	如任職管理層，領導才能得以發揮，但提防財運不穩，易一得一失。
♥	2021年11月7日至12月6日	做事一波三折，為應對難題，宜做好兩手準備，此月適宜出門旅行借地運。
♡	2021年12月7日至2022年1月4日	財運順遂，但提防與伴侶因小事而爭執不斷，相處時宜互相忍讓。
♥	2022年1月5日至2月3日	學習運不俗，抽時間進修，可以為未來打好基礎。

的男士，但可能只是「神女有心、襄王無夢」，難以進一步發展。

已婚人士如計劃添丁，牛年是一個不錯的年份，但男士容易會遇上爛桃花，面對第三者時不能過分熱情，要好好克制，否則容易陷入三角關係。另外，夫婦容易為家中小朋友的問題爭吵不休，彼此宜開心見誠互相體諒，才可以取得共識，消除紛爭。

【健康方面】

整體而言健康運較以往為佳，己亥日大部分人均屬弱命，行土運的年份，有助健康運向上，至少沒有鼠年瑣瑣碎碎的小毛病。但其中農曆三月、六月、九月及十二月的出生者，因為土太重，需留心腸胃、關節及皮膚敏感等毛病，不妨多用綠色或間條花紋物品、家中多栽種植物，都有效疏導命格中強土。而農曆四月及五月出生者，可多用藍色物品，都能提升健康運。

家宅方面，多留心家中小朋友的情緒及健康問題，作出適當輔導，以免小病變大病。

37 庚子日

重新起步 事業財運逐步回穩

【財運方面】

庚子日出生者在剛過去的庚子鼠年，由於天干地支完全一樣，這種六十年一遇的「伏吟」情況令運勢動盪不已，財運、健康與感情運都大受衝擊。踏入辛丑年，整體運勢開始回穩順暢，假如在鼠年曾花錢在喜事上，如結婚、添丁及置業，更有利將變化導向正面。惟牛年出現「子丑合」，令部分人的財運較為動盪不穩；容易出現財來財去的情況，營商者必須穩守開支，不作高風險的投資，同時要留心與拍檔間的爭拗而鬧至反目。

出生日與流年天干同屬金，遇上流年地支「丑土」，如本身命格已屬金重，即農曆七月及八月的出生者，過多的金便形成劫財之象；而在農曆三月、六月、九月及十二月土重月份的出生者，由於土過多，便有「厚土埋金」之象，有難以發揮之感，情緒亦較易低落。而農曆正月及二月出生的人木旺，流年金土可助旺命格，財運屬最佳，是既能賺錢亦有盈餘的一群。出生於農曆四月及五月火旺的人，流年有濕土滋潤命格，新一年機遇處處，事業與財運均屬順暢；至於農曆十月及十一月出生者，雖然賺錢能力亦佳，但就較難守財。

【事業方面】

事業運明顯較鼠年順暢了不少，但受「合日腳」影響，運勢仍然出現不少變化，幸好牛年的貴人運不俗，長輩的助力亦足夠。惟身處變動之年，有意轉工人士需考慮清楚，慎防過程一波三折；如真的想轉換環境，盡量避免「裸辭」，要簽約作實後才辭職為佳，以免「兩頭不到岸」。

打工一族人際關係依然存在隱憂，提防與同事間的競爭會傾向白熱化，與人相處時低調一點可免受針對。牛年進修運不俗，建議選擇對事業有幫助的課程進修，為未來鋪路。

【感情方面】

無論男女如感情在鼠年上出現大變動，牛年可算是一個重新出發的年份，經歷了分手的男女，新一年會遇到不少合眼緣的異性，惟進展會較緩慢，謹記不宜操之過急，否則會嚇怕對方。

流月運勢

♥吉 ♡中吉 ♡平 ♥凶

♥	2021年2月3日至3月4日	財運暢旺，但有財來財去之象，謹記做好開支規劃，以免見財化水。
♡	2021年3月5日至4月3日	由於人際關係出現變化，做事有少許波折，留心此月容易桃花破財。
♡	2021年4月4日至5月4日	出現新的合作機會，但留心是非口舌增多，處事宜低調一點。
♥	2021年5月5日至6月4日	事業運逐步向上，有機會表現自己，不妨把握一下。
♥	2021年6月5日至7月6日	天沖地沖的月份，做事一波三折，為應對難題，宜做好兩手準備。
♡	2021年7月7日至8月6日	精神緊張、神經衰弱的月份，容易受失眠困擾，多做紓壓運動。
♡	2021年8月7日至9月6日	事業運平穩向上，但出現輕微劫財之象，不宜作任何借貸擔保行為。
♡	2021年9月7日至10月7日	留心合約文件的細節，以免因一時大意惹上官非訴訟而破財。
♥	2021年10月8日至11月6日	貴人運強勁，可以借助人脈關係渡過難關。
♡	2021年11月7日至12月6日	學習運不俗，不妨抽時間進修，可以為未來打好基礎。
♥	2021年12月7日至2022年1月4日	天干地支完全一樣，如遇上麻煩事，可以向朋友求助，此月適宜出門借地運改善運勢。
♡	2022年1月5日至2月3日	家宅方面受噪音及漏水等問題影響，要盡量保持心境平和。

至於在庚子年結婚的男女，辛丑年是適合有喜；但由於「合日腳」年份易生變化，建議要依足傳統，待懷孕三個月後才公開也未遲。已婚男女容易為工作而冷落另一半，建議多抽時間舊地重遊，重拾昔日甜蜜。另外，夫婦亦容易因子女的教育問題而發生爭執，宜心平氣和解決分歧。

【健康方面】

相較鼠年受「伏吟」影響，牛年健康運肯定較往年為佳，惟「子丑合」合走了命格的水，辛丑年必須留心膀胱及腎臟等問題；流年行土運，對上半年出生的人健康較有利。

農曆七月及八月出生者，會受較多瑣碎的小毛病困擾；至於農曆三月、六月、九月及十二月的出生者，本身土過重，令腸胃疲弱或受關節舊患影響，謹記飲食清淡一點，勿暴飲暴食。而農曆十月及十一月出生者水過旺，容易有心情焦慮不安情況，多接觸大自然，勤做運動都有助改善健康運。

38 辛丑日◆伏吟之年 運勢反覆沖喜為佳

【財運方面】

辛丑牛年對辛丑日出生者來說是一個關口年，由於出生日的天干地支與流年完全相同，玄學稱之為「伏吟」，這種六十年才出現的狀況，令個人運勢動盪不安，無論感情、健康及財運都會出現令自己措手不及的情況；但整體好壞也要視乎是弱命或強命。

農曆正月、二月、四月及五月出生者，屬弱命的一群，行「伏吟」之年反而助力更強，運勢屬平穩向上。反而強命的農曆七月及八月出生者，遇上行同類型的年份，財運起伏會較大，運勢亦容易一波三折。至於農曆三月、六月、九月及十二月等土重月份出生的人，有「厚土埋金」之象，常有鬱鬱不得志之感；至於農曆十月及十一月出生的人，財運亦不算太差。

營商者如過急拓展生意，便可能招致損失，宜以「刀仔鋸大樹」方式經營。由於財運不穩，謹記不宜為親友作借貸擔保，否則容易破財。牛年如能進行大喜事，即結婚、添丁及置業都有助化解「伏吟」所帶來的影響。偏財方面，短炒投機絕對不能嘗試，不妨把現金轉作年期較長的實物投資，例如買樓置業，既可保值，又有沖喜作用。

【事業方面】

打工一族的事業運尚可，職場上的貴人運不俗，上司的助力亦足夠。惟「伏吟」的年份會心思思想轉工，但牛年避免過分衝動行事，轉工前要做好心理準備，可能新不如舊，與個人期望有落差而令情緒不佳。另外，轉工過程亦容易一波三折，一定要與新公司簽約作實後才辭職，否則可能出現「兩頭不到岸」的情況。

牛年與同事的競爭加劇，容易受人暗箭所傷，宜謹言慎行。其實流年有不錯的學習運，不如報讀對自己有幫助的課程，為未來鋪路。

【感情方面】

拍拖中的男女感情運出現較大衝擊，假如已到談婚論嫁階段，牛年乃結婚的好時機。如果感情未成熟到可以「拉埋天窗」，便要有心理準備因爭拗太多而陷入情變危機。

流月運勢

♥吉 ♡中吉 ♡平 ♥凶

♡	2021年2月3日至3月4日	出現輕微劫財之象，不宜作任何借貸擔保行為，以免有所損失。
♡	2021年3月5日至4月3日	財運順遂，但有財來財去之象，如有人要求借錢，需量力而為。
♥	2021年4月4日至5月4日	心情容易低落，不妨多到郊外接觸大自然，或相約朋友飯敍散心。
♥	2021年5月5日至6月4日	出現新的合作機會，但僅是初步階段，要多付出耐性洽談始有成功機會。
♡	2021年6月5日至7月6日	出現輕微打針食藥運，幸好事業運向上。
♥	2021年7月7日至8月6日	運勢波動的月份，做事一波三折，此月適宜出門借地運改善運勢。
♡	2021年8月7日至9月6日	喉嚨氣管容易出現毛病，由於運勢仍未回穩，做事需要多付出耐性。
♡	2021年9月7日至10月7日	運勢開始拾級而上，之前的困難有解決迹象。
♥	2021年10月8日至11月6日	貴人運強勁，惟做事欠缺耐性，容易急躁，與人相處時要多忍讓。
♥	2021年11月7日至12月6日	此月想像力豐富，如從事創作職業，可謂靈感不絕，有不俗發揮。
♡	2021年12月7日至2022年1月4日	容易破財的月份，作任何投資時都要小心謹慎，勿過分冒進。
♡	2022年1月5日至2月3日	家宅運一般，必須多關注老人家的健康，不妨主動裝修家居提升運勢。

單身男女在新一年桃花暗淡，難以物色到合適的對象；如渴望拍拖者，可以藉長輩介紹認識到異性，但發展緩慢，不宜抱太大期望。

已婚男女容易為家事煩惱，而令雙方產生爭執，建議不妨聚少離多，反而令感情更堅固。另外，亦要多留心伴侶的健康，不妨在牛年落實添丁大計，可作沖喜。

【健康方面】

受「伏吟」影響，牛年需要高度關注健康問題，建議在鼠年年尾預早作詳細的身體檢查，如發現有異樣可立即延醫診治，防患於未然。踏入牛年後可往洗牙、捐血，亦可購買醫療保險、選擇慈善團體贈醫施藥，可助旺健康運。

受「懸針煞」影響，新一年出現輕微打針食藥運，需要提防喉嚨、呼吸系統的毛病；土重的年份，亦要留心皮膚敏感及腸胃等小問題。

家宅方面，要多留意家中長輩的健康情況，不妨主動裝修或更換家具，都有助提升家宅運。

39 壬寅日

未雨綢繆 迎接虎年運勢衝擊

【財運方面】

壬寅日天干屬水、地支屬木，大部分人的命格缺水，尤以農曆三月、六月、九月及十二月出生者，本身已是土重，流年再行土運，變成「土困水」，牛年有難以發揮、鬱鬱不得志之感，屬較為辛苦勞累，吃力不討好的一群；建議多用藍色、米色及白色，可助旺運勢。而農曆七月及八月出生的人，由於金過旺，新一年容易胡思亂想，情緒受壓。

農曆正月、二月、十月及十一月出生的人，辛丑年運勢最為順暢，無論財運與健康都處於穩步上揚階段；至於出生在農曆四月及五月的人，只能以不過不失形容。

不論是哪一個月份出生者，必須注意的是過了辛丑年到二〇二二壬寅年，屆時出生日與流年天干地支完全相同，即為「伏吟」之年，代表家宅、事業及財運等各方面的變動特別多。因此營商者要在辛丑年年底便開始部署，理財要以保守為大前提，高風險投資可免即免，以免在牛年下錯決定，到虎年損失才浮現而令自己大失預算。辛丑年不妨部署結婚、添丁或置業等大喜事，待壬寅年便落實執行，借此化解「伏吟」的衝擊。

【事業方面】

由於流年天干「辛金」是貴人星、地支「丑土」是事業星，令事業處於進步狀況，雖然加薪幅度未如理想，但有不俗的升遷運。惟權責加重後，無可避免令工作壓力變大，尤其是農曆三月、六月、九月及十二月出生的人，慎防情緒變差，必須學懂放鬆心情工作。至於農曆十月及十一月出生的人命格水旺，除了有明顯的升職機會外，工作環境亦較以往輕鬆簡單。

有意轉工的人，牛年未是適合時機，建議勿輕舉妄動，不如靜待虎年變動之年，到時再轉工會較佳。

【感情方面】

拍拖人士由於在二〇二二壬寅年遇上「伏吟」這個關口年，如關係已穩定，不妨籌辦喜事以作沖喜，例如計劃置業或結婚，有利平穩過渡「伏吟」。已婚男女容易為小事而爭執不斷，遇

流月運勢

♥吉 ♡中吉 ♡平 ♥凶

♡	2021年2月3日至3月4日	此月容易惹來是非口舌，盡量少說話、多做事，免受人攻擊。
♡	2021年3月5日至4月3日	貴人運暢順，惟做事較之前辛苦，屬多勞少得月份。
♥	2021年4月4日至5月4日	容易破財的月份，幸好工作運向好，且有進步空間。
♥	2021年5月5日至6月4日	運勢一波三折，是困難重重的月份，如遇上難題，不妨請教長輩意見。
♥	2021年6月5日至7月6日	財運不俗，小額投資會有收穫，但謹記不能太貪心，否則會見財化水。
♡	2021年7月7日至8月6日	事業運強勁，惟要留心與下屬的關係，慎防因他們出錯而受拖累。
♥	2021年8月7日至9月6日	天沖地沖的月份，不宜作任何重大決定，不妨出門旅行借地運改善運勢。
♡	2021年9月7日至10月7日	精神容易緊張，出現輕微失眠，多到戶外旅遊散心曬太陽，紓緩壓力。
♥	2021年10月8日至11月6日	工作上有不俗的發揮機會，但要留心文件合約的細節，否則容易惹上官非。
♡	2021年11月7日至12月6日	事業運順遂，但要小心受傷，做運動前要做足熱身運動。
♡	2021年12月7日至2022年1月4日	手腳容易受傷，與身邊人容易發生爭執，幸好貴人運順暢。
♥	2022年1月5日至2月3日	為迎接虎年「伏吟」的變化，不妨為家宅進行小型裝修，提升運勢。

上意見分歧時，必須心平氣和溝通，避免過分堅持己見。辛丑年適合計劃生兒育女；不妨在牛年懷孕，虎年添丁，有助渡過關口年。

單身男女的桃花運有原地踏步之感，雖然會在經長輩介紹下結識朋友，但若想物色意中人，可能會較費勁，宜付出多點耐性，靜待真命天子出現。

【健康方面】

牛年健康運整體不俗，惟流年水不足夠，小心膀胱腎臟的毛病；土重月份如農曆三月、六月、九月及十二月出生者，更需留心工作壓力太大，令睡眠質素欠佳。家宅方面，多留心家中長輩的健康及情緒問題，多抽時間聆聽他們的訴求，以免小問題演變成大毛病。

為了迎接壬寅年的動盪，壬寅日出生者在牛年的年底便要開始部署，不妨預先作一個詳盡的身體檢查，讓自己安心一點；踏入虎年後多作贈醫施藥，為家宅裝修或更換家具，都有助提升健康運。

40 癸卯日 開源節流 辛苦得財注意情緒

【財運方面】

癸卯日天干屬水，地支屬木，大部分癸卯日出生者的命格欠水，遇上辛丑年行金土運，令財運容易陷入困局，必須留心工作壓力變大，令精神緊張，情緒低落；要做好心理準備牛年是一個辛苦得財之年。

當中尤以農曆三月、六月、九月及十二月出生的人，受「土困水」影響，所有往來文件要小心核對清楚，以免一時大意惹上官非訴訟；亦要留心與拍檔間出現爭拗而鬧不和，不妨多用藍色物品平衡命格。而農曆正月及二月出生的人，木旺再行土，財運亦未見樂觀。農曆七月及八月出生的人，貴人運強勁，惟命格金過強，最容易情緒焦慮。

至於出生於農曆十月及十一月水旺的人，命格的五行較平衡，牛年思路清晰，財運最為順暢。而農曆四月及五月出生者只屬不過不失而已。

營商者的貴人運不俗，只要親力親為接觸客戶，便能令營業額有所突破，由於並非行太大的財運，不宜過分大興土木擴展新的業務範疇，亦要開源節流謹守開支。由於偏財運不佳，千萬不能聽信小道消息而作高風險投資，建議作中長線投資較佳。

【事業方面】

打工一族事業運尚算不俗，雖然薪酬加幅未必滿意，但有不俗的升遷運。由於貴人運暢旺，尤其是會有女性長輩特別照顧，如上司是女性的話，大有機會獲提拔而有升職機會。惟牛年與同事關係容易因競爭而變得緊張；如任管理層，須提防因下屬的出錯而要自己承擔責任。

計劃轉工的人，辛丑年並非適合作重大決定之年，雖然有人邀約跳槽，但千萬不要操之過急，以免轉工後才發現新環境與自己的期望有落差，令情緒變得更不安焦慮。

【感情方面】

踏入辛丑年，單身女士的桃花運較男士為佳，可以藉女性長輩的介紹，結識到合眼緣的異性，但雙方年齡有一段距離，令自己對拍拖一事心存猶豫，未敢再向前一步，所以感情發展較為

流月運勢

♥吉 ♡中吉 ♡平 ♥凶

♡	2021年2月3日至3月4日	工作壓力變大，應酬太多令體力透支，幸好貴人運不俗，事業順暢。
♥	2021年3月5日至4月3日	此月易惹來是非口舌，盡量少説話、多做事，免招人話柄。
♡	2021年4月4日至5月4日	事業與財運均向上，但出現劫財之象，必須謹守開支。
♡	2021年5月5日至6月4日	財運易一得一失，理財方向要以保守為大前提。
♡	2021年6月5日至7月6日	財運不俗，但容易與身邊朋友出現爭拗，退一步便海闊天空。
♥	2021年7月7日至8月6日	學習運強勁，事業運拾級而上，此月有升職機會。
♥	2021年8月7日至9月6日	運勢順暢，有望可借助貴人的力量，令事業更進一步。
♥	2021年9月7日至10月7日	天沖地沖的月份，做事一波三折，宜做好兩手準備應付難題。
♡	2021年10月8日至11月6日	天合地合的月份，不妨出門借地運，上半年出生者宜往寒冷地方，下半年出生者適合到炎熱地區。
♥	2021年11月7日至12月6日	之前的難題有解決迹象，事業穩步向上，不少事都有圓滿結局。
♡	2021年12月7日至2022年1月4日	爭拗多多的月份，同時要留心健康問題，特別多傷風感冒小毛病。
♥	2022年1月5日至2月3日	貴人運與財運都順暢，是一個開心輕鬆的月份。

緩慢。至於男士感情運一般，由於工作壓力太大，加上享受單身生活，所以更無心開展一段新戀情。

已婚及拍拖中的男女感情雖然穩定，但提防因過分專注在工作上，被伴侶埋怨，不妨花點心思經營彼此關係，培養共同興趣、安排舊地重遊，都有助重拾過往的甜蜜。

【健康方面】

癸卯日出生者健康運尚算平穩順暢，流年有「辛金」助旺運勢，對弱命的人較有優勢；惟「丑土」令命格中的水受困，牛年容易胡思亂想引來焦慮，多做紓緩運動減壓，如緩步跑，太極及瑜伽等，不妨多接觸大自然，有助放鬆心情。建議多用藍色、白色及米色的物品、配戴金飾或家居多用水的擺設，都能助旺健康運。

家宅方面，需要多關心女性長輩的安全，尤其注意家居的小陷阱，以免一時不慎受傷，建議主動進行小型裝修或更換家具，借此提升家宅運。

41 甲辰日

事業不俗 暗地漏財保健為上

【事業方面】

打工一族事業運不俗，流年地支「辛金」是事業星，強化了事業運，尤其是農曆七月及八月出生的人，流年地支「辛金」通至出生月的金，除了有不俗的升遷運外，薪酬亦有不俗升幅。惟牛年需留心與同事因競爭太大，偶一不慎更會遭人暗箭所傷，做人處事應低調寬容，以免樹敵太多；與自己無關的事不可強出頭，謹記圓融的人際關係有助事業發展。

有意轉工的人，不宜輕舉妄動，留守原有公司，抽時間報讀與工作有關的課程，為未來打好基礎更佳。

【財運方面】

甲辰日出生者在辛丑年的賺錢能力算是不俗，因流年地支「丑土」是個人的財星，牛年的財運屬穩步上揚。當中以農曆正月及二月出生的人財運最有利，除了賺錢能力強之餘，亦有能力將錢財留住。農曆四月、五月出生者本身火旺，流年有金土平衡命格，財運亦算樂觀。而農曆七月及八月金強月份出生的人，由於木弱再行土，破財機會較高，財運容易一得一失；而農曆十月及十一月的人財運只算不過不失而已。至於出生於農曆三月、六月、九月及十二月的人，由於土過重，心情容易焦慮急躁，財運方面會特別多無謂及意料之外的支出，理財要以謹慎為大前提。

營商者必須做足心理準備，牛年容易暗地漏財，一定要留心用錢方向，預早訂定開支計劃，以免財政出現赤字。由於較難守財，不宜將過多的現金留在身邊，不如轉作實物投資，例如買物業或黃金更能保值。

由於牛年財運不穩，加上健康亦多麻煩瑣碎問題，建議不妨主動破歡喜財，例如購買醫療保險或保健食物，多做贈醫施藥之舉，都有助改善運勢。

【感情方面】

單身女士較男士的桃花來得暢旺，未拍拖的女士容易認識到背景或樣貌都令自己心儀的異性，但這段感情發展較緩慢，要花多點耐性才能再進一步。至於男士需要多留心身邊的異性，偶

流月運勢

♥吉 ♡中吉 ♡平 ♥凶

♡	2021年2月3日至3月4日	出現輕微相沖，工作上會有人事爭拗，忍讓一點才不會樹敵。
♡	2021年3月5日至4月3日	此月有打針食藥運，注意身體健康外，亦要留心工作壓力太大。
♥	2021年4月4日至5月4日	貴人運暢旺，但要留心腸胃不適，飲食要清淡一點。
♥	2021年5月5日至6月4日	是非口舌不絕的月份，盡量少說話、多做事。
♥	2021年6月5日至7月6日	工作上出現新突破，事業運順暢，但亦要留心身體小毛病。
♡	2021年7月7日至8月6日	財運不穩，此月不宜作任何投機炒賣活動，但正財始終不俗。
♥	2021年8月7日至9月6日	事業運不俗，出現新的合作機會，但提防工作壓力太大，謹記作息定時。
♥	2021年9月7日至10月7日	工作上有不俗的發揮機會，但要留心腸胃敏感等毛病，忌暴飲暴食。
♡	2021年10月8日至11月6日	人事糾紛令自己煩惱不堪，與人相處時包容一點，才可以解決難題。
♡	2021年11月7日至12月6日	手腳容易受傷，此月不妨多出門往外走動，應動中生財。
♥	2021年12月7日至2022年1月4日	天干相沖的月份，為免手受傷，所有高危運動可免即免。
♡	2022年1月5日至2月3日	正財與偏財都不俗，不妨多花點錢在健康上，應驗健康破財。

一不慎便會錯過機會。無論男女如剛開始拍拖，提防對方的家人或朋友是意見多多的人，為免人多口雜，不宜過早融入對方的圈子，待感情穩固後才安排與親友見面也不遲。

已婚男女感情平穩，提防過分專注工作冷落了另一半，謹記多花時間陪伴，培養共同興趣才有利維繫感情。

【健康方面】

甲辰日出生者出現輕微打針食藥運，注意喉嚨氣管、傷風感冒及腸胃敏感等問題，尤其是農曆三月、六月、九月及十二月出生的人，由於土過重，更要提防食物中毒的情況，建議少用啡色及黃色的物品。農曆七月及八月出生者要留心工作壓力太大，容易出現精神緊張，神經衰弱情況，不妨多用藍色及綠色的物品能助旺健康運。

如遇上身體有小毛病，不妨選擇針灸方式治療；為應驗健康破財，花錢在身體檢查、購買保健食品或贈醫施藥等，都能提升健康運。

42 乙巳日

貴人運強 事業財運平穩向上

【財運方面】

乙巳日出生者在辛丑年，由於出生日地支「丑土」是個人的財星，令整體財運向好，惟天干出現「乙辛沖」，屬輕微「日犯太歲」，牛年個人情緒容易急躁易怒，令人際關係充滿暗湧，幸好貴人運不俗，出生日地支與流年地支呈半會合「巳酉丑」代表肖蛇、肖雞及肖牛屬「三合生肖」，如能物色到肖雞的人士合作經營，會擦出火花，有不俗的發展。

營商者會有很多新的合作機會，雖然可以作出嘗試，但慎防過程一波三折，且有「吉中藏凶」之勢。投資方面，高風險的炒賣可免則免，可以選擇一些穩健的中長線投資。牛年提防與拍檔出現意見分歧而反目收場；所有合約文件細節要小心處理，以免惹上官非訴訟。

乙巳日出生者屬木火，辛丑年行金水運，對農曆四月及五月出生者最有利，會有不少新的合作邀約，不妨以「牛刀小試」方式投資，會有不俗的收益。而農曆三月、六月、九月及十二月出生者，本身土旺，辛丑年再行土，更形成財旺身弱，容易財來財去，屬多勞少得的一群。至於其他月份出生者，財運與事業運均屬平穩向上階段。

【事業方面】

辛丑年的事業運屬可發揮之年，除了有不俗的升遷機會，加薪幅度亦算樂觀。然而相沖的年份，工作壓力明顯變大，尤其須提防工作上的人事糾紛，做人處事要低調一點，以免受小人暗箭所傷。

有意轉工的人，在「日犯太歲」之年，建議不要輕舉妄動，否則容易決定錯誤，轉到新公司後，無論職位與薪酬未必較舊公司為佳。假如真的渴望轉換環境，不妨靜待到下半年才考慮也未遲。其實牛年是適合變化，不妨主動出差或駐守外地，反而有更好發展。

【感情方面】

單身女士的感情運尚算平穩，雖然有機會在朋友聚會上認識到心儀的異性，但由於對方的態度未明，要開展感情並非易事，需要靠朋友在旁推波助瀾，才有機會更進一步。單身男士由於過

流月運勢

♥吉 ♡中吉 ♡平 ♥凶

♡	2021年2月3日至3月4日	此月健康運一般，注意膝頭舊患外，亦要留心工作壓力太大。
♡	2021年3月5日至4月3日	人事爭拗多多的月份，幸好財運順暢。
♥	2021年4月4日至5月4日	貴人運與財運暢旺，不妨把握一下，令事業更上一層樓。
♥	2021年5月5日至6月4日	腳部容易受傷，駕車人士要打醒十二分精神，幸好貴人運仍不俗。
♥	2021年6月5日至7月6日	財運不穩，不宜作任何投機炒賣，同時亦要提防是非口舌，少做中間人角色。
♡	2021年7月7日至8月6日	財運容易一得一失，親友如向你作出借貸要求時，謹記量力而為。
♡	2021年8月7日至9月6日	事業運不俗，但提防中間出現波折，宜多付出耐性應對，是先難後易的月份。
♥	2021年9月7日至10月7日	工作上有不俗的發揮機會，出現輕微升遷運，但提防工作壓力變大。
♥	2021年10月8日至11月6日	財運向好，只要不貪心的話，投資可獲不俗的回報。
♡	2021年11月7日至12月6日	人事爭拗多多的月份，不妨多出門往外走動，應動中生財。
♡	2021年12月7日至2022年1月4日	雖然有貴人幫忙，但必須留心文件合約的內容，否則會惹上官非訴訟。
♡	2022年1月5日至2月3日	正財與偏財都不俗，但要留心關節的小毛病，高風險運動可免則免。

分專注在事業上，更難遇上意中人，感情運屬原地踏步。

拍拖中的男女或已婚夫婦，容易因小事而心生嫌隙，相處時多包容、溝通；建議改變相處模式，例如多放時間在工作上，聚少離多更能維繫二人感情。另外，牛年是適合有喜的年份，不妨落實添丁大計，為家中添喜慶。

【健康方面】

健康運受「乙辛沖」影響，要留心手腳、頭部受傷，如有偏頭痛的人，更要提防受舊患困擾。喜歡運動的人士要打醒十二分精神，要避免進行攀山、爬石、潛水、滑雪及跳傘等高危活動。金木相剋的年份，亦要提防受金屬所傷，駕駛者須留心道路安全，以免一時不察而碰撞令自己虛驚一場。農曆四月、五月、七月及八月出生者，不妨多選用綠色及藍色的物品，增強健康運。

家宅方面，多關注男性長輩的健康，尤其要注意家居安全，以免不慎跌倒受傷。

43 丙午日

表面風光 機會湧現不利投機

【財運方面】

大部分丙午日出生者來到辛丑年財運處於平穩向上，由於流年地支「丑土」是個人的財星，所以賺錢能力的確較以往為佳，惟由於出生日與流年天干相合，地支相害，增添了運勢的不穩定性。

營商者會出現不少新的合作機會，但在洽談過程中容易一波三折，千萬不要被表面風光的假象瞞騙，而大興土木擴展生意。「害太歲」的年份，需要提防與同業間的競爭加劇，偶一不慎便會遭對方暗箭所傷；另外，亦要留心與生意拍檔因經營理念不同而分道揚鑣及員工頻繁的變動，令業務出現阻滯。辛丑年以正財為主，偏財運並不理想，所有短炒投機絕對不宜，否則容易破財。

丙午日天干地支同屬火，流年行金土運，大部分月份出生的人財運均算不俗，其中以農曆七月及八月出生者最有利，賺錢能力最強，儲蓄能力亦最高；至於在水旺的農曆十月及十一月出生者，有財來財去之象，雖然可以賺到可觀的進帳，但亦會莫名其妙的破財。

其實「日犯太歲」的年份，只要沉着應戰，調節好心態，不要將目標定得太高，自然可平安過渡。

【事業方面】

事業運只能以不過不失來形容，打工一族薪酬加幅輕微，而且亦沒有明顯的升遷運。「害太歲」之年更要提防遭人暗箭所傷。職場上與同事間的競爭會更白熱化，平時工作不宜有太多意見，少做中間人角色，以免無端惹上是非口舌。

其實丙午日出生者工作能力優勝，如從事銷售見客等前線工作，有不俗的發揮機會。計劃轉工的人，建議不可輕舉妄動，假如真的要轉變，亦要先與新公司簽訂合約後才辭職，否則可能中間出現變數，令自己「兩頭不到岸」。

【感情方面】

單身男士比女士的桃花來得暢旺，未拍拖的男士會認識到背景或樣貌都令自己心儀的異性，有機會發展一段穩定的感情。單身女士雖有機會遇上合眼緣的男士，惟雙方均處於互相觀察階段，未必可以即時開展感情。

流月運勢

♥吉 ♡中吉 ♡平 ♥凶

♥	2021年2月3日至3月4日	偏財運不俗，少許投資可獲不俗的回報，但謹記見好即收。
♡	2021年3月5日至4月3日	喉嚨氣管、呼吸系統出現問題，小心身體出現的小毛病。
♡	2021年4月4日至5月4日	相沖的月份，留心人事的紛爭，少說話、多做事，以免招惹是非口舌。
♡	2021年5月5日至6月4日	事業向上的月份，但留意壓力太大，令工作倍感辛勞。
♥	2021年6月5日至7月6日	駕車人士要小心，此月容易受金屬所傷，注意道路安全，做運動時亦要打醒十二分精神。
♥	2021年7月7日至8月6日	困難重重的月份，做事特別多波折，必須做好兩手準備應對。
♡	2021年8月7日至9月6日	財運容易一得一失，要留心家居的小陷阱，以免一時不慎受傷。
♡	2021年9月7日至10月7日	財運不俗，如有親友向你作出借貸要求，謹記量力而為。
♥	2021年10月8日至11月6日	學習運順暢，不妨報讀與工作有關的課程，自我增值。
♥	2021年11月7日至12月6日	運勢回復穩定順暢，事業上有不俗發揮，不妨把握一下好好表現。
♡	2021年12月7日至2022年1月4日	財運繼續向好，但提防人事爭拗，少做排難解紛角色。
♡	2022年1月5日至2月3日	身體出現小毛病，尤其要留心喉嚨氣管、皮膚敏感的問題。

無論男女牛年拍拖不宜過分高調，因對方身邊不乏意見多多的人，為免拍拖初期受旁人意見影響，不妨待感情穩固後才安排與親友見面也不遲。

已婚男女感情穩定，合日腳年份容易有喜，但謹記懷孕後須依足傳統，待三個月後才可公布喜訊。

【健康方面】

健康運受「丙辛合」影響，需要留心喉嚨氣管、呼吸系統及肺部的毛病，牛年容易有久咳不癒或哮喘復發的情況，需要好好保養肺部功能，少到人煙密集的地方。至於「午丑害」則代表情緒低落，心情容易鬱悶，辛丑年不時會被瑣碎的小病小痛困擾，亦會因壓力引致輕微失眠，神經衰弱等問題，建議多做不傷關節的紓緩運動有助減壓，如緩步跑、太極等。

家宅方面則要多關心男性長輩的健康，抽時間聆聽對方的心事，宜盡早了解他們的不安，避免小病悶成大病。

44 丁未日

動中生財 有利外闖見好即收

【財運方面】

由於出生日地支與流年地支出現「丑未沖」，這種「沖日腳」影響力十分大，令財運起伏不定。丁未日出生者在辛丑年謹記「宜動不宜靜」，無論工作與財運都屬愈動愈起勁。為順應運勢，牛年不妨主動求變，部署到不同地方工作或旅遊，營商者可以考慮開拓海外市場，雖然比較奔波勞累，但會帶來更佳的運勢。

流年「辛金」是自己的偏財星，牛年適量的投資會有不俗進帳，但沖日腳的年份，財運相對不穩，謹記見好即收，千萬不能戀戰。營商者須留心盈利時好時壞，除做好成本控制外，如某些月份有可觀進帳，便要好好維持，盡量積穀防饑，彌補其他月份不足的營業額。家宅及公司都會突然出現裝修或搬遷的情況，更要預留一筆現金儲備，以免出現財政緊絀情況。

當中以農曆正月、二月、四月及五月出生者的財運最佳；而農曆七月及八月出生的人破財機會最高，必須要謹守開支；農曆十月及十一月出生者，工作壓力大增，必須學懂釋放壓力。至於農曆三月、六月、九月及十二月出生者，做事必須親力親為，屬於辛苦得財的年份。

【事業方面】

為應驗「動中生財」之象，丁未日出生者不宜死守在原有地方，要向公司爭取多到外地出差，甚至駐守分公司，會更有利事業發展。打工一族雖有輕微升遷機會，但薪酬加幅未必理想。

「沖日腳」年份，容易有靜極思動的心態，有意轉工的人未必可以如願，牛年對任職行政工作者挑戰十分大，須提防辦公室的明爭暗鬥，處事宜低調寬容，不可強出頭為別人排難解紛，以免惹禍上身。如任職銷售見客等「以口得財」行業，牛年反而有較佳的發揮機會。

【感情方面】

「沖日腳」等同沖「夫妻宮」，無論情侶或夫婦若經常日夕相對，在大小事情上都容易發生衝突，甚至有分開危機。為免關係變差，辛丑年適合聚少離多，多出門公幹或二人各自培養不同

流月運勢

♥吉 ♡中吉 ♡平 ♥凶

♥	2021年2月3日至3月4日	財運與貴人運順暢，不妨把握一下，會有不俗進帳。
♥	2021年3月5日至4月3日	貴人運仍然向好，偏財運亦不俗，小量投資會有斬獲。
♡	2021年4月4日至5月4日	精神容易緊張，出現輕微失眠，不妨出外旅遊散心。
♡	2021年5月5日至6月4日	眼睛出現小毛病，視力有衰退迹象，如遇上困難，不妨找屬馬的朋友幫忙。
♥	2021年6月5日至7月6日	情緒容易焦慮，此月不要作任何重要的決定，以免鑄成大錯。
♡	2021年7月7日至8月6日	此月易惹來是非口舌，盡量少説話、多做事，免招人話柄。
♡	2021年8月7日至9月6日	財運雖然順暢，但恐防一得一失，要做好收支平衡。
♡	2021年9月7日至10月7日	出現輕微的桃花運，但多屬短暫桃花，不宜過急投入感情。
♡	2021年10月8日至11月6日	心情容易煩躁的月份，不妨出門旅行借地運。
♥	2021年11月7日至12月6日	事業運整體向上，可以把握機會，積極表現自己。
♥	2021年12月7日至2022年1月4日	留心文件的細節，以免一時大意惹上官非；此月是非口舌亦特別多，謹記少説話、多做事。
♡	2022年1月5日至2月3日	家居及公司有搬遷之象，慎防令壓力變大，宜多付出耐性應對。

的興趣，減少見面反而對感情有利。

若為單身男女，遇上的桃花則多屬短暫桃花，不要抱有太大期望。其實牛年適合往外走動，出外公幹或旅行時多留意身邊異性，有很大機會發展一段異地情緣，尤其利好單身男士。反而女士的感情運只屬一般，雖有輕微霧水桃花運，但較難遇上合眼緣的異性。

【健康方面】

受「丑未沖」影響，代表腳部、腰部及關節等容易受傷，輕如踢波、行山等都容易扭傷腳踝，必須打醒十二分精神。熱愛做運動的人士，避免進行高危活動如攀山、爬石及滑雪等。

土相沖的年份，情緒容易受困，留意因壓力引致的失眠情況，多做紓緩的活動如太極、瑜伽、冥想及多接觸大自然，都有助放鬆心情。牛年可選擇一些慈善團體贈醫施藥或購買一些保健產品，有助提升健康運。出門旅行亦要預先購買旅遊保險，避免遺失行李而有所損失。

45 戊申日 ◆ 有利增值 營商切忌因循守舊

【財運方面】

戊申日出生者的天干屬土、地支屬金，而辛丑年流年同樣行金土，對弱命的人較為有利，例如在農曆正月、二月木旺，或在農曆十月、十一月水旺出生的人，新一年的五行較為調和平衡，除了進帳不俗之外，亦可以有盈餘儲蓄。而農曆四月及五月出生的人，本身屬火重，再行土運，財運只能以不過不失形容，難有太大突破；農曆七月及八月出生者，牛年健康運較前進步，但須提防是非口舌變多。至於在土重的農曆三月、六月、九月及十二月出生者，財運容易一得一失，高風險投資可免則免。

營商者必須親自出馬與客戶溝通對話，合作才容易水到渠成。牛年雖有拓展機會，但過程並非一帆風順，要面對同行的競爭激烈，容易受人中傷；如想業績有進一步發展，一定要有嶄新的構思，不能因循過往的模式，要以奇招突圍而出。由於偏財運不旺，投資方向一定要以保守為原則，短炒買賣不宜進行。謹記辛丑年以正財為主，所有投資回報都要慢慢積聚，不能因有利可圖而急於擴展生意，否則容易轉盈為虧。

【事業方面】

打工一族事業運不過不失，流年天干「辛金」通至出生月份地支「申金」，令事業運受損，牛年並非一個進步年，不宜對升職加薪抱太大期望，否則容易落空。

牛年事業出現「傷官星」，令人際關係充滿暗湧，處事宜低調寬容，不可強出頭為別人排難解紛，以免惹禍上身。如任職管理層者，由於下屬運普通，慎防員工自作聰明而出錯，凡事要親力親為。渴望轉工的人機會不多，不如留守舊公司，流年有不俗的學習運，不妨抽時間進修增值，靜待時機。

【感情方面】

單身男女的桃花只屬一般，雖然可以透過朋友或長輩介紹而結識到合眼緣的異性，但由於大部分只屬一些追追逐逐的桃花，彼此都處於觀察階段，在欠缺積極性下，感情可能處於原地踏

流月運勢

♥吉 ♡中吉 ♡平 ♥凶

♡	2021年2月3日至3月4日	此月是非口舌特別多，盡量少説話、多做事，幸好財運尚算順遂。
♥	2021年3月5日至4月3日	留心文件合約的細節，以免一時大意惹上官非；此月提防壓力變大。
♡	2021年4月4日至5月4日	財運順暢，可作小額投資，只要不太貪心會有收穫。
♥	2021年5月5日至6月4日	天合地合的月份，做事一波三折，宜做好兩手準備應付難題。
♥	2021年6月5日至7月6日	貴人運向好，事業亦處於向上階段，先前的困難有解決迹象。
♡	2021年7月7日至8月6日	此月有破財之象，提防財來財去，要小心收支平衡。
♡	2021年8月7日至9月6日	出現輕微打針食藥運，多留意健康的小毛病，作息定時外，亦要提升免疫力。
♡	2021年9月7日至10月7日	留心是非口舌變多，幸好做事有貴人幫助，遇上問題亦可以靠人脈關係解決。
♥	2021年10月8日至11月6日	領導才能可以發揮的月份，不妨把握機會，積極表現自己。
♥	2021年11月7日至12月6日	財運順暢，既能賺錢亦有不俗的盈餘。
♡	2021年12月7日至2022年1月4日	家宅方面會出現麻煩事，尤其小朋友的問題令你十分困擾。
♥	2022年1月5日至2月3日	此月運勢順暢，財運不俗之餘，事業上可以把握機會大展拳腳。

步。雖然並非行太大的桃花運，但辛丑年頗多應酬聚會場合，可以認識不少新朋友，單身男女可藉此機會擴闊社交圈子。

拍拖中及已婚男女在牛年與另一半感情穩定，並無太大衝擊，算是甜蜜的一年；已婚者可能會為管教家中小朋友問題而出現分歧，謹記互相體諒便無大礙。

【健康方面】

整體來說，戊申日出生者的健康運不差，但由於流年「辛金」通至出生月的「申金」，出現輕微打針食藥運，如有關節痛症的舊患，不妨借助針灸方式治療，以應驗「懸針煞」。

農曆七月及八月出生者，命格的土不足夠，再行金運，要留心脾胃、喉嚨氣管、呼吸系統等問題。而農曆四月及五月出生的人，由於水受制，須小心膀胱腎臟的毛病。

家宅方面，要多關注家中長輩及小朋友的健康，要留心家居安全，移走尖鋭物品，避免自製家居陷阱令他們受傷。

46 己酉日

◆ 有利銷售 親力親為提防是非

【財運方面】

己酉日天干屬土、地支屬金，遇上辛丑年流年天干屬金、地支屬土，對弱土命格的人較為有利，即農曆正月、二月木旺土弱的月份，或農曆十月及十一月水旺的出生者財運較優，既能賺錢亦有剩錢儲蓄。農曆四月及五月出生的人，本身火旺，流年再行土，只能以不過不失形容；至於在農曆七月、八月出生的人，容易惹來是非口舌，提防與同行競爭太大，動輒受攻擊中傷。至於農曆三月、六月、九月及十二月出生者，本身土已重，加上出生日的「己土」及流年「丑土」，幾重土之下，便容易有劫財之象，必須做好規劃開支。

牛年行「食傷生財」之運，對「以口生財」的行業較為有利，尤其是靠個人技能賺錢的行業，例如開工作室教授廚藝或製作手作小物、美容師及髮型師等，都能大展所長，收入不菲。

營商者必須親自出馬與客戶洽談，絕不能假手於人；由於下屬運普通，雖然可以聘請到能力出眾的員工，但提防對方難受控而令工作出錯。由於偏財運一般，投資方向要以謹慎為大前提，短炒投機絕對不宜。

【事業方面】

受惠於「食神」星，如從事前線銷售見客、公關或美容等「以口得財」的行業，在牛年可謂如魚得水；另外，對借助靈感創作的工種，如寫作、廣告創作等亦十分有利。但如任職行政工作者，要提防辦公室是非變多，與上司及下屬的關係變得緊張，處事勿過分高調。

計劃轉工的人機會不多，可能要靜心等待到下半年才有機會，其實「做生不如做熟」，由於流年有不俗的學習進修運，不妨選擇報讀與工作有關的課程，為未來打好基礎。

【感情方面】

單身男女會在牛年結識到不少樣貌出眾的俊男美女，惟可惜感情運並無太大突破，雙方關係可能只會停留在朋友階段，難以再進一步開展感情。其實無論男女在新一年都可以在應酬聚會

流月運勢

♥吉 ♡中吉 ♡平 ♥凶

♥	2021年2月3日至3月4日	事業處於向上階段，惟此月有破財之象，提防財來財去，小心收支平衡。
♡	2021年3月5日至4月3日	出現輕微桃花，但只屬過眼雲煙，勿過急投入感情。
♥	2021年4月4日至5月4日	財運順暢，出現新的合作機會，但要先了解風險，勿輕舉妄動。
♡	2021年5月5日至6月4日	心情煩躁的月份，幸好事業與財運均不俗。
♥	2021年6月5日至7月6日	工作壓力變大，留心合約文件的細節，如遇上疑難要請教專業人士，以免惹上官非。
♥	2021年7月7日至8月6日	財運與事業運順遂，小心朋友及親人提出借貸要求，凡事量力而為。
♡	2021年8月7日至9月6日	留心是非口舌變多，與自己無關的事勿多言，幸好貴人運尚算不俗。
♡	2021年9月7日至10月7日	此月留心腸胃毛病，飲食清淡一點，生冷食物少吃為妙。
♡	2021年10月8日至11月6日	事業運顯著向上，但留意工作壓力變大，是先難後易的月份。
♡	2021年11月7日至12月6日	腳部容易受傷，做運動之時要打醒十二分精神。
♥	2021年12月7日至2022年1月4日	學習運強勁，不妨報讀與工作有關的課程，為未來鋪路。
♥	2022年1月5日至2月3日	此月桃花運不俗，而且有發展機會，不妨認真一點看待。

認識到不少朋友，不妨借機會先拓展人脈網絡，再從中物色對象，但謹記要循序漸進，勿操之過急，嚇怕對方。

已婚男女感情穩定甜蜜，並無太大衝擊，牛年亦是適合添丁的年份；尤其屬蛇的女士更容易有喜，但建議要依足傳統，待懷孕三個月後才公開也未遲。

【健康方面】

整體來說健康運算是中規中矩，當中以農曆三月、六月、九月及十二月出生者，因為命格土過重，必須留心關節、腸胃等毛病；農曆七月及八月出生的人需要留意喉嚨氣管、呼吸系統的問題。土木相剋的年份，要提防家居陷阱，如更換窗簾、燈泡時，亦要打醒十二分精神，以免一時不察跌倒受傷。

牛年應酬特別多，所以難免會大吃大喝，除了要小心體重暴升外，亦要留意心臟、血壓及膽固醇等都市疾病，飲食方面要節制一點，亦可以多做帶氧運動，增強免疫能力。

47 庚戌日

日腳刑剋 謹慎理財慎防樹敵

【財運方面】

踏入辛丑年，庚戌日出生者「日犯太歲」，由於地支出現「丑戌刑」，代表運勢障礙重重，受到不少瑣碎麻煩事困擾。營商者要有心理準備破財機會特別多，理財必須要以保守為大前提，盡量做好成本控制，減省無謂支出。牛年不宜作任何借貸擔保行為，對客戶的還款期亦要抓緊一點，否則容易被賴帳。日腳刑剋的年份，亦要提防與拍檔伙伴因意見不合而鬧翻；或受到同行中傷而令名譽受損。

投資方面，絕對不宜短炒投機，否則容易損失慘重。牛年容易有莫名其妙的開支，例如家中或辦公室突然需要搬遷或裝修等，都會令錢財有耗損，建議將現金變成實物。另外，不妨主動破歡喜財，例如購買一些心頭好、醫療保險或保健食物，多做贈醫施藥之舉，都有助改善運勢。

然而不同月份的五行不同，財運亦有高低分別，其中以農曆正月、二月、十月及十一月出生者，財運最為暢順，較容易守財；而農曆七月及八月出生的人，由於金過重，財運最為動盪不穩，容易入不敷支；至於其他月份者只屬不過不失。

【事業方面】

與財運相比，庚戌日的事業運較為順遂，職場上的貴人助力亦足夠；惟地支出現刑剋，需要留心與同事關係因工作上出現明爭暗鬥，偶一不慎更會遭人暗箭所傷，牛年做事應低調寬容，以免樹敵太多。其中農曆三月、六月、九月及十二月出生者，命格土重，行金土年份，容易有「厚土埋金」之象，牛年須積極一點表現自己，否則容易被忽略。

有意轉工的人，建議不可輕舉妄動，不妨留守原有公司；抽時間報讀與工作有關的課程，進修增值，都有利事業運。

【感情方面】

無論男女在辛丑年的桃花可謂平淡如水，感情運只能以原地踏步來形容。單身女士即使遇到合眼緣的男士，但感情進展較緩慢，總覺得對方

流月運勢

♥吉 ♡中吉 ♡平 ♥凶

♡	2021年2月3日至3月4日	有劫財之象，提防財來財去，必須要小心收支平衡。
♡	2021年3月5日至4月3日	出現新的合作機會，但運勢屬吉中藏凶，勿輕舉妄動。
♥	2021年4月4日至5月4日	人際關係倒退，是非口舌增多，少做中間人角色，以免好心做壞事。
♥	2021年5月5日至6月4日	事業運不俗，不妨把握一下，好好表現自己，有機會更上一層樓。
♥	2021年6月5日至7月6日	注意手部容易受傷，財運亦有耗損之象，小心惹上官非訴訟。
♡	2021年7月7日至8月6日	精神緊張，情緒低落的月份，有機會出門旅行的話，有助改善運勢。
♡	2021年8月7日至9月6日	此月容易暗地漏財，要做好開支規劃，否則會入不敷支。
♥	2021年9月7日至10月7日	事業運顯著向上，不妨積極一點表現自己，爭取升遷機會。
♡	2021年10月8日至11月6日	工作壓力變得很大，幸好貴人運順遂，如果遇上疑難，不妨向前輩請教。
♥	2021年11月7日至12月6日	財運向上，工作上找到新的發展方向，之前遇到的難題，有解決迹象。
♡	2021年12月7日至2022年1月4日	破財的月份，小心朋友及親人提出借貸要求，凡事量力而為。
♡	2022年1月5日至2月3日	家宅方面出現麻煩事，要多關心家人的健康。

與自己的價值觀與理念南轅北轍，所以難以再進一步。至於男士由於過分專注事業，拍拖的意欲不高，亦難開展一段新的情緣。

受日腳刑剋影響，拍拖中或已婚男女容易為小事爭拗不斷，亦傾向將不滿藏在心中；除了坦誠相向外，牛年適合聚少離多的相處方式，多出門公幹或各自培養不同的興趣，才能維繫感情。

【健康方面】

辛丑年的健康運尚算平穩，受「丑戌刑」影響，全屬一些瑣碎的小毛病，由於工作壓力增加，所以身體較多莫名其妙的疼痛，經常受神經痛、皮膚敏感、牙痛的舊患影響心情。俗語有云「醫得頭來腳抽筋」，因為較多小毛病，亦令個人心情鬱悶，失眠情況加劇，建議多做瑜伽、太極或多到戶外接觸大自然，除了可紓緩壓力，亦可以借大自然的能量，改善健康運。

家宅方面，多關心伴侶的健康，為他們主動裝修家居，或更換傢俬、牀褥等，都有助改善健康運。

48 辛亥日

◆貴人運佳 有利從事女性行業

【財運方面】

辛亥日出生者的天干與流年天干同屬「辛金」，令財運出現暗湧，由於有劫財之象，營商者必須做足心理準備，牛年的營運資金容易出現問題，一定要做好開源節流，千萬不能作借貸擔保，以防一借無回頭。另外，亦要預留一筆應急錢，以應付公司突如其來的開支。

辛丑年全無偏財運，短炒投機絕對不能進行；由於較難守財，不宜將現金留在身邊，轉作實物或作中長線投資，例如買黃金、藍籌股票或穩健基金等更能保值。受「懸針煞」影響，牛年頗多瑣碎的小毛病，建議預先購買醫療保險，出外旅行亦謹記買旅遊保險，以策萬全。

由於天干同屬「辛金」，對弱金月份出生的人最有利，例如在農曆正月、二月出生的人，行金運強化了財運，除了賺錢能力強之餘，亦有能力將錢財留住。而農曆四月及五月出生者只算不過不失，不能寄望可以賺大錢。至於農曆七月、八月、十月及十一月出生者容易財來財去，要預早訂定開支計劃。至於農曆三月、六月、九月及十二月土過旺月份出生者，辛丑年工作壓力最大，屬多勞少得的一群。

【事業方面】

打工一族事業運不俗，流年「丑土」助旺個人運勢，得到不少貴人賞識，尤其是女性長輩更是照顧有加，如上司或老闆是女性的話，大有機會獲提拔。如從事與女性有關的行業如美容、纖體或服裝等，更是大有可為。反而與同輩關係，因為競爭大而變得緊張，牛年有「厚土埋金」之象，一定要主動爭取表現，事業才能有進一步發展。

計劃轉工的人，辛丑年並非適合作重大決定之年，千萬不要操之過急；建議留守舊公司，報讀與工作有關課程，靜待時機。

【感情方面】

單身男女在辛丑年並非行太大的桃花運，感情只能以原地踏步來形容。無論男女都可透過長輩介紹而認識到合眼緣的異性，惟必須做好心理

流月運勢

♥吉 ♡中吉 ♡平 ♥凶

♡	2021年2月3日至3月4日	劫財的月份，容易一得一失，必須做好開支規劃。
♡	2021年3月5日至4月3日	出現打針食藥運，喉嚨氣管、呼吸系統出現問題，幸好財運不俗。
♥	2021年4月4日至5月4日	貴人運順遂，如從事創作行業者，由於靈感不絕，是有收穫的月份。
♥	2021年5月5日至6月4日	相沖的月份，除了容易受傷外，亦要提防是非口舌，不妨出門借地運。
♡	2021年6月5日至7月6日	事業與財運均向好，但提防工作壓力太大，要好好放鬆。
♥	2021年7月7日至8月6日	此月人事紛爭特別多，凡事以和為貴；須留心手部容易受傷。
♡	2021年8月7日至9月6日	喉嚨氣管又出現毛病，提防久咳不癒，幸好事業處於向上階段。
♥	2021年9月7日至10月7日	人緣不俗，而且有桃花運，容易遇上合眼緣的異性，但不能過分急進，以免嚇怕對方。
♡	2021年10月8日至11月6日	此月壓力大，常有難以發揮之感，不妨多找朋友傾訴，解開心結。
♡	2021年11月7日至12月6日	貴人運不俗，但留心身體健康，女士要提防婦科小毛病。
♡	2021年12月7日至2022年1月4日	財運欠佳，容易破財的月份，幸好學習運不俗。
♥	2022年1月5日至2月3日	貴人運順暢，之前遇到的困難事露出曙光，似有解決迹象。

準備未必可以即時開花結果，需要花多點耐性互相觀察。倘若能開展感情，亦要留意對方的家人或朋友是否意見多多的人，拍拖初期不宜過早公開戀情，以免人多口雜，不妨待感情穩定後才公開也未遲。

拍拖中的男女提防第三者介入而令關係破裂，已婚人士容易為家人出現爭執，盡量少介入對方家事，便無太大問題。

【健康方面】

由於出生日及流年地支同屬「辛金」，代表喉嚨氣管、呼吸系統等問題，如果本身已是肺弱或有哮喘毛病，牛年容易有久咳不癒的問題，如有吸煙習慣者不如趁機戒掉，保障健康。受「懸針煞」影響，新一年出現打針食藥運，如遇上小毛病，不妨借助針灸方式治療。流年金過旺，尤其農曆七月及八月出生者，盡量多用藍色、綠色物品，不宜佩戴金、銀飾物，以免影響健康。

家宅方面，多留心子女的健康及情緒問題，多抽時間聆聽他們的訴求，才能減少分歧。

49 壬子日

吉中藏凶 沉着應戰注意壓力

【財運方面】

踏入辛丑年，壬子日出生者的地支與流年地支呈「子丑合」。「合日腳」的年份，無論工作與財運均易生變數，屬「吉中藏凶」格局，雖然會出現很多新的合作機會，但留心只是表面風光；營商者在洽談生意過程中可謂一波三折，最初滿以為有機會成功，但中途卻又節外生枝，平添不少煩惱，牛年只要沉着應戰，調節好心態，不要將目標定得太高，自然可平安過渡。

牛年會不斷有人提出新的合作計劃，但謹記不能作大手投資，高風險的投機活動亦可免則免，只能在不犯本的情況下，稍作小量投資；辛丑年財運疲弱，如果能守着原有業績已算不俗，如冒險急進，破財機會很大。由於人際關係充滿暗湧，要提防是非口舌，謹記圓融的人際關係有助運勢向上。

整體而言，壬子日上半年出生者運勢較佳，即農曆正月、二月、四月及五月出生者財運會較順遂；而農曆七月、八月、十月及十一月出生者，劫財機會特別高，必須做好開支規劃；至於農曆三月、六月、九月及十二月出生的人，命格土重，牛年壓力特別大，小心情緒受困，要學懂放鬆壓力。

【事業方面】

地支「丑土」是事業星，辛丑年雖然有不俗的貴人運，尤其是女性上司或長輩的青睞照顧，出現輕微的升遷運，惟加薪幅度未如人意；同時在辦公室須提防惹來是非口舌，與同事爭執不斷，牛年處事不宜過分高調，否則招來小人暗箭。

打工一族如有轉工計劃，萬不可輕舉妄動，假如真的要轉變，亦要先與新公司簽訂合約後才辭職，否則可能中間出現變數，令自己「兩頭不到岸」。不如留守舊公司打好基礎，用心經營及擴充人脈關係，對未來更有好處。

【感情方面】

單身女士的桃花運較男士稍強，牛年會遇上合眼緣的異性，但要循序漸進，勿過分心急，以免嚇怕對方。男士的桃花只屬一般，由於過分專注工作，而且壓力太大，沒有太大的拍拖意欲，

流月運勢

♥吉 ♡中吉 ♡平 ♥凶

♡	2021年2月3日至3月4日	貴人運順暢，此月易惹來是非口舌，盡量少說話、多做事，免招人話柄。
♡	2021年3月5日至4月3日	是先難後易的月份，工作上出現小阻礙，凡事要加倍耐性處理。
♥	2021年4月4日至5月4日	除了容易受傷外，亦要提防破財，凡事要小心應對。
♥	2021年5月5日至6月4日	財運不俗，小量投資只要不貪心，會有不俗進帳。
♡	2021年6月5日至7月6日	相沖的月份，提防財來財去，要小心收支平衡。
♥	2021年7月7日至8月6日	學習運向好，事業亦處於向好階段，但提防有突如其來的變化，要做好兩手準備。
♡	2021年8月7日至9月6日	頭部容易受傷，此月容易出現人事爭拗，幸好貴人運順遂。
♥	2021年9月7日至10月7日	精神緊張、情緒低落的月份，提防身邊出現爛桃花。
♡	2021年10月8日至11月6日	事業運向好，惟留心合約文件的細節，以免惹上官非訴訟。
♡	2021年11月7日至12月6日	容易破財的月份，如有親戚朋友要求借貸，謹記量力而為。
♡	2021年12月7日至2022年1月4日	此月領導才能可以發揮得淋漓盡致，做運動時須打醒十二分精神。
♥	2022年1月5日至2月3日	如遇上心情欠佳之時，不妨多接觸大自然，亦可多找朋友傾訴，解開心結。

更無心開始一段新感情。

已有伴侶的人士容易與另一半爭執或意見分歧；已婚男女會為家中瑣碎事情而發生口角，其實只要互相忍讓，減少無謂爭拗便無太大問題，牛年亦是適合添丁的年份，但由於「合日腳」年份易生變化；建議要依足傳統，待懷孕三個月後才公開也未遲。

【健康方面】

壬子日出生者的健康運整體來說不算太差，但「合日腳」的年份，容易多瑣碎的小毛病，地支「子丑合化土」，需要留心腸胃疲弱，尤其是農曆三月、六月、九月及十二月出生的人，命格的土過多，須留心壓力太大，引致焦慮及失眠。牛年少用黃色或啡色物品，除了注意作息定時外，建議多作戶外活動，接觸大自然，或進行瑜伽、太極及冥想等紓壓運動。出外旅行時，謹記購買旅遊保險，以備不時之需。

家宅方面須多關注伴侶及家中長輩的健康，不能掉以輕心。

50 癸丑日 ◆ 事業運佳 切忌借貸慎防損財

【事業方面】

地支「丑土」是個人的事業星，如從事紀律部隊如警察、海關及消防等，由於幹勁十足，可以在職場上大展拳腳。如任職管理階層者，事業明顯有進步，且有不俗的升遷運。惟須留心與同事間的是非口舌增多，宜低調寬容，不可強出頭為別人排難解紛。

打工一族雖有升職機會，但提防面對新的工作範疇時，難以適應；有意轉工的人，千萬不可輕舉妄動，因為轉工到了新環境，可能因與自己預期出現落差而引致情緒不安，宜先了解清楚再決定也未遲。

【感情方面】

單身女士桃花運暢旺，會遇到年紀比自己小一點或大很多的異性，如不介意年紀差距，不妨一試；惟雙方均處於互相觀察階段，未必可以立即發展成戀人，不妨借助長輩或朋友的助力，

【財運方面】

癸丑日出生者的天干屬水，而地支與流年地支同屬「丑土」，形成土局，牛年財運只屬不過不失，反而事業運較順暢。其中農曆十月及十一月出生的人，財運最有利，進帳不俗之餘，亦可以有盈餘儲蓄；而農曆四月、五月、七月及八月出生者，在行濕土的年份，財運算是順暢平穩。農曆正月及二月出生者，不能寄望可以賺大錢，只能守着原有的利潤。至於農曆三月、六月、九月及十二月出生的人，本身土重再行土，便形成困局，牛年心情容易抑鬱焦慮，屬辛苦得財之年。

營商者必須做足心理準備，營運資金容易出現問題，一定要做好開源節流，尤其避免作借貸擔保，對客戶的還款期亦要抓緊一點，以防被賴帳。另外，亦要提防官非訴訟，所有與法律有關的合約文件一定要請教專業人士，以免亂中出錯，蒙受損失。

由於偏財運不旺，雖然有貴人給予消息投資，謹記不能貪心，略有收穫便要離場，否則容易見財化水；而所有投資都需經自己思考分析，勿人云亦云。辛丑年並非行急財的年份，所有投資回報都要慢慢積聚，不能走捷徑。

流月運勢

♥吉 ♡中吉 ♡平 ♥凶

♡	2021年2月3日至3月4日	是非口舌特別多的月份，盡量少説話、多做事，免招人話柄。
♥	2021年3月5日至4月3日	貴人運與學習運向好，不妨把握一下爭取表現。
♡	2021年4月4日至5月4日	腸胃容易不適，飲食要小心一點，以免病從口入，幸好事業運順暢。
♡	2021年5月5日至6月4日	破財的月份，不宜作任何投機投資活動，以免有所損失。
♡	2021年6月5日至7月6日	正偏財不俗，只要不太貪心，投資會有收穫，惟須留心身體出現小毛病。
♥	2021年7月7日至8月6日	相沖的月份，做運動時要打醒十二分精神，以免受傷，不妨出門旅行，應動中生財。
♥	2021年8月7日至9月6日	財運、事業與貴人運順遂，是一個心情輕鬆愉悦的月份。
♥	2021年9月7日至10月7日	眼睛出現小毛病，雖出現新的合作機會，但不宜輕舉妄動。
♡	2021年10月8日至11月6日	受困擾的月份，要留心合約文件的細節，以免惹上官非訴訟。
♥	2021年11月7日至12月6日	此月的運勢逐步回穩，之前遇到的困難有解決迹象。
♡	2021年12月7日至2022年1月4日	吉中藏凶的月份，做事屬先難後易，要付出多點耐性應對難題。
♡	2022年1月5日至2月3日	做事有辛苦勞累之感，幸好升遷運不俗，不妨把握一下。

多舉行聚會從中推波助瀾。至於男士感情運一般，雖然會遇上合眼緣異性，但由於全副精神放在事業上，對感情事並不熱衷，屬原地踏步階段。

已婚及拍拖人士感情穩定，但留心間中會因心情煩躁而向伴侶發洩不滿，除了多作溝通外，勿口不擇言互相攻擊，便沒有太大問題。

【健康方面】

整體來説健康運算是不過不失，惟癸丑日本身水弱，大部分人都受「土困水」影響，個人情緒容易負面消極，甚至有抑鬱失眠情況，除了多到郊外接觸大自然，亦要多做紓壓運動。農曆三月、六月、九月及十二月出生的人，本身土重，牛年忌用黃色及啡色的物品，多用藍色可以增強健康運。另外，亦要提防膀胱腎臟、腸胃等的小毛病，必須注意飲食健康。

家宅方面，多留心伴侶健康，不妨為家居作小型裝修，多放水種植物，都有提升家宅運之效。

51 甲寅日

運勢回穩 財運事業蓄勢待發

【財運方面】

由於在庚子年受「甲庚沖」影響，甲寅日出生者在過去一年運勢可謂動盪不已，踏入辛丑年，出生日天干地支同屬木，遇上流年「辛金」是事業星、「丑土」是財星，令財運與事業運都處於平穩順暢階段。

其中以農曆正月、二月、十月及十一月出生者財運最優，由於命格五行調和，賺錢能力出眾之餘，亦有機會保持盈餘。其次是農曆四月、五月、七月及八月出生的人，財運雖較以往順暢，但亦容易有破財機會，一定要好好規劃開支。而在土重的農曆三月、六月、九月及十二月出生的人，必須提防工作壓力及情緒問題，財運亦易一得一失。

營商者生意屬穩步向上，由於個人的工作能力及分析力較以往提高不少，不妨主動出擊，親自出馬與客戶洽談業務，成功機會大增。然而牛年容易出現官非訴訟，舉凡文件、合約要反覆審核，如有疑問要請教專業人士；另外，對客戶亦不能過度借貸，避免遭人賴帳。甲寅日人本身較為主觀，牛年不宜與人合資做生意，以免因意見不合而鬧翻；由於偏財運不佳，不宜進行高風險的投機炒賣，只宜進行小本投資。

【事業方面】

甲寅日出生者的事業運不俗，流年天干「辛金」是事業星，打工一族升職加薪有望，工作表現更大受好評，是一個有不俗回報的年份。有意轉工人士，不妨主動一點與舊上司或舊同事聯絡，可以獲對方居中引薦而有成功跳槽機會。假如留守舊公司的人，亦有機會轉換新的工作崗位，不妨主動接受挑戰，爭取事業上更進一步。

牛年人際關係變得和諧，與同事間的角力比之前緩和了不少，而且上司的助力亦足夠，所以工作起來會較輕鬆愉快。

【感情方面】

無論男女，辛丑年應酬聚會頻密，可以從中認識不少朋友，擴闊社交圈子，惟要從中物色到合適的對象恐怕要花點時間。

其中農曆三月、六月、九月及十二月出生

流月運勢

♥吉 ♡中吉 ♡平 ♥凶

♡	2021年2月3日至3月4日	相沖的月份，留心人事爭拗特別多，少做中間人角色，以免「好心做壞事」。
♡	2021年3月5日至4月3日	事業運順暢，但做事較多波折，宜做好兩手準備。
♥	2021年4月4日至5月4日	財運與貴人運不俗，進行投資活動時，只要不貪心可有收穫。
♡	2021年5月5日至6月4日	膝頭及腰部容易受傷，如覺得心情焦慮時，不妨相約朋友解悶。
♡	2021年6月5日至7月6日	破財的月份，出現輕微打針食藥運，提防身體出現小毛病。
♥	2021年7月7日至8月6日	財運容易一得一失，此月萬萬不能作擔保行為，以免惹上麻煩。
♡	2021年8月7日至9月6日	動盪的月份，提防是非口舌，處事低調一點可免卻紛爭。
♥	2021年9月7日至10月7日	事業運顯著向上，不妨積極一點表現自己，爭取升遷機會。
♥	2021年10月8日至11月6日	偏財運強勁，如投資略有斬獲便要離場，以免倒贏為輸。
♥	2021年11月7日至12月6日	天合地合的月份，做事波折重重，不要輕率作出重大決定。
♡	2021年12月7日至2022年1月4日	人際關係倒退，幸好貴人運不俗，是先難後易的月份。
♡	2022年1月5日至2月3日	身體出現一點小毛病，要注意健康的小警號，幸好此月財運暢順。

的男士，或農曆七月及八月出生的女士桃花運較旺，容易遇上背景及樣貌均出色的異性，令自己一見傾心，不妨積極一點主動示愛，有機會發展一段新戀情。

已婚夫婦的感情平穩，爭執吵鬧較以往為少，算是開心甜蜜的年份；惟慎防過分專注工作，而冷落另一半，可考慮與伴侶舊地重遊，維繫感情。

【健康方面】

整體健康運尚算不過不失，惟農曆三月、六月、九月及十二月出生者由於土過旺，必須提防跌倒受傷，在家中更換窗簾或燈泡亦要格外留神，攀山、爬石等高危活動一概避免。至於農曆七月及八月出生的人，容易受金屬所傷，駕車者要留心道路安全。出生日「甲木」遇上流年「辛金」，出現打針食藥運，必須提防喉嚨氣管等毛病，不妨多做贈醫施藥之舉，或購買保健產品提升健康運。

家宅方面，多留心男性長輩的健康，不妨主動為老人家作小型裝修，有助改善家宅運。

52 乙卯日 ◆ 正財為主 事業向上升職在望

【財運方面】

乙卯日出生者來到辛丑年財運處於平穩向上，流年地支「丑土」是財星，大部分此日出生的人賺錢能力的確較以往為佳，但能否有盈餘也是視乎出生的月份，其中以農曆正月、二月、十月及十一月出生者的財運最樂觀，容易有餘錢儲蓄；而農曆四月及五月出生的人，心情會較之前輕鬆愉快。出生於農曆七月及八月的人，容易財來財去，但事業運則屬穩步向上；至於農曆三月、六月、九月及十二月出生的人，命格中的土過重，雖然可以賺到可觀進帳，但亦會莫名其妙破財，建議多買實物保值。

由於天干出現「乙辛沖」，營商者必須留心與生意拍檔因經營理念不同而分道揚鑣，謹記處理帳目時要數目分明，以免因財失義。做生意的人必須要親力親為，對客戶不能掉以輕心，盡量不作任何借貸擔保，否則可能出現被賴帳的情形。由於有輕微官非運，所有與稅局、海關等監管機構的文件要小心核對清楚，必要時請教專業人士，以免因一時大意惹上官非訴訟而損失不菲。辛丑年以正財為主，偏財運並不理想，所有短炒投機絕對不宜，否則容易破財。

【事業方面】

事業運尚算不俗，惟「乙辛沖」的年份，人際關係會處於倒退狀況，由於工作上的競爭大，偶一不慎更會遭人暗箭所傷，令自己陷入艱難的局面。牛年做事宜低調寬容，與自己無關的事勿多言，謹記圓融的人際關係可令工作順暢一點。

流年出現輕微的升遷運，薪酬加幅亦不俗，打工一族如有轉工計劃，由於辛丑年適合變動，如有機會不妨一試；就算留守原有公司亦要主動要求多往外地出差，或變動工作崗位，應動中生財之象。

【感情方面】

乙卯日出生的女士容易與伴侶出現問題，辛丑年的感情運並不穩固，拍拖中的女士容易分手，就算再發展新戀情亦只屬短暫情緣，未必可以長久發展。至於單身男士的感情運不俗，有機

流月運勢

♥吉 ♡中吉 ♡平 ♥凶

♡	2021年2月3日至3月4日	天合地合的月份，做事波折重重，不妨出門旅遊借地運。
♡	2021年3月5日至4月3日	事業運進步，但留心有劫財之象，做生意的人需做好開支規劃。
♥	2021年4月4日至5月4日	財運與貴人運順暢，一切處於進步階段，打工一族有貴人提攜。
♥	2021年5月5日至6月4日	此月特別多是非口舌，容易令情緒焦慮，少理閒事以免惹禍上身。
♡	2021年6月5日至7月6日	破財的月份，盡量少說話、多做事，可以避免人際關係變差。
♡	2021年7月7日至8月6日	財運回穩，但提防手腳受傷，做運動時要打醒十二分精神。
♥	2021年8月7日至9月6日	事業運進步，出現輕微升遷運，但處事不宜高調。
♡	2021年9月7日至10月7日	相沖的月份，此月出現短暫桃花，不妨部署到外地旅遊散心。
♥	2021年10月8日至11月6日	正偏財運向好，但提防人事爭拗，處事低調寬容一點可以令運勢向上。
♡	2021年11月7日至12月6日	此月焦慮重重，多做紓壓的運動，或多到郊外接觸大自然放鬆心情。
♥	2021年12月7日至2022年1月4日	工作壓力大的月份，謹記作息定時，留心文件合約細節，以免誤蹈法網。
♡	2022年1月5日至2月3日	事業運順暢，但提防財運容易一得一失，勿胡亂花錢。

會遇上合眼緣的異性，不妨主動積極一點展開追求，或會發展成穩定關係。

情侶或夫婦若經常日夕相對，在大小事情上都容易發生衝突，甚至有分開危機，牛年適合聚少離多相處模式，多出門公幹或各自培養不同的興趣，給予對方空間，減少見面反而對感情更有利。

【健康方面】

「乙辛沖」的年份要留心手部、頭部及關節等的問題，如喜歡打網球、高爾夫球人士，尤其要留意手腕扭傷；本身有偏頭痛者，牛年有很大機會舊病復發，必須多加留心。另外，亦要提防因壓力而出現失眠焦慮徵狀，宜多接觸大自然，放鬆心情。

農曆三月、六月、九月及十二月出生的人，受土木相剋，要避免進行攀山、爬石等高危運動；即使維修家居如更換窗簾、燈泡時，亦要提防跌倒受傷。至於農曆七月及八月的人，駕車時要留心道路安全，以免因車輛碰撞而受驚嚇。

53 丙辰日

表面風光 人事紛亂提防是非

【財運方面】

由於流年天干是個人財星，新一年可望有不俗賺錢機會；惟受「丙辛合」影響，過程仍會存在變數，需要留心容易有「表面風光」之勢。

在眾多出生月份之中，以農曆四月及五月夏天出生者財運最為暢旺，既有賺錢機會亦可聚財；農曆正月及二月春天出生者命格木旺，牛年尚可守住財富。惟農曆七月及八月秋天出生者屬「財旺身弱」，雖可獲利但亦容易破財；農曆十月及十一月冬天出生者受「剋洩交加」影響，賺錢過程較艱辛，財運亦最為疲弱。至於農曆三月、六月、九月及十二月出生者因五行土旺，牛年是非口舌不斷；除非本身從事的工作需要「以口得財」，則親力親為仍有利可圖。

不過，由於新一年人事爭拗頻繁，管理層要留心下屬的轉流問題，亦要提防與合作伙伴出現爭拗，建議多加溝通。既然新一年財運以正財為主，建議留守原有的業務範圍，不宜貿然開拓新領域；投資方面亦只宜以中長線為主，並要經過個人分析研究，不能靠人脈或小道消息獲利。另外，「丙辛合」較為影響喉嚨、氣管及呼吸系統，不妨多花費於保健之上，主動破財強化健康運。

【事業方面】

受「丙辛合」帶動可望有薪酬調整，惟升遷機會較渺茫；加上同事之間關係緊張，待人處事要格外低調，事不關己不宜多加意見，以免遭受攻擊。在眾多行業之中，將以前線銷售及客戶服務最為理想，可有不俗業績；從事行政管理則較多掣肘，加上是非口舌影響情緒，較難一展所長。

管理階層則要多留心下屬的轉流問題，容易有「惡奴欺主」情況，建議雙方多加溝通，凡事親力親為。既然新一年並非有大變動之年，不妨留守原有地方默默耕耘更為合適。

【感情方面】

由於辛丑年不算是大桃花年，只有單身男士較有機會遇上合眼緣對象，對方各方面的條件不俗，惟個性剛烈，若喜歡性格剛強的女生不妨考慮開展感情。至於單身女士桃花則比較平淡，即使能結識心儀對象對方亦未有表態，感覺似有還

流月運勢

♥吉 ♡中吉 ♡平 ♥凶

♡	2021年2月3日至3月4日	財運及貴人運順遂，整體收入有所提升；惟人事爭拗頻繁，容易招惹是非，待人處事要盡量低調。
♡	2021年3月5日至4月3日	工作遇上阻滯，做事一波三折，建議凡事多加耐性忍讓，並盡量保持圓融的人際關係。
♥	2021年4月4日至5月4日	天干相沖、地支相刑，身體容易有瑣碎毛病；可幸事業有進步，只是人事糾紛較多，需要時間適應。
♥	2021年5月5日至6月4日	運勢強勁的月份，財運可望有進帳，事業亦能有發揮，惟工作壓力較大，宜自我調節。
♡	2021年6月5日至7月6日	容易受金屬所傷的月份，駕駛者要時刻留意道路安全，以免發生碰撞。可幸貴人運良好，不妨把握助力發展。
♡	2021年7月7日至8月6日	個人情緒較為負面，感覺較多焦慮、容易杞人憂天，可多出門旅遊或接觸大自然，放鬆身心。
♥	2021年8月7日至9月6日	財運向好，可望有新合作機會，若不牽涉大額投資不妨一試；惟有破財機會，不宜作任何借貸擔保。
♥	2021年9月7日至10月7日	健康運平平，較多傷風感冒或腸胃炎等瑣碎毛病，需要多關注健康。財運尚算不俗，可望有賺錢機會。
♡	2021年10月8日至11月6日	備受是非口舌困擾的月份，可幸學習運順遂，不妨報讀興趣課程，避開流言蜚語。
♥	2021年11月7日至12月6日	事業發展如虎添翼，將有輕微的升遷機會，不妨把握眼前助力，積極表現自己。
♡	2021年12月7日至2022年1月4日	財運順遂的月份，惟工作容易因為大意而出錯，尤其簽署文件、合約要留心細節，以免惹上官非。
♡	2022年1月5日至2月3日	喉嚨、氣管及呼吸系統較弱，工作不宜過分操勞，建議爭取休息時間，並多花時間關注健康。

無，若渴望談戀愛者唯有嘗試透過朋友或長輩略為推動，看能否有一線機會發展。

戀愛中的情侶關係原地踏步，未有結婚打算亦不見有大爭拗，感覺較為平淡；已婚者則尚算甜蜜溫馨，不妨結伴同遊多往外地旅遊散心，令感情有所昇華。

【健康方面】

受「丙辛合」影響，新一年要特別留心喉嚨、氣管及呼吸系統毛病，有吸煙習慣者亦要注意肺部健康，容易有久咳不癒情況，鼻敏感或哮喘患者則要多留意空氣質素，建議進行詳細的身體檢查，亦可主動花費於保健之上，購買醫療保險及多作贈醫施藥善舉，有助強化運勢。

另外，由於農曆三月、六月、九月及十二月出生者五行土過旺，需要提防心臟及腸胃毛病；亦要多關心家中男性長輩健康，不妨為家居作小量裝修、維修，亦可更換家具、牀褥等，有助穩定家宅運勢。

54 丁巳日

平穩進步 財運順遂上落較大

【財運方面】

流年天干「辛金」是個人的財星，新一年偏財運不俗；加上地支「巳酉丑」會合金成為財星，可望有新合作機會出現，若能覓得肖雞者合作更可起化學作用，成功機會較高。不過，會合的年份亦有「吉中藏凶」之兆，表面順遂但實行時卻一波三折，需要做好兩手準備謹慎應對。另外，雖然牛年有不少賺錢機會，但整體上落較大，業績報捷的月份需要積穀防饑，預留應急錢作周轉。

其實丁巳日出生者五行多屬火、土旺，流年行濕土能平衡本身命格，大部分人的財運也有進步，尤其農曆四月及五月夏天出生者最為理想。至於農曆正月及二月春天出生者亦有較多賺錢機會；農曆七月及八月秋天出生者命格金旺，收入可遞增但亦有較多開支，容易財來財去。至於農曆十月及十一月冬天出生者丁火較弱，行金土運的年份難免要較為辛苦得財。

另外，行土運的年份要注意人際關係，從商者與同行競爭激烈，需要提防口舌是非。偏財方面可憑消息而獲利，惟會合年份要謹記「見好即收」，不宜作高風險的投機炒賣，選擇中長線投資或「以小博大」的策略較有利可圖。

【事業方面】

新一年將有不俗的薪酬調整，亦有輕微升遷機會，尤其農曆十月及十一月冬天出生者升遷運較為明顯。惟工作上仍有掣肘、感覺難以發揮，可幸能得貴人助力，人事相處尚算融洽，建議視辛丑年為「播種期」，按兵不動審視形勢，並多作進修及計劃部署，不宜急進作出變動，以免轉工後現實與期望有所落差，甚至有「兩頭不到岸」情況。

在一眾行業之中，以前線銷售及創意工業發展最為理想，從事行政管理則較難大展拳腳，建議不宜將目標訂得太高，盡量保守而行。

【感情方面】

在一眾丁巳日出生者當中，以單身男士的桃花最為暢旺，可望結識心儀對象，惟對方有機會是年紀稍大或比自己年輕很多的伴侶，若不介意年齡差距不妨放膽開展戀情。至於單身女士的感

流月運勢

♥吉 ♡中吉 ♡平 ♥凶

♥	2021年2月3日至3月4日	財運暢旺、尤以偏財最為理想，只要不太貪心可有進帳；惟要謹記「見好即好」，切忌過分進取。
♡	2021年3月5日至4月3日	貴人運順遂的月份，惟工作過程較為艱辛，凡事需要親力親為，難以假手於人。
♡	2021年4月4日至5月4日	個人精神緊張、神經衰弱，加上是非口舌纏身影響睡眠質素，建議多出門外遊，放鬆身心。
♡	2021年5月5日至6月4日	人事爭拗頻繁，工作仍有阻滯，可幸事業仍有輕微進步，只是過程較多波折，需要以耐性應對。
♥	2021年6月5日至7月6日	喜獲強而有力的貴人扶持，加上個人學習運不俗，建議積極把握機會表現自己。
♥	2021年7月7日至8月6日	受是非口舌困擾，情緒較為負面、容易焦慮不安，建議凡事多加忍讓，盡量保持圓融的人際關係。
♥	2021年8月7日至9月6日	運勢漸見曙光，之前所遇到的困難可望逐步解決，財運亦持續向好，不妨較為進取。
♡	2021年9月7日至10月7日	財運「一得一失」的月份，將有新合作機會出現，惟不宜輕舉妄動，以免錢財有所耗損。
♡	2021年10月8日至11月6日	為家事煩惱的月份，尤其容易因為小朋友的瑣事而與伴侶起爭拗，雙方應加強溝通，不宜一意孤行。
♡	2021年11月7日至12月6日	運勢有輕微衝擊，可幸眼前困境只屬先難後易，只要多花時間耐性即可解決。
♥	2021年12月7日至2022年1月4日	事業發展得心應手，連帶財運亦有不俗進帳，不妨把握眼前好運向上發展。
♡	2022年1月5日至2月3日	有人提出新合作機會，若投資金額不多不妨一試，以「小試牛刀」方式進行可望有所收穫。

情多屬「暗桃花」，感覺較為不實在，若遇上合眼緣對象可先由朋友開始溝通了解，再循序漸進較容易有發展。

已婚者關係甜蜜溫馨，牛年更屬容易有喜之年，若有添丁打算不妨落實執行；惟成功懷孕後需要依足傳統，待三個月後才向外公布喜訊，以免出現變數而喜事成空。

【健康方面】

由於日腳與流年會合，牛年將有較多神經痛、牙痛或眼睛發炎等瑣瑣碎碎的健康毛病；加上應酬頻繁令體重上升，建議作息定時及適量運動；尤其農曆十月及十一月冬天出生者健康運最為疲弱，可大量使用鮮紅、鮮綠色物品或佩戴鑽石、紅寶石助運；農曆三月、六月、九月及十二月出生者則要多關注心臟健康，可進行身體檢查保平安。

已婚者有機會添丁，惟懷孕後要依足傳統待三個月才公布喜事；家宅上則有機會受噪音或漏水問題滋擾，建議及早維修以免影響健康。

55 戊午日 ◆ 人事緊張 凡事保守慎防破財

【財運方面】

由於個人天干與流年地支同屬土，新一年財運未有大突破，大部分人更容易破財，尤其農曆三月、六月、九月及十二月出生者命格本來已屬土旺，再行土運的流年破財機會更大，建議從商者要開源節流，不宜作借貸擔保或向客戶賒數，以免蒙受損失。

在不同出生月份當中，以弱命即農曆十月及十一月冬天出生者較為有利，雖然收入未有遞增，但聚財能力稍有提升。農曆正月及二月春天出生者木旺土弱，行土運亦有輕微助力，工作較為順心。不過，農曆四月及五月夏天出生者因為火、土過旺，難免有劫財之象；農曆七月及八月秋天出生者則財運平平，可幸學習運及靈感充足，若工作以創意主導，如編劇、市場策劃或銷售等，只要能親身約見客戶仍有微利可圖。不過，牛年始終並非行財星之年，任何行業也要格外親力親為，放棄因循守舊始能突圍而出。

另外，由於午與丑屬輕微相害，從商者要提防被同行陷害中傷，個人情緒較受影響，建議待人處事要盡量低調，以免遭受攻擊。既然運勢並非處於上風，不妨守住原有的工作範疇，投資策略亦要以保守為上。

【事業方面】

「丑午相害」代表容易被小人陷害，新一年與同事關係較為緊張，尤其管理階層與團隊溝通出現問題，合作性及服從性稍遜，需要多花時間協調。可幸牛年創意澎湃，如從事編劇或市場策劃等牽涉創作的工種，可望靈感不絕；而地產或保險等前線銷售亦可擴闊客戶圈子，尤其農曆七月及八月秋天出生者事業發展最為理想，不妨努力把握。

不過，辛丑年始終並非適合有大變動的年份，建議把握機會進修增值，無論報讀與工作相關的課程抑或興趣小組均可有不俗成績。

【感情方面】

由於午與丑關係一般，這種日腳變化令感情運較為平淡，戀愛中的情侶或已婚者容易因誤會而累積負面情緒，尤其容易因為雙方的家人朋友流言蜚語而影響觀感，故關係未及穩定者不宜太

流月運勢

♥吉 ♡中吉 ♡平 ♥凶

♡	2021年2月3日至3月4日	事業有進步的月份，不妨積極表現自己；惟工作壓力較大，需要學懂我自調節。
♡	2021年3月5日至4月3日	小人當道、是非口舌頻繁，待人處事宜盡量低調，「少說話、多做事」以免遭受攻擊。
♡	2021年4月4日至5月4日	財運「一得一失」的月份，需要多注意理財方向，亦可主動購買實物保值，避免無辜破財。
♥	2021年5月5日至6月4日	精神緊張、神經衰弱，睡眠質素欠佳，時間許可不妨安排出門外遊，放鬆身心。
♡	2021年6月5日至7月6日	事業發展穩步上揚，惟簽署文件、合約前要留意細節，亦要多關注身體健康，不宜過勞。
♥	2021年7月7日至8月6日	運勢變化起伏較大，容易「吉中藏凶」，建議不宜作任何重大決定，投資亦要格外審慎。
♥	2021年8月7日至9月6日	貴人助力充足，加上學習運理想，不妨報讀課程自我增值，惟需要提防輕微的是非口舌。
♥	2021年9月7日至10月7日	承接上月好運，本月更會有輕微桃花出現，不妨多留意身邊人，看能否由朋友為基礎逐步發展。
♡	2021年10月8日至11月6日	才華橫溢、領導才能亦得以發揮，不妨積極把握；惟本月較容易破財，不宜投資投機。
♡	2021年11月7日至12月6日	有家人或朋友提出借貸請求，建議量力而為，不宜強出頭。投資運頗為理想，策略可稍為進取。
♥	2021年12月7日至2022年1月4日	已婚者因為小朋友的瑣事而煩惱，管理階層亦會因下屬的表現而起爭拗，建議多加溝通忍讓。
♡	2022年1月5日至2月3日	受瑣瑣碎碎的健康問題困擾，甚至影響睡眠質素，不妨做適量運動減壓，亦可多接觸大自然。

早融入對方圈子，低調享受二人世界反而可免受攻擊，關係更能長久。

單身男士將有輕微的「暗桃花」，惟遇上的對象未必是自己心儀，不妨多溝通了解再作考慮。可幸新一年無論男女也有較多交朋結友的機會，建議先以朋友為基礎再靜待時機，看未來能否有進一步發展。

【健康方面】

辛丑年飲食應酬頻繁，加上行「食神」及「傷官」運容易令體重上升，建議作適量運動，飲食亦要適可而止，以免引發都市病。農曆三月、六月、九月及十二月出生者因命格中土太旺，需要提防腸胃及關節毛病，建議避免使用啡、黃兩色，並多用綠色物品；農曆七月及八月秋天出生者脾胃及喉嚨氣管較弱，應避免使用米、白兩色，多用暖色及適量使用紅色物品助旺。

受「丑午相害」影響，牛年自己與伴侶均有較多瑣碎毛病，加上工作壓力影響情緒，建議多接觸大自然放鬆身心。

56 己未日

日犯太歲 運勢波動財運易損

【財運方面】

由於丑、未相沖，這種「日犯太歲」其實比起「年犯太歲」更為貼身，故己未日出生者牛年運勢難免會較為動盪，若能多往外走動則尚有發展，否則留守原居地難免有坐困愁城之感。建議從商者可以考慮開拓海外市場，惟仍要謹慎理財、開源節流，亦可置業或搬遷，因「沖日腳」的年份有搬動運勢會較為理想。

另外，大部分己未日出生者命格本來已屬土重，再行丑土跌入劫財運，尤其農曆三月、六月、九月及十二月出生者破財情況最為嚴重，建議減少現金流，並購買固定資產或實物保值，以免有突如其來的開支。相對而言，農曆正月及二月春天出生者健康稍有好轉，但財運仍較難獲利；農曆四月及五月夏天出生者亦有無辜破財之象；農曆七月及八月秋天出生者因金土相生，邏輯性及分析力較強，但錢財始終未有進帳；農曆十月及十一月冬天出生者情緒較為正面，惟仍離不開破財運勢。

既然牛年並非能積聚財富的年份，加上破財機會極大，建議不宜投機炒賣，亦不宜作任何借貸擔保；不妨可多做善事或購買心頭好，主動「破歡喜財」應驗運勢。

【事業方面】

受「沖日腳」影響，部分人會萌生轉工念頭，惟牛年事業及財運平平，即使跳槽亦只能平穩過渡，未見有大升遷或薪酬調整；建議考慮轉換崗位或爭取調職、出差，只要能離開原居地，則事業發展將較有進步。

新一年亦要控制情緒、提防人事爭拗，與同事多作溝通，互相包容忍讓；亦可多用綠色物品或於辦公室擺放盆栽植物，有助帶旺運勢。雖然事業發展一般，可幸工作壓力較小，心情頗為輕鬆，建議多學習不同範疇的新事物及多作部署，待運勢回穩時才反守為攻。

【感情方面】

牛年因為「夫妻宮」受沖，已有伴侶或已婚者與另一半難免有較多爭拗，容易因為小事而爭持不下；加上己未日出生者本身個性已較為偏執，建議多聆聽對方意見，凡事以和為貴；亦可

流月運勢

♥吉 ♡中吉 ♡平 ♥凶

♡	2021年2月3日至3月4日	事業發展順遂，不妨積極把握；惟工作壓力較大，建議放鬆心情，以平常心面對。
♡	2021年3月5日至4月3日	波折重重的月份，容易「吉中藏凶」，可幸眼前困境只屬先難後易，多加耐性即可解決。
♡	2021年4月4日至5月4日	破財月份需要留心用錢方向，不宜作任何借貸擔保，否則要有「一去不回頭」的心理準備。
♡	2021年5月5日至6月4日	錢財可有進帳，惟工作上仍面對困難，建議要做好兩手準備，應付突發事情。
♥	2021年6月5日至7月6日	「天合地合」阻滯較多，建議出門「借地運」提升運勢，上半年出生者可到寒冷地方，下半年出生者則可到熱帶地方。
♡	2021年7月7日至8月6日	有機會暗地漏財，需要小心看管個人財物，以免有遺失或被盜情況。可幸事業有輕微進展，不妨積極把握。
♥	2021年8月7日至9月6日	學習運順遂，專注力亦有所提升，加上貴人助力充足，做事事半功倍，心情亦較為輕鬆。
♥	2021年9月7日至10月7日	人事爭拗頻繁，事不關己不宜多管閒事，以免遭受埋怨。可幸長輩運不俗，遇有疑問可虛心請教。
♡	2021年10月8日至11月6日	劫財月份不宜作任何投機炒賣，容易損手離場；本月亦不宜留太多現金，以免無辜破財。
♥	2021年11月7日至12月6日	財運有改善、但仍有「一得一失」之勢，可望有新合作機會出現，惟不宜牽涉大手投資。
♡	2021年12月7日至2022年1月4日	財運持續向好，惟小人當道，容易招惹口舌是非，待人處事要盡量謙遜低調。
♥	2022年1月5日至2月3日	容易意外受傷或扭傷跌傷，不宜進行高危的戶外活動，亦要多花時間關注健康。

考慮以「聚少離多」的方式相處，各自擁有私人空間，惟仍須注意伴侶健康，遇有不適應立即陪同求醫。

單身一族則未見有桃花臨門，只能倚靠輕微的異地姻緣，惟相沖年份遇上的感情多屬曇花一現，建議不宜寄予厚望或太早投入感情，以免關係「快來快去」而受情傷。

【健康方面】

「丑未沖」代表雙腳容易受傷，膝蓋或腰椎有舊患者不宜進行勞損性高的運動，亦要避免參與攀山、爬石、跳傘或潛水等高危活動，即使參與也務必結伴同行，以免發生意外。雖然牛年適合走動，但要以安全為前提，預先購買意外及旅遊保險，時刻提高警覺。

另外，牛年亦要注意腸胃健康，以免體重上升引發膽固醇、高血壓等都市病，建議進行身體檢查保平安，亦可多用綠色物品及種植植物助運。若能有搬遷則最為理想，否則可為家居作裝修、維修，有助提升運勢。

57 庚申日

財運倒退 開源節流穩守為上

【財運方面】

庚申日出生者的天干地支屬金，遇上行金運的流年難免出現破財，尤其從商者會有較多無謂開支，建議新一年不宜將目標訂得太高，盡量守住原有的業務範疇，開源節流及不宜作借貸擔保，避免留太多現金，亦要提防與合作伙伴的關係，凡事親力親為較為理想。

其實流年地支屬土是庚申日出生者的貴人星，代表仍有輕微助力，原有客戶及長輩支持度充足，惟始終有太多突如其來的開銷，亦有機會因為家人、朋友而需要動用金錢，建議只能量力而為，以免令自己陷入財困。

既然牛年財運一般，投資方面只能以穩健的中長線為主，絕不宜投機炒賣，尤其農曆七月及八月秋天出生者命格本來已屬金旺，加上流年再行金運出現滿盆金局，破財機會最大。農曆十月及十一月冬天出生者財運同樣疲弱，建議秋、冬兩季出生者可大量使用綠色、間條圖案及木製物品助運，亦可擺放盆栽植物、多往東面旅遊提升運勢。雖然春、夏兩季出生者財運較為平穩，但始終未能聚財，建議將現金化作實物保值，如購買黃金或置業等，亦不妨購買心頭好，主動「破歡喜財」應驗運勢。

【事業方面】

牛年財運一般，可幸貴人力量充足，尤其女性長輩最有助力，若老闆或直屬上司是女性將可有提拔作用。惟始終不是有大升遷或薪酬調整的年份，加上同事之間競爭激烈、明爭暗鬥較多，需要主動表現始能發揮領導才能。在一眾行業之中，武職如消防、海關或紀律部隊表現較理想，前線銷售則難免需要加倍努力始能有成果。

若打算轉工或轉換崗位者機遇不多，建議向長輩或舊老闆尋求介紹引薦。其實牛年的學習運暢旺，不妨考慮報讀課程進修增值，為未來事業鋪路。

【感情方面】

新一年無論男女也容易遇上競爭對手，情侶們需要加倍努力維繫感情，尤其金旺的年份個人脾氣及耐性較差，容易與另一半起爭拗，建議多加溝通、包容忍讓，以免陷入三角關係或被第三

流月運勢

♥吉 ♡中吉 ♡平 ♥凶

♡	2021年2月3日至3月4日	財運有輕微進帳，惟仍有「財來財去」之勢，不宜胡亂揮霍，需要留心個人理財方向。
♥	2021年3月5日至4月3日	牛年財運最理想的月份，可望有輕微的幸運之財，投資上只要不太貪心亦可有小量得着。
♡	2021年4月4日至5月4日	貴人運暢旺，惟容易招惹口舌是非，盡量「少說話、多做事」，不宜鋒芒太露。
♥	2021年5月5日至6月4日	做事一波三折，看似簡單的事情實行時卻困難重重，建議凡事要作好兩手準備。
♡	2021年6月5日至7月6日	事業有進步、財運亦尚算穩定，惟人事爭拗頻繁，不宜作中間人為他人排難解紛，以免惹事端。
♡	2021年7月7日至8月6日	工作壓力較大，容易有精神緊張、神經衰弱問題，甚至會影響睡眠質素，建議多出門旅遊放鬆身心。
♡	2021年8月7日至9月6日	事業發展可有突破，但較多打針、食藥運，亦要留心關節毛病，需要多關注健康。
♥	2021年9月7日至10月7日	暗地漏財的月份，不宜作任何投資，尤其不能進行高風險的投機炒賣，容易損手離場。
♡	2021年10月8日至11月6日	貴人助力充足，惟個人焦慮較多，遇有疑難不妨虛心向長輩尋求協助，問題可望迎刃而解。
♥	2021年11月7日至12月6日	才華及領導才能得以發揮，加上學習運不俗，可望於事業上大展拳腳，屬平穩進步的月份。
♥	2021年12月7日至2022年1月4日	有機會破財，尤其容易被家人或朋友連累，建議助人只能量力而為，不宜強出頭令自己陷入困境。
♥	2022年1月5日至2月3日	運勢轉趨穩定，事業發展亦有進步，不妨多作計劃部署，為虎年作好打算。

者入侵，導致分手收場。已婚者關係尚算融洽，牛年亦屬容易有喜的年份，有添丁計劃者可落實執行。

單身一族可望擴闊社交圈子，惟桃花始終不算穩定，多屬追追逐逐的感情，感覺較為煩心；建議不宜急進，遇上合眼緣對象可多觀察了解，亦可透過長輩介紹推動，成功機會較高。

【健康方面】

健康運尚算不俗，尤其弱命、即農曆十月及十一月冬天出生者身體健康最有進步，農曆正月及二月春天出生者亦頗為理想；惟農曆七月及八月秋天出生者金旺木弱，新一年要提防關節、皮膚及神經系統毛病，亦有機會受傷，駕駛者要注意道路安全，亦可多用綠色、間條圖案物品或多種植植物助運。

至於農曆三月、六月、九月及十二月出生者因五行土重，再行土運難免有較多焦慮，容易精神緊張、神經衰弱，實際上健康並無大礙，建議多接觸大自然，放鬆心情即可。

58 辛酉日

先難後易 桃花處處謹慎守財

【財運方面】

由於個人與流年天干同屬「辛金」，新一年破財機會較大，從商者要開源節流，不宜向客戶借貸賒貨，以免有「賴帳」情況。另外，「酉」與「丑」屬半合，牛年可望有新合作機會，若能與肖蛇者合作可望有新火花，惟過程仍屬「先難後易」，不宜牽涉大額投資，反而「以小博大」更有利可圖。

辛酉日出生者本來已屬「紅艷煞」，一生桃花較多，流年再遇「辛金」更加魅力四射，惟要提防桃花破財，尤其農曆七月及八月秋天出生者命格金旺更要留心。農曆正月及二月春天出生者五行木旺，行金運的年份反而可有輕微盈餘；農曆四月及五月夏天出生者事業有進步，惟財運仍只屬中規中矩；農曆十月及十一月冬天出生者則有暗地漏財，需要謹慎處理。

至於農曆三月、六月、九月及十二月出生者命格土旺，個人情緒較為負面，容易焦慮不安，可幸仍有貴人助力，錢財有望進帳，只是突如其來的開支在所難免。既然牛年要以守財為前提，建議不宜留太多現金，不妨購買實物保值或多做善事，亦可主動購買心頭好，以「破歡喜財」方式應驗運勢。

【事業方面】

事業發展平穩，雖未有大升遷或大幅度的薪俸調整，但女性長輩對自己有特別助力，若老闆是女性、經營的生意以女性顧客為主或「以口得財」的前線銷售較能獲益，尤其流年天干「辛金」與個人「酉金」呼應，牛年人緣運順遂，凡事事半功倍，業績亦可望提升。

惟任職大機構或打工一族則較多是非，與同事關係緊張，待人處事要盡量低調，以免遭受攻擊，若有出差機會亦不妨主動爭取。至於打算跳槽者則可尋求舊老闆或同事協助，於年底作出變動最為合適。

【感情方面】

感情運多姿多采、機遇處處的年份，可望透過長輩介紹或其他途徑結識不同範疇的新朋友，既能擴闊社交圈子、亦可從中物色心儀對象，建議有目標後不妨稍為主動爭取，雖然未必能立即

流月運勢

♥吉 ♡中吉 ♡平 ♥凶

♡	2021年2月3日至3月4日	財運「一得一失」的月份，可有輕微進帳但亦容易破財，不宜作任何借貸擔保。
♥	2021年3月5日至4月3日	人事爭拗頻繁，待人處事要多加忍讓；健康方面亦有小毛病，需要多爭取作息時間。
♡	2021年4月4日至5月4日	運勢有進步，亦會有新合作機會出現，個人才華可望發揮；惟實行時仍有波折，要留心有「吉中藏凶」情況。
♥	2021年5月5日至6月4日	事業發展稱心如意，工作表現亦備受上司、下屬認同，不妨加倍努力把握機會。
♡	2021年6月5日至7月6日	錢財有輕微得着，惟容易招惹官非，簽署文件、合約前要認清細節，遇有疑問可向專業人士請教。
♡	2021年7月7日至8月6日	人事爭拗不斷，可幸只屬先難後易，可望憑貴人助力解決問題。雙手容易受傷，戶外活動要特別小心。
♥	2021年8月7日至9月6日	喉嚨、氣管及呼吸系統較弱，容易有久咳不癒情況，需要多關注健康，亦要留心容易破財。
♡	2021年9月7日至10月7日	事業穩步上揚，亦有機會出現短暫桃花，惟已有伴侶或已婚者則不宜對人過分熱情，以免自尋煩惱。
♡	2021年10月8日至11月6日	工作壓力較大，容易產生焦慮不安情緒，建議時間許可不妨出門外遊，放鬆身心。
♥	2021年11月7日至12月6日	學習運順遂，加上貴人助力充足，不妨報讀與工作相關的課程或興趣班自我增值。
♡	2021年12月7日至2022年1月4日	極容易破財的月份，不宜作任何投資或投機炒賣，否則要有心理準備損手離場。
♥	2022年1月5日至2月3日	事業有不俗發展機會，不妨稍為主動爭取表現，可望有輕微的升遷運勢。

落實感情，不妨可多作觀察了解，待下半年時機成熟時較有機會發展。

至於戀愛中的情侶或已婚者容易因為錢銀問題而起爭拗，謹記二人相處之道在於坦誠，凡事宜多加溝通，包容忍讓。新一年亦不宜對人太過熱情，以免引發誤會而陷入糾纏不清的三角關係，為自己徒添煩惱。

【健康方面】

流年與個人天干同屬「辛金」，大部分人健康有所強化，尤其農曆正、二月及農曆十月、十一月出生者病痛較少，惟農曆七月及八月出生者五行金旺，再行金運要提防關節受傷，熱愛運動或駕駛者要注意安全。牛年亦受「懸針煞」影響較多打針、食藥運，加上喉嚨氣管較弱，不妨多作針灸保健應驗運勢。

另外，「辛金」見「酉」屬「紅艷煞」，再行「辛金」聚會應酬頻繁，飲食要適可而止，以免體重上升。新一年亦要多關心女性長輩健康，遇有不適應立即陪同就醫。

59 壬戌日

財運疲弱 隨遇而安低調為佳

【財運方面】

壬戌日出生者天干屬水、地支屬土，遇上流年地支同樣屬土，水局受土所困，新一年財運難免停滯不前，尤其從商者容易有官非訴訟，所以簽署文件、合約前要釐清條款細則，遇有疑問應向專業人士請教。既然財運一般，建議牛年不宜大興土木，應以穩守原有業務範疇為大原則。

在一眾出生季節之中，農曆十月及十一月冬天出生者行土運平衡了本身水旺命格，財運較有進帳，農曆七月及八月秋天出生者亦可得貴人助力。相反，農曆正月及二月春天出生者屬「剋洩交加」，財運最為疲弱；農曆四月及五月夏天出生者火旺水弱亦難免破財，建議上半年出生者可首選藍色、次選米色或白色物品助運，並前往寒冷地方旅遊及多參與水上活動，避免使用啡、黃兩色及不宜佩戴玉器。另外，受「丑戌相刑」影響，這種「日犯太歲」較為影響情緒，尤其農曆三月、六月、九月及十二月出生者思想最為負面，賺錢過程亦較為艱辛。

既然牛年財運易有耗損，建議宜守不宜攻，避免進行高風險的投機炒賣，盡量購買實物保值，並以「讓運」的心態面對逆境，多吃喝玩樂放鬆心情。

【事業方面】

事業發展有進步空間，打工一族能獲長輩扶持，尤其女性長輩最有提拔作用，雖然未算是大幅度薪酬調整，但權責職位可有提升。惟升遷後工作壓力較大，尤其農曆三月、六月、九月及十二月出生者最為艱辛；至於農曆十月及十一月冬天出生者因五行水旺，事業反而能得助力而有發展。

另外，「日犯太歲」較影響人際關係，待人處事要盡量低調，以免遭受攻擊；打算跳槽者則不宜輕舉妄動，不妨留守原有崗位、多進修或報考升職試，亦可多爭取出差機會助旺運勢。

【感情方面】

壬戌日出生的男士新一年會將心力集中於事業發展之上，精神壓力較大，對談戀愛意欲不高，故桃花無甚起色。至於單身女士雖然有追求者出現，惟對方的條件未算合心意，感情關係亦

流月運勢

♥吉 ♡中吉 ♡平 ♥凶

♡	2021年2月3日至3月4日	工作艱辛、感覺較為吃力，可幸只屬先難後易，加上有貴人助力，只需多加耐性即可解決。
♡	2021年3月5日至4月3日	工作遇上波折，個人壓力較大，可幸情緒仍能維持樂觀正面，只要付出努力可望有所突破。
♥	2021年4月4日至5月4日	財運極為不穩定的月份，不宜聽信小道消息作投機炒賣，容易損手離場。
♡	2021年5月5日至6月4日	財運有輕微進展，惟仍有「一得一失」之勢，不宜進行高風險的投機炒賣。
♡	2021年6月5日至7月6日	是非口舌頻繁，事不關己不宜多加意見；工作上將有新合作機會，若小本經營不妨一試。
♥	2021年7月7日至8月6日	情緒較為負面，時間許可可出門外遊散心；惟外遊時要留心容易受傷，需多關注健康。
♥	2021年8月7日至9月6日	運勢轉趨順遂，貴人運亦頗為理想，連帶財運亦有增長，不妨把握眼前機遇向上發展。
♥	2021年9月7日至10月7日	「天合地合」的月份波折重重，睡眠質素亦受影響，建議多出門走動，放鬆身心。
♡	2021年10月8日至11月6日	事業穩步上揚，惟容易招惹官非，簽署文件、合約前需要審慎閱讀條款細節，以免大意出錯。
♥	2021年11月7日至12月6日	事業上有突破機會，可望於職場上發揮個人領導才能，不妨積極把握表現自己。
♡	2021年12月7日至2022年1月4日	容易受傷跌傷，不宜參與高危的戶外活動；加上個人焦慮較多，建議找朋友傾訴解開心結。
♡	2022年1月5日至2月3日	貴人助力充足，遇有難題亦可迎刃而解；惟需要多花時間關注健康，不宜過分操勞。

較為拖拖拉拉。

至於已婚者受「丑戌相刑」影響，容易與另一半出現誤會，即使未算是重大衝擊，但積累不滿容易起爭拗，建議與伴侶同遊舊地維繫感情，亦要多關注對方健康。情侶們則要留心與伴侶家人、朋友的關係，感情未及穩定者不宜太早融入對方圈子，以免閒言閒語影響雙方感情。

【健康方面】

王戌日出生者命格多屬水弱，水局受土困再加上「丑戌相刑」，牛年將有較多瑣碎的健康毛病，除了農曆十月及十一月出生者尚算平穩，其他季節出生者則要多關注健康，亦可大量使用藍色及波浪圖案物品助運，留意家中病位不宜觸動，並於鼠年年底作身體檢查保平安。

至於農曆三月、六月、九月及十二月出生者要留心膀胱、腎臟及腸胃毛病，亦要注意負面情緒引發失眠，建議多出門旅遊放鬆身心，並多關心女性長輩健康，不妨搬遷或為家居作小量裝修、維修提升運勢。

60 癸亥日

運勢理想 貴人扶持穩步上揚

【財運方面】

新一年整體財運不俗，尤其秋、冬兩季出生者五行多屬水旺，行土運的流年能平衡命格；反而春、夏兩季出生者相對較為艱辛，雖然仍有進帳，但凡事要較親力親為。

得流年天干的「辛金」幫助，牛年貴人運順遂，從商者可獲原有客戶支持，加上魄力充足，能開創不同新路向；雖然牛年未算是財源滾滾，但收入定能有所提升。惟亦要提防官非訴訟，尤其農曆三月、六月、九月及十二月出生者最易牽涉其中，簽署文件、合約前要特別小心。另外，這些月份出生者牛年工作最勤快、惟壓力亦大，可幸付出亦能獲得回報。

至於農曆正月及二月出生者五行木旺，流年的土將水略為克制，加上有金平衡命格，做事頗為順心，財運亦尚算不過不失。農曆四月及五月出生者亦有金補償命格不足，聚財能力略有進步。農曆七月及八月出生者貴人助力充足，只是焦慮較多，需要自我調節；農曆十月及十一月出生者財運最為暢旺，既有賺錢機會、亦可輕鬆守財。

雖然新一年偏財運未算特別理想，但仍可獲得貴人的小道消息，不妨多作研究分析，皆因牛年思維清晰、眼光準繩，只要不太貪心可有回報。

【事業方面】

人際關係融洽、事業運有進步，尤其農曆三月、六月、九月及十二月出生者升遷運最強，雖然不是大幅薪酬調整，但職位可有提升，惟工作則亦較艱辛。至於農曆十月及十一月冬天出生者得長輩扶持，事業發展頗為順心；春、夏兩季亦有進步，只是未及秋、冬兩季明顯。

由於行貴人運，女性長輩將有特別助力，若老闆是女性或行業以女性顧客為主，如美容、化妝等，業績可穩步上揚，建議牛年可多進修及報考升職試，主動爭取出差，把握機會表現自己將有突破。

【感情方面】

大部分人的感情運頗為理想，單身女性可望透過長輩介紹結識合眼緣對象，尤其農曆三月、六月、九月及十二月出生者最有機會開展感情，不妨積極把握。不過，單身男士則未見有大桃花

流月運勢

♥吉 ♡中吉 ♡平 ♥凶

♡	2021年2月3日至3月4日	貴人運順遂，惟個人焦慮較多、容易胡思亂想，健康方面則要注意膝蓋及腰部容易受傷。
♥	2021年3月5日至4月3日	是非口舌頻繁，尤其於職場上應盡量「少說話、多做事」，事不關己不宜多加意見。
♡	2021年4月4日至5月4日	事業有進步，可有輕微升遷機會，惟易受傷跌傷，不宜參與高危的戶外活動。
♡	2021年5月5日至6月4日	跌入破財運勢，雖有進帳但又會有突如其來的開支，容易財來財去，需要留心理財方向。
♥	2021年6月5日至7月6日	財運轉趨順遂，無論正財及偏財運也頗為理想，只要不太貪心可有輕微得着。
♥	2021年7月7日至8月6日	運勢持續向好，事業發展尤其暢旺，惟要留心文件、合約細節，以免大意出錯而惹官非。
♡	2021年8月7日至9月6日	貴人助力充足，財運亦尚算理想，惟要多關心家人及長輩健康，遇有不適應立即陪同求醫。
♡	2021年9月7日至10月7日	眼睛容易有發炎、視力衰退等小毛病，個人焦慮較多，時間許可不妨出門旅遊，放鬆身心。
♥	2021年10月8日至11月6日	工作遇上阻滯，心情大受影響，甚至會引發失眠問題，建議找朋友傾訴解開心結。
♡	2021年11月7日至12月6日	「宜動不宜靜」的月份，若有出差或外遊機會不妨積極把握，「動中生財」可帶旺運勢。
♥	2021年12月7日至2022年1月4日	容易受傷跌傷，駕駛人士要提高警覺，注意道路安全。可幸事業發展順遂，兼可得貴人扶持。
♡	2022年1月5日至2月3日	做事遇上輕微阻滯，可幸眼前困境只屬先難後易，難題最終亦可迎刃而解。

臨門，雖然能擴闊社交圈子，但感情關係未算實在，需要靜待時機。

至於已婚者關係甜蜜，只是偶爾為小朋友的瑣事而鬧意見，不妨多從對方角度出發，凡事溝通即可。另外，下半年出生者心力較為集中於工作之上，容易冷落另一半，不妨多舊地重遊或發展共同興趣維繫感情。

【健康方面】

流年土運平衡了本身水旺命格，大部分人健康也有提升，尤其春、夏兩季出生者最有裨益；惟農曆十月及十一月出生者仍屬火弱，需要多用暖色如粉色或紅色物品助旺；農曆三月、六月、九月及十二月出生者則要留心膀胱、腎臟及腸胃毛病，可多用米色及白色物品，避免啡、黃兩色及不宜佩戴玉器。農曆七月及八月出生者較易焦慮，可多做瑜伽、太極等勞損性低的運動減壓。

整體而言牛年身體無大礙，惟家長們要留心小朋友健康，提防家居陷阱，凡事謹慎則可平安大吉。

每月運勢西曆日子對照表（按中國廿四節氣而分）

農曆	西曆
農曆正月	2021年2月3日至3月4日
農曆二月	2021年3月5日至4月3日
農曆三月	2021年4月4日至5月4日
農曆四月	2021年5月5日至6月4日
農曆五月	2021年6月5日至7月6日
農曆六月	2021年7月7日至8月6日
農曆七月	2021年8月7日至9月6日
農曆八月	2021年9月7日至10月7日
農曆九月	2021年10月8日至11月6日
農曆十月	2021年11月7日至12月6日
農曆十一月	2021年12月7日至2022年1月4日
農曆十二月	2022年1月5日至2月3日

牛年行好運
風水佈局

牛年九大吉凶方位

如何催旺桃花人緣、正偏財運、地位升遷、喜慶吉事？又怎樣化解小人是非、損財傷丁、疾病困擾？不時都有傳媒或客人，問我該如何就不同的範疇佈陣，以求催吉避凶。其實在玄空飛星學派中，每間住宅的吉凶方位都會年年不同。上年的財位在今年可以變成病位，桃花位亦可變成凶位。這些年年不同的吉凶方位統稱為流年飛星，想知道今年該如何佈陣，務必先了解不同方位的吉凶屬性。

下面的辛丑牛年（二〇二一年）九宮飛星圖，顯示了九大流年飛星在牛年降臨的方位。要注意的是，流年風水陣的應用以每年的「立春」為界，並非正月初一。換言之，下面的風水陣適用期為西曆二〇二一年二月三日晚上十時五十九分至二〇二二年二月四日早上四時五十二分。

二〇二一年辛丑牛年九宮飛星圖

南

5	1	3〔歲破〕
4〔三煞〕	6（中宮）	8
9〔太歲〕	2	7

東　西

北

正東

四綠「文昌星」
五行屬性：木
影響範疇：考試、進修、升職、名譽、文職工作

催旺方法：

因文昌屬木，而綠色及數字「4」均代表木，所以最適宜擺放四枝水養富貴竹來催旺。如果書房及睡房位處正東，本年可用綠色、藍色或間條窗簾，書桌若能面向正東亦佳，同樣有正面作用。當然，其他綠色物品、文昌塔或筆座等都有助帶旺文昌星，有利考試進修。

要注意的是，本年的正東亦為三煞位置，三煞本身不宜動土。

東南

五黃「災星」
五行屬性：土
影響範疇：疾病、災禍

化解方法：

五黃是「災星」，其破壞力較二黑「病星」更嚴重，但化解原理及方法相同。五黃星今年飛臨東南，因黃色代表土，紅色代表火，而五黃星屬土，火又生土，所以今年全屋的東南一帶忌見紅黃兩色，並要避免動土、養魚、放水種植物及長期坐臥。

因金有助洩去土氣，而數字「6」又代表金，所以可多放銅製或金色重物，例如錢兜、六件銅製飾物或安忍水等，有助進一步化解五黃的病氣。其實五黃災星最適合用聲音去化解，所以能發聲的圓形銅鐘，或六層的金色風鈴亦有幫助。

正南

一白「桃花星」
五行屬性：水
影響範疇：姻緣、拍拖、人緣、出門、遠行

催旺方法：

本年的正南為一白桃花位，桃花星屬水，如果想拍拖或改善人緣，均可在正南放任何水種植物或顏色鮮艷的花卉。

不過已拍拖又擔心桃花太旺會影響感情的話，不妨放八粒石春削弱桃花力量。因為土剋水，而數字「8」又代表土，所以雙管齊下最佳。要注意如果家中有人從事人際關係為主的工作（如傳銷、營業員及公關等），則不可過分化解桃花位，否則人緣不佳，工作運亦會轉壞。

西南

三碧「是非星」
五行屬性：木
影響範疇：官非、鬥爭、是非、小劫

化解方法：

三碧星乃是非星，容易引發爭吵及困擾之事。流年三碧星飛臨西南，因三碧屬木，而水又生木，為免刺激此是非星，所以忌見綠（屬木）、藍（屬水）兩色。三碧星飛臨之地亦不宜養魚，故此今年家裏的西南一帶，要避免擺放水種植物及魚缸。

另外因木生火，而紅色及數字「9」又代表火，如要化是非或減少一家人的爭吵，可用火洩掉三碧星的木氣，所以最適宜擺放九枝紅玫瑰來化是非（玫瑰一定要去葉，因綠色不利）。如不方便，亦可在流年的西南多用紅色物品，或裝上一盞紅燈，並長期亮着。

正西

八白「當旺財星」
五行屬性：土
影響範疇：升職、財運

玄學中每二十年便轉一次地運，共有九運，循環不息。隨着地運轉變，飛星的力量亦受影響。

由於二〇〇四年開始已經踏入八運（二〇〇四年至二〇二三年），八白星自然成為九星中力量最強的吉星，所以在這二十年期間，若要催財，都要密切留意八白飛星的流年方位。

催旺方法：

今年八白星所在位置是正西，此方位亦記緊不可放置雜物，以免阻礙財星旺氣。八白財星屬土，因火生土，若要催旺吉星力量，正西一帶可多用屬火及屬土的紅黃兩色。

因八白財星屬土，所以財星位置也適合用水去加強其靈動力。若配合上述之顏色，今年在正西一帶最適宜用方形的紅色盆種植水種植物，更能帶動財氣。另外，擺放白色的陶瓷或象徵財富的金色吉祥物，如金元寶或聚寶盆等等，皆有助加強財星之力量。

西北

七赤「破軍星」
五行屬性：金
影響範疇：破財、盜賊、牢獄、損丁

化解方法：

七赤的破壞力量很強，若不慎催旺，恐防有損家宅運。本年屬金的七赤星飛臨西北，因七赤現已帶肅殺之氣，所以宜靜不宜動，不可擺放流動性高的物品，只宜擺放藍色物品（象徵一白水星），以洩肅殺之氣，作陰陽平和。

正北

二黑「病星」
五行屬性：土
影響範疇：健康問題，尤其是婦科病及腸胃病

化解方法：

二黑乃病星，力量雖然不及五黃災星，但仍然具有損丁的力量。本年二黑病星飛臨正北，因二黑星屬土，而火又生土，所以今年正北一帶皆要避忌黃色（屬土）及紅色（屬火），以免進一步增強災星的力量。另外，因流動性物品可提升凶位力量，所以正北一帶不宜動土、養魚或擺放水種植物，而且要避免長期坐臥。

因為土生金，金可以洩去土氣，若數字「6」又代表金，要化解正北的病氣，可長期擺放銅製或金色重物，例如錢兜或六件銅製飾物等。

東北

九紫「喜慶星」
五行屬性：火
影響範疇：各種喜慶吉事，尤其是嫁娶及添丁

催旺方法：

本年流年九紫星的方位在東北，九紫星代表的是一切喜慶事宜，即使並非急於嫁娶或生兒育女，加以催旺亦百利而無一害。再者，現在為八運之尾段，九紫星也屬進氣星，若能催旺其力量自然更強。

九紫屬火，而木又生火，最適宜用土種植物來催旺，例如放一盆多果實的植物、泥種大葉盆景，便可達致木火通明之吉象。另外，也可在今年的東北一帶多放紫、紅、綠等色來催旺，例如紅色擺設及揮春等等，甚或長期開着一盞紅燈。要注意的是，此方位不宜擺放藍色、黑色、灰色物品，恐將火氣星減弱。

必須注意的是，今年的東北亦為流年太歲位，所謂太歲頭上動土必有禍，所以今年東北一帶絕對不宜大型裝修或動土，尤其是鑿地，否則病氣會更重。若為大門、睡房或廚房，更要加倍提防。

中宮

六白「武曲星」
五行屬性：金
影響範疇：驛馬、武職、財運

催旺方法：

六白武曲星代表的是技術性、勞動性或經常要出外走動的工作，也主權力管理，但凡文職以外的工作者想催旺事業運，一定要好好利用六白星。

一般情況下，六白星飛臨之處無須特別化解，反而家中若有成員從事「武職」，包括軍政界、紀律部隊、技術人員、運動員或體力勞動等工作，催旺六白星便特別有助事業運。

流年六白武曲星飛臨中宮，即一屋的中央一帶。因六白屬金，而土又生金，可以在流年的中宮位置多放黃色及金色物品，陶瓷及石頭亦有幫助。另外，數字「8」亦代表土，加上流動性高的物品皆可加強力量，所以在此飼養八條金魚、擺放金色風扇、有水擺設及水種植物等等亦有幫助。要注意的是，六白不宜受火氣克制，故忌見紅橙兩色，亦不宜燃點香薰。

牛年家居全方位風水陣

前文講解了牛年九大吉凶方位所在，這部分會按照不同坐向的家居圖來簡單指出佈陣方法。使用方法是先找出家中大門的坐向，然後參考下列的佈陣圖，當中所用的風水物品亦有其他選擇，如有需要可參閱前文。

正東（四綠）：四枝富貴竹／藍綠物品

東南（五黃）：銅製或金色重物／錢兜／發聲圓形銅鐘／六層金色風鈴

正南（一白）：鮮花／水種植物

西南（三碧）：九枝去葉玫瑰／紅色物品

正西（八白）：水種植物／紅黃物品

西北（七赤）：藍色物品

正北（二黑）：銅製或金色重物／錢兜／藍黑物品

東北（九紫）：泥種植物／紅燈

中宮（六白）：八條金魚／有水擺設

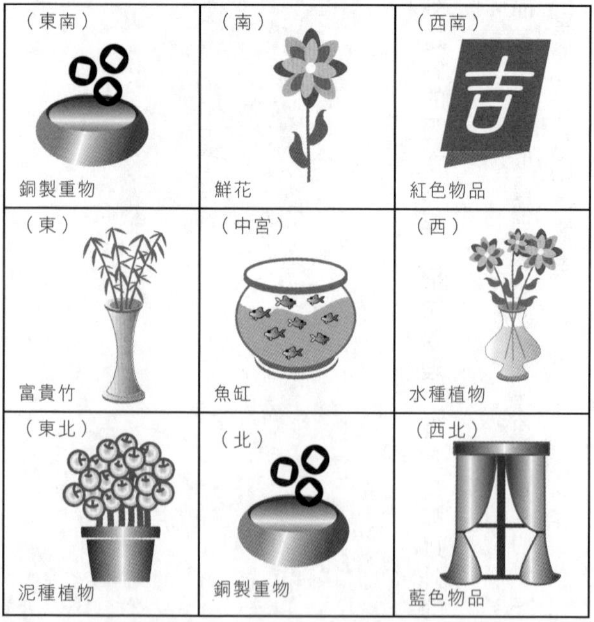

（東南）銅製重物	（南）鮮花	（西南）紅色物品
（東）富貴竹	（中宮）魚缸	（西）水種植物
（東北）泥種植物	（北）銅製重物	（西北）藍色物品

二〇二一辛丑牛年佈陣一覽圖

適用期：西曆二〇二一年二月三日晚上十時五十九分至二〇二二年二月四日早上四時五十二分

牛年家宅運預測

每一住宅的門向（大門往外走之方向）都十分重要，因為大門是氣流最常進出之處，如果流年方位好，自然引入喜慶吉事，反之亦然。

下面列舉了牛年八大門向的好壞影響。如果你家中大門正好是吉位，當然值得高興；如果大門方向恰巧是流年凶位，亦不必太杞人憂天。只要加以避忌及化解，家宅運也不致太差。

要注意，錯認大門坐向會嚴重影響佈局，故大家應利用指南針來找出正確的家宅坐向方位——所謂「向」，基本以家中面對大門往外走的方向；「坐」即面對大門時所背對的方向。要得知自己家宅的坐向，可以在家中面向大門正中的位置，手持指南針，指南針所指出的門外方向，便為「向」。舉例說，若門外方向為正南，其對立的正北便為「坐」，即坐北向南。

（註：現時大部分智能電話已附有指南針程式，應用上更方便。如採用坊間出售的一般指南針，大多需要用者自行調校方向。記着指南針並非指「南」，針上有顏色的一端應該調校至正北，如此才不會計錯方向。）

♥大門向正東 四綠文昌星臨門：

今年家中各人特別有利考試、升職及提升名氣，不論是進修或讀書皆有明顯進步，適宜放藍色或綠色地氈再催旺。

另要注意，因今年正東同為三煞臨門，此方位最好不宜裝修動土，以免有損健康運。

♥大門向東南 五黃災星臨門：

今年整體健康運不佳，更要提防舊病復發，因此大門及附近一帶切忌裝修動土，也不利擺放紅色、黃色地氈，以免進一步損害健康運。今年適宜在大門旁掛白玉葫蘆、能發聲的圓形銅鐘或銅鑼，亦可擺放灰色地氈，並在下面放銅片及六個銅錢化解病氣。

♥大門向正南 一白桃花星臨門：

今年特別有利遠行及出門發展，桃花亦重，單身的家庭成員可望發展戀情，但夫妻或情侶則要小心三角關係。如要催旺可放彩色地氈，要削弱則可放素色地氈或木製的雞形擺設。

大門向西南

三碧是非星臨門：

今年家中是非及爭吵特別多，忌用綠色及藍色地氈，宜用紅色地氈或張貼紅色海報、揮春。

大門向正西

八白當旺財星臨門：

今年家中各人的工作運都頗佳，財運亦有明顯提升，如要進一步催旺，大門位置宜擺放紅色或黃色地氈，陶瓷擺設亦可加旺八白吉星。

大門向西北

七赤破軍星臨門：

今年家宅運較弱，要慎防盜賊及官非訴訟，也要小心受金屬利器所傷或與人爭吵。今年大門位置不宜動土，亦不可擺放流動高的物品，宜放藍色地氈化解。

大門向正北

二黑病星臨門：

今年要特別注意健康，尤其是婦女及腸胃病等；忌見紅黃兩色的地氈，宜在大門一帶擺放銅製重物或白玉葫蘆，並使用灰色地氈，底下再放六個銅錢化解病氣。另外，亦可選擇在地氈底放一塊大銅片，也有助提升健康運。

大門向東北

九紫喜慶星臨門：

今年家中的喜慶事特別多，尤其有利嫁娶及生兒育女，適合擺放紅色或綠色地氈。另外可在門旁裝一盞小燈，並長期開着，亦有助催旺喜慶事。

另外，因今年太歲飛臨東北，切記避免裝修、動土，尤忌鑿地，否則家宅的健康運會大受衝擊。

二〇二一年簡易風水陣

不論是來找我算命的客人還是傳媒朋友，一般都只會關心如何針對他們的問題來佈陣解決，對於問題以外的枝節，或許不會太熱衷。其實也理所當然，因找我的朋友大多早已備受煩惱纏擾，而且又是玄學的門外漢，又何來心思精力研究箇中原理？

有見及此，為方便大家手執此書仍不致毫無頭緒、無從入手，我特意為各種常見的疑難列出針對性的解決辦法。大家只要按自己的願望對號入座，便可得知如何自行佈陣了。

以下所教的風水陣之特色：

- 所用工具盡量簡單實用，只要符合相關原則，也可以其他物品取代。
- 佈陣方位除了可應用於整個家宅，也可應用於私人空間（如睡房、書房）及辦公室。
- 若只得一張辦公桌，亦可照樣佈陣。方法是先將屬於自己的面積（例如辦公桌連坐椅位置）看成一個長方形，再平均劃成九格，便可用指南針找出相關位置。

❤我要拍拖！

想拍拖的話當務之急是催旺正南的流年桃花位。不論在家還是在公司，如果牀頭或辦公桌在正南便最佳。桃花星飛臨之處除適宜擺放水種鮮花外，也可放粉紅水晶、紅紋石、紅色絲帶花或蝴蝶擺設等等，既有點綴作用，亦能催旺姻緣。切忌在正南位置使用過多的黑色或深色，因為這些屬孤寡顏色，會削弱姻緣運。

東南	正南 水種鮮花／粉紅水晶／紅紋石／紅色絲帶花／蝴蝶擺設	西南
正東	中宮	正西
東北	正北	西北

我要愛得更甜蜜！

不論是情人還是已婚夫婦，想彼此感情與日俱增，不得不在流年的西南位置作風水佈局。本年的西南乃是非星降臨，特別忌見任何綠色，尤其是睡房位處西南者，更要小心避忌，否則會吵架終日。

想改善關係，可於西南位擺放多些紅色物品或九枝紅玫瑰，但玫瑰一定要去刺，這才可控制是非星的力量。

東南	正南	西南 紅色物品／九枝去葉去刺紅玫瑰
正東	中宮	正西
東北	正北	西北

我要結婚或添丁！

本年的東北是喜慶位，代表一切喜事，尤其有利嫁娶及生兒育女。所以拍拖已久，希望於今年共諧連理，又或者已婚夫婦打算生兒育女的話，可於家中的東北多放紅色、綠色物品或帶果實的泥種植物。至於孖公仔或鴛鴦擺設亦是對想結婚的情侶有直接催旺之幫助。

東南	正南	西南
正東	中宮	正西
東北 紅色、綠色物品／帶果實的泥種植物／孖公仔／鴛鴦擺設	正北	西北

❤ 我要防炒！

打工一族想「保飯碗」，避免被裁，要注意自己在辦公室的座位會否「欠靠山」（如欠牆或高櫃遮擋）。如無大物在背後遮擋，一般會削弱運勢，易受煞氣所沖，所以應該在背後掛上山水畫、加高椅背或擺放八粒石春。另外，家中的梳化也宜背靠實牆或高闊穩重之物，否則也會出現欠靠山之意象。

在辦公室的座位背後掛上山水畫，加高椅背或擺放八粒石春，可化解煞氣。

我要升職加薪！

想升職加薪，一定要在家裏或辦公室中加以催旺文昌星及財星位置。本年的文昌星在正東，可以用流動性強而又帶綠色的物品催旺升職機會，最佳選擇當然是四枝富貴竹。至於要加薪，可於位處正西的八白財星位置放有水擺設或多用紅黃兩色。如此兩管齊下，便有助升職加薪了。

東南	正南	西南
正東 綠色物品／四枝富貴竹	中宮	正西 有水擺設／紅黃兩色物品
東北	正北	西北

♥ 我要生意更好！

營商者或自僱人士想流年生意更好，可於當旺財星位置加以催旺。今年最強的財星位置在正西，亦即八白財星。為了帶動財氣，可於該處擺放水種植物。另外，也可在商鋪或辦公室的門口向外擺放一對貔貅以作招財，收銀機位置或夾萬附近則可擺放聚寶盆等風水物品，以收守財之效。

東南	正南	西南
正東	中宮	正西 水種植物
東北	正北	西北

♥ 我要避開是非！

想減少是非之爭，首要是切忌在今年的西南位置動土。因今年的西南為是非星降臨，此處擺放流動性愈強的物品或經常搬動物品，便愈易引發爭吵衝突。要化解是非星，除了避免動土，也適宜擺放紅色物品及黑曜石水晶，皆有助減弱是非星的力量。

東南	正南	西南 紅色物品/ 黑曜石水晶
正東	中宮	正西
東北	正北	西北

❤我要提升人緣！

桃花亦代表人緣，所以想改善人際關係，不妨在正南的桃花位花點功夫。正南所見的顏色愈鮮豔便愈佳，而且任何水種植物皆可加強人際關係。如果想在辦公室佈陣，只需於桌面放一盆簡單的水種小植物便可。

東南	正南 水種植物	西南
正東	中宮	正西
東北	正北	西北

❤我要身體好！

今年的東南及正北分別為五黃災星及二黑病星位，兩者皆對健康不利，當中尤以五黃最嚴重。要提升健康運，必須注意家中的梳化、睡牀及公司中的坐向是否位處此兩方向，因為在病位長期坐臥皆會容易引發大病小痛。所以東南及正北均要避忌動土及擺放紅黃兩色物品，宜放銅製或金色重物加以化解。

東南 銅製 / 金色重物	正南	西南
正東	中宮	正西
東北	正北 銅製 / 金色重物	西北

我要防止男朋友變心！

戀愛中又要日防夜防男友變心，正是不少女性的憂慮。如果真的太擔憂，其實可於流年桃花位着手。因為桃花位既可催旺亦可削弱，不論是未婚或已婚，均可於家中的正南位擺放木製的公雞飾物，減低桃花力量，另外謹記忌放空花瓶，否則更易惹壞桃花。要注意的是桃花亦代表人緣，化桃花多少會對人際關係帶來影響，若從事對外工作，如公關、營銷等，便容易有不利影響，所以化桃花前一定要考慮清楚。

東南	正南 木製 公雞飾物	西南
正東	中宮	正西
東北	正北	西北

二〇二一年辦公室秘密風水陣

雖然家居風水相當重要，但近年人們的工作時間愈來愈長，可能留在辦公室的時間比在家裏還要多。如果你認為最近的工作不太如意，不妨花點心思在公司佈個小風水陣，不但實用，而且絕不勞師動眾。

多勞少得

針對問題：

工作量與日俱增，精神卻難以集中，經常覺得工作辛苦及情緒不佳。出現此情況可能是因為你的座位有煞氣侵襲，例如與洗手間太近或對着尖角等，會形成煞氣，令事業發展受阻。

解決辦法：

在辦公桌附近加上板塊或其他遮擋物品，以防煞氣。

建議用具：

只有辦公桌的話，最簡單的方法是在桌面的正前方或旁邊豎立一塊水松板。如不確定煞氣來源，一般可放在正前方。

如擁有獨立辦公室，煞氣可能來自窗外，可選擇在窗上貼上大幅海報或者長期拉下窗簾。

❤ 是非多

針對問題：

閒言閒語特別多，即使自己沒有主動說三道四，是非也會找上門，影響工作。如果自問別人對你的不滿多屬誤會，可能是公司中所坐的方位特別招惹是非。

解決辦法：

先找來一個指南針，面對自己的辦公桌，找出是非星「三碧星」飛臨之處，然後在該方向擺放九件紅色物品，以化解不利影響。（辛丑牛年的三碧星在西南）

建議用具：

選用何種紅色物品可以自行決定，例如利市封、文具及文件夾皆可。

過年習俗知識

做尾禡

何謂「做禡」？

「做禡」就是拜祭土地公公的意思。中國人以農立國，所以歷代的農民甚或商人都對土地十分敬重。他們相信要豐衣足食，就要得到土地公的庇佑，所以除了農曆正月外，其他月份中的初二和十六，他們都會「做禡」。而每年的農曆二月初二是「頭禡」，「尾禡」就是農曆十二月十六日。

「尾禡」與「無情雞」有何關連？

一年二十二次的「做禡」中，以「尾禡」最為人熟悉及特別受重視。傳統上，公司上上下下都會在過年前聚在一起吃一頓飯，而席上總會有一道以雞為主的菜式，相信大家也聽過這一個說法：雞頭對着某人，便代表那人將要被「炒魷」。這個「無情雞」傳統在今天看來已被視為笑話，但在往日卻是真有其事的，而這跟「尾禡」的由來大有關聯。原來根據清朝的僱傭制，「尾禡」被定為評核員工表現的日子。

在「尾禡」日子裏，僱主除了會派利市（類似現代社會的雙糧花紅）獎勵員工外，亦會藉着在祭祀後大家圍坐在一起用膳的機會，以含蓄的手法來指出裁員的人選，那就是所謂給人吃「無情雞」了。

如果僱主決定了要辭退某人，便會將一道熱葷中的雞頭對準那個員工，那是代表要請他吃「無情雞」；而如果雞頭對準的是僱主自己，則代表他不會辭退任何人。

時至今日，仍有少數舊式的酒樓及海味店會在「尾禡」當日拜祭土地及設宴款待辛勞了一整年的員工，而「無情雞」則已絕少派上用場了。現代僱主要裁員，派一個「大信封」，直接簡單得多。

祭祀「尾禡」要準備什麼物品？

燒肉、雞、香燭、三杯酒及一對沙田柚（每個柚子都要以紅筆在外皮上垂直寫上「招財進寶」四個字）。衣紙選用運財祿、地主貴人符、貴人馬及祿馬等，將之焚香三拜後火化即可。

何日是做「尾禡」日子？

「做尾禡」不一定要在正日（即農曆十二月十六日），其他日子也是可以的，只要那日不與公司負責人的生肖相沖，而且又屬於好日子便可。拜祭後，可保佑公司來年生意滔滔，並且可消除是非口舌之爭。

大掃除

大掃除有何意義？

「年廿八，洗邋遢」，玄學家相信，每年一次的大掃除的確有助改善宅氣，可在新一年的開始，將旺氣引入室內。即使撇開玄學不談，大掃除亦有如傳統節慶般備受重視，因為它提醒人們是時候去舊迎新，將家居收拾乾淨，無論在外觀或心理上，這都是好事。

應在何日大掃除？

擇個好日子來去舊迎新，來年家宅運便會更加順利。一般來說，只要日子並不跟家中成員的生肖相沖，《通勝》中所列的「成日」及「除日」皆可用；至於「破日」本身向來不宜祭祀，不過因為大掃除有破舊立新的意思，所以不常用的「破日」亦可選擇。（請參考本書408頁「牛年吉時吉日」部分，以得知年尾適宜大掃除的日子。）

應如何清潔神位？

家中如有神位，在大掃除當日，應以椽柚葉、肩柏、芙蓉或七色花煲水，然後以此水來洗淨神櫃，方法是用新毛巾從上至下、由內至外把所有污垢盡除。

貼揮春有何宜忌？

很多家庭都會在大掃除後貼上新揮春，這做法可增加新年的喜慶氣氛，也象徵迎接新的開始。不過，因揮春往往會張貼一整年，其顏色及內容也會對家宅運有影響，所以貼揮春時要注意以下兩點。

第一，不可把紅色的揮春貼在流年的五黃災星及二黑病星的方位，因為此舉會加強這兩顆病星的力量，尤其以五黃災星為甚。（牛年的五黃災星及二黑病星，分別位於東南及正北。）

第二，揮春的字不宜與流年的生肖相沖，否則有犯太歲之象。例如流年為牛年的話，便不應貼上有「牛」字或相同諧音的揮春，如「牛年喜事多」、「牛年吉祥」等等。

年花有何象徵意義？

農曆新年的節日氣氛熱鬧，其中最好的活動便是行年宵了。無論經濟有多差，每年各個年宵市場中，都有很多人爭相買年花回家擺放，一來可美化家居，二來又可討個意頭，可謂一舉兩得。

除了桃花、水仙和桔等「人氣年花」外，其他常見的年花也有其象徵的吉祥意義：

年花	象徵意義
牡丹	富貴
菊花	長壽長久
劍蘭	步步高陞
萬年青	順利長久
松樹	長壽健康
富貴竹	竹報平安
銀柳	有銀有樓
五代同堂	嫁娶添丁

擺放植物的禁忌

其實只要自己喜歡，大部分植物都可以擺放在家中。不過，要注意有刺植物的擺放位置，例如玫瑰和仙人掌等，假如將有刺植物放在家中的桃花位，便很容易惹來「桃花劫」；建議為免一時錯手，還是少放為妙。

團年

應在何日吃團年飯？

都市人生活忙碌，雖然各家各戶仍然保留着吃團年飯的習俗，但現在已不一定在年三十晚團年了。其實只要團年的日子並非屬於「陰錯」、「陽錯」或「破日」便可；而最佳的選擇，是在「天德」或「月德」等的好日子（有關日子可翻查《通勝》）。

團年有何習俗要遵守？

從前在家吃一頓團年飯，人們有不少習俗要遵守，但時移世易，不少人為了方便快捷，都會選擇一家人出外用膳。以下所提及的習俗儀式僅作參考，不管如何安排團年飯的細節，只要是一家人高高興興地聚在一起吃，便已很足夠了。

（一）吃團年飯前，要拜祭神明及祖先。首先點大香、細香各三枝拜菩薩。然後拜地主，用五枝香分別拜過五方土地龍神後，再上三枝香拜祖先。如果有家庭成員未能出席，家人應代其拜祭以示尊重神明。

（二）團年飯的菜餚要包括至少一款酒（如糯米酒），及要具備意頭吉祥的小菜，例如髮菜（意謂「發財」）、韭菜（意謂「長長久久」）及蠔豉（意謂「好事」）等。另外，要有魚、肉、雞、鴨等四道主菜，再加上另外四道小菜，這稱為「四盤四碗」，取其諧音「事事如意」。

（三）在吃團年飯時，各人皆宜添飯，代表「添福添壽」；而為團年煮的米飯亦需準備多一些，好讓可以留起一點，代表「年年有餘」，此舉又可避免在年初一打開飯煲時，出現「空空如也」的不吉利情況。

（四）飯後長輩會派利市給後輩，而放於枕頭下的利市稱為「壓歲錢」，注意「壓歲錢」的數目應該為雙數，將之放於枕頭下，代表來年可有充足的金錢使用。

新春習俗多

年初一不宜洗頭？

人們相信年初一當日一言一行也會影響來年運勢，所以事事講求意頭。按傳統習俗，晚輩會於年初一大清早起牀梳洗整妝，向家中長輩拜年後，長輩便封利市予晚輩。

坊間也流傳年初一不宜洗頭的說法，原因是相傳洗頭會將好運財氣一併洗去，這其實與古人的一把長髮有關。由於古代沒有風筒等設備，一把長髮弄濕後難以風乾，而年初一披頭散髮的樣子才是被視為不吉利的因由。今時今日，現代人已百無禁忌，加上洗髮後可用風筒吹乾，所以年初一不能洗頭的習俗已變得沒甚關係。

其他年初一宜忌？

✓宜穿鮮色衣服拜年，不妨多穿紅、紫、金等，寓意鴻運當頭、富貴吉祥。

✓宜行大運，年初一首次出門應向該年有利方位走一圈，以吸取好運。

✓宜吃素，農曆年初一的第一餐吃素，福報比起全年吃素更佳。

×忌掃地、向屋外潑水或倒垃圾，有倒財之象，趕走屋內財氣。

×忌說不吉利說話或發脾氣，避免說病、鬼、死、窮等字眼，以免帶來霉運。

×忌打破碗碟器皿，如真的不慎打破，要說「落地開花，富貴榮華」等吉利說話。

×忌使用刀、剪刀、斧頭等鋒利物品，以免有凶及破之意，影響家宅平安。

×忌午睡，年初一是一年之始，本應精神爽利，睡午覺有慵懶之意，影響來年運勢。

×忌直呼全名催促別人起牀，亦不宜於睡牀上向別人拜年，以免影響健康運。

年初二開年飯之意義？

年初二是農曆年後的第一個「禡」，人們習慣進行首個祭祀儀式，亦即「開年」。由於中國人每逢祭祀完畢都會準備一頓豐富的飯菜慶祝，所以無論家庭或店鋪，年初二都有聚首一堂吃「開年飯」的傳統，祈求來年事事順利。

開年雖然定於年初二，但祭祀的時間則各處鄉村各處例，有些家庭選擇在年初一剛過、年初二的凌晨進行拜祭儀式及準備開年飯，這純粹是風俗習慣，不必嚴格執行。但要注意年初二也不一定是好日，如果適逢歲破，便要選擇在好的時辰來進行拜祭儀式。在上香拜神後，一家人便可一起吃開年飯。

開年飯的菜式通常比平日豐富，有魚、燒肉、雞及生菜等，按照傳統最好有九款菜餚，取其「長長久久」之意。至於公司或店鋪的開年飯則會加入意頭菜，如發菜、蠔豉、豬脷等，代表「發財好市，大吉大利」。

年初二回娘家？

除了開年飯，年初二也是出嫁女回娘家探親的日子，俗稱「迎婿日」。因為古代的婦女出嫁後不能經常回娘家，而年初二則是一年當中認可回家的一日。按傳統，外嫁女會一早起牀準備賀禮，帶同丈夫、子女回娘家拜年及吃午飯，稱為「食日晝」，而晚上則要回婆婆家吃開年飯。

年初三忌拜年？

年初三即「赤口」，又名為「赤狗日」。據說赤狗是「熛怒之神」，會為人間帶來口舌是非，因此傳統上初三不宜外出，更加不會到親友家中拜年，以免招引爭執。而且「赤」亦有「赤貧」之意，人們習慣不會在這天宴客，以免沖犯「赤狗」帶來惡運。民間亦有另一個關於「赤口」的傳說，據聞初三晚上是老鼠嫁女的日子，所以一般人都會盡早上牀就寢，以免騷擾鼠輩，帶來惡運或瘟疫病邪。

年初四迎灶君？

傳統認為，每年的農曆十二月二十四日為送神日，諸神返回天庭後，會在年初四回到人間，家家戶戶都會準備鮮花、素果、牲禮，並且燃放鞭炮恭迎眾神回歸。灶神俗稱「灶君」，是主宰一家的飲食之神，亦負責監督家中大小德行，每年向玉皇大帝匯報，從而決定每戶人家下一年的吉凶禍福。故此，年初四迎接灶神，務必慎重虔誠，不宜在廚房裸露身體、哭泣吵鬧，以示對灶神的尊敬。

年初五送窮迎財神？

傳統上，年初一至四家中的垃圾為「財氣」，不宜清走，而到初五，垃圾變成「窮氣」，宜將新春期間的垃圾清理乾淨，象徵「送窮」。而初五俗傳為財神誕辰，送走窮氣，便可「接財神」迎神招財。

另外，年初五又稱為「破五」，代表正月初一至初四的諸多禁忌，可以在這一天破除。

避免開工吉日相沖？

正月初五傳統上是新春假期結束的日子，如公司選擇的開工吉日剛好與自己生肖相沖，則可選擇一個和自己不相沖的吉日吉時，在家先行啟動電腦處理和工作相關的電郵文件，又或打電話給客戶或上司談談有關工作的事，也等同吉日開工，同樣可以催旺新一年工作運。

牛年吉時吉日

大掃除

吉日		吉時	沖生肖
首選	農曆十二月十三日 西曆二〇二一年一月廿五日	辰時（早上七時至九時） 巳時（早上九時至十一時）	兔
	農曆十二月十八日 西曆二〇二一年一月三十日	辰時（早上七時至九時） 巳時（早上九時至十一時）	猴
次選	農曆十二月廿六日 西曆二〇二一年二月七日	巳時（早上九時至十一時） 午時（早上十一時至下午一時）	龍

還神

吉日		吉時
首選	農曆十二月十五日 西曆二〇二一年一月廿七日	辰時（早上七時至九時） 申時（下午三時至五時）
	農曆十二月廿六日 西曆二〇二一年二月七日	巳時（早上九時至十一時） 午時（早上十一時至下午一時）
次選	農曆十二月十九日 西曆二〇二一年一月卅一日	辰時（早上七時至九時） 巳時（早上九時至十一時）

上頭炷香及拜神

吉日	吉時	提示
農曆正月初一 西曆二〇二一年二月十二日	子時（晚上十一時至凌晨一時） 丑時（凌晨一時至三時） 寅時（凌晨三時至五時）	年初一喜神在西南方，財神在正東方，貴神在東北方；財神喜神代表各方喜事，財神掌管天下錢財，貴神代表貴人扶持；拜神時可向此三方位誠心參拜，祈求全年大吉大利、貴人扶助、招財進寶。

行大運

吉日	吉時	提示
農曆正月初一 西曆二〇二一年二月十二日	寅時（凌晨三時至五時） 卯時（早上五時至七時） 午時（早上十一時至下午一時）	年初一行大運是迎接新一年開始，踏出家門後，應先向有利方向走一圈，對整年運勢有提升作用。牛年年初一有利方向為西南方（喜神）、正東方（財神）及東北方（貴神），可迎神招財；忌向正北（死門及噩神）、西北（五鬼）方行走，以免影響運勢。

開年拜神

吉日	吉時
農曆正月初二 西曆二〇二一年二月十三日	卯時（早上五時至七時） 辰時（早上七時至九時） 巳時（早上九時至十一時） 午時（早上十一時至下午一時）

拜太歲

	吉日	吉時	沖生肖
首選	農曆正月初四 西曆二〇二一年二月十五日	辰時（早上七時至九時） 巳時（早上九時至十一時）	鼠
	農曆正月十三 西曆二〇二一年二月廿四日	辰時（早上七時至九時） 巳時（早上九時至十一時） 午時（早上十一時至下午一時）	雞
次選	農曆正月初七 二〇二一年二月十八日	辰時（早上七時至九時） 巳時（早上九時至十一時） 午時（早上十一時至下午一時）	兔

開市

	吉日	吉時	沖生肖
首選	農曆正月初四 西曆二〇二一年二月十五日	辰時（早上七時至九時） 巳時（早上九時至十一時）	鼠
	農曆正月十三 西曆二〇二一年二月廿四日	辰時（早上七時至九時） 巳時（早上九時至十一時） 午時（早上十一時至下午一時）	雞
次選	農曆正月初八 西曆二〇二一年二月十九日	巳時（早上九時至十一時） 午時（早上十一時至下午一時）	龍
	農曆正月初九 西曆二〇二一年二月二十日	辰時（早上七時至九時） 午時（早上十一時至下午一時）	蛇

嫁娶吉日

農曆正月

農曆	西曆	星期	沖生肖
初二	二〇二一年二月十三日	六	狗
初四	二〇二一年二月十五日	一	鼠
初七	二〇二一年二月十八日	四	兔
初十	二〇二一年二月廿一日	日	馬
十三	二〇二一年二月廿四日	三	雞
十六	二〇二一年二月廿七日	六	鼠
廿二	二〇二一年三月五日	五	馬

農曆二月

農曆	西曆	星期	沖生肖
初六	二〇二一年三月十八日	四	羊
十五	二〇二一年三月廿七日	六	龍
十八	二〇二一年三月三十日	二	羊
廿六	二〇二一年四月七日	三	兔
廿九	二〇二一年四月十日	六	馬
三十	二〇二一年四月十一日	日	羊

農曆三月

農曆	西曆	星期	沖生肖
初八	二〇二一年四月十九日	一	兔
十一	二〇二一年四月廿二日	四	馬
十三	二〇二一年四月廿四日	六	猴
十七	二〇二一年四月廿八日	三	鼠
二十	二〇二一年五月一日	六	兔
廿六	二〇二一年五月七日	五	雞

農曆四月

農曆	西曆	星期	沖生肖
初二	二〇二一年五月十三日	四	兔
初五	二〇二一年五月十六日	日	馬
初六	二〇二一年五月十七日	一	羊
初七	二〇二一年五月十八日	二	猴
十一	二〇二一年五月廿二日	六	鼠
十四	二〇二一年五月廿五日	二	兔
二十	二〇二一年五月卅一日	一	雞
廿二	二〇二一年六月二日	三	豬
廿五	二〇二一年六月五日	六	虎
廿七	二〇二一年六月七日	一	龍

農曆五月

農曆	西曆	星期	沖生肖
初二	二〇二一年六月十一日	五	猴
初八	二〇二一年六月十七日	四	虎
初十	二〇二一年六月十九日	六	龍
十三	二〇二一年六月廿二日	二	羊
十四	二〇二一年六月廿三日	三	猴
二十	二〇二一年六月廿九日	二	虎
廿二	二〇二一年七月一日	四	龍

農曆六月

農曆	西曆	星期	沖生肖
初三	二〇二一年七月十二日	一	兔
初四	二〇二一年七月十三日	二	龍
初六	二〇二一年七月十五日	四	馬
初八	二〇二一年七月十七日	六	猴
初九	二〇二一年七月十八日	日	雞
十五	二〇二一年七月廿四日	六	兔
廿一	二〇二一年七月三十日	五	雞
廿六	二〇二一年八月四日	三	虎

農曆七月

農曆	西曆	星期	沖生肖
初一	二〇二一年八月八日	日	馬
初六	二〇二一年八月十三日	五	豬
初七	二〇二一年八月十四日	六	鼠
十一	二〇二一年八月十八日	三	龍
十六	二〇二一年八月廿三日	一	雞
廿一	二〇二一年八月廿八日	六	虎
廿五	二〇二一年九月一日	三	馬
廿八	二〇二一年九月四日	六	雞
三十	二〇二一年九月六日	一	豬

農曆八月

農曆	西曆	星期	沖生肖
初一	二〇二一年九月七日	二	鼠
初八	二〇二一年九月十四日	二	羊
十一	二〇二一年九月十七日	五	狗
十二	二〇二一年九月十八日	六	豬
二十	二〇二一年九月廿六日	日	羊
廿三	二〇二一年九月廿九日	三	狗
廿四	二〇二一年九月三十日	四	豬
廿七	二〇二一年十月三日	日	虎

農曆九月

農曆	西曆	星期	沖生肖
初五	二〇二一年十月十日	日	雞
初七	二〇二一年十月十二日	二	豬
初八	二〇二一年十月十三日	三	鼠
初十	二〇二一年十月十五日	五	虎
十七	二〇二一年十月廿二日	五	雞
二十	二〇二一年十月廿五日	一	鼠
廿二	二〇二一年十月廿七日	三	虎

農曆十月

農曆	西曆	星期	沖生肖
初八	二〇二一年十一月十二日	五	馬
初十	二〇二一年十一月十四日	日	猴
十一	二〇二一年十一月十五日	一	雞
十二	二〇二一年十一月十六日	二	狗
十四	二〇二一年十一月十八日	四	鼠
廿二	二〇二一年十一月廿六日	五	猴
廿三	二〇二一年十一月廿七日	六	雞
廿四	二〇二一年十一月廿八日	日	狗
廿八	二〇二一年十二月二日	四	虎
廿九	二〇二一年十二月三日	五	兔

農曆十一月

農曆	西曆	星期	沖生肖
初四	二〇二一年十二月七日	二	羊
初五	二〇二一年十二月八日	三	猴
初七	二〇二一年十二月十日	五	狗
十一	二〇二一年十二月十四日	二	虎
十六	二〇二一年十二月十九日	日	羊
十九	二〇二一年十二月廿二日	三	狗
廿三	二〇二一年十二月廿六日	日	虎
廿五	二〇二一年十二月廿八日	二	龍
廿八	二〇二一年十二月卅一日	五	羊

農曆十二月

農曆	西曆	星期	沖生肖
初一	二〇二二年一月三日	一	狗
初六	二〇二二年一月八日	六	兔
十一	二〇二二年一月十三日	四	猴
十四	二〇二二年一月十六日	日	豬
十五	二〇二二年一月十七日	一	鼠
十八	二〇二二年一月二十日	四	兔
廿三	二〇二二年一月廿五日	二	猴
廿五	二〇二二年一月廿七日	四	狗

時辰對照表

時辰	時間
子時	晚上十一時至凌晨一時
丑時	凌晨一時至三時
寅時	凌晨三時至五時
卯時	早上五時至七時
辰時	早上七時至九時
巳時	早上九時至十一時
午時	早上十一時至下午一時
未時	下午一時至三時
申時	下午三時至五時
酉時	下午五時至晚上七時
戌時	晚上七時至九時
亥時	晚上九時至十一時

每日通勝

二〇二一年西曆二月／三月 辛丑年農曆正月

吉凶	西曆月	西曆日	農曆	星期	干支	建月	宜	忌	子	丑	寅	卯	辰	巳	午	未	申	酉	戌	亥	沖
♥	2	12	正月初一	五	辛卯	除	萬事大吉	造酒、穿井			♥	♥		♥	♥				♥		雞
♥	2	13	初二	六	壬辰	滿	嫁娶、移徙、祭祀、動土	開渠、行喪		♥	♥	♥		♥				♥		♥	狗
♡	2	14	初三	日	癸巳	平	平治道塗、修飾垣牆	詞訟、遠行	♥			♥	♥	♥					♥		豬
♥	2	15	初四	一	甲午	定	嫁娶、移徙、祭祀、動土	出財、成服		♥	♥							♥			鼠
♥	2	16	初五	二	乙未	執	拆卸、掃舍	栽種、蒔插	♥		♥	♥							♥	♥	牛
♥	2	17	初六	三	丙申	破	求醫治病、破屋壞垣	作灶、安牀	♥	♥				♥				♥	♥	♥	虎
♥	2	18	初七	四	丁酉	危	嫁娶、移徙、安牀、安葬	新船、進水		♥					♥			♥		♥	兔
♡	2	19	初八	五	戊戌	成	入學、開市、補垣塞穴	買田、置業		♥		♥			♥						龍
♡	2	20	初九	六	己亥	收	開市、交易、祈福、栽種	嫁娶、成服	♥		♥	♥			♥						蛇
♡	2	21	初十	日	庚子	開	嫁娶、出行、納采、安牀	動土、行喪		♥								♥			馬
♡	2	22	十一	一	辛丑	閉	祭祀、結網、補垣塞穴	合醬、造酒		♥	♥	♥		♥	♥					♥	羊
♡	2	23	十二	二	壬寅	建	訂婚、納采、安牀、安葬	祭祀、動土		♥	♥	♥							♥		猴
♥	2	24	十三	三	癸卯	除	嫁娶、移徙、交易、醫病	詞訟、取魚	♥		♥	♥							♥		雞
♡	2	25	十四	四	甲辰	滿	祭祀、祈福、出行、裁衣	開倉、行喪	♥	♥			♥					♥		♥	狗
♡	2	26	十五	五	乙巳	平	掃舍、平治道塗	栽種、遠行	♥	♥								♥	♥		豬

（子至亥：是日吉時）

♥吉　♡中吉　♡平　♥凶

吉凶	♥	♥	♥	♥	♡	♡	♥	♥	♡	♡	♥	♥	♡	♥
西曆 月	2	2	3	3	3	3	3	3	3	3	3	3	3	3
西曆 日	27	28	1	2	3	4	5	6	7	8	9	10	11	12
農曆	十六	十七	十八	十九	二十	廿一	廿二	廿三	廿四	廿五	廿六	廿七	廿八	廿九
星期	六	日	一	二	三	四	五	六	日	一	二	三	四	五
干支	丙午	丁未	戊申	己酉	庚戌	辛亥	壬子	癸丑	甲寅	乙卯	丙辰	丁巳	戊午	己未
月建	定	執	破	危	成	收	開	開	閉	建	除	滿	平	定
宜	嫁娶、立約、動土、安葬	拆卸、掃舍	求醫治病、破屋壞垣	開市、修造、動土、安葬	入學	開市、動土、出行、祈福	嫁娶、開市、動土、入學	訂婚、移徙、醫病、安牀	開市、動土、訂婚、安葬	會友、出行、立約、交易	合帳、出行、修造、動土	納采、開市、上樑、安牀	平治道塗、修飾垣牆	祭祀、拆卸
忌	修廚、搭廁	理髮、田獵	置產、安牀	栽種、裁衣	結網、作灶	合醬、嫁娶	開渠、放水	詞訟、動土	開倉、祭祀	動土、穿井	修廚、成服	遠行、動土	置產、苫蓋	針灸、穿耳
是日吉時 子				♥			♥	♥						
丑			♥		♥	♥	♥	♥				♥		
寅						♥	♥		♥	♥				♥
卯						♥	♥			♥			♥	♥
辰			♥	♥			♥	♥	♥					
巳	♥	♥	♥	♥			♥	♥			♥	♥	♥	♥
午	♥	♥		♥	♥	♥						♥		♥
未														
申								♥		♥	♥		♥	♥
酉	♥	♥												
戌	♥					♥		♥	♥	♥		♥		
亥	♥	♥								♥	♥			
沖	鼠	牛	虎	兔	龍	蛇	馬	羊	猴	雞	狗	豬	鼠	牛

二〇二一年西曆三月/四月 辛丑年農曆二月

西曆 月	西曆 日	農曆	星期	干支	月建	宜	忌	吉凶	子	丑	寅	卯	辰	巳	午	未	申	酉	戌	亥	沖
3	13	二月初一	六	庚申	執	掃舍、捕捉、除服、成服	結網、安牀	♡		♥			♥	♥	♥		♥				虎
3	14	初二	日	辛酉	破	破屋壞垣	合醬、造酒	♥			♥		♥	♥	♥						兔
3	15	初三	一	壬戌	危	訂婚、納采、移居、安牀	開渠、放水	♥			♥	♥		♥					♥	♥	龍
3	16	初四	二	癸亥	成	開市、動土、安門、作灶	詞訟、嫁娶	♥			♥	♥	♥		♥				♥	♥	蛇
3	17	初五	三	甲子	收	祭祀、理髮、栽種	開倉、出財	♡	♥	♥	♥		♥				♥				馬
3	18	初六	四	乙丑	開	嫁娶、移徙、動土、置產	補垣、安葬	♥	♥	♥	♥	♥					♥				羊
3	19	初七	五	丙寅	閉	補垣塞穴	作灶、祭祀	♥	♥			♥			♥						猴
3	20	初八	六	丁卯	建	祭祀、祈福	動土、穿井	♡			♥				♥						雞
3	21	初九	日	戊辰	除	出行、理髮、掃舍	置產、行喪	♡		♥		♥		♥			♥				狗
3	22	初十	一	己巳	滿	訂婚、納采、開市、交易	遠行、動土	♥	♥		♥				♥		♥				豬
3	23	十一	二	庚午	平	祭祀、作灶、平治道塗	結網、苫蓋	♡		♥	♥				♥		♥				鼠
3	24	十二	三	辛未	定	拆卸、掃舍	合醬、除服	♥			♥	♥		♥	♥		♥				牛
3	25	十三	四	壬申	執	除服、安葬	開渠、安牀	♡	♥	♥		♥	♥	♥							虎
3	26	十四	五	癸酉	破	求醫治病、破屋壞垣	詞訟、開市	♥	♥	♥	♥		♥	♥			♥				兔
3	27	十五	六	甲戌	危	嫁娶、移徙、動土、安葬	開倉、出財	♥		♥	♥	♥		♥							龍

♥吉　♡中吉　♡平　♥凶

吉凶	♡	♥	♥	♥	♥	♡	♥	♡	♡	♡	♡	♥	♥	♡	♡
西曆 月	4	4	4	4	4	4	4	4	4	4	4	3	3	3	3
西曆 日	11	10	9	8	7	6	5	4	3	2	1	31	30	29	28
農曆	三十	廿九	廿八	廿七	廿六	廿五	廿四	廿三	廿二	廿一	二十	十九	十八	十七	十六
星期	日	六	五	四	三	二	一	日	六	五	四	三	二	一	日
干支	己丑	戊子	丁亥	丙戌	乙酉	甲申	癸未	壬午	辛巳	庚辰	己卯	戊寅	丁丑	丙子	乙亥
月建	收	成	危	破	執	定	平	平	滿	除	建	閉	開	收	成
宜	祭祀、嫁娶、作灶、捕捉	嫁娶、移徙、動土、作灶	移徙、納采、動土、安牀	求醫治病、破屋壞垣	嫁娶、納采、安牀、安葬	建屋、安門、成服、安葬	拆卸、掃舍	平治道塗、修飾垣牆	祭祀、開市、立約、交易	出行、理髮、掃舍	出行、會友	修廚、補垣、納畜、安葬	出行、嫁娶、移徙、動土	針灸、結網、交易、田獵	移徙、動土、上樑、安牀
忌	新船、進水	置業、行喪	嫁娶、除服	修廚、作灶	栽種、動土	出財、安牀	詞訟、裁衣	開渠、苫蓋	遠行、動土	除服、行喪	動土、穿井	置業、祭祀	補垣、安葬	修廚、作灶	嫁娶、除靈
是日吉時 子	♥			♥	♥	♥	♥				♥		♥	♥	♥
丑		♥	♥		♥	♥		♥	♥	♥		♥		♥	♥
寅	♥		♥	♥	♥		♥	♥	♥	♥	♥				♥
卯	♥	♥		♥			♥	♥			♥	♥			♥
辰		♥			♥	♥				♥		♥			
巳	♥	♥		♥		♥	♥	♥	♥	♥		♥	♥	♥	
午			♥				♥		♥	♥	♥	♥	♥		
未															
申	♥	♥		♥	♥	♥									
酉	♥	♥	♥	♥	♥	♥									
戌									♥					♥	
亥			♥	♥				♥		♥			♥	♥	
沖	羊	馬	蛇	龍	兔	虎	牛	鼠	豬	狗	雞	猴	羊	馬	蛇

二〇二一年西曆四月/五月　辛丑年農曆三月

西曆 月	西曆 日	吉凶	農曆	星期	干支	建月	宜	忌	子	丑	寅	卯	辰	巳	午	未	申	酉	戌	亥	沖
4	12	♥	三月初一	一	庚寅	開	納采、移徙、交易、動土	祭祀、醞釀		♥	♥	♥	♥								猴
4	13	♡	初二	二	辛卯	閉	補垣塞穴、理髮、安葬	合醬、穿井			♥	♥		♥	♥						雞
4	14	♡	初三	三	壬辰	建	出行、合帳、掃舍、安牀	開渠、行喪		♥	♥	♥		♥				♥		♥	狗
4	15	♡	初四	四	癸巳	除	掃舍、動土、安門、作灶	詞訟、遠行	♥			♥	♥	♥			♥				豬
4	16	♡	初五	五	甲午	滿	出行、交易、成服、安葬	開倉、苫蓋		♥	♥							♥			鼠
4	17	♥	初六	六	乙未	平	拆卸、掃舍	栽種、蒔插	♥		♥	♥					♥			♥	牛
4	18	♥	初七	日	丙申	定	合帳、蓋屋、成服、安葬	作灶、安牀	♥	♥				♥			♥	♥		♥	虎
4	19	♥	初八	一	丁酉	執	嫁娶、醫病、交易、安牀	理髮、動土		♥					♥			♥		♥	兔
4	20	♥	初九	二	戊戌	破	破屋壞垣	置產、行喪		♥		♥			♥		♥				龍
4	21	♡	初十	三	己亥	危	合帳、安牀、栽種、牧養	嫁娶、除服	♥		♥	♥			♥		♥				蛇
4	22	♥	十一	四	庚子	成	嫁娶、求醫、修造、動土	結網、詞訟		♥							♥	♥			馬
4	23	♡	十二	五	辛丑	收	祭祀、建屋、作灶、納畜	合醬、造酒		♥	♥	♥		♥	♥		♥			♥	羊
4	24	♥	十三	六	壬寅	開	嫁娶、出行、安牀、置產	祭祀、開渠		♥	♥	♥									猴
4	25	♡	十四	日	癸卯	閉	作灶、補垣塞穴、安葬	詞訟、穿井	♥		♥	♥									雞
4	26	♡	十五	一	甲辰	建	祭祀、理髮、修飾垣牆	開倉、動土	♥	♥			♥					♥		♥	狗

（子至亥欄為「是日吉時」）

♥ 吉　♡ 中吉　♡ 平　♥ 凶

吉凶	西曆月	西曆日	農曆	星期	干支	建月	宜	忌	子	丑	寅	卯	辰	巳	午	未	申	酉	戌	亥	沖
♡	4	27	十六	二	乙巳	除	理髮、掃舍	栽種、成服	♥	♥							♥	♥			豬
♡	4	28	十七	三	丙午	滿	祭祀、嫁娶、成服、安葬	修廚、作灶						♥	♥		♥	♥		♥	鼠
♥	4	29	十八	四	丁未	平	拆卸、掃舍	理髮、整甲						♥	♥			♥		♥	牛
♡	4	30	十九	五	戊申	定	裁衣、合帳、安門、納畜	置產、安牀		♥			♥	♥			♥				虎
♥	5	1	二十	六	己酉	執	嫁娶、求醫治病、安門、作灶	動土、行喪	♥				♥	♥	♥		♥				兔
♥	5	2	廿一	日	庚戌	破	求醫治病、破屋壞垣	結網、開市		♥					♥		♥				龍
♡	5	3	廿二	一	辛亥	危	裁衣、納財、安牀、納畜	醞釀、嫁娶		♥	♥	♥			♥						蛇
♥	5	4	廿三	二	壬子	成	掃舍	開渠、放水	♥	♥	♥	♥	♥	♥							馬
♡	5	5	廿四	三	癸丑	收	捕捉、田獵	詞訟、出財	♥	♥			♥	♥			♥	♥	♥		羊
♡	5	6	廿五	四	甲寅	收	裁衣、合帳、捕捉、田獵	開倉、祭祀			♥		♥					♥	♥		猴
♥	5	7	廿六	五	乙卯	開	出行、嫁娶、動土、置產	栽種、塞穴			♥	♥					♥		♥		雞
♡	5	8	廿七	六	丙辰	閉	動土、建屋、安門、安牀	修廚、作灶						♥			♥	♥			狗
♡	5	9	廿八	日	丁巳	建	會友、裁衣、補垣塞穴	理髮、遠行		♥				♥	♥			♥	♥		豬
♥	5	10	廿九	一	戊午	除	出行、醫病、動土、安葬	置業、搭廁				♥		♥			♥	♥			鼠
♥	5	11	三十	二	己未	滿	拆卸、掃舍	除靈、成服			♥	♥		♥	♥		♥				牛

是日吉時：子 丑 寅 卯 辰 巳 午 未 申 酉 戌 亥

二〇二一年西曆五月／六月　辛丑年農曆四月

吉凶	西曆月	西曆日	農曆	星期	干支	月建	宜	忌	子	丑	寅	卯	辰	巳	午	未	申	酉	戌	亥	沖
♥	5	12	四月初一	三	庚申	平	出行、移徙、動土、安葬	安牀、針灸		♥			♥	♥	♥		♥				虎
♥	5	13	初二	四	辛酉	定	嫁娶、移徙、動土、安葬	合醬、造酒			♥		♥	♥	♥						兔
♡	5	14	初三	五	壬戌	執	訂婚、醫病、動土、安牀	開渠、放水			♥	♥		♥					♥		龍
♥	5	15	初四	六	癸亥	破	破屋壞垣	詞訟、嫁娶			♥	♥	♥		♥				♥		蛇
♡	5	16	初五	日	甲子	危	嫁娶、開市、動土、安葬	開倉、問卜	♥	♥	♥		♥				♥				馬
♥	5	17	初六	一	乙丑	成	嫁娶、醫病、開市、修造	修廚、詞訟	♥	♥	♥	♥					♥	♥			羊
♡	5	18	初七	二	丙寅	收	嫁娶、移徙、交易、上樑	作灶、動土	♥			♥			♥			♥			猴
♥	5	19	初八	三	丁卯	開	訂婚、動土、栽種、牧養	理髮、穿井			♥				♥						雞
♡	5	20	初九	四	戊辰	閉	補垣塞穴、立約、交易	買田、置業		♥		♥		♥			♥	♥			狗
♡	5	21	初十	五	己巳	建	伐木、結網	動土、除服	♥		♥				♥		♥				豬
♥	5	22	十一	六	庚午	除	嫁娶、交易、動土、安葬	田獵、取魚		♥	♥				♥		♥	♥			鼠
♥	5	23	十二	日	辛未	滿	拆卸、掃舍	合醬、行喪			♥	♥		♥	♥		♥				牛
♡	5	24	十三	一	壬申	平	理髮、掃舍、平治道塗	開渠、安牀	♥	♥		♥	♥	♥				♥			虎
♥	5	25	十四	二	癸酉	定	嫁娶、移徙、交易、安葬	詞訟、修置	♥	♥	♥		♥	♥			♥				兔
♡	5	26	十五	三	甲戌	執	會友、裁衣	開倉、出財		♥	♥	♥		♥							龍

（子至亥欄：是日吉時）

♥ 吉
♡ 中吉
♡ 平
♥ 凶

吉凶		♥	♡	♥	♡	♥	♡	♡	♥	♥	♡	♡	♥	♡	♥
西曆	月	5	5	5	5	5	6	6	6	6	6	6	6	6	6
	日	27	28	29	30	31	1	2	3	4	5	6	7	8	9
農曆		十六	十七	十八	十九	二十	廿一	廿二	廿三	廿四	廿五	廿六	廿七	廿八	廿九
星期		四	五	六	日	一	二	三	四	五	六	日	一	二	三
干支		乙亥	丙子	丁丑	戊寅	己卯	庚辰	辛巳	壬午	癸未	甲申	乙酉	丙戌	丁亥	戊子
月建		破	危	成	收	開	閉	建	除	滿	平	平	定	執	破
宜		破屋壞垣	出行、移徙、開市、安牀	訂婚、納采、醫病、安葬	建屋、捕捉、結網、取魚	嫁娶、出行、移徙、安牀	移徙、立約、交易、動土	嫁娶、移徙、醫病、納畜	出行、醫病、交易、納畜	拆卸、掃舍	嫁娶、掃舍、平治道塗	理髮、掃舍、平道飾垣	嫁娶、移徙、動土、安葬	修造、動土、安牀、開渠	破屋壞垣
忌		栽種、嫁娶	作灶、成服	詞訟、搭廁	祭祀、動土	動土、補垣	結網、針灸	造酒、遠行	放水、除靈	詞訟、行喪	安牀、出財	栽種、蒔插	修廚、取魚	理髮、嫁娶	置產、開市
是日吉時	子	♥	♥	♥		♥				♥	♥				
	丑	♥	♥		♥		♥	♥	♥		♥	♥		♥	♥
	寅	♥				♥	♥	♥	♥	♥		♥	♥	♥	
	卯	♥			♥	♥			♥	♥			♥		♥
	辰				♥		♥				♥	♥			♥
	巳		♥	♥	♥		♥	♥	♥	♥	♥		♥		♥
	午			♥	♥	♥	♥	♥		♥				♥	
	未														
	申										♥	♥	♥		♥
	酉		♥	♥							♥	♥	♥	♥	♥
	戌		♥					♥		♥			♥	♥	
	亥												♥	♥	
沖		蛇	馬	羊	猴	雞	狗	豬	鼠	牛	虎	兔	龍	蛇	馬

二〇二一年西曆六月/七月

辛丑年農曆五月

西曆月	西曆日	吉凶	農曆	星期	干支	建月	宜	忌	子	丑	寅	卯	辰	巳	午	未	申	酉	戌	亥	沖
6	10	♡	五月初一	四	己丑	危	祭祀、祈福	修倉、栽種			♥	♥		♥			♥	♥			羊
6	11	♥	初二	五	庚寅	成	嫁娶、醫病、立約、安葬	祭祀、詞訟		♥	♥	♥	♥								猴
6	12	♡	初三	六	辛卯	收	祭祀、飾垣	合醬、穿井			♥	♥		♥	♥				♥		雞
6	13	♥	初四	日	壬辰	開	出行、納采、移徙、置產	開渠、放水		♥	♥	♥		♥				♥		♥	狗
6	14	♡	初五	一	癸巳	閉	動土、補垣塞穴	詞訟、遠行				♥	♥	♥			♥		♥		豬
6	15	♡	初六	二	甲午	建	祭祀、飾垣	開倉、出財		♥	♥							♥			鼠
6	16	♥	初七	三	乙未	除	拆卸、掃舍	栽種、成服			♥	♥					♥		♥	♥	牛
6	17	♥	初八	四	丙申	滿	嫁娶、移徙、動土、安葬	修廚、安牀		♥				♥			♥	♥	♥	♥	虎
6	18	♡	初九	五	丁酉	平	平治道塗、修飾垣牆	理髮、行喪		♥					♥			♥		♥	兔
6	19	♥	初十	六	戊戌	定	求嗣、嫁娶、交易、動土	置業、栽種		♥		♥			♥		♥				龍
6	20	♥	十一	日	己亥	執	祭祀	嫁娶、除服			♥	♥			♥		♥				蛇
6	21	♥	十二	一	庚子	破	破屋壞垣	結網、作灶		♥							♥	♥			馬
6	22	♥	十三	二	辛丑	危	嫁娶、交易、補垣塞穴	合醬、造酒		♥	♥	♥		♥	♥		♥			♥	羊
6	23	♥	十四	三	壬寅	成	嫁娶、醫病、動土、安葬	開渠、放水		♥	♥	♥							♥		猴
6	24	♡	十五	四	癸卯	收	祭祀、結網	詞訟、穿井			♥	♥							♥		雞

（子至亥欄：是日吉時）

♥ 吉　♡ 中吉　♡ 平　♥ 凶

西曆 月	西曆 日	農曆	星期	干支	建月	宜	忌	吉凶	子	丑	寅	卯	辰	巳	午	未	申	酉	戌	亥	沖
6	25	十六	五	甲辰	開	出行、納采、移徙、上樑	出財、動土	♥		♥			♥					♥		♥	狗
6	26	十七	六	乙巳	閉	補垣塞穴	栽種、遠行	♡		♥							♥	♥	♥		豬
6	27	十八	日	丙午	建	祭祀	作灶、動土	♡						♥	♥		♥	♥	♥	♥	鼠
6	28	十九	一	丁未	除	拆卸、掃舍	理髮、行喪	♥						♥	♥			♥		♥	牛
6	29	二十	二	戊申	滿	嫁娶、移徙、醫病、動土	置業、安牀	♥		♥			♥	♥			♥				虎
6	30	廿一	三	己酉	平	理髮、掃舍、平道飾垣	修廚、作灶	♡					♥	♥	♥		♥				兔
7	1	廿二	四	庚戌	定	嫁娶、動土、上樑、安葬	經絡、栽種	♥		♥					♥		♥				龍
7	2	廿三	五	辛亥	執	裁衣、修造、動土、開渠	嫁娶、醞釀	♡		♥	♥	♥			♥				♥		蛇
7	3	廿四	六	壬子	破	破屋壞垣	開渠、放水	♥		♥	♥	♥	♥	♥							馬
7	4	廿五	日	癸丑	危	交易、動土、安牀、補垣	詞訟、裁衣	♡		♥			♥	♥			♥	♥	♥		羊
7	5	廿六	一	甲寅	成	醫病、修造、醞釀、安葬	出財、祭祀	♥			♥		♥					♥	♥		猴
7	6	廿七	二	乙卯	收	祭祀、結網	栽種、穿井	♡			♥	♥					♥		♥	♥	雞
7	7	廿八	三	丙辰	收	捕捉、納畜	修廚、動土	♡						♥			♥	♥		♥	狗
7	8	廿九	四	丁巳	開	訂婚、立約、交易、開渠	理髮、修廚	♡						♥	♥			♥	♥		豬
7	9	三十	五	戊午	閉	祭祀、補垣	置產、行喪	♡				♥		♥			♥	♥			鼠

（子至亥為是日吉時）

二〇二一年西曆七月/八月

辛丑年農曆六月

西曆	吉凶	農曆	星期	干支	建月	宜	忌	是日吉時	沖
7月10日	♥	六月初一	六	己未	建	拆卸、掃舍	動土、行喪	寅 卯 巳 午 申	牛
7月11日	♡	初二	日	庚申	除	訂婚、掃舍、動土、安葬	安牀、開倉	辰 巳 午 申	虎
7月12日	♡	初三	一	辛酉	滿	嫁娶、理髮、立約、安葬	造酒、針灸	寅 辰 巳 午	兔
7月13日	♡	初四	二	壬戌	平	嫁娶、捕捉、結網、納畜	開渠、動土	寅 卯 巳 戌 亥	龍
7月14日	♡	初五	三	癸亥	定	理髮、掃舍	詞訟、嫁娶	寅 卯 辰 午 戌 亥	蛇
7月15日	♥	初六	四	甲子	執	嫁娶、動土、成服、安葬	開倉、出財	子 寅 辰 申	馬
7月16日	♥	初七	五	乙丑	破	求醫治病、破屋壞垣	栽種、蒔插	子 寅 卯 申 酉	羊
7月17日	♥	初八	六	丙寅	危	嫁娶、入宅、納財、安葬	修廚、祭祀	子 卯 午 酉	猴
7月18日	♥	初九	日	丁卯	成	嫁娶、求醫、移徙、動土	穿井、詞訟	寅 午	雞
7月19日	♡	初十	一	戊辰	收	捕捉	置產、行喪	卯 巳 申 酉	狗
7月20日	♥	十一	二	己巳	開	醫病、赴任、安牀、建屋	遠行、除靈	子 寅 午 申	豬
7月21日	♡	十二	三	庚午	閉	醞釀、補垣、安葬	結網、苫蓋	寅 午 申 酉	鼠
7月22日	♥	十三	四	辛未	建	拆卸	動土、行喪	寅 卯 巳 午 申	牛
7月23日	♡	十四	五	壬申	除	裁衣、醫病、破土、安葬	開渠、安牀	子 卯 辰 巳 酉	虎
7月24日	♡	十五	六	癸酉	滿	嫁娶、拆卸、安牀、安葬	詞訟、針灸	子 寅 辰 巳 申	兔

♥ 吉
♡ 中吉
♡ 平
♥ 凶

吉凶	♡	♥	♡	♥	♥	♥	♥	♡	♡	♡	♥	♥	♥	♥	♥
西曆 月	7	7	7	7	7	7	7	8	8	8	8	8	8	8
西曆 日	25	26	27	28	29	30	31	1	2	3	4	5	6	7
農曆	十六	十七	十八	十九	二十	廿一	廿二	廿三	廿四	廿五	廿六	廿七	廿八	廿九
星期	日	一	二	三	四	五	六	日	一	二	三	四	五	六
干支	甲戌	乙亥	丙子	丁丑	戊寅	己卯	庚辰	辛巳	壬午	癸未	甲申	乙酉	丙戌	丁亥
建月	平	定	執	破	危	成	收	開	閉	建	除	滿	平	定
宜	祭祀、作灶、修飾垣牆	出行、動土、修倉、納畜	祭祀、理髮、裁衣、捕捉	破屋壞垣	出行、納采、移徙、安牀	出行、嫁娶、移徙、交易	納財、捕捉、栽種	裁衣、醫病、開市、合帳	補塞、除服、破土、安葬	拆卸、掃舍	嫁娶、移徙、修造、上樑	合帳、交易、動土、安葬	祭祀	出行、動土、醞釀、納畜
忌	開倉、出財	嫁娶、成服	修廚、作灶	理髮、開市	置產、祈福	穿井、開池	結網、修倉	造酒、遠行	開渠、放水	詞訟、動土	開倉、安牀	栽種、修倉	作灶、動土	理髮、嫁娶
是日吉時 子		♥	♥	♥		♥				♥	♥	♥	♥	
是日吉時 丑														
是日吉時 寅	♥	♥				♥	♥	♥	♥	♥		♥	♥	♥
是日吉時 卯	♥	♥			♥	♥			♥	♥			♥	
是日吉時 辰					♥		♥				♥	♥		
是日吉時 巳	♥		♥	♥	♥		♥	♥	♥	♥	♥		♥	
是日吉時 午				♥	♥	♥	♥	♥		♥				♥
是日吉時 未														
是日吉時 申											♥	♥	♥	
是日吉時 酉			♥	♥							♥	♥	♥	♥
是日吉時 戌			♥					♥		♥			♥	♥
是日吉時 亥			♥	♥			♥		♥				♥	♥
沖	龍	蛇	馬	羊	猴	雞	狗	豬	鼠	牛	虎	兔	龍	蛇

二〇二一年西曆八月/九月

辛丑年農曆七月

吉凶	西曆 月	西曆 日	農曆	星期	干支	建月	宜	忌	子	丑	寅	卯	辰	巳	午	未	申	酉	戌	亥	沖
♥	8	8	七月初一	日	戊子	定	嫁娶、開市、動土、安葬	新船、進水		♥		♥	♥	♥			♥	♥			馬
♡	8	9	初二	一	己丑	執	栽種、結網、取魚、納畜	開倉、出財	♥			♥		♥			♥	♥			羊
♥	8	10	初三	二	庚寅	破	破屋壞垣	除靈、成服		♥		♥	♥								猴
♡	8	11	初四	三	辛卯	危	置產、安牀、交易、安葬	合醬、穿井				♥		♥	♥				♥		雞
♥	8	12	初五	四	壬辰	成	求嗣、納采、動土、安葬	開渠、修廚		♥		♥		♥				♥		♥	狗
♥	8	13	初六	五	癸巳	收	嫁娶、移徙、交易、安牀	詞訟、遠行	♥			♥	♥	♥			♥		♥		豬
♡	8	14	初七	六	甲午	開	嫁娶、出行、修造、動土	開倉、出財		♥								♥			鼠
♥	8	15	初八	日	乙未	閉	拆卸、掃舍	栽種、針灸	♥			♥					♥		♥	♥	牛
♡	8	16	初九	一	丙申	建	納采、出行、納畜、安葬	安牀、作灶	♥	♥				♥			♥	♥	♥	♥	虎
♥	8	17	初十	二	丁酉	除	納采、動土、安牀、安葬	捕捉、田獵		♥					♥			♥		♥	兔
♥	8	18	十一	三	戊戌	滿	嫁娶、動土、補塞、栽種	置產、行喪		♥		♥			♥		♥				龍
♡	8	19	十二	四	己亥	平	平治道塗、修飾垣牆	嫁娶、除服	♥			♥			♥		♥				蛇
♥	8	20	十三	五	庚子	定	求嗣、移徙、動土、安牀	結網、問卜		♥							♥	♥			馬
♡	8	21	十四	六	辛丑	執	捕捉、田獵、結網、取魚	合醬、造酒		♥		♥		♥	♥		♥			♥	羊
♥	8	22	十五	日	壬寅	破	破屋壞垣	開渠、祭祀		♥		♥							♥		猴

（子至亥欄為「是日吉時」）

♥ 吉　♡ 中吉　♡ 平　♥ 凶

西曆 月	西曆 日	農曆	星期	干支	月建	吉凶	宜	忌	子	丑	寅	卯	辰	巳	午	未	申	酉	戌	亥	沖
8	23	十六	一	癸卯	危	♥	嫁娶、立約、安牀、安葬	詞訟、動土	♥			♥							♥		雞
8	24	十七	二	甲辰	成	♡	納采、裁衣、立約、交易	開倉、出財	♥	♥			♥					♥		♥	狗
8	25	十八	三	乙巳	收	♡	理髮	栽種、遠行	♥	♥							♥	♥	♥		豬
8	26	十九	四	丙午	開	♥	訂婚、合帳、動土、安牀	修廚、苫蓋						♥	♥		♥	♥	♥	♥	鼠
8	27	二十	五	丁未	閉	♥	拆卸、掃舍	理髮、針灸						♥	♥			♥		♥	牛
8	28	廿一	六	戊申	建	♥	出行、嫁娶、醫病、納財	置業、安牀		♥			♥	♥			♥				虎
8	29	廿二	日	己酉	除	♡	修造、動土、除服、安葬	栽種、取魚	♥				♥	♥	♥		♥				兔
8	30	廿三	一	庚戌	滿	♡	會友、補垣塞穴、納畜	結網、行喪		♥					♥		♥				龍
8	31	廿四	二	辛亥	平	♡	平治道塗、修飾垣牆	合醬、嫁娶		♥		♥			♥				♥		蛇
9	1	廿五	三	壬子	定	♥	嫁娶、移徙、交易、安葬	開渠、問卜	♥	♥		♥	♥	♥							馬
9	2	廿六	四	癸丑	執	♥	納采、醫病、動土、安葬	詞訟、遠回	♥	♥			♥	♥			♥	♥	♥		羊
9	3	廿七	五	甲寅	破	♥	破屋壞垣	開倉、祭祀					♥					♥	♥		猴
9	4	廿八	六	乙卯	危	♡	嫁娶、安牀、理髮、安葬	栽種、穿井				♥					♥		♥	♥	雞
9	5	廿九	日	丙辰	成	♥	訂婚、立約、交易、安牀	修廚、針灸						♥			♥	♥		♥	狗
9	6	三十	一	丁巳	收	♥	嫁娶、求嗣、移徙、立約	遠行、動土		♥				♥	♥			♥	♥		豬

（子至亥欄為「是日吉時」）

二〇二一年西曆九月/十月

辛丑年農曆八月

吉凶	西曆 月	西曆 日	農曆	星期	干支	建月	宜	忌	子	丑	寅	卯	辰	巳	午	未	申	酉	戌	亥	沖
♥	9	7	八月初一	二	戊午	開	嫁娶、移徙、動土、安牀	置業、苫蓋				♥		♥			♥	♥			鼠
♥	9	8	初二	三	己未	開	拆卸、掃舍	動土、補塞			♥			♥	♥		♥				牛
♥	9	9	初三	四	庚申	閉	合帳、立約、交易、安葬	安牀、針灸		♥			♥	♥	♥		♥				虎
♡	9	10	初四	五	辛酉	建	出行、掃舍	醞釀、動土			♥		♥	♥	♥						兔
♥	9	11	初五	六	壬戌	除	出行、動土、安牀、塞穴	開渠、放水			♥			♥					♥	♥	龍
♡	9	12	初六	日	癸亥	滿	理髮、安牀、作灶、補垣	詞訟、嫁娶			♥		♥		♥				♥	♥	蛇
♡	9	13	初七	一	甲子	平	平治道塗、修飾垣牆	開倉、出財	♥	♥	♥		♥				♥				馬
♥	9	14	初八	二	乙丑	定	嫁娶、移徙、動土、入宅	栽種、蒔插	♥	♥	♥						♥	♥			羊
♡	9	15	初九	三	丙寅	執	訂婚、上樑、成服、安葬	作灶、祭祀	♥						♥			♥			猴
♥	9	16	初十	四	丁卯	破	破屋壞垣	理髮、穿井			♥				♥						雞
♥	9	17	十一	五	戊辰	危	嫁娶、立約、移徙、安牀	置業、補塞		♥				♥			♥	♥			狗
♥	9	18	十二	六	己巳	成	嫁娶、醫病、安門、作灶	新船、進水	♥		♥				♥		♥				豬
♡	9	19	十三	日	庚午	收	祭祀、針灸、田獵、捕捉	結網、苫蓋		♥	♥				♥		♥	♥			鼠
♥	9	20	十四	一	辛未	開	祭祀、拆卸	動土、除服			♥			♥	♥		♥				牛
♡	9	21	十五	二	壬申	閉	裁衣、補塞、栽種、安葬	開渠、安牀	♥	♥			♥	♥				♥			虎

(子至亥欄：是日吉時)

♥ 吉

♡ 中吉

♡ 平

♥ 凶

西曆 月	西曆 日	吉凶	農曆	星期	干支	建月	宜	忌	子	丑	寅	卯	辰	巳	午	未	申	酉	戌	亥	沖
9	22	♥	十六	三	癸酉	建	祭祀	詞訟、動土	♥	♥	♥		♥	♥			♥				兔
9	23	♥	十七	四	甲戌	除	祭祀、移居、安牀、開渠	開倉、出財		♥	♥			♥							龍
9	24	♡	十八	五	乙亥	滿	移徙、動土、補垣、納畜	栽種、嫁娶	♥	♥	♥										蛇
9	25	♡	十九	六	丙子	平	平治道塗、修飾垣牆	修廚、作灶	♥	♥				♥				♥	♥	♥	馬
9	26	♥	二十	日	丁丑	定	嫁娶、交易、修造、安葬	理髮、整甲	♥					♥	♥			♥		♥	羊
9	27	♡	廿一	一	戊寅	執	修造、動土、作灶、安葬	置產、祭祀		♥			♥	♥	♥						猴
9	28	♥	廿二	二	己卯	破	破屋壞垣	穿井、開池	♥		♥				♥						雞
9	29	♥	廿三	三	庚辰	危	嫁娶、動土、安牀、安葬	出財、取魚		♥	♥		♥	♥	♥					♥	狗
9	30	♥	廿四	四	辛巳	成	嫁娶、移徙、作灶、開渠	遠行、造酒		♥	♥			♥	♥				♥		豬
10	1	♡	廿五	五	壬午	收	理髮、捕捉	開渠、放水		♥	♥			♥						♥	鼠
10	2	♥	廿六	六	癸未	開	拆卸、掃舍	詞訟、動土	♥		♥			♥	♥				♥		牛
10	3	♥	廿七	日	甲申	閉	嫁娶、移徙、動土、補塞	針灸、安牀	♥	♥			♥	♥			♥	♥			虎
10	4	♡	廿八	一	乙酉	建	掃舍、修置、產室	栽種、動土	♥	♥	♥		♥				♥	♥			兔
10	5	♡	廿九	二	丙戌	除	赴任、修造、動土、安牀	修廚、行喪	♥		♥			♥			♥	♥	♥	♥	龍

(子至亥：是日吉時)

二〇二一年西曆十月／十一月

辛丑年農曆九月

西曆 月	西曆 日	吉凶	農曆	星期	干支	建月	宜	忌	子	丑	寅	卯	辰	巳	午	未	申	酉	戌	亥	沖
10	6	♡	九月初一	三	丁亥	滿	出行、移徙、動土、補垣	嫁娶、理髮		♥	♥				♥			♥	♥	♥	蛇
10	7	♡	初二	四	戊子	平	平治道塗、修飾垣牆	買田、置業		♥			♥	♥			♥	♥			馬
10	8	♡	初三	五	己丑	平	祭祀、作灶	除服、行喪	♥		♥			♥			♥	♥			羊
10	9	♡	初四	六	庚寅	定	會友、掃捉、成服、安葬	結網、祭祀		♥	♥	♥									猴
10	10	♥	初五	日	辛卯	執	嫁娶、求醫、動土、安葬	穿井、開池			♥	♥		♥	♥				♥		雞
10	11	♥	初六	一	壬辰	破	破屋壞垣	開渠、放水		♥	♥	♥		♥				♥		♥	狗
10	12	♥	初七	二	癸巳	危	嫁娶、安牀、栽種、牧養	詞訟、除靈	♥			♥		♥			♥		♥		豬
10	13	♥	初八	三	甲午	成	嫁娶、醫病、醞釀、安葬	開倉、出財		♥	♥							♥			鼠
10	14	♥	初九	四	乙未	收	祭祀、拆卸	栽種、蒔插	♥		♥	♥					♥		♥	♥	牛
10	15	♥	初十	五	丙申	開	嫁娶、出行、動土、修置	修廚、安牀	♥	♥				♥			♥	♥	♥	♥	虎
10	16	♡	十一	六	丁酉	閉	掃舍、補塞、除服、安葬	新船、進水		♥					♥			♥		♥	兔
10	17	♡	十二	日	戊戌	建	建屋、搭廁	買田、置業		♥		♥			♥		♥				龍
10	18	♡	十三	一	己亥	除	開市、理髮、掃舍	嫁娶、成服	♥		♥	♥			♥		♥				蛇
10	19	♡	十四	二	庚子	滿	開市、開池、成服、破土	結網、問卜		♥							♥	♥			馬
10	20	♡	十五	三	辛丑	平	祭祀、裁衣、平治道塗	合醬、動土		♥	♥	♥		♥	♥		♥				羊

（子至亥欄為「是日吉時」）

♥ 吉　♡ 中吉　♡ 平　♥ 凶

西曆 月	10	10	10	10	10	10	10	10	10	10	10	11	11	11	11
西曆 日	21	22	23	24	25	26	27	28	29	30	31	1	2	3	4
吉凶	♡	♥	♥	♡	♥	♥	♥	♡	♥	♥	♡	♡	♡	♡	♥
農曆	十六	十七	十八	十九	二十	廿一	廿二	廿三	廿四	廿五	廿六	廿七	廿八	廿九	三十
星期	四	五	六	日	一	二	三	四	五	六	日	一	二	三	四
干支	壬寅	癸卯	甲辰	乙巳	丙午	丁未	戊申	己酉	庚戌	辛亥	壬子	癸丑	甲寅	乙卯	丙辰
建月	定	執	破	危	成	收	開	閉	建	除	滿	平	定	執	破
宜	動土、結網、成服、安葬	嫁娶、醫病、動土、安葬	破屋壞垣	祭祀	嫁娶、求嗣、修造、醫病	拆卸、掃舍	嫁娶、醫病、赴任、交易	作灶、搭廁、栽種、補垣	赴任、納財、移徙、牧養	出行、移徙、安牀、納畜	出行、開市、成服、安葬	修廚、作灶	會友、啟攢、安葬	田獵、安牀、成服、安葬	破屋壞垣
忌	開渠、祭祀	詞訟、新船	開倉、出財	栽種、遠行	修廚、搭廁	理髮、整甲	置業、安牀	除靈、成服	動土、行喪	嫁娶、動土	開渠、問卜	詞訟、取魚	開倉、祈福	栽種、穿井	修廚、作灶
是日吉時 子		♥	♥	♥				♥			♥	♥			
丑	♥		♥	♥			♥		♥	♥	♥	♥			
寅	♥	♥								♥	♥		♥	♥	
卯	♥	♥								♥	♥			♥	
辰															
巳					♥	♥	♥	♥			♥	♥			♥
午					♥	♥		♥	♥	♥					
未															
申				♥	♥		♥	♥	♥			♥		♥	♥
酉			♥	♥	♥	♥						♥	♥		♥
戌	♥	♥		♥	♥					♥		♥	♥	♥	
亥			♥		♥	♥								♥	♥
沖	猴	雞	狗	豬	鼠	牛	虎	兔	龍	蛇	馬	羊	猴	雞	狗

二〇二一年西曆十一月／十二月

辛丑年農曆十月

吉凶	西曆月	西曆日	農曆	星期	干支	建月	宜	忌	子	丑	寅	卯	辰	巳	午	未	申	酉	戌	亥	沖
♡	11	5	十月初一	五	丁巳	危	祭祀、訂婚、安牀、納畜	栽種、遠行		♥				♥	♥			♥	♥		豬
♥	11	6	初二	六	戊午	成	掃舍	買田、置業				♥		♥			♥	♥			鼠
♥	11	7	初三	日	己未	收	拆卸	除靈、成服			♥	♥		♥	♥		♥				牛
♥	11	8	初四	一	庚申	收	移徙、納財、修造、動土	安牀、取魚		♥			♥		♥		♥				虎
♥	11	9	初五	二	辛酉	開	出行、理髮、求醫、交易	合醬、造酒			♥		♥		♥						兔
♡	11	10	初六	三	壬戌	閉	修造、動土、補垣、結網	開渠、除服			♥	♥							♥	♥	龍
♡	11	11	初七	四	癸亥	建	祭祀、理髮	詞訟、嫁娶			♥	♥	♥		♥				♥	♥	蛇
♥	11	12	初八	五	甲子	除	嫁娶、移徙、動土、安葬	出財、取魚	♥	♥	♥		♥				♥				馬
♡	11	13	初九	六	乙丑	滿	會友、理髮、補垣塞穴	栽種、行喪	♥	♥	♥	♥					♥	♥			羊
♡	11	14	初十	日	丙寅	平	嫁娶、修造、動土、栽種	祭祀、修廚	♥			♥			♥			♥			猴
♥	11	15	十一	一	丁卯	定	嫁娶、移徙、赴任、動土	穿井、開池			♥				♥						雞
♡	11	16	十二	二	戊辰	執	嫁娶、理髮、治病、安牀	置業、動土		♥		♥					♥	♥			狗
♥	11	17	十三	三	己巳	破	破屋壞垣	遠行、除服	♥		♥				♥		♥				豬
♥	11	18	十四	四	庚午	危	嫁娶、移徙、動土、安葬	搭廁、合帳		♥	♥				♥		♥	♥			鼠
♥	11	19	十五	五	辛未	成	祭祀、拆卸	合醬、造酒			♥	♥			♥		♥				牛

（子至亥欄：是日吉時）

♥吉　♡中吉　♡平　♥凶

西曆 月	西曆 日	吉凶	農曆	星期	干支	建月	宜	忌	子	丑	寅	卯	辰	巳	午	未	申	酉	戌	亥	沖
11	20	♡	十六	六	壬申	收	理髮、掃舍、伐木、捕捉	開渠、安牀	♥	♥		♥	♥					♥			虎
11	21	♥	十七	日	癸酉	開	求嗣、動土、安牀、開渠	詞訟、塞穴	♥	♥	♥		♥				♥				兔
11	22	♡	十八	一	甲戌	閉	祭祀、安牀、補垣塞穴	開倉、出財		♥	♥	♥									龍
11	23	♡	十九	二	乙亥	建	祭祀、出行、建屋	栽種、嫁娶	♥	♥	♥	♥									蛇
11	24	♡	二十	三	丙子	除	訂婚、開市、立約、破土	修廚、作灶	♥	♥								♥	♥	♥	馬
11	25	♡	廿一	四	丁丑	滿	會友、裁衣、補垣塞穴	理髮、行喪	♥						♥			♥		♥	羊
11	26	♥	廿二	五	戊寅	平	嫁娶、移徙、交易、安葬	置產、動土		♥		♥	♥		♥						猴
11	27	♥	廿三	六	己卯	定	嫁娶、出行、求嗣、修造	田獵、取魚	♥		♥	♥			♥						雞
11	28	♥	廿四	日	庚辰	執	嫁娶、移徙、醫病、納畜	經絡、動土		♥	♥		♥		♥					♥	狗
11	29	♥	廿五	一	辛巳	破	求醫治病、破屋壞垣	合醬、遠行		♥	♥				♥				♥		豬
11	30	♡	廿六	二	壬午	危	訂婚、動土、安牀、作灶	開渠、放水		♥	♥	♥								♥	鼠
12	1	♥	廿七	三	癸未	成	祭祀、拆卸	詞訟、作灶	♥		♥	♥			♥				♥		牛
12	2	♥	廿八	四	甲申	收	嫁娶、移徙、納財、安葬	出財、安牀	♥	♥			♥				♥	♥			虎
12	3	♥	廿九	五	乙酉	開	嫁娶、開市、動土、安牀	栽種、補垣	♥	♥	♥		♥				♥	♥			兔

(子至亥欄：是日吉時)

二〇二一年西曆十二月/二〇二二年西曆一月 辛丑年農曆十一月

吉凶	西曆月	西曆日	農曆	星期	干支	建月	宜	忌	是日吉時：子	丑	寅	卯	辰	巳	午	未	申	酉	戌	亥	沖
♡	12	4	十一月初一	六	丙戌	閉	安牀、補垣	修廚、作灶	♥		♥	♥					♥	♥	♥	♥	龍
♡	12	5	初二	日	丁亥	建	祭祀、結網	理髮、嫁娶		♥	♥				♥			♥	♥	♥	蛇
♡	12	6	初三	一	戊子	除	出行、修造、動土、上樑	置產、問卜		♥		♥	♥				♥	♥			馬
♥	12	7	初四	二	己丑	除	嫁娶、醫病、開市、醞釀	成服、行喪	♥		♥	♥		♥			♥	♥			羊
♡	12	8	初五	三	庚寅	滿	嫁娶、動土、除服、安葬	祭祀、結網		♥	♥	♥	♥								猴
♡	12	9	初六	四	辛卯	平	修飾垣牆	合醬、穿井			♥	♥		♥					♥		雞
♥	12	10	初七	五	壬辰	定	嫁娶、求嗣、修造、醞釀	田獵、取魚		♥	♥	♥		♥				♥		♥	狗
♡	12	11	初八	六	癸巳	執	動土、安牀、建屋、捕捉	詞訟、遠行	♥			♥	♥	♥			♥		♥		豬
♥	12	12	初九	日	甲午	破	破屋壞垣	開倉、出財		♥	♥							♥			鼠
♥	12	13	初十	一	乙未	危	拆卸、掃舍	栽種、蒔插	♥		♥	♥					♥		♥	♥	牛
♥	12	14	十一	二	丙申	成	嫁娶、移徙、納畜、安葬	動土、安牀	♥	♥				♥			♥	♥	♥	♥	虎
♡	12	15	十二	三	丁酉	收	祭祀、掃舍、捕捉	理髮、除服		♥								♥		♥	兔
♥	12	16	十三	四	戊戌	開	訂婚、裁衣、開市、開渠	置業、補塞		♥		♥					♥				龍
♡	12	17	十四	五	己亥	閉	安牀、築堤、補垣塞穴	嫁娶、針灸	♥		♥	♥					♥				蛇
♡	12	18	十五	六	庚子	建	修飾垣牆	結網、動土		♥							♥	♥			馬

♥ 吉　♡ 中吉　♡ 平　♥ 凶

西曆 月	12	12	12	12	12	12	12	12	12	12	12	12	12	1	1
西曆 日	19	20	21	22	23	24	25	26	27	28	29	30	31	1	2
吉凶	♥	♥	♡	♥	♡	♥	♥	♥	♡	♡	♡	♡	♥	♥	♡
農曆	十六	十七	十八	十九	二十	廿一	廿二	廿三	廿四	廿五	廿六	廿七	廿八	廿九	三十
星期	日	一	二	三	四	五	六	日	一	二	三	四	五	六	日
干支	辛丑	壬寅	癸卯	甲辰	乙巳	丙午	丁未	戊申	己酉	庚戌	辛亥	壬子	癸丑	甲寅	乙卯
月建	除	滿	平	定	執	破	危	成	收	開	閉	建	除	滿	平
宜	嫁娶、醫病、立約、交易	理髮	平治道塗	嫁娶、動土、納畜、安葬	祭祀	破屋壞垣	拆卸、掃舍	嫁娶、醫病、交易、安葬	理髮、捕捉、田獵、結網	嫁娶、動土、置產、開渠	安牀、作灶、補垣塞穴	祭祀、修飾垣牆	嫁娶、求嗣、移徙、動土	出行、交易、安牀、作灶	平治道塗、修飾垣牆
忌	合醬、造酒	開渠、祭祀	詞訟、穿井	開倉、出財	栽種、遠行	修廚、作灶	理髮、除服	置業、安牀	修廚、作灶	結網、補垣	合醬、嫁娶	動土、開渠	詞訟、行喪	出財、祭祀	栽種、穿井
是日吉時 子			♥	♥	♥				♥			♥	♥		
丑	♥	♥		♥	♥			♥		♥	♥	♥	♥		
寅	♥	♥	♥								♥	♥		♥	♥
卯	♥	♥	♥								♥	♥			♥
辰				♥				♥	♥			♥	♥	♥	
巳	♥					♥	♥	♥	♥			♥	♥		
午															
未															
申	♥				♥	♥		♥	♥	♥			♥		♥
酉				♥	♥	♥	♥						♥	♥	
戌		♥	♥		♥	♥					♥		♥	♥	♥
亥	♥			♥		♥	♥								♥
沖	羊	猴	雞	狗	豬	鼠	牛	虎	兔	龍	蛇	馬	羊	猴	雞

二〇二一年西曆一月

辛丑年農曆十二月

西曆 月	西曆 日	吉凶	農曆	星期	干支	月建	宜	忌	子	丑	寅	卯	辰	巳	午	未	申	酉	戌	亥	沖
1	3	♥	十二月初一	一	丙辰	定	嫁娶、立約、動土、安葬	修廚、栽種						♥			♥	♥		♥	狗
1	4	♡	初二	二	丁巳	執	祭祀、修置、產室、捕捉	理髮、遠行		♥				♥				♥	♥		豬
1	5	♥	初三	三	戊午	破	破屋壞垣	買田、置業				♥		♥			♥	♥			鼠
1	6	♥	初四	四	己未	破	破屋壞垣	安葬、成服			♥	♥		♥	♥		♥				牛
1	7	♡	初五	五	庚申	危	移徙、開市、作灶、安葬	結網、安牀		♥			♥	♥	♥		♥				虎
1	8	♥	初六	六	辛酉	成	嫁娶、求嗣、動土、安葬	合醬、詞訟			♥		♥	♥	♥						兔
1	9	♡	初七	日	壬戌	收	祭祀、捕捉	開渠、放水			♥	♥		♥					♥	♥	龍
1	10	♡	初八	一	癸亥	開	安門、作灶、伐木	詞訟、嫁娶			♥	♥	♥		♥				♥	♥	蛇
1	11	♡	初九	二	甲子	閉	立約、交易、補塞、安葬	開倉、動土	♥	♥	♥		♥				♥				馬
1	12	♡	初十	三	乙丑	建	合帳、納采、上樑、納畜	動土、行喪	♥	♥	♥	♥					♥	♥			羊
1	13	♥	十一	四	丙寅	除	嫁娶、移居、立約、安葬	修廚、祭祀	♥			♥			♥			♥			猴
1	14	♡	十二	五	丁卯	滿	出行、開市、裁衣、作灶	理髮、穿井			♥				♥						雞
1	15	♡	十三	六	戊辰	平	修飾垣牆	買田、置業		♥		♥		♥			♥	♥			狗
1	16	♥	十四	日	己巳	定	嫁娶、立約、動土、作灶	遠行、行喪	♥		♥				♥		♥				豬
1	17	♥	十五	一	庚午	執	嫁娶、移徙、動土、安牀	搭廁、取魚		♥	♥				♥		♥	♥			鼠

♥ 吉
♡ 中吉
♡ 平
♥ 凶

西曆月	西曆日	吉凶	農曆	星期	干支	建月	宜	忌	子	丑	寅	卯	辰	巳	午	未	申	酉	戌	亥	沖
1	18	♥	十六	二	辛未	破	破屋壞垣	合醬、造酒			♥	♥		♥	♥		♥				牛
1	19	♡	十七	三	壬申	危	交易、醞釀、納畜、安葬	開渠、安牀	♥	♥		♥	♥	♥				♥			虎
1	20	♥	十八	四	癸酉	成	嫁娶、醫病、移徙、安葬	詞訟、動土	♥	♥	♥		♥	♥			♥				兔
1	21	♡	十九	五	甲戌	收	祭祀、裁衣、捕捉、作灶	開倉、出財		♥	♥	♥		♥							龍
1	22	♡	二十	六	乙亥	開	修造、動土、開渠、牧養	栽種、嫁娶	♥	♥	♥	♥									蛇
1	23	♡	廿一	日	丙子	閉	裁衣、立約、交易、安葬	修廚、作灶	♥	♥				♥				♥	♥	♥	馬
1	24	♡	廿二	一	丁丑	建	立約、交易	理髮、行喪	♥					♥	♥			♥		♥	羊
1	25	♥	廿三	二	戊寅	除	嫁娶、移徙、交易、安牀	置業、祭祀		♥		♥	♥	♥	♥						猴
1	26	♡	廿四	三	己卯	滿	納采、交易、納財、結網	穿井、開池	♥		♥	♥			♥						雞
1	27	♡	廿五	四	庚辰	平	嫁娶、平道飾垣	結網、取魚		♥	♥		♥	♥	♥					♥	狗
1	28	♥	廿六	五	辛巳	定	納采、合帳、移徙、修倉	造酒、遠行		♥	♥			♥	♥				♥		豬
1	29	♥	廿七	六	壬午	執	動土、安牀、田獵、安葬	開渠、苫蓋		♥	♥	♥		♥						♥	鼠
1	30	♥	廿八	日	癸未	破	破屋壞垣	詞訟、開市	♥		♥	♥		♥	♥				♥		牛
1	31	♥	廿九	一	甲申	危	出行、移徙、納財、安葬	出財、安牀	♥	♥			♥	♥			♥	♥			虎

（子至亥：是日吉時）

麥玲玲 2021 牛年運程

作　　　者：麥玲玲
責 任 編 輯：陳珈悠　胡卿旋
封 面 設 計：Catherine Wong
美 術 設 計：Young
出　　　版：日閱堂出版社
發　　　行：明報出版社有限公司
　　　　　　香港柴灣嘉業街 18 號
　　　　　　明報工業中心 A 座 15 樓
電　　　話：2595 3215
傳　　　真：2898 2646
網　　　址：http://books.mingpao.com/
電 子 郵 箱：mpp@mingpao.com
版　　　次：二〇二〇年九月初版
　　　　　　二〇二〇年九月加印第二版
I S B N：978-988-8687-27-5
承　　　印：美雅印刷製本有限公司

*資料由聯合出版集團屬下的香港三聯書店、香港中華書局和香港商務印書館逾四十間門市綜合公布的暢銷書榜而來，於二〇一九年十一月份中文圖書（非文學類）中，《麥玲玲2020鼠年運程》排行第三位。另外，《麥玲玲2020鼠年運程》於大眾書局十月暢銷書榜中排行第三位。